対日協力政権とその周辺
——自主・協力・抵抗

愛知大学国際問題研究所 編

愛知大学国研叢書第4期第1冊

あるむ

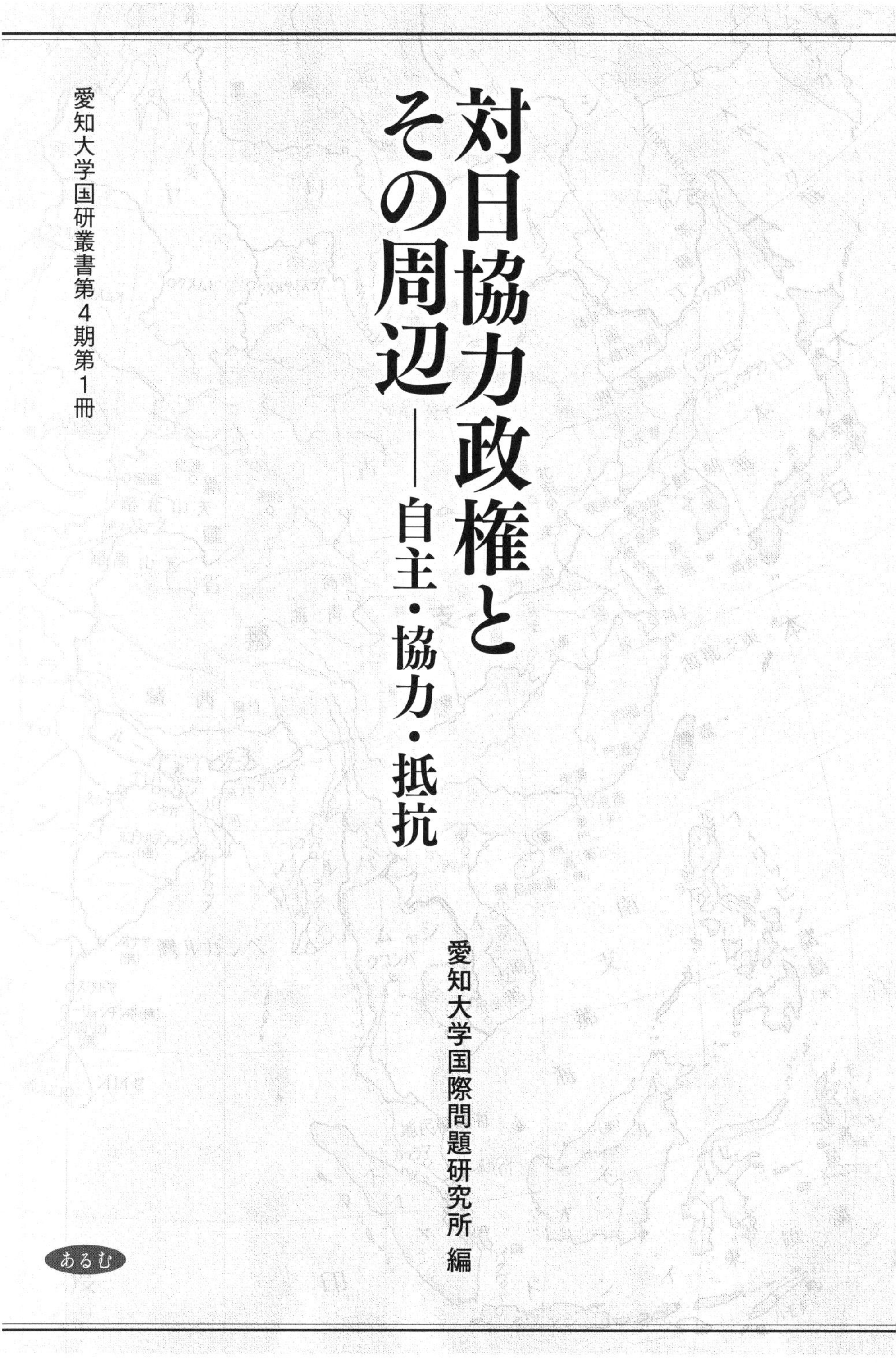

はじめに

本書は、愛知大学国際問題研究所の研究プロジェクト「対日協力政権とその周辺」（二〇一二～二〇一四年度）の成果の一部である。

プロジェクトは、「第二次世界大戦中のアジア太平洋地域における対日協力政権とその周辺について、単なる「傀儡政権」論ではなく、その実態を抵抗の側も含めて考察する」ことを課題として始まった。そこでは、日中戦争時期を中心に、従来の歴史評価に対する疑問、問い直しが想定されていた。すなわち、冷戦終結後すでに四半世紀を経た現在、イデオロギーの束縛から自由な歴史再評価を行い、国民国家群が構成して来た国際関係が軋みを生じている現状を直視し、国民国家や統一国家を称する地域内部の様々な抗争についても、その矛盾の要因を解きほぐすことに大きな目的があった。そして、アジア太平洋地域での対日協力政権の実態とそれに関わった人々、社会の有り様をできうる限り一次史料に基づいて検討し、同様に研究が進展しつつあるヨーロッパにおける対独協力政権の研究を視野に入れつつ、戦後の各地域との関わりを含めて検討し、これによって二〇世紀アジア太平洋史の新たな視角を見出そうというものであった。

中国の汪兆銘政権をはじめ、対日協力政権は久しく「傀儡政権」と呼ばれ、歴史の「汚物」であり「唾棄すべきもの」という「評価」とともにあった。これは、植民地下での対日協力者、「親日派」への評価とも結びつくものである。また、東南アジア諸国のように、一定程度日本軍の力量を戦後の独立に向けて利用した国々にあっても、手放しで当時の日本を評価しているわけではない。それは、第二次世界大戦が終結した後、主要には「傀儡政権」が「操り主」の敗北とともにその踊りを中断して倒れ伏し、「勝者」によって有罪とされたからであり、「勝者」は「傀儡」を打倒する日までの道程において常に正義であった、とのストーリーが形成されたからであった。とりわけ、「勝者」が次の政権を担当した場合には、その判決に情状酌量の余地はなかった。せいぜい、「傀儡」となることが一時しのぎの窮余の一策と判断された場合にのみ、僅かばかりのお目こぼしがあったに過ぎなかった。「水に落ちた犬は叩け」とばかりに嵩にかかって責め立てた。これらに類似した様子が、ドイツ軍撤退後のフランスにおいて、対独協力者となっていた市井の人々への無慈悲な仕打ちの数々として、写真にも収められていることは、記憶にあろう。繰り返すが、こうしたことは、日本軍敗退後の旧植民地、統治地区でも、珍しいことではなかった。理由は簡単である。勝者の政権は、その正当性の根拠を、帝国主義勢力とそれに協力した「傀儡」の打倒にこそ求めたからである。

そうした見方は、冷戦の終結に伴うイデオロギーの呪縛や革命史観からの解放が進んでいるとされる現在でも、完全に払拭されているとは言いがたい。現存する多くの国民国家が、National History やそれが由来する Nationalism に自らの枠組みを依存し続けているからであり、それ故なお一般的な「理解」あるいは「見方」である。学問的な言い方ではないが、已むを得ないのかもしれない。しかし、それにもかかわらず、あるいはそれゆえ、近年急速に進展しつつある研究分野に、対日協力政権研究がある。これは、Gerald E. Bunker, *The Peace Conspiracy: Wang Ching-wei and the China War, 1937–1941* (1972)、そして John Hunter Boyle, *China and Japan at War 1937–1945: The Politics of Collaboration* (1972) に始まると言ってよいであろう。Boyle の提唱した Collaboration 概念を活用してヴィシー政権論を新たな地平に引き上げたのが Robert O. Paxton, *La Francede Vichy* (1973)（邦訳『ヴィシー時代のフランス——対独協力と国民革命 1940–1944』二〇〇四年）である。Paxton はフランスにおけるドイツ占領地域での対独協力、すなわちヴィシー政権を再検討したもので、この研究はその後、中国における対日協力政権研究に再びボールを投げ返すことになった。さらに、David P. Barrett & Larry N. Shyu ed., *Chinese Collaboration with Japan, 1932–1945: The Limits of Accomodation* (2001) や Timothy Brook, *Collaboration: Japanese Agents and Local Elites in Wartime China* (2005) など、英語圏の研究では、対日協力政権の総体的な研究が進んでいる。日本でも、最近の柴田哲雄『協力・抵抗・沈黙――汪精衛南京政府のイデオロギーに対する比較史的アプローチ』(二〇〇九年)、堀井弘一郎『汪兆銘政権と新国民運動――動員される民衆』(二〇一一年)、土屋光芳『「汪兆銘政権」論――比較コラボレーションによる考察』(二〇一一年) など、比較歴史学の視点に立った対日協力政権としての汪兆銘政権研究が盛んになりつつある。加えて、従来からの「満洲国」研究、植民地研究に止まらず、「大東亜共栄圏」を構築しようとした東南アジア地域での対日協力の諸相についての検討も、深化しつつある。「対日協力政権とその周辺」というプロジェクトは、そうした研究動向のなかでさらに歴史の再検討を進めた。

すでに二〇〇九年、愛知大学現代中国学会編『中国21』Vol. 31の特集として「帝国の周辺――対日協力政権・植民地・同盟国」が刊行され、幸い一定の評価を得た。同誌では、特集の編集趣旨として「「道徳的」「倫理的」価値判断を優先した人物評価がイデオロギーによる歴史への介入とほとんど同義であることは、過去の事例を挙げるまでもない」と述べ、杭州の岳飛の墓前に後ろ手に縛られた姿で置かれ、「愛国者」の唾を浴びせられてきた秦檜夫妻の彫像に似せて作られた汪兆銘夫妻像の存在を示す一方で、Poshek-Fu (傅葆石) の戦時期上海の研究や、モンゴルにおける徳王政権のような民族主義との結びつき、さらに同時期の対独協力政権であったヴィシー=フランスの問題などへの視野の拡大の必要性を指摘した。それらは単純なレッテル貼りでは済まない、また一筋縄では説明のつかないものばかりである。少なくとも、現在の諸政権の正統性を出発点と同時に結論とする研究や、それに反対して、侵略戦争の正当化を図ろうとする勢力が主張する歴史修正主義的方向とは一線を画した立場と、研究視角が必要であることは言うまでもあるまい。本書は、そうした『中国21』の特集の意識を引き継いで編まれている。

プロジェクトの成果である本書には、一〇人の論者による論考が収められている。地域的には、植民地朝鮮、満洲国、臨時政府、冀東政府、北京、上海、維新政府、抗日の山東根拠地、植民地台湾、そして同盟国タイである。各章の内容を簡単にまとめておく。

1「植民地期朝鮮における親日派の民族運動――朴勝彬の自治運動・生活改善運動を中心に」は、三ツ井崇氏による植民地朝鮮知識人論のひとつである。「親日派」とされた近代主義に基づく朴勝彬の、朝鮮の植民地化とその後の朝鮮半島における活動を検討する。朴勝彬が思想的に「転向」する以前に、植民地としての朝鮮と統治する日本に対して矛盾を感じ、目的を徐々に失ってしまった、と見る。啓蒙的な言語運動を行っていた時期から官製の生活改善運動に吸収されるまでの過程を追うことで、「親日派」も「民族主義」も朴にとって異なった時期の立場の表現に過ぎないのではないか、と主張する。

2「満洲国建国工作と金井章次の民族協和論」では、徳王など蒙疆政権の研究を進めてきた森久男氏による満洲国の建国にまつわる理念と実際の関係について、満洲事変前後の時期を中心に検討したものである。金井章次が主張した「民族協和論」が、満洲青年連盟を母体として石原莞爾等の「満蒙領有論」と衝突するものの、満洲事変当時の関東軍の軍事的劣勢を背景に、領有論を克服してゆく様が描かれる。そこでは、金井が于沖漢など現地要人に対する説得工作で民族協和論が奏効したことなどが指摘される。しかし、満蒙に居住する多くの中国人にとって、「民族協和論」はさほど魅力的なものではなく、于沖漢等の「保境安民論」を「王道主義」で媒介することが必要であり、それを石原莞爾等が理解したと主張する。

3「対日協力政権下の日本人顧問、官吏・職員に関する制度的変遷――「満洲国」・中華民国臨時政府・中華民国維新政府について」では、小笠原強氏が汪兆銘政権成立以前の諸政権における日本関係者のありようを検討している。論文では、満洲国以来の「内面指導」の要諦に当たるものが日本からの出向者であり、その「内面指導」が「満洲国」以降深化、強化されていったことを示す。しかし、汪政権においては「内面指導」に対する反発が存在し、日本の思うようには機能しなかったことを、すでに筆者が発表した研究から指摘する。

4「一九三〇年代中期華北における日本の電力開発——灤河水力発電所建設計画を例に」では、冀東政権を中心に華北の対日協力政権問題を扱ってきた広中一成氏が、満洲国と華北との境界領域に位置し、産業開発にとって不可欠な電力資源が豊富な灤河における水力発電所建設計画が、日本内地の産業資本・陸軍などから実現を嘱望されながら、満鉄・支那駐屯軍・冀東政府・興中公司などの利害が錯綜するなか、結果的に建設中止に追い込まれていく状況を検討した。要は灤河の水利権、満洲国における産業開発五カ年計画のせめぎ合いであるが、日本が関与した諸政権およびそれぞれの背後にある日本の諸勢力間の矛盾を描き出している。

5「日中開戦前後の中国将来構想——張鳴の「五族解放」「大漢国」論」では、上海市大道政府など中国における初期の対日協力者とその将来構想を検討してきた関智英氏が、現在の台湾淡江大学の基礎を開いた張鳴について検討したものである。近年では汪政権に関してはそれなりに研究が進みつつあるものの、汪政権成立以前の日本軍による占領下の状況がさらに複雑かつ多様であったことを示している。張鳴は国民党に関わる人物であるが、西山派に属した経歴など一貫して反蔣介石の立場をとり、中華民国に対して大漢国建国を主張し、「東洋平和」や「東亜新秩序」は中国人には何の魅力もないものと喝破した。これらから、日本軍の侵入で「青天白日旗」が北京政府時代の「五色旗」に代わったわけではなかったことを指摘する。

6「日本占領下華北における欧米キリスト教会と新民会の相克」では、菊地俊介氏が、日本統治下の中国民衆の人心を獲得するために、新民会が行った経済活動や福祉教育などの社会活動を取り上げる。欧米のキリスト教会勢力が、清末以来華北で一定の地歩を築き、日本軍も一定の距離を置かねばならなかったため、新民会の社会活動と摩擦を生じた事例を取り上げて検討する。菊地論文が欧米のキリスト教会勢力を検討の対象に加えたことで、支配と被支配という二極対立構造で理解しがちな占領地区統治および占領地区民衆の実態を、相対的かつ立体的に見ることが可能となろう。

7「維新政府の対日交流――中小学教員訪日視察団の見たもの」では、新四軍・汪政権・支那派遣軍の引揚げなどの検討を行ってきた三好章氏が、汪政権に先立つ中華民国維新政府の教育事業を検討したものである。僅々二年ほどの短命であった維新政府にとって、喫緊の課題は治安の安定であり、その具体的な表現として教育の再建を取り上げた。そして、そこに関与する日本にとって、維新政府とそこに関わる人々に何を見せたかったのかを一九三九年晩秋の中小学教員訪日視察団を通じて検討した。さらに、参加者の反応を見ることによって、先進国日本をモデル校などで示しても、中国の現実との乖離から却って効果が上がりにくかったことを指摘した。

8「山東抗日根拠地における通貨政策」では、日本への抵抗を、主に山東の抗日運動を研究してきた馬場毅氏が検討した。民営として始まった北海銀行が、日本軍が背後にある連銀券や国民党がある法幣との入り組んだ関係の中で発券銀行として成長し、根拠地が自立した経済圏となっていくことで、経済金融の面における対日抵抗が進められた結果、共産党が根拠地住民の支持を集めていったことを主張する。そして、そこにおける薛暮橋の役割に言及し、彼の提言した金融政策の有効性を指摘する。山東は華北の旧中華民国臨時政府と南京の汪兆銘政権にはさまれた地域であり、対日協力政権の周囲にあって抵抗の要素を担った地域であった。

9「台湾文化人における「抗日戦争」」では、黄英哲氏が、台湾におけるディアスポラとしての歴史的経験が、世界史的普遍性を具備するとの見方から出発し、その事例として、いずれも日本と深く関わった楊基振、呉新栄、陳蕙貞を取り上げる。いずれもがディアスポラに生き、越境の中で自らのアイデンティティを見出し、それを守り抜いた。これらは、現在の台湾がおかれている実情とも直接的比喩的にも関わりを持ち続けている事柄であるが、多様な意味で国民国家の枠組みが曖昧化し溶解しつつある現在、台湾に限らずいずれの「国民」であれ、避けて通ることのできない問題であろう。その意味では、本書の意図する範疇から出発して、それを飛び越えてゆく意味を持っている論考と言えよう。

10「日本の宣伝活動への対応にみるタイ政府の自主・従属・抵抗」は、これまでタイの戦中戦後の政治社会動向を研究してきた加納寛氏によるものであり、第二次世界大戦では日本の「同盟国」であったタイに対する日本側の写真、映画、印刷物による宣伝活動が、タイ側の警戒心を招き、タイ側から監視の対象となっていたこと、その原因が日本側の一方的なコミットにあったことを指摘した。これは、宣伝を受ける側である「現地の声」に耳を傾けなかったからであり、日本側の優位の意識からタイ政府に無断で行われるなど、到底対等の同盟国としての対応ではなかったことであり、タイ側からの「抵抗」であったとの見解も示されている。

なお、「満洲」「満州」など、固有名詞の表記法はそれぞれの執筆者に従い、全体としての統一はしていない。

目次

対日協力政権とその周辺——自主・協力・抵抗

植民地期朝鮮における親日派の民族運動
——朴勝彬の自治運動・生活改善運動を中心に

三ツ井　崇

はじめに

本稿は、植民地期朝鮮の知識人について論じるものである。「対日協力政権とその周辺」という主題を意識するならば、日中戦争期以降の朝鮮知識人の「転向」や対日協力について論じるのが一般的であろうと思う。いわゆる「親日派」「親日行為」を正面から論じるやり方である。

しかし、本稿が対象とする時期は一九二〇年代以降で、どちらかというと戦時期に至る前段階の時期である。言うまでもなく、日中戦争期の「親日」知識人も、それ以前からずっと「親日」的であったとは限らず、むしろ一九二〇～三〇年代前半にかけて民族運動・社会主義運動などにかかわってきた人物も多い。よって、戦時期における「親日」的言動はそれ以前の活動や言説と比べたとき、どのような特徴を持つのか、という点について考えたいのである。それは、弁護／非難といった次元を超え、朝鮮知識人が植民地期における時代の変遷にどのように対応したのかを跡付ける作業となろう。

以下で注目する知識人は、朴勝彬（一八八〇－一九四三）という人物である。[1] 朴は、一八八〇年、江原道鉄原に生まれ、本貫は全羅道潘南（潘南朴氏）である。科挙を受けたが合格はしなかったようで、判任官試験に合格し、一八九七年から大韓帝国外部（外交担当省庁）に事務官として勤務する。その後、西洋留学を夢見たが、二〇世紀初めに日本に留学する。留学中には、朝鮮人留学生団体の役員として活動し、帰国後は、郷里江原道を基盤とする愛国啓蒙運動に関与する一方、平壌地方法院検事となる。しかし、その後検事を辞め、ソウルで弁護士として開業する。

以後、彼は弁護士としての活動の傍ら、民族運動家として、とくに一九二〇年代以降、物産奨励運動、自治運動などにも関与していく。この他、教育、ハングル研究、生活改善運動、体育奨励運動などに関与した。彼がかかわったこれらの運動は民族主義系列の運動としてとらえられたが、戦時期には戦争協力団体に関与し、創氏改名も行うなど親日的に活動をした。本稿のタイトルが「親日派の民族運動」と一見形容矛盾のようになっているのは、このような時期的推移を含意したものである。また、朴勝彬の活動時期から、開化期―韓国併合―戦時期という長期間にわたって、彼の活動の変遷を追うことも可能である。

さて、ここで植民地期朝鮮における「運動史」に対する最近の視角について簡単に言及しておこう。『朝鮮史研究入門』（二〇一一年）における並木真人の整理(2)をみると、いくつかの特徴がある。一つは、「独立運動」という項目が立てられていないという点、もう一つは、「対日協力・体制内改革」を政治運動の領域としてとらえている点である。並木は、「運動を支えた思想・理論」として抵抗の思想、改良の思想、協力の思想をとらえ、「運動史」を「抵抗」や「独立」のみに還元しないパースペクティブの可能性を提示している。

朴勝彬が関与した文化運動や自治運動といった運動も、抵抗・改良・協力などのさまざまな要素が複雑に絡み合う性格を有している。そしてそのような運動にかかわった人物がどのようにして「親日」化していくのかについて検討することが本稿の主眼である。

Ⅰ 「親日」と「独立」のはざま——朴勝彬と自治運動

一九二〇年代以降、朴勝彬は朝鮮語研究に邁進する一方、教育、物産奨励運動、自治運動、体育奨励運動などの多様な活動に従事した。ここではとくに自治運動に関与した事実に焦点を当ててみたい。

金東明は、三・一運動（一九一九年）を期とした「武断政治」から「文化政治」への転換を背景として高まっていく政治運動を、三・一運動に反対の立場を取り、日本国民と同一の権利付与を主張する「同化型協力」運動、自治運動や朝鮮議会設置運動などの「分離型協力」運動、そして抵抗運動にと類型化した(3)。「同化型」と「分離型」は、前者が日本の統治の永続性を前提としているのに対し、後者は日本の統治を一時的に認定するものであるという点で差異を持つ。以下で扱う自治運動は後者に属するが、一時的とはいえ日本の統治政策を認定するものであったこともあり、民族／反民族、反日／親日の二分法のなかで、歴史的評価が揺れている(4)。

では、朴勝彬のかかわった自治運動について詳しくみてみよう。朴勝彬が一九二四年一月に崔麟、金性洙、宋鎮禹などと一緒に自治運動団体である研政会の発足計画に関与し(5)、結局、この計画が周囲の強い反対で挫折してしまったことは有名な事実である。少なくとも植民地当局の側においては、朴勝彬は「独立宣言ノ三十三名系其他ノ民族主義者ト気脈ヲ通《ママ》」ずる人物の一人とみられていた(6)。これは、おそらく三・一運動の民族代表の一人であり、天道教（東学の後身）の幹部であった崔麟とのつながりも関係していよう。

しかし、朴勝彬はそれ以前の三・一運動直後にすでに活動を開始していた。朴は一九一九年七月一六日から「東上七人組」の一人として日本に渡り、国民新聞記者である阿部充家の斡旋で、永井柳太郎、吉野作造、田中義一、島田三郎、英親王垠、宇佐美勝夫、床次竹二郎、加藤高明、野田卯太郎、原敬を訪問し、意見書を提出している。この意見書では、「朝鮮人ヲシテ一切朝鮮統治ニ参与セシメサリシコト」「朝鮮人ニ対シ其ノ生存ヲ維持スルニ必要ナル教育ヲナササリシコト」を批判し、「日本内地延長トシテノ同化策」は「現在ニ於ケル朝鮮ノ事情ニ照シテ研鑽スレハ余リニ不適切」であるとする。(7) そして、「朝鮮ヲ日本内地ト同一視シテ朝鮮人ト内地人トニ対シ絶対的公平ノ取扱ヲ為セハ朝鮮人ノ為メ甚タ利益ニシテ不満ヲ抱クノ理無カルヘシト云フ論者アルモ是ハ皮相ノ見解ニ過キサルモノナリ」と同化主義を批判するのである。(8)「[……]日本人ハ治者ニシテ強者ナリ朝鮮人ハ被治者ニシテ弱者ナルカ故ニ公平ハ或ル程度マテ行ハルルニ止マリ絶対的ノ公平ハ到底実現シ難キコトナリ又社交上ニ於ケル差別的待遇モ右ト同一ナル理由ニ由リ之ヲ絶対ニ除去スルコトハ不可能ナリ(9)」として、前提となる支配—被支配の序列関係のなかで「内地延長」が「公平」性を保障しないことを看取しているのである。そして、その代替策として次のような提言がなされる。

翻ツテ朝鮮人ヲシテ朝鮮ヲ治メシムル大方針ヲ確立スレハ以上開陳シタル欠陥ヲ避クルコトヲ得テ朝鮮人中穏和派ノ大部分ハ之ニ賛同シ是ヲ標榜トシテ朝鮮人ノ排日思想ヲ融和シ尚ホ自立ノ精神ヲ励マシテ向上発達ヲ促スコトヲ得ヘク且此方針確立スルニ於テハ朝鮮人モ日本カ朝鮮民族ヲ発達セシメ共存同栄ノ策ヲ取ル真意アルコトヲ了解シ之ニ対シ感謝ノ念ヲ懐キ依リテ両民族ハ精神的ニ実質的ニ融和結合シ得ヘキコトハ自明ノ理ナリ(10)

この意見書の文脈で判断する限り、「治者」＝日本人、「被治者」＝朝鮮人という序列関係を当面前提にしながらも、朝鮮人の「自立ノ精神」の発達を促すことが目的化されている。自治運動全般の評価について言えることだが、この部分の歴史的評価が極めて複雑なのである。ここで、一刀両断に評価を下すことはできないが、この七人の自治請願行動について、どのような反応があったのかを手がかりとして、朴勝彬らの自治運動が持つ性格について考えてみよう。まず大韓民国臨時政府の機関紙『独立新聞』で次のような記事がみられることに注意したい。

諸新聞に掲載されたとおり、朴勝彬李基燦《ママ》〔璨の誤り〕等数名は宇佐美〔勝夫〕の手足となり、日本に渡って行って怪異な自治説を主張するも、日本では国内問題に奔忙して接受せず、先日、帰国し、さらに斎藤［実］一行の歓迎を準備中にあるという(11)。

また、サンフランシスコの大韓人国民会の機関誌『新韓民報』でも、のちに「醜悪な弁護士の無理」という見出しで同様の批判がなされている(12)。いずれも自治説のどの部分を一番問題視しているかは明確ではないが、植民地支配における支配―被支配の序列関係を根本的に転覆させるものでないという点が問題とされたのであろう。完全独立を指向する立場としては、自治運動は許容できない行為であるということになる。

一方、一九一九年八月一日の原敬首相の日記では次のようにある。

朝鮮人沈天風［沈友燮］、李基燦《ママ》其他数名来訪、総督政治に付従来の失政を挙げて朝鮮人の憤慨已むを得ざる事を述ぶるに付、余は今回官制を改革して其弊風を一掃すべしと云聞せたり、又彼等は朝鮮は朝鮮人をして治めしめよとか、朝鮮議会を作れとか云ひたるも、余断然其趣旨は合併と相容れざるものにて即ち独立を望むものなり、合併の今日に於ては朝鮮人内地人何等区別あるべからず、地方自治の如きは別として朝鮮人も相当の時機には帝国議会に列するを要す、官吏の如きも内地にも朝鮮人を登用すべく其間に区別あるべからずとの趣旨を明瞭に諭旨したり。彼等は野田［卯太郎］、田中［義一］等にも会見し、殆んど同様の意思を聞きたりと云ふ(13)。

朴勝彬らの自治論は右のような反応を受けて、賛同を得られなかったということになる。同八月二八日付『大阪毎日新聞』の「朝鮮の最近思想界（上）」という記事をみると、朴勝彬が自治論の代表者のように扱われていて、彼の主張が次のように要約・紹介されている。

朝鮮には朝鮮の歴史並に国民性あり朝鮮民族の感情は大和民族の感情と必ずしも一致するものではない、我々は朝鮮民族の心理状態は決して日本に同化するものでないと確信する、既に同化しないとの確信を前提として、我々は朝鮮民族の幸福のために朝鮮の事を朝鮮人に委せて貰ひたい、具体的に云へば聯邦の形式に於て朝鮮に自治を許して貰ひたい、夫れも今直ぐにと云ふので無い、数年の後或は十数年の後でも宜しい、要するに政府が適当と認むる時機に於て実現すれば可い、斯うして現下の荒立てる人気を鎮めよと主張するのである、同化しない民族に向つて如何に同化を強ふるとも夫れは無効である、畢竟失敗を繰返す許りだ、同化政策の失敗の反覆は日本の不利益であると同時に我々朝鮮人の堪へ難き不幸であると(14)

さらにこの記事は、次のような文言で結ばれる。

　而して此主張に対しては朝鮮の智識階級に於て共鳴者が多いのみならず内地の識者中にも同意者があると唱えて居る。併しながら斯の如き自治の要求は終に独立に到達すべき一段階を攀んとするものであると推察しても朝鮮の現状を熟知するものは必ずしも否定し得ないであらうと思はるるのである、朴勝彬等の東京に於ける運動が内地識者の同情を得なかつたのは当然であらねばならぬ、而も彼等の「朝鮮自治」の主張に対してさえ一派の不逞の徒は批難攻撃を加へ果は脅迫状を寄するの有様であるといふ、以て民心の趨向が察知せられるではないか(15)

ここでも、原敬の認識と同様、「斯の如き自治の要求は終に独立に到達すべき一段階を攀んとするものである」としており、「朴勝彬等の東京に於ける運動が内地識者の同情を得なかつたのは当然であらねばならぬ」とあると評価する。この記事では、「朝鮮最近の思想界」を「独立を希望する不逞の思想」「朝鮮の自治を要望する朴勝彬一派の思想」「日本統治の下に朝鮮の文化を希望する閔元植一派の思想」と三つの潮流に分別するが、先述のとおり、「自治の要求は終に独立に到達すべき一段階を攀んとするもの」であるという点で、「自治」は将来的な「独立」につながるというものであった。もう一つ、一九一九年一〇月一八日付の高等警察資料「(秘)京城民情彙報　民心ノ傾向」では、次のような記述もある。

崔鎮、朴勝彬、安国善、沈冝性、李基燦《ママ》等ハ表面中立ヲ標榜シ居ルモ其裏面ハ全ク独立派ニシテ陰ニ陽ニ之カ実現ニ付後援シ且期待シ居レリ而シテ彼等ノ主張スル所ハ言論集会出版ノ自由ヲ叫ヒ此ノ機関ニ依リテ同志ヲ叫合シ一大団体ヲ形成セムトス然レトモ斯クテハ官憲ノ取締厳重ヲ加ヘ行動ニ支障ヲ来サンコトヲ慮リ表面物産奨励株式会社ヲ組織セムトシ目下運動中ニアリ

尚ホ右朴勝彬、及李基燦《ママ》ハ曩ニ高義駿一派ノ主義即チ自治派ニ共鳴シ其目的実現ノ為東上シタルコトアリシモ鮮人ノ多クハ高義駿等ノ主唱スル自治運動ハ俄ニ実現スヘキモノニアラスト批難スル者アリ旁々将来ノ地位ヲ顧慮シ俄ニ初志ヲ翻シ独立派ノ崔鎮一派ニ附随スルニ至レルモノナリ(16)

朝鮮内では民族主義妥協派の運動とみられていた朴勝彬らの活動も、このように当局側には「独立」につながるものとしてとらえられたようだ。もっとも、「独立派ト自治派トノ間ニハ一部了解サレ居ル点アルカ如キ」(17)としていることからも、国家の独立を願う臨時政府のような立場とは異なるものであるし、その後も研政会計画への関与などをみてもわかるとおり、朴勝彬が「自治」を指向したことは間違いない。むしろ重要なのは、原敬が日記で「彼等は朝鮮は朝鮮人をして治めしめよとか、朝鮮議会を作れとか云ひたるも、余断然其趣旨は合併と相容れざるものにて即ち独立を望むものなり」と記したり、研政会復活計画に際して当局側が「独立宣言ノ三十三名系其他ノ民族主義者ト気脈ヲ通」ずると判断したりしたことからも、朴勝彬等の言う「自治」が「独立」につながりうる動きとしてとらえられていたということである。このようにしてみたとき、臨時政府や大韓人国民会などの独立運動団体からみた評価と日本当局側がみた評価がまったく分かれてしまうところに、朴勝彬のかかわった自治運動の性格があらわれている。

一九二二年一〇月中旬に日本人議員三名によって行われた朝鮮民情視察の報告書では、朴勝彬の見解が「現在に於ける朝鮮統治の政策には何れの方面を問はず総て誠意を認める事が出来ない。言ふ迄もなく日本の朝鮮に対する政策如何は直に之れ朝鮮人全体の死活の分岐点となるのである」(18)と要約・紹介されているが、これを先の『大阪毎日新聞』で紹介された朴の主張と合わせて考えると、朴にとって「自治」問題とは「死活」問題としてとらえられていたのであろう。

このことを踏まえ、朴勝彬の次の発言に注目してみたい。

> 朝鮮人の急務は［……］精神上においても、物質上においても、急務でないものはないが、わたくしは、何よりもまず、朝鮮人の手で政事をおこなう権利を握らねばならないと考えております。教育をおこなうにしても、産業を振興させるにしても、朝鮮人の手で政権を握らねばなりません。［……］実に現在の朝鮮人経済界は、きわめて危険な時期で、これをいくらかなりとも耐え抜いていこうと方法を研究するならば、政治の力で土産を奨励し、経済的に独立しなければならず、そして、朝鮮人が互いにさらなる団合［＝団結］を鞏固にすることであり、［……］朝鮮人が将来生きていこうとするならば、われわれの団合を鞏固にしたあと、どのような形式であれ、政権を持たなければならないのです[19]。

後段で指摘されている「経済的」な「独立」は、彼の物産奨励運動への関与ともつながってこよう。一九一九年秋には金性洙らとともに「物産奨励株式会社」の設立に関与し、物産奨励の講演活動を繰り広げてもいる[20]。また、一九二八年時点で「朝鮮物産奨励会」の理事を務めていた事実も確認される。そして、根本として重要視されているのが、「朝鮮人の手で政事をおこなう権利を握」ることであった。しかし、先にみたとおりその「自治」さえも日本側にとってみれば独立につながりうる危険な思想ととられたのである。言うまでもなく朝鮮の現実は「自治」の権利さえ得られない状況であった。朴勝彬はその「政権を握」るために、「われわれの団合を鞏固に」する必要があるという。では、彼の言う「団合」はどのようにして遂げられるものなのであろうか。その手段の一つが生活改善運動であり、その一環としての言語問題の解決であった。

II 「民族」の「団合」というキーワード――朴勝彬の言語運動[21]

1 「民族」のあり方と言語問題――啓明倶楽部を中心に

朴勝彬の言語観を端的にあらわすものとして、彼の著作『朝鮮語学』の序文の次の一節がしばしば注目される。

ある民族の言語は、その民族と盛衰をともにするものである。文化の高い民族は発達した合理的な言語を持ち、未開な民族は幼稚な言語を使用する。武勇な民族はその言語が堅実であり、文弱な民族はその言語が浮虚として［＝不安定で］着実でない。平等制度を尚ぶ民族は言語が普遍的に成立しており、階級制度を尚ぶ民族は言語が差別的に組織されるのである。このように、言語はその社会の実質的事物を外形に表現するのであるが、それだけではない。言語はその社会の実質的事物を誘導し牽制する役割があり、発達した言語は文化の増進を促し、幼稚な言語はこれを妨げる。堅実な言語は武勇な性格を涵養し、浮虚とした言語は之を妨げる。普遍的な言語は平等思想を助長し、差別的言語はこれを妨げるのである。以上のように、ある社会の実質的事物と言語とは、互いに表裏をなし、その社会の盛衰に対して互いに原因と結果となるものであって、言語は民族的生活に至極重要な関係を持つのである[22]。

この言語観をみれば、非常に明瞭な二項対立の図式であることがわかる。「民族の盛衰」と言語が一体であるとの前提で、「合理的／堅実／普遍的」な言語と「文化の高い／武勇な／平等制度を尚ぶ」民族とが、また一方で「幼稚／浮虚／差別的」な言語と「未開／文弱／階級制度を尚ぶ」民族とがそれぞれセットでとらえられている。朴勝彬にとっての言語運動とは、この両者のうち前者を指向するものであった。なかでも、ここに設定されるあるべき民族像を作り出すためにとられた言語改革論の一つが、児童の敬語使用奨励という問題であった。この問題に関しては朴勝彬が個人としても見解を述べているが、彼が一九二〇年代以降に啓蒙運動の母体としていた啓明倶楽部における方針でもあったので、まずは啓明倶楽部での建議についてみていきたい。

啓明倶楽部は、一九一八年一月、閔大植、朴勝彬らが民族啓蒙団体として発足させた「漢陽倶楽部」の後身で、一九二一年に「啓明倶楽部」と改称・改組した。[23] 閔や朴のほか崔南善、李能和などの知識人が関与する形で、おもに生活改善、学術研究、古典刊行などの事業を展開し、とくに生活改善運動の例として、衣服制度の改善、二重過歳（陽暦と陰暦の正月を両方過ごすこと）の廃止、葬礼形式の改変（簡素化）、家庭内の衛生問題の解決推進、族譜廃止の提言などの活動を挙げることができる。[24]

前述した啓明倶楽部の決議内容に関しては、朴勝彬個人も同様の主旨の発言をおこなっており、彼自身も実践していたようである。彼の言語観も生活改善運動の一環として形成されていたが、それは、朝鮮人児童に敬語（하오体）を使用させようという啓明倶楽部の建議にもあらわれていた。一九二一年五月三〇日付の『東亜日報』は、同五月二八日に開かれた啓明倶楽部の総会について次のように報じている。

啓明倶楽部では、［……］一昨日二八日午後三時に明月館にて臨時総会を開き、過般来懸案であった第二人称代名詞用語に関する選定とその他、児童間で相敬う思想を涵養するために、児童相互間で敬語を使用させるよう教育当局者に提案を実行する等の事項を決議し、同六時半に閉会した。第二人称代名詞の呼称は「当身」という用語を使用することに決定したということである。[25]

まず、この記事にあらわれる二つの言語問題について見ると、第二人称代名詞用語の選定は、元来朝鮮語には英語の〝you〟のようにあらゆる場面で使用可能な語が存在しないことによるものだが、これについては、記事にもあるとおり、「当身（당신）」を用いることに決定している。もう一つの児童相互間における敬語使用の件については、総督府学務当局に建議するほか、教育界にも強くアピールし、賛同も得ていたようだ。[26] さらに、このほか姓名下の敬称語に関して、「氏（씨）」を用いることを会で決定したりもしている。[27]

さて、これらの活動は、どのような意識に支えられていたのだろうか。児童の敬語使用の問題から考えてみるに、この点について、啓明倶楽部では、「児童をして自重心を涵養せしむること」「児童相互間に礼儀の習性を馴致すること」「社交上、親愛の情を養成するを得ること」「社交の道を実地に修得することを得ること」「従前の門閥的階級制度にもとづく弊風を矯正し、人類平等の観念を助長するの効力があること」を期待していた(28)。この建議に対して、『東亜日報』の社説でも、それは階級差を前提にしない道徳的観念を作り出し、「紳士の国家」を成立させるための必須要件であるとし、ひいては、経済、法律、科学などの「国家の根本」に先立って確立されなければならない「倫理的方面」の整備の一環であるとして、その意義を高く評価した(29)。後年に朴勝彬もほぼ同様の五種類の項目に対して、一つ一つ解説を加えている(30)。

啓明倶楽部は、この件に関して、一九二一年九月二二日に、京城の各界名士四〇余名を招待する形で懇話会を開いているが(31)、その席上、理事の朴勝彬が「従来の朝鮮人は、いろいろと社会上の階級に縛られ、ことばにも区別があまりに多いので、どうしても互いに融和団結するという美しい結果を得られず、互いに排斥忌避する弊害を起こしてきた(32)」と述べた。しかし、この問題点はなかなか解決されないと考えていたようで、のちにより具体的に次のように批判している。

> 児童等の遊戯を観察すれば其弊害は余りに明瞭に語露《ママ》はれて居る。児童が互に其相手方に対し人格的待遇の観念は全然念頭に含まれず、其言は野卑、粗暴、侮蔑、圧迫の気分を忌憚なく発揮し、遂には口汚き悪口を平気に繰返し稍もすれば争闘打擲を為すこと稀ならず此を見る者をして顰蹙寒心を禁じ能はざる状況なり。〔……〕又優順《ママ》しきことを以て其生命とも云ふべき娘様達が（女子高等通学校生徒包含）互に野卑、粗暴、汚罵に渉る語葉を平気に交換することを見るときは尚更冷汗を禁じ得ざる次第なり(33)。

児童の言語使用をめぐり、「人格的待遇の観念」と「野卑、粗暴、侮蔑、圧迫の気分」／「野卑、粗暴、汚罵に渉る語彙」との対置は、「平等」と「差別」という対立的とらえ方をそのまま反映している。この明確な二項対立のなかで、啓明倶楽部の目指すところは、従来の言語使用の慣習を否定し、言語使用を一律化（あるいは一定化）

することで「改善」ととらえ、またそれによって「平等」を指向しようというものであった。

もちろん言語問題の解決によってのみ、「平等」が指向されたわけではない。啓明倶楽部は一九二八年一月に族譜刊行の慣習を排除することを決議しているが、それは、族譜刊行が「民族的団結力及民族的発展力」「民族の平等的統一」を阻害するものだと考えていたからであった[34]。

このような階級を打破し、民族が「団合」するためのいくつかの手段の一つとして言語使用の問題がとらえられていたことがわかる。

2 弱肉強食の論理と「普遍」／「平等」、そして「自治」

「当身」の採用にせよ、児童の敬語使用にせよ、朴勝彬の言語観からみれば、それが言語改革である限り、言語の「普遍」性を指向することを意味した。それが、人々の「平等」とそれらによって担保される民族の「団合」に直結するものと考えられたことはすでにみたとおりである。ここでいま一度、『朝鮮語学』「序文」に記された民族観を振り返ってみたい。民族の性質が「文化の高い／武勇な／平等制度を尚ぶ」と「未開／文弱／階級制度を尚ぶ」とに二分されている図式からもわかるとおり、社会進化論にもとづく優勝劣敗の思考の枠組みそのままであった。そのうえで朴勝彬は、前者のすなわち強者の論理を指向することを求めたのである。つまり、彼の言う民族の「団合」は、そのまま強者への指向を意味したのであり、言語運動もそれを支えるために動員されたことになる。

では、このような考え方はいつごろ形成されたのであろうか。ここで、朴勝彬が日本留学期に唯一記したと思われるある記事に注目したい。それは『大韓留学生会学報』という留学生団体の機関誌に掲載された「擁爐問答」という記事である。これは署名が「学凡朴勝彬傍録」となっているが、「仮痴生」と「先憂子」という架空の人物の対話形式によって「愛国」と「開化」に関して論じたもので、実質的には朴勝彬の文章とみてよい。「仮痴生」

の人物像については、「嘗て深山に在り春に耕し、秋に獲りて、冬にして古人の書を読み、世事の相問に与らざること今数十載に迨びしが、一友人の余を過りて余に勧むるに新聞雑誌を読むをもってする有りて、余乃ち好書の壁をもって其の言に従い一種新聞及び一種雑誌を読むを始めて茲に数月を経」[35]と設定されている。そして、この「仮痴生」が「一友人」である「先憂子」に「愛国」とは何かについて尋ね、それに「先憂子」が答える形で話が進行する。ここで「先憂子」は「仮痴生」を指導する「開化」の側に立つ者として設定されている。内容を要約すれば次のとおりである。「愛」の対象は「三千里疆土を保守」し、「維一の主権を戴き」「福利を安亨する」ことができるということであり、「愛国」とはこの三者の損を憂い、その益を図ることだという[36]。血統、言語を同じくする「人民」にとって、この「愛国」精神は「自然感覚」であるともいう[37]。しかし、優勝劣敗の法則により強者が弱者を駆逐し、滅亡させる「国際競争」の時代にあって、強者の長所を学び、弱者（＝自己）の短所を補充して、その競争に参与しなければいけない、それがまさに「開化」だというのである[38]。まさに、強者が弱者を滅ぼす優勝劣敗の「国際競争」の時代に、強者の長所を学び、その競争に参与しなければいけないとした、この「開化」のとらえ方こそ先にみた言語・民族観の原型ではないだろうか。すると次に問題になるのは、朴勝彬（あるいは啓明倶楽部）が、言語問題のどこに強者の長所を見出したのだろうか。朴勝彬は児童の敬語使用について、あるエピソードを紹介する。それは、自身が福岡に滞在したとき、ある「老嫗」が児童に話しかける語調がとても丁寧で、その場面をみた彼は、「人類社会の美徳を深く感ずると同時に、我が朝鮮社会の遜色があることを悲痛」したという[39]。

これが、児童敬語使用問題の直接の因果関係をもつものなのか、後付けのエピソード紹介なのかという問題は別としても、まず重要なのは強者の長所を日本に見出しているという構図である。そして、さらにその日本の「長所」が「人類社会の美徳」という「普遍」的価値と結びついているところに注意する必要がある。つまり、「擁爐問答」で示された論理に従えば、児童敬語使用問題は、日本的な言語生活のなかに強者の長所と「普遍」を抽出し、それを朝鮮に移植することによって、優勝劣敗の法則にもとづく「国際競争」へ参与することを意味した。そのことは究極的に日本を含む帝国主義列強に伍していく存在になることを意味するのであり、ここに、「朝鮮人の手で政事をおこなう権利を握」ることの意味が前景化してくるわけである。しかし、植民地下において朴勝彬は「聯邦の形式」における「自治」を主張するのであり、「擁爐問答」のときに国家としての独立を主張したのとは必ずしも一致していない。しかもその「自治」さえも実現していない状況において、彼はその原因を「団合」できない民族の性質＝「未開／文弱／階級制度を尚ぶ」に求めた。先の「擁爐問答」[40]では、「仮痴生」の「然らば則ち君の愛国の目的は何時達すべきや」との問いに対し、「先憂子」は断指事件に対する「国民」の共助に「国民相愛心の発展」を、国債報償運動[41]に「国民独立心の発展」を、国内に学校が多く設立され、「薙髪染服して旧習にこだわらないことに対して「国民新進心の発展」を、そして、アメリカ、日本に朝鮮人団体ができ、朝鮮内の各学会と連絡することに対して「国民団結心の発展」などをそれぞれ見出そうとしている[42]。つまり、併合前の時期においてはまだ存在した「国民団結心」の欠如を現在に見出したことになる。生活改善運動とその一環としての言語改革はそのような民族の性質の「改革／改善」という文脈のなかにおかれることになったのである。

3　「政権」なき教育——言語運動の限界

啓明倶楽部は、先にみたとおり児童敬語使用問題などについて、学務局に建議したり、懇話会に行政関係者を招待したりしていた[43]。朴勝彬自身もこれらの事業を教育行政の場を借りて実現することを望んでいたことは、彼の次のような発言からもわかる。

現在の教育制度上学校内に於ける課目としては朝鮮語は其分量に於て又其教育方法に関して軽く取扱はれて居るものと云ふべし。然れども児童並に少年生徒の品性教育に関しては其者等が朝鮮語を常用する生活を為し居る関係上之を等閑に付することは不可能の事柄なり[44]。

しかし、朴勝彬はかつて教育をおこなうために「朝鮮人の手で政事をおこなう権利」の必要性を説いていた。そうすると、総督府権力に頼る彼の右のような考え方は一見矛盾しているようにも思われる。彼は、「文盲退治」のための具体的な対策に関するインタビューで義務教育実施の必要性を主張したが、「今の朝鮮は、為政と民衆が、お前と俺［といった式に］分かれてい」るため、「結局われわれとしては方法がな」いと絶望していた。(45) それは教育の自治の前提となる「朝鮮人の手で政事をおこなう権利」がないからである。つまり、「朝鮮人の手で政事をおこなう権利」がない＝「方法がな」い状態で、その「政権」を得るための民族の「団合」を成し遂げるためには、総督府権力による教育の場を借りるしかないという構造的矛盾に陥ってしまうのである。これこそは、朝鮮人に対する政治的権利の不在ゆえに、言い換えれば、自治運動の挫折ゆえに味わわざるをえなかった絶望以外の何物でもなかった。

Ⅲ　末路

朴勝彬や啓明倶楽部の生活改善運動の論理は、一九三〇年代以降、とりわけ農村振興運動以降に展開された官製の生活改善運動へと呼応していくことになった。誤解のないように言えば、朝鮮知識人の生活改善運動の論理と総督府のそれとはともに近代主義イデオロギーを土台としている点で、符合せざるをえなかったのであり、この点に関しては、ほぼ通説的な理解といえる。しかし、そのことにより、生活改善の主導権が総督府に移ることになり、民族の「団合」を目的とする朝鮮人の運動とは性格を異にすることになった。とりわけ日中戦争期以降の「内鮮一体」化は朝鮮民族の「団合」どころではなかったからである。

しかし、そのようななかでも生活改善は叫ばれる。『東亜日報』一九三八年一月一日付は、「生活の文化化」「生活の科学化」「生活の経済化」を要目とし、さらにその具体的内容として「白衣廃止―色服着用」「蓄髪禁止―断髪断行」「陽暦施行―二重過歳廃棄」「早婚禁止―適齢婚奨励」「其他冠婚葬祭諸儀の改善」を論じた座談会の記事を一面トップで掲載している。そして、その座談会の出席者の一人として朴勝彬がいるのである。もっとも、彼が途中で退席していることもあり、発言そのものは多くないのだが、冒頭の彼の発言にその内容は凝縮されている。その内容を少し引用してみよう。

［……］いまおっしゃられた五種類［前述の「白衣廃止―色服着用」など五つの項目］がすべて正しいと思います。ただ問題なのは、これをどのようにして実行するのかということでしょう。わたしが関係する啓明倶楽部ではこのようなことを考えたことがあって、また決定したこともあります。ですが、このような問題は結局実行問題で、これについては当局もたくさん考えているはずで、みなさまもぜひこの促進をなさらなければならないと思います。［……］

言論機関がまず「白衣同胞」だの「白衣の何とか」だのという白衣に対する用語を使わずに、また個人の間でもそうすればと思います。陽暦施行については、市日、その他記念日については施行されているようで、一般家庭だけが施行されていませんが、これもすぐに施行されるでしょう。婚礼と喪礼については、昭和九年に中枢院で『儀礼準則』というものが出ましたが、それをちゃんと施行しているんでしょうか？　確かに婚礼と喪礼というものは、従来のものでは、経済的にみても、時間的にみても、煩雑すぎるので、有力な言論機関、その他団体で指導して、改良していかなければならないと思います。(46)

これをみると、彼らの生活改善の主張はほぼ実現され、婚礼・喪礼についても朝鮮総督府中枢院の『儀礼準則』（一九三四年）にのっとるのがよいということになり、彼らの運動には一応の「成果」があったということになる。この『儀礼準則』とは、まさに婚礼、喪礼、祭礼の簡素化を定めたものであったが、実はこの作成過程に啓明倶楽部も関与していたのであった。(47)

もう一つ、総合雑誌『三千里』第一〇巻第五号（一九三八年）に掲載された「総督会見記」の記事をみてみたい。

これは、記者の問いかけに対する啓明倶楽部理事朴勝彬の受け答えであるが、南次郎朝鮮総督を尋ねたときのようすについて朴が答えたものである。その様子を引用してみる。

問＝先生がこの前の金曜日に南［次郎］総督を訪問されたことはありませんか？

答＝そうしました。

問＝そのときにおっしゃった意見の内容をお話しくだされればと思うのですが。

答＝いいえ、その日わたしが行ったのは、何か要望する事項にあたり意見を言いに行ったのではありません。以前、啓明倶楽部総会でこのたび実施されるようになった教育機関拡張および改善に関することと志願兵制度に関することについて理事中二人が総督に表せよという決議があって、その日、総務理事趙東植氏とわたし（理事）と二人が総督を訪問して、その決議された内容を伝えただけです。［……］

問＝それ以外にも多くの談話があったものと推想されます。どうですか？

答＝推想はご自由にどうぞ。そのほかに談話というのは、総督の啓明倶楽部はどんな団体なのかという意味のお尋ねに対して、朝鮮人の生活改善を目的とする団体で、設立されてから二〇年を超えましたが、その間にいろいろと決議したことがあったと答えて、その決議された事項中には官の用力によって近く確実に実行される事項もあると。例えば陽暦実行を断行するために各市日を陽暦の日付で試行するように総督府に建議したことがありますが、今年中にはそれが実現されたし、また色衣奨励に関しても一八年前にそれを決議しましたが、最近では着々と実現されるようになったと。そのように官の為政方針で本倶楽部の決議事項が着々実現されることには感謝の意を表する、と言いました。啓明倶楽部は生活改善に貢献することが使命であり、政治に関しては全然関係しない団体であることを述べました。(48)

ここでも陽暦の実行や色衣奨励などかつて啓明倶楽部が主張していた内容が実現されたことが触れられている。啓明倶楽部の建議ゆえに実施されたのかどうかは別として、ここに生活改善運動の呼応関係をみてとることもできよう。そして、「啓明倶楽部は生活改善に貢献することが使命であり、政治に関しては全然関係しない団体である」と表明したとのことであるが、事実、啓明倶楽部自体の性格としてはそうであるとしても、かつて生活改善運動が民族の「団合」、そして朝鮮人が政治的権利を得ることとつながっていたことを考えるならば、もはや政治運動の領域を切り離してしか、生活改善運動の成果は誇示しえなかったことになる。言い換えれば、生活改善実現の代償として、その先にある政治的目標を捨てざるをえない段階に入ってしまっていたのである。

この後、朴勝彬は他の啓明倶楽部のメンバーとともに、戦争協力への道を歩むことになる。一九四一年八月二五日、『三千里』を刊行していた三千里社長金東煥の呼びかけで、京城府民館において臨戦対策協議会が開催される。ここでは、「臨戦体制下における自発的皇国臣民化運動への実践方策に関する件として」「イ、物資及労務供出の徹底強化策」「ロ、国民生活の最低標準化運動方策」「ハ、戦時奉公の義勇化方策」が議題とされたが、一二〇名余りの参加者の一人として朴勝彬の名前が挙がっている。(49) そして、これを母体の一つとして同年一〇月二二日に発足した朝鮮臨戦報国団の発起人となり、(50) また評議員として関与した。(51) この団体は、国民総力朝鮮連盟（一九三八年に創立された国民精神総動員朝鮮連盟が改編され一九四〇年に発足）に吸収される形で翌年一一月には解消してしまう。この団体は次のような綱領を有した。

一、吾等は皇国臣民として皇道精神を宣揚し、思想の統一を期す
一、吾等は戦時体制に即し、国民生活の刷新を期す
一、吾等は勤労報国の精神に基づき、国民皆労の実を挙げんことを期す
一、吾等は国家優先の精神に基づき、国債の消化、貯蓄の励行、物資の供出、生産の拡充に邁進することを期す
一、吾等は国防思想の普及を図るとともに、一朝有事の際に義勇防衛の実を挙げんことを期す(52)

「国民生活の刷新」「国民皆労の実」「貯蓄の励行」といったことばが並ぶが、これこそまさに生活改善運動のなかで唱えられたものであった。つまり、この限りにおいては、朴勝彬らがこのような団体に参加することも、

これまでの生活改善運動の論理の延長線上にあるといえる。しかし、ここに至って、生活改善の論理は、かつての民族「団合」から「皇民化」を支える論理へと変貌してしまい、自治論の時点からみてもはるかに後退してしまった。果たして、朴勝彬が克服せねばならないといった「弱者」の状態は解消されたのであろうか。かつて彼が切実に訴えた「朝鮮人全体の死活」の問題は解決されたのだろうか。戦時期の朴勝彬の発言が少ないうえに、一九四三年一〇月に死を迎えてしまい、この問いに対する朴勝彬の答えを聞くことはできない。

おわりに

さて、解放後の韓国で出た朴勝彬と啓明倶楽部に関する興味深い新聞記事を一つ紹介しよう。韓国建国間もない時期の『東亜日報』一九四八年九月八日付は、「民視民聴」というコーナーで「喪礼改定を要望」と題する無署名のコラムを掲載している。「われわれ青年の眼で見ると、韓国の喪礼方法ほど繁文縟礼のものはない」とし、大泣き、三年間の服喪、喪礼時の飲食の負担の大きさなどを「陋習」として批判する。結論としては、「近年一層旺盛な「族譜刊行」と「宗門会」構成などの廃止のためにも政府は積極新生活運動を推進しなければならない(53)」というものであるが、その参照として次のようなことが書かれているのである。

過去、一九二三年に宋鎮萬《ママ》［宋鎮禹の誤り］、金性洙、李仁、金用茂、朴勝彬、趙東植、崔鎮氏等の社会名士数百名で組織された啓明倶楽部でもこの問題を重視して、「喪礼変改大綱」および「喪礼規定」を制定した。そして、その後日本政府でも中枢院をして一九三四年、「儀礼準則」を制定せしめたが、日帝の強圧をしてもこれを実施できなかったほどその因習の根は深いのである(54)。

ここからわかるのは、朴勝彬たちがあれほど固執した生活改善運動も当の朝鮮社会には限定的にしか作用しなかったということである。宋鎮禹や金性洙といえば、ごく短い期間ではあるが、一時は李承晩を支えた韓国民主党の主要メンバーであり[55]、国民国家建設のナショナルな価値が生活改善運動に付与されることで、かつて植民地主義を支えた論理が、国民主義を支える要素として復活したのである。

ところが、この引用文に挙がっている人物はすべて朝鮮臨戦報国団の発起人として名前を連ねた人物であった[56]。そして、一九四九年、反民族行為処罰法が制定されると、反民族行為特別調査委員会（反民特委）によって、臨戦報国団の経験者の一部は処罰対象とされたのであって、その意味では紛れもなく「親日派」たちであった。朴勝彬や啓明俱楽部の生活改善運動は、戦時期の後遺症を引きずりながら、またもや「親日」と「民族」のはざまで葛藤を余儀なくされたのである。もっとも朴勝彬自身は解放前に亡くなったこともあり、その後、「親日派」としてあからさまに取り上げられることはなかったが、彼の多様な活動や思想は忘却され、ただ異端の朝鮮語研究者であるとのイメージだけが先行することになった。

以上、朴勝彬という、民族運動史上ではあまり俎上に上らない（その割に名前はよく出てくるのだが）知識人の政治・文化運動の性格について試論を展開した。朴勝彬の関与した自治運動の性格からもわかるように、運動の当事者、朝鮮総督府・日本政府、独立運動家たちの間で認識がずれていた。とりわけ、日本政府や独立運動家の間の相反する評価からは、当時の自治運動が置かれていた微妙な位置づけをあらためて確認することができた。朴勝彬の思想や活動を探る限り、民族の「団合」と朝鮮人の政治的権利の獲得という一貫した態度がうかがわれた。しかし、生活改善運動の主導権が総督府に完全に移り、戦時期に至るや、上記のような政治性を放棄せざるをえなかった。ここに生活改善運動の先に見据えた根本の目的が失われることになり、運動は挫折を余儀なくされた。果てには、生活改善の論理を追い、戦争協力をするまでに至る。その意味では、朴勝彬の生涯に生活改善の実現という一貫性と「自治」の放棄という変容が同時にみられることがわかる。

従来、朝鮮知識人の挫折の回路については、思想「転向」の側面がしばしば語られてきたが、朴勝彬の場合は、戦時期におけるドラスティックな「転向」というよりは、併合以前〜三・一独立運動〜日中戦争以後の時間の流れのなかで、植民地支配の構造的矛盾につきあたり、目的を徐々に失っていく過程にあったとみることができる。冒頭で「親日派の民族運動」というタイトルが形容矛盾であると指摘したが、朴勝彬にとって、「親日派」と「民族運動（民族主義）」というのはそれぞれ異なった時期の彼の姿を言い表したものである。時期によってその位置を異にしていっただけのことである。そして、おそらくこのような知識人が植民地期朝鮮において溢れていたのではないかと推測される。本稿は、植民地朝鮮知識人論を考えるための一つのケーススタディにすぎない。

注

（1）朴勝彬に関する詳細は、三ツ井崇『朝鮮植民地支配と言語』（明石書店、二〇一〇年）を参照されたい。
（2）並木真人「植民地期――民族運動・社会運動史」朝鮮史研究会編『朝鮮史研究入門』名古屋大学出版会、二〇一一年。
（3）김동명『지배와 저항, 그리고 협력――식민지 조선에서의 일본제국주의와 조선인의 정치운동』서울: 경인문화사、二〇〇六年。
（4）同前書、九三頁。
（5）「独立運動終熄後ニ於ケル民族運動ノ梗概」一九二七年一月、『斎藤実関係文書』国立国会図書館憲政資料室、所蔵番号95-16、大正一三年四月二一日京鐘警高秘第四六六九号ノ二「崔麟ノ弁明ニ関スル件」（京城鐘路警察署長発京城地方法院検事正宛）。また、一九二六年秋に再興しようとした（大正一五年九月一七日京鐘警高秘第一一四七九号「社会運動ノ変転情況ニ関スル件」京城鐘路警察署長発京城地方法院検事正宛）。
（6）大正一五年九月一七日京鐘警高秘第一一四七九号「社会運動ノ変転情況ニ関スル件」。
（7）「高元勲外六名の意見書」近藤釼一編『万才騒擾事件（三・一運動）（2）』［朝鮮近代史料・朝鮮総督府関係重要文書選集（10）］財団法人友邦協会、一九六四年、一一七－一一八、一二〇頁。
（8）同前資料、一二一頁。
（9）同前資料、一二一－一二二頁。
（10）同前資料、一二三頁。

(11) 「妖弁護士等의自治運動」『独立新聞』一九一九年八月二六日付。引用文中の［　］は引用者による。以下同じ。
(12) 「추악한변호사의무리」『新韓民報』一九一九年一〇月二日付。
(13) 原奎一郎編『原敬日記』第五巻、福村出版、二〇〇〇年、一二四頁。引用文中の傍点は引用者による。以下同じ。
(14) 「最近の朝鮮思想界（上）」『大阪毎日新聞』一九一九年八月二八日付。一つ留意しなければならないのは、ほぼ同文の記事が同日の『東京日日新聞』にも掲載された事実である。ただし、こちらは「朴勝彬等の東京に於ける運動が内地識者の同情を得なかつた」ことについての記述が一切存在せず、また、見出しが「新日本主義」となっていて、日朝両民族の「合体」をいう閔元植の主張に重点を置く意図がみられる点で、『大阪毎日新聞』の記事とは少し異なる（「新日本主義一名新朝鮮主義――朝鮮思想界の三つの流れ（上）」『東京日日新聞』一九一九年八月二八日付）。
(15) 同前。
(16) 大正八年一〇月一八日高警第二六四九〇号「（秘）京城民情彙報　民心ノ傾向」（密第一〇二号其五二〇）、JACAR（アジア歴史資料センター）Ref. C06031116900、大正八年乃至同一〇年共七冊其四、朝鮮騒擾事件関係書類（密第一〇二号情報共三内其一）、陸軍省（防衛省防衛研究所）。
(17) 同前資料。
(18) 同光会本部『衆議院議員朝鮮民情視察報告』一九二三年二月（近藤劔一編前掲書、七四頁）。ちなみに、三人の代議士とは、上塚司（政友会）、荒川五郎（憲政会）、副島義一（無所属）である。また、一〇月一八日夜、京城明月楼でおこなわれた彼らに対する歓迎会の発起人代表が朴であったことを付記しておきたい（「환영석상에서 대쇼란」『新韓民報』一九二二年一一月三〇日付）。
(19) 朴勝彬談「経済独立 데일문제는정권（新生을追求하는朝鮮人――現下急務는何인가）」『東亜日報』一九二二年四月一日付。
(20) 財団法人仁村紀念会編『仁村金性洙伝』서울：財団法人仁村紀念会、一九七六年、二四四－二四五頁、「物産奨励会 理事会開催」『中外日報』一九二八年五月二五日付。
(21) 本章の記述は、三ツ井崇「朴勝彬の言語観とその背景・補論」（『日韓相互認識』第五号、二〇一二年）の一部を修正・増補したものである。
(22) 朴勝彬『朝鮮語学』京城：朝鮮語学研究会、一九三五年、「序」一－二頁。
(23) 鄭求忠編『啓明倶楽部一覧』京城：啓明倶楽部、一九三六年、五頁。
(24) 同前書、七頁。

(25)「啓明俱楽部総会」『東亜日報』一九二一年五月三〇日付。
(26)「児童間의敬語使用──계명구락부에서 학무당국에건의」『東亜日報』一九二一年九月二五日付、「児童敬語問題 대개는 찬성──계명구락부간화회」『東亜日報』一九二三年四月一〇日付。
(27) 鄭求忠編前掲書、一八－一九頁。
(28) 同前書、二一－二三頁。
(29)「学童間敬語使用을奨励──啓明俱楽部의建議」『東亜日報』一九二一年九月二五日付。
(30) 朴勝彬「敬語と人格」『朝鮮の教育研究』第七八号、一九三五年、四九頁。
(31) このとき「学務局長以下京畿道京城府の教育行政担当者並に京城府内各普通学校、幼稚園の当務者」(同前書、四八頁)のほか、「新聞、雑誌社の記者」(啓明俱楽部『啓明十五年』京城：啓明俱楽部、一九三三年、三〇頁)を招いたようである。
(32) 前掲「児童間의敬語使用──계명구락부에서 학무당국에건의」。
(33) 朴勝彬前掲「敬語と人格」四九頁。
(34) 啓明俱楽部前掲書、四三－四六頁。
(35) 学凡朴勝彬傍録「擁爐問答」『大韓留学生会学報』第二号、一九〇七年、二二頁。
(36) 同前資料、二三頁。
(37) 同前。
(38) 同前資料、二四頁。
(39) 朴勝彬「朝鮮言文에関한要求」『啓明』第一号、一九二一年、一六－一七頁。
(40) 一九〇七年一月に起きた、天道教が派遣した留学生のうち、二一名が小指の一節を切って血判を押した「為学声明書」を出すという事件。これは、天道教からの学費支給が中断されるや苦境に陥った学生たちが、「賎役労働をしながらでも」学業を続けることを誓った行為であった。この事件に対し、各留学生団体は彼らを支援する動きをみせた。
(41) 一九〇七年に起きた日本借款を募金により返済しようという運動のこと。
(42) 学凡朴勝彬傍録前掲「擁爐問答」二六－二七頁。
(43) 注(30)参照。
(44) 朴勝彬前掲「敬語と人格」四九頁。
(45)「文盲退治의実際的方案如何」『東亜日報』一九二七年一月六日付。

（46）「旧慣陋習打破――社会各界人士의高見」『東亜日報』一九三八年一月一日付。
（47）丁世紘「近代期の韓国における儒教儀礼の変化――「儀礼準則」を中心に」『東アジア文化交渉研究』第七号、二〇一四年、三六二頁。
（48）朴勝彬「【総督会見記】生活改善의問題」『三千里』第一〇巻第五号、一九三八年、四一頁。
（49）「本社主催大座談会　臨戦対策協議会――百二十人士가府民館에会合」『三千里』第三巻第一一号、一九四一年、四八―四九頁。
（50）『朝鮮臨戦報国団概要』一九四一年（친일반민족행위진상규명위원회 편『친일반민족행위관계사료집』Ⅸ、서울：친일반민족행위진상규명위원회、二〇〇九年）。
（51）『毎日申報』一九四一年一〇月二三日付。
（52）同前。
（53）「【民視民聴】喪礼改定을要望」『東亜日報』一九四八年九月八日付。
（54）同前。
（55）宋鎮禹はじめ「東亜日報」系の人物が多くを占めた。宋は一九四五年に暗殺された。
（56）例えば、『京郷新聞』一九四九年三月二六日付の記事「民族의汚点을清算！――報復을삼가後孫의亀鑑되리라」は、この時点での起訴者、公判担当者のリストが載っている。

満州国建国工作と金井章次の民族協和論

森　久男

はじめに

一九四五年八月一五日、昭和天皇のポツダム宣言受諾のラジオ放送によって、日本は連合国に無条件降伏し、九月二日に東京湾で降伏文書が調印された。やがて、アメリカ進駐軍が日本本土に上陸してGHQ（連合国軍総司令部）が開設されるや、戦犯追及の動きが本格化し、その範囲は満州事変にまで及ぶことになった。軍事保護院総裁本庄繁大将は、満州事変当時の関東軍司令官で、天皇に対する敗戦責任について深い自責の念を抱いており、巣鴨への出頭命令が届く直前、一〇月二〇日に軍事保護院の執務室で割腹自殺を遂げた。(1)本庄の陸軍省人事局長額田坦中将宛の遺書は、次のように記している。

「拝啓多年軍ノ要職ニ奉仕致シナカラ今日ノ如キ破局ニ近キ悲境ヲ見ルニ至ラシメ候事退役トハ云ヘ何共申訳無之又満州事変ハ排日ノ極鉄道爆破ニ端を発シ関東軍トシテ自衛上止ムヲ得サルニ出デタルモノニシテ全ク当時ノ軍司令官タル予一個ノ責任ニ御座候　別冊満洲事変ノ本質御一読ノ上下村陸相ニ御序ニ差上被下候ハ仕合ニ候」(2)。

本庄の口述による絶筆「満洲事変ノ本質」は、満洲事変を処理する方策について、次のように述べている。「学良将軍の復帰を期待するか、満洲事変をして不可避のものたらしめた基礎は何としても学良将軍の施政にある。……殊に作霖将軍以来二代に亘る張家の秕政と軍、政両面における関内進出政策に伴ふ尨大な出費の累増が必然的に満洲住民に対する苛斂誅求を余儀なくした事等の山積により、民心は張家の下を去って居る。故に張家の満洲復帰は不可能である。………満洲側要人有志の見解も如上余等の見解とその軌を一にした。而して于沖漢氏等によって敢然主張されたのは、実に新国家の建設であった[3]」。

本庄が自決した執務室の机上には、軍事保護院副総裁数藤鉄臣から届けられた金井章次の著書（『満蒙行政瑣談』創元社、一九四三年）が置かれていた[4]。同書には、一九三一年一〇月三〇日に本庄軍司令官と遼寧地方維持委員会委員長袁金凱・最高委員金井章次が会見し、関東軍が新占領地の統治原理として「王道主義」を受容した瞬間が描かれている。

満洲事変前、関東軍作戦参謀石原莞爾中佐は、満蒙問題の解決策として満蒙領有論を唱えた。しかし、満洲事変直後に日本政府が事変不拡大方針を決めたので、本国から三個師団の増援を得て満蒙全域を軍事占領する構想は実行できず、石原の満蒙領有論は実現の前提条件が失われていた。当時関東州・総領事・満鉄が非協力の姿勢を示す状況下で、関東軍は一万人余の小兵力によって二十倍以上の兵力を擁する東北軍と対峙しており、新占領地統治に必要な人材を確保するあてがなかった。金井は会員数約三千名を擁する満州青年連盟理事長代理（一〇月一七日に理事長就任）として、人材不足に苦しむ関東軍に代って、総力を結集して満州事変後の戦時接収工作に取り組んだ。

満州青年連盟は事変前に満蒙における日本の利権を擁護する「権益主義」から「民族協和」へと姿勢を転換し、石原参謀の満蒙領有論とは距離を置いていた。金井は王永江・袁金凱・于沖漢等の奉天文治派が唱える「保境安民」の政治思想に着目する一方、満州日報記者金崎賢が唱える「王道主義」を高く評価していた。金井は、一〇月下旬に天津へ出張する土肥原賢二大佐に代って、遼寧地方維持委員会の最高顧問に就任してのち、「民族協和」「王道主義」を思想的武器として、現地要人工作で主導的役割を果たした。

関東軍司令部において本庄軍司令官が金井・袁金凱と会見したことは、関東軍が満蒙領有論を放棄し、「民族協和」「王道主義」を新国家の統治原理として正式に承認したことを意味した。満州国の「五族協和」「王道楽土」という建国理念は、満州青年連盟の政治的主張が有力な思想的源流となっている。

満州国の建国理念についての従来の研究としては、山室信一氏の業績（『キメラ――満州国の肖像』中公新書、一九九三年）を代表として、数多くの著書・論文が存在しているが、その大半の結論としては、「五族協和」「王道楽土」の理想は、傀儡国家である満州国を飾り立てる美辞麗句にすぎず、実際には実施されなかったと評価している。

以上の評価はかならずしも誤りではないが、重要な事実が一つ忘れられている。すなわち、満州国の建国理念の根幹にある「民族協和」「王道主義」の思想は、傀儡国家を美化する単なる空虚な幻想ではなく、満州事変後の満州国建国工作において、現地要人を対日協力者として獲得し、地方行政機構を再建するための思想的切り札であったという点である。そして、関東軍と現地要人との間で政治工作の要の位置にいたのが金井である。

本稿の課題は、金井の占領地統治思想の核心を構成する民族協和論がいかに形成され、満州国建国工作においてどのように実践されていったのかを、満州青年連盟の行動の軌跡を中心として考察することにある。すなわち、満州事変前に民族協和論を唱え、石原参謀の満蒙領有論と理論的に対立していた青年連盟が、事変後の戦時接収工作を通じて関東軍に協力し、この過程で民族協和の思想的威力を発揮して、関東軍の政治的主張が満蒙領有論から民族協和論へと転向していく状況を、金井の現地要人工作に焦点を合わせて考察する。

Ⅰ　満州青年連盟の民族協和論

1　金井章治の民族理論

金井章次は一九一二年に東京帝国大学医学部を卒業したが、臨床医学には興味がなく、病理学教室に残って公衆医学を志した。一九一三年、内務省伝染病研究所に入り、翌年北里伝染病研究所に移籍して細菌学を研究した。一九二〇年、イギリスのロンドン大学リスター研究所で植民医学を学び、同国が植民によって人口問題を解決した歴史を理解した。一九二二年、ジュネーブに渡って国際連盟事務局保険部員となり、衛生面から各国の異民族政策を研究するとともに、複合民族国家スイスの民族問題に対する知見を深めた。(5)

一九二三年、帰国して慶応大学医学部教授となったが、翌年北里柴三郎の紹介で満鉄地方部衛生課長となり、のちに満鉄衛生研究所長を兼任した。一九二八年の張作霖爆殺事件後、張学良政権による反日運動が活発となり、同年秋に満州青年連盟が組織されるや、同連盟顧問として組織の運営に関与した。(6)

国際連盟事務局時代、金井はアメリカ大統領ウィルソンの民族自決論が風靡する中で、「自決を釈いて協和を釈かなければ、世界は再び、戦乱の災におそわれるであろう」と危惧の念を示し、民族主義を過度に強調すると、人種間紛争や戦争の危険が増大すると判断した。他方、金井は複合民族国家であるスイスの民族問題に関心をもち、スイス人はドイツ系・フランス系・イタリア系・ロマン系の四民族が、言語・風俗習慣・居住地域等を異にしながら、分裂することなく、複合民族国家として独立を維持している由来に着目し、スイスの民族構成の研究から出発して複合民族国家の特質を理解した。その結果、単一民族国家と複合民族国家の間に優劣を定めることはできず、ともに対等の資格における二類型であるという認識に到達した。(7)

満州事変前、満州青年連盟は満蒙における日本の利権擁護という権益主義から距離を置いて、「満州に現存する諸民族の協和」という政治的スローガンを掲げた。金井は青年連盟顧問として連盟内部の政治討論に参加する中で、みずからの民族理論の理解を深め、民族協和論の意義に対する認識を深めていった。一九四七年四月二日、金井は東京裁判に証人として出廷し、「満州の日満間の紛争を見るにつけても、民族の自主と民族の協和との二大精神が如何に緊要であるかを痛感しました」と証言している[(8)]。さらに金井は、「満州事変前、昭和四年から満州青年連盟が唱導した「民族協和」は、……第一次世界大戦の終末期に唱え出されたウイルソン大統領の「民族自決」に対決する意味で主張されたものである」と主張している[(9)]。

2　満州青年連盟の成立

一九二八年六月、奉天軍閥張作霖は関東軍高級参謀河本大作大佐の謀略によって爆殺された。彼の遺児張学良は東北軍を継承し、年末東北政府の各庁舎に青天白日旗を一斉に掲げて、南京国民政府への合流を宣言した。こうした状況下で、中国東北地方の各地で排日運動が燃え広がっていった。

当時大連新聞社は満州に居住する日本人の世論を盛り上げるため、同紙読者を対象として模擬議会の開催を企画し、新聞投票による議員選挙を読者に呼びかけた。五月四〜六日、第一回満州青年議会が開催されたが、意見対立が表面化して未熟さを露呈した。そこで、満鉄地方課長平島敏夫・大連埠頭職員山口重次・農民岡田猛馬等の有志が集まって、模擬議会を満州青年連盟へ発展的に解消しようと企図した。有志たちは金井を青年連盟理事長に起用しようとしたが、彼が固辞したので、保々隆矣・中西敏憲・山崎元幹等の満鉄高級職員を含む十九名の顧問の一人として参加を求めた。一一月一三日、第二回満州青年議会の最終日に「満洲青年連盟結成案」が上程され、満場一致で可決された[(10)]。

第二回満州青年議会の終了後、満鉄理事小日山直登を理事長として、満州青年連盟本部の発会式が行なわれた。小日山は議長席で「満洲青年連盟宣言」を読み上げ、「満蒙ハ、日華共存ノ地域ニシテ、其ノ文化ヲ隆メ、富源ヲ拓キ以テ彼此相益シ、両民族無窮ノ繁栄ト東洋永遠ノ平和ヲ確保スルコソ我国家ノ一大使命ナリ」と述べた。「満洲青年連盟規約」第一条は、「満洲青年連盟ハ満蒙ニ於ケル青年ノ大同団結ヲ図リ満蒙諸問題ノ研究ヲ以テ目的トス」と定め、第三条で満州青年議会の開設を事業として掲げ、第四条で本部を大連に設置し、必要に応じて支部を枢要の地に置くと定めている(11)。

満州青年連盟支部は、安東(一二月九日)、吉林(二二日)、四平街(二三日)、鶏冠山(二六日)、大連(一九二九年一月七日)で結成された。一月九日、青年連盟は関東庁大連警察署長に結社届を提出して受理された。同日青年連盟の地方遊説隊が組織され、長春で演説会を開いたのを皮切りとして、同月中に公主嶺・四平街・開原・鉄嶺・撫順・本渓湖・奉天・遼陽・鞍山・営口・瓦房店・熊岳城・金州・大石橋・旅順等の諸都市で遊説した結果、支部結成の動きが一挙に広がっていった(12)。

のち、満州青年連盟議会が定期的に開催され、満蒙問題に関する諸問題を議題として取り上げ、決議案の実現をはかるため、国内外での演説会の開催、宣伝パンフレットの発行を通じて、その政治的主張の普及を図った。当時張学良政権による日本の満蒙権益に対する圧迫や排日運動が強まって、在満邦人の経済活動が圧迫されたので、満州青年連盟の活動は熱を帯びていった。

3　満蒙の権益擁護から民族協和へ

第一回満州青年連盟議会は一九二九年六月一～三日に開かれ、大連支部から「日華青年和合の件」が、営口支部から「満蒙自治制の確立に対し国民的援助を与へ之が達成を期する件」が提案された。第二回満州青年連盟議会は一一月二三・二四日に開催され、営口支部から「満洲自治案」が再提案され、安東支部から「日華青年協和連盟組織の件」が、撫順支部から「華語奨励に関する件」が提案された。以上の諸議案は、のちの民族協和による複合民族国家の建設方針につながる重要な提案を含んでいるが、当時の青年連盟には満蒙における日本の権益擁護という色彩がなお根強く、明確な方針を提起できなかった。[13]

金井は六月二日の満蒙自治制に関する討論において、イギリスの植民地自治問題を取り上げ、「満蒙に自治制を敷くは母国に対し甚だ遺憾とする点を多々生ずる」と消極的意見を述べ、慎重な討議を求めた。その結果、同議案は委員附託とされて、審議未了のために次回議会まで保留となった。一一月二三日、満蒙自治制確立に関する件が改めて討議され、この議案の提案者である中尾優は、「満蒙に日支人の融和した平和郷を建設されるならば我々は悦んで其の国籍に入るべきである」と主張した。他の議員からは、母国と確執が起きた場合の国籍問題や「文化の程度低き支那の現状」から、自治制を建てることは不可能であるという異論が出され、本議案は第三回青年議会まで保留となった。[14]

一九三〇年は張学良政権による反日政策が強化される一方、満州青年連盟の活動が停滞した時期である。一月二一・二二日、第三回満州青年連盟議会が開催されたが、景気不振にともなう景気対策が議題の中心を占め、青年連盟の根本的な政治路線についての認識は深まらなかった。こうした目標喪失状態の中で、本部理事会・撫順支部から「連盟規約改正案」が上程され、委員会での審議を経て、「満洲青年連盟規約」(改正案)が決議され、九月二三日から実施されることになった。満州青年連盟の新規約第二条は、「本連盟ハ満蒙ニ於ケル邦人青年ノ大同団結ヲ図リ満蒙諸問題ヲ研究シ民族的発展ヲ期スルヲ以テ目的トス」と定め、研究団体から実践団体への脱皮を目指している。[15]

一九三〇年七月一三日、小日山理事長の東京への異動に伴って、金井が理事長代理に就任した。当時本部総務部長は山口であった。満州青年連盟が唱える「民族協和」の代表的論客は金井と山口であるが、両者の関係をどのように理解すべきであろうか。一九二六年に満鉄社員会が結成され、山口がその機関誌の懸賞論文として応募した入選作「三十年後の満蒙」(『協和』一九二七年六月号)は、次のように満蒙新自治政府の理想を描写している。

「満蒙の住民は国民総投票に依って政治改革を断行し、旧来の省政を廃し蒙古及東三省を結合して一の自治国となし、……満蒙に居住し新自治区の国籍を有する者は、漢人、満洲人、蒙古人、鮮人、日本人の差別なく等しく自治区の市民として、政治に参与し協同の義務を負担し、満蒙の文化天賦の資源に均霑し得ることとし人類相愛、共存共栄の理想境の実現を図った[16]」。

一九二九年六月の第一回満州青年連盟議会において、金井は満蒙自治制に対して消極的意見を表明したが、一九三三年刊行の『満洲青年聯盟史』附録の中で、彼は当時の状況を次のように説明している。「中尾優氏から満蒙の自治独立論が提出された。当時私は之に反対と迄は行かぬでも頗る否定的の参考論を述べたものだ。山口、大羽の両君が会議の終了後今の所に見えて中尾氏の自治独立論に就て其意義を詳説された。今にして思へば満洲青年連盟が事変前満蒙に於ける民族の協和を唱導し、自治独立を叫むだのは、その由来するところ可なり早かつたやうに思ふ[17]」。

一九三一年六月一三日、満州青年連盟は大連歌舞伎座で新満蒙政策の樹立と難局打開の演説会を開催し、「吾等在満邦人の生存権は支那政府の系統的産業圧迫と条約蹂躙の不法行為とにより今や覆轍の危機に瀕す」と宣言して、以下の五項目を決議した。「一、満蒙ニ於ケル多頭政治ヲ打破シ有力ナル統制機関ノ実現ヲ期ス。二、在満邦人ノ公法的輿論機関ノ設置ヲ期ス。三、姑息ナル鉄道交渉ヲ排シ条約を基調トセル正統外交ノ開始ヲ期ス。四、国際信義ヲ無視セル排日教育ノ根絶ヲ期ス。五、満蒙ニ於ケル現住諸民族ノ協和ヲ期ス[18]」。当時満州青年連盟は、満蒙における現住諸民族の協和による独立建国案をすでに構想していたが、関東庁長官塚本清治から強く反対された結果、国事犯になることを避けるため、「満蒙ニ於ケル現住諸民族ノ協和ヲ期ス」という穏健な表現への変更を余儀なくされた[19]。

金井はイギリス留学時代に植民医学を研究し、国際連盟保健部時代にスイスの人種問題に対する洞察を深めていたが、戦後の時事評論の中で「わたしの民族主義論はわたしが大震災の翌年渡満して以来のことである[20]」と回想している。満州青年連盟の民族協和論の源流は山口の政治思想にあり、金井は山口と彼の周辺の同人から思想的影響を受けて、民族協和論を受容していった。満鉄衛生課長時代、金井は大連の星ヶ浦にある自宅が奉天文治派の巨頭于沖漢の別荘に近く、彼から「保境安民」の思想を親しく聞いていた。満州事変前、金井と于沖漢は満州日報記者金崎賢が説く「王道主義」の影響を受けて、奉天軍閥による「覇道」に対して「王道」を対置する政治論を受容していた[21]。

金井は深遠で独創的な理論を生み出す思想家というより、実際政治に有効な思想的武器を求める実践家で、他人の理論の長所を素直に受け入れるという特質を備え、この才能は満州事変の勃発で最大限に発揮されることになった。

II　満蒙領有論から民族協和論への転換

1　石原莞爾の満蒙領有論

満州事変前に石原莞爾が唱えた満蒙領有論と満州青年連盟の民族協和論は、まったく正反対の政治的主張であった。『中央公論』（一九六四年一〇月号）に掲載された林房雄「大東亜戦争肯定論」（第十一回「日中戦争」への発展――「東亜連盟」の理想と現実）は、「石原莞爾の「東亜連盟論」はその「狂信性」の故に、関東軍司令官と参謀と少壮将校を動かし、民間には「満州青年連盟」を生み出し……」と記している。これに対して、金井は「林房雄氏は、青年連盟は石原中佐の東亜連盟論に刺激されて生れたように書いているが、とんでもない話だ」と反論している[22]。のち、林は『続・大東亜戦争肯定論』（番町書房、一九六五年）の中で金井の批判に譲歩し、彼の反論を紹介している。

石原は「満蒙問題解決ノ唯一方法ハ満蒙ヲ我有トスルニアリ[23]」という信念に基づいて、「関東軍満蒙領有計画」（一九二九年七月[24]）を起案し、占領地統治方針として、「最モ簡明ナル軍政ヲ布キ確実ニ治安ヲ維持スル以外努メテ干渉ヲ避ケ日鮮支三民族ノ自由競争ニヨル発達ヲ期ス」と述べている。治安維持の主体である守備隊（約四十五個大隊）の活動については、鉄道線路を第一とし、県城その他の諸点に若干の兵力を配置すると予定している。国防については、「約四師団ヲ用ヒテ露国ノ侵入ニ備フ」と兵力を概算している。満蒙領有後の交通・通信については、「此等ノ事業ノ根本ハ満鉄会社ヲ利用スルモノトス」と希望的観測を述べている。

石原の満蒙領有計画のうち、占領地の具体的な統治方法については、一九二九年七月の北満参謀旅行の最中、関東軍参謀部兵要地誌主任佐久間亮三大尉に対して、一年間満州占領地統治の研究に専念するよう命じている。佐久間は一九三〇年九月に『満蒙ニ於ケル占領地統治ニ関スル研究』の本冊と抜粋を脱稿し、統治に要する諸費は占領地域の収入によることを主眼とし、行政系統はなるべく統帥系と一致させ、軍政施行による治安維持のために必要な守備兵力として、歩兵四十八個大隊、騎兵七個大隊、野（山）砲各八個大隊とし、戦時編成に準じた後備大隊を予定している。この研究結果について、一九三一年一月から参謀全員・調査班員有志との間で三回の討論が行なわれ、「先ヅ財政産業交通ニ関スル根本方針ヲ決定スルヲ要ス」という意見が出されている。[25]

五月二二日、謀略工作をまじかに控えて、石原は「満蒙問題私見」を脱稿し、「満蒙問題ノ解決トハ之ヲ我領土トナスコトナリトノ確信」を再確認する一方、戦争計画は政府と軍部が協力して策定するものであるが、まず率先して成案を得る意思を示した。[26]石原は満蒙統治にともなう軍政施行と並行して、民生工作の重要性を認識して、満鉄の人材活用を予定していた。

当時石原は大雄峰会や満州青年連盟の関係者との接触を図って、謀略実施後における民間人との協力体制の構築を急いでいる。一九三一年の『石原日記』には、「朝、花谷、今田両氏来リ板垣大佐宅ニテ謀略ニ関スル打合セ午後、雄峰会ニ出席」（五月三一日）、「午後、中野鯱逸氏来リ板垣大佐モ来リテ快談ス　要ハ奉天謀略ニ主力ヲ尽スコトニ意見一致」（六月八日）、「吉村、和田両氏来リ夕食後、板垣大佐ヲ訪ネテ相談」（六月二三日）、「午後二時ヨリ青年連盟トノ座談会、将校集会所」（八月二三日）という記述がある。[27]中野鯱逸は笠木良明が主催する大雄峰会の主要メンバー、和田（勁）は予備役軍人で、民間人としてこの共同謀議に参加した。

金井は満鉄調査課長佐多弘治郎から石原の「満蒙領有計画」を事前に入手しており、「青年連盟が民族協和の独立国を唱える有力な原因の一つは、石原莞爾氏の「昭和四年の満州占領案」に対する反対のためであった」と回想している。(28) 八月二三日、三宅光治参謀長の呼びかけで関東軍参謀と満州青年連盟との最初の会談が開かれたが、その直前まで両者の間には緊張した雰囲気が漂っていた。この時、青年連盟側から金井章治・山口重次・小山貞知・是安正利・岡田猛馬等の幹部が出席し、関東軍側から参謀長以下の全参謀が参列したが、両者の連絡係を務めたのは、従来関東軍と接触を保っていた小山である。(29)

会談の冒頭、満州青年連盟側から金井が最初の挨拶を行なった。次に、内地遊説から帰国直後の岡田が熱弁を振るうや、石原は「結局、青年連盟も権益主義者か」と皮肉を漏らした。金井が石原の言動に反論してのち、山口は「吾々の考えでは、治外法権も、旅順大連租借地も、みんな放棄して、日満共同の独立国をたてろという趣意だ」と青年連盟の主張を示した。そこで、石原は「あなた方の唱導している民族協和というのは、どう解釈してよいか」と質問した。この論争で明らかなことは、石原が青年連盟の民族協和論の主張について、すでに研究したうえで、意図的に挑発的な質問をしたことである。(30)

石原は「関東軍の腰の刀は竹光か」という岡田の発言を取り上げ、次のように反論した。「その通りだ。だが微力でも竹光でも、学良軍閥打倒のごときは、それで十分だ。……私は作戦参謀主任としてあなた方に向って、これだけのことは言える。いざ事あれば、奉天撃滅は、二日とはかゝらん。事は電撃一瞬のうちに決する。これが、さきほどの問いに対する答えです」。(31)

今回の会談で、石原の満蒙領有論と満州青年連盟の民族協和論との理論的溝は埋まらなかったが、彼の満蒙問題解決への固い決意表明は、満州事変直後に青年連盟が関東軍への全面協力を決意する有力な契機となった。

2　満州事変と満蒙領有論の挫折

満州事変の前夜、関東軍の総兵力は第二師団五千四百名、独立守備隊五千名であった。第二師団は平時の縮小編成で外地に派遣され、国内の留守部隊に総兵力の三分の一が残留して、歩兵部隊の兵力は八個大隊で、独立守備隊六個大隊を加えて、計十四個大隊にすぎなかった。(32)九月一八日夜に満州事変が勃発し、関東軍は不抵抗政策を採る東北軍を奇襲して一晩で奉天市を軍事占領したが、占領地を他地域に広げるには絶対的に兵力が不足していた。

陸軍の一九三一年度作戦計画は、満蒙地域で一旦ことが起これば、内地の第十師団、および朝鮮軍の一個旅団と飛行隊の緊急派遣を予定していた。一九日、本庄軍司令官は陸軍中央部に三個師団の増援を要請したが、当時政府は事変不拡大方針を決めており、即日同方針が陸軍中央部から伝えられたので、この増援要請は不発に終わった。他方、朝鮮軍司令官林銑十郎中将は、事前の約束に基づいて飛行隊を送り込む一方、第三十九旅団を増援兵力として派遣しようとしたが、陸軍中央部の指導によって中朝国境で越境を阻止された。(33)

当時参謀本部作戦部長建川美次少将は、関東軍の謀略を阻止するために派遣され、事変当夜奉天へ到着したが、事前にその意図を察知した板垣征四郎大佐によって、市内の料亭菊文で飲み潰されていた。一九日深夜、建川少将は関東軍側の板垣大佐・石原中佐・花谷正少佐・片倉衷大尉等と事変の事後処理について協議し、その席上石原は満蒙領有案を主張したが、建川はこれを認めなかった。二〇日、建川は関東軍司令部へ赴き、本庄繁軍司令官・三宅光治参謀長に対して、宣統帝を盟主とする地方政権の樹立を勧告した。(34)

二二日、三宅参謀長・板垣大佐・石原中佐・片倉大尉、および奉天特務機関長土肥原賢二大佐が瀋陽館に集まって、関東軍の事変処理方針を協議した。この時、土肥原が「日本人を盟主とする在満蒙五族共和国を策立すべし」(35)と提案したのに対して、板垣はあくまで満蒙領有論を唱え、石原は「支那人の向背、国際情勢、国内の情況等を勘案して考慮を要すべし」と柔軟な姿勢を示し、片倉は石原・土肥原の方向に賛意を表明した。当時石原はなお満蒙領有論に未練を残していたが、周囲の状況変化から現実的な解決策を模索していた[36]。同日関東軍参謀部「満蒙問題解決策案[37]」が策定され、「我国ノ支持ヲ受ケ東北四省及蒙古ヲ領域トセル宣統帝ヲ頭首トスル支那政権ヲ樹立シ在満各種民族ノ楽土タラシム」という方針を決定した。また、地方の治安を維持するため、熙洽（吉林地方）、張海鵬（洮索地方）、湯玉麟（熱河地方）、于芷山（東辺道地方）、張景恵（ハルピン地方）を起用して鎮守使とし、「地方行政ハ省政府ニ依リ新政権県長ヲ任命ス」と定めている。

満州事変直後、政府は事変不拡大方針を決定し、関東庁・総領事・満鉄の三者が関東軍に非協力の態度を示したので、関東軍は四面楚歌となった。東北四省を軍事占領して軍政を施行するには、事前に歩兵四十八個大隊の守備兵力が必要であると見積もっていたが、関東軍には最前線の作戦部隊を含めて歩兵十四個大隊しか兵力がなく、満蒙領有論を実行する条件が存在しなかった。当初民生面で満鉄の協力を予定していたが、満鉄当局は不協力の態度を示した。こうした状況下で、戦時接収工作や新政権樹立工作を推進するためには、民間人と現地有力者の自発的協力に頼るしか術が残されていなかった。

石原中佐の満蒙領有論は軍政を前提とした日本による直接支配の論理である。他方、満州青年連盟が主張する民族協和論は、現地有力者の政治参加を前提とする独立建国の方法論で、王道主義の理念を共有して、王永江・于沖漢・袁金凱等の奉天文治派が唱える保境安民の政治思想と通底している。すなわち、青年連盟と奉天文治派は、覇道を体現した奉天軍閥を共通の敵とみなし、「現住諸民族ノ協和」（=地元住民の自治）を尊重するという認識を共有した。

満州事変勃発の翌朝、満州青年連盟の幹部は大連の連盟本部に集合して、ただちに関東軍の政略への参加を決定し、奉天の仮事務所に移動して、占領地の戦時接収工作に従事するほか、在満日本人大会を満州各地で開催し、さらに関東軍の軍事行動に対する本国世論の支持を喚起するため、第二次内地遊説隊（九月二八日〜一〇月一四日）を日本に派遣した[38]。

陸軍中央部による三個師団の増援拒否と朝鮮軍第三十九旅団の越境禁止によって、関東軍は絶対的な兵力不足に陥った。石原参謀は大連にいる金井に対して、武装しうる青年を何人でも奉天に送るよう打電した。そこで、満州青年連盟は百数十名の青年を集めたが、のちに朝鮮軍が独断越境して奉天に進駐したので、義勇軍の派遣は中止された。[39]片倉大尉の業務日誌は、「二十三日夜青年連盟の運動を合流せしむ」「小山貞知義勇軍の組織」と記している。[40]

満州青年連盟による政略参加の第一号は、奉天市の停電を防ぐために奉天満電支店長原口純允が実施した電燈廠（発電所）の接収である。第二号は、山口重次が実施した満鉄並行線である瀋海鉄路の復旧工作である。第三号は、是安正利が旅順工大同窓生十数名を率いて実施した電話局・紡織廠・迫撃工廠（火薬工場）・兵工廠等の産業施設の接収工作である。第四号は、小沢開作・大羽時男・金井章次・黒柳一晴・升巴庫吉等による奉天省政府再建工作、および中西敏憲以下三十四名の青年連盟会員による自治指導部への参加である。[41]

満州青年連盟による戦時接収工作は、関東軍の武力に依拠せず、現地住民の自発的参加によって事業の復旧を図るというもので、板垣大佐や石原中佐に対して、民族協和の政治的威力を強く印象づけることに成功した。

3　関東軍による民族協和論の受容

「満蒙問題解決策案」（九月二二日）は、関東軍本来の満蒙領有論から「支那政権」の樹立へと譲歩しているが、この新政権は中国本土と切り離すことを予定しており、当面宣統帝の復辟を目指す地方有力者との連絡をとった。他方、奉天市では満州青年連盟を中心として、現地の対日協力者の積極的参加を獲得しながら、鉄道・インフラ・産業施設等の戦時接収工作が進展していった。こうして、九月二八日には熙洽・張景恵が吉林・ハルビンで独立宣言を発表し、地方で新政権樹立の機運がみなぎっていた。[42]

当時陸軍中央部は地方政権樹立による解決案を模索していた。二八日、参謀本部第二部長橋本虎之助少将一行が奉天に到着した際、板垣大佐は新政権樹立問題について、次のように述べている。「現下の状勢上一挙占領案は不可能なるを以て先づ新たなる支那政権を樹立するより外策なかるべく此際支那人を盟主とするも満蒙を支那本土より切り離し、満蒙の統一を図り表面は支那人に依り収むるも実質は我手裡に掌握するの三件は絶対的要件なりと信ず[43]」。

他方、石原中佐は「満蒙問題解決案」（一〇月二日[44]）を幕僚会議に提出して、地方政権樹立からさらに一歩を踏み出し、「満蒙ヲ独立国トシ之ヲ我保護下ニ置キ在満蒙各民族ノ平等ナル発展ヲ期ス」という方針を示し、「新独立国ノ政治ハ日支（蒙古ヲ含ム）同数ノ委員ニ依リ之ヲ行ヒ各民族ノ平等ナル幸福増進ヲ図ルヘキコト」と述べている。

満州事変直後、石原中佐は国内外の諸状況を勘案して、不本意ながら満蒙領有論の放棄を余儀なくされた。しかし、満州青年連盟による戦時接収工作が着々と成果を挙げるのをまのあたりにして、現地の対日協力者による事業復興への自発的参加の重要性を認識し、独立建国を積極的に推進する立場へとみずからの姿勢を転換していった。

一〇月一七日、第四回満州青年連盟議会が撫順で開催され、「民族協和具体案確立の件」「連省自治満蒙共和国に関する件」「満蒙原住民福祉運動邁進の件」が決議された。金井はこれら決議の趣旨を体現した独立建国案として、みずからその大意を説明したうえで、満鉄本社文書課長中西敏憲に「満蒙自由国建設綱領」の起草を依頼した。同綱領は、「居住各民族協和ノ趣旨ニヨリ自由平等ヲ旨トシ現在居住者ヲ以テ自由国国民トス」「軍閥ヲ廃シ徹底的文治主義ニヨリ兵乱ノ支那本土ヨリ分離シ、東北四省ノ経済的文化的開発ノ徹底ヲ期スルコト」と述べ、中央政府・各省政府・各県政府を再建する建設順序として、地方維持委員会による各県知事の任免から省執行委員・東北自由国中央執行委員の選出、大総統・副総統の推戴にいたる道筋を示している[45]。

当時新独立国建設案としては、関東軍参謀部第三課嘱託久保田忠一「民族連合国家案」、松木俠「満蒙共和国

統治大綱案」（一〇月二一日）、金井「満蒙自由国建設綱領」（一〇月二三日）、絶対保境安民主義や不養兵主義を盛り込んだ于沖漢「八項目意見書」（一一月三日）、松木「満蒙自由国設立案大綱」（一一月上旬）が存在していた(46)。松木の「満蒙自由国設立案大綱」には、于沖漢の意見を大幅に取り入れて、「軍閥政治を排除し分治主義に依りて統治を為す」「国政は出来る丈け人民の自治に任し官治行政の範囲を少なからしむ」という記述が盛り込まれている(47)。

　戦後片倉は満州国建国に結びついた建国構想について、久保田の構想、松木の二つの構想、金井の構想、于沖漢の構想が代表的で、満州においては日本人が入った共存共栄の国を作るという点を共通認識として、「それぞれがみな取り入れられてミックスされている」と回想している。他方、民族協和という言葉を使って、各民族の融和を図るという政策を盛り込んだのは金井章次の案だけで、あとは民族協和という言葉を使っていないと証言している(48)。

　一〇月二三日、金井は満州青年連盟理事長の名義で「満蒙自由国建設綱領」を本庄軍司令官に提出した。のち、板垣大佐以下の関東軍参謀は奉天の料亭金八で金井を慰労会に招待し、その席上片倉大尉が配布した金井の意見書について、種々の質疑が交わされた。翌日石原参謀は軍司令部で「オイ金井君、おれはおれの案をやめて、君等の案によるよ」と告げている(49)。

　片倉大尉は「満蒙問題解決の根本方策」（一〇月二四日）を起案して、「支那本土と絶縁し表面支那人に依り統一せられ其の実権を我方の手裡に掌握せる東北四省竝内蒙古を領域とする独立新満蒙国家を建設する」方針に基づいて、「遼寧省には我方の内面的支持に依り特異の行政府を樹立し善政の実を挙げ此間吉黒両省の親日政権の迅速なる確立竝安定を期す」という要領を起案している。同方策は、板垣・石原両参謀一閲後若干の修正を経てのち、軍司令官・参謀長の決済を経て、陸軍中央部に具申されている(50)。

　翌年一月一一日、朝日新聞は奉天ヤマトホテルで「日支名士の座談会」を開催し、その席上石原中佐は前年暮に満蒙領有論から独立建国論へ転向した理由として、前年六月の満州青年連盟の「現住諸民族ノ協和ヲ期ス」という大会決議を取り上げ、「満洲事変の最中に於ける満洲人の有力者である人々の日本軍に対する積極的な協力と軍閥打倒の激しい気持」を指摘している(51)。この座談会の席上、関東庁の川相外事課長は、于沖漢、居留民会の野口会長等が居並ぶ中で、新国家設立を説く金井に反対した。翌日、于沖漢は金井に対して、「今回の事変を機会として蹶起した意味が、真に東三省のためであることが明かにされ東三省民に合わせる顔が立つた」と語っている(52)。

Ⅲ　満州事変と満州国の建国

1　満州青年連盟の戦時接収工作

満州事変の前夜、金井は長江の水害救援のために上海に出張していたが、上海から大連に戻った九月一八日夜に満州事変が起きた。翌朝金井は小山貞知を大連ヤマトホテルへ呼び出し、満州青年連盟の有志を集めて、現地側の交通・企業・工場等の経済機構を極力復興するよう委嘱した。金井はふたたび上海に戻って仕事の後始末をするや、ただちに大連に戻った(53)。

満州青年連盟の主要幹部は大連本部に集まって、関東軍の軍事行動の支持を決定し、二〇日に「全国民に檄す」という声明を内外に発表し、二七日に内地遊説員を仙台・東京・大阪・岡山・福岡に送り出して、全国主要都市で演説会を開催し、政府要人・各政党・元老等を訪問して満蒙問題の解決を訴えた。青年連盟の理事・役員の大半は奉天に移動して、ヤマトホテルに仮事務所を置いた。彼らの多くは政務指導を担当する関東軍参謀部第三課の無給嘱託となって、戦時接収工作に参加した。各地方支部は都市の警戒や負傷者の収容を行ない、長春支部は関東軍飛行隊の着陸準備のため、在留邦人を動員して緊急に飛行場の設営を行なった(54)。主要な理事・役員の役割分担は、次のとおりである。

総　　括　理事長　金井章次
同補佐　本部委員　黒柳一晴
工場統制　理　　事　是安正利
宣伝部　同　岡田猛馬
礦、農、林業　同　大羽時男
税制及政治　長春支部長　小沢開作
同　奉天支部長　鯉沼　忍
鉄　　道　理　　事　山口重次[55]

満州事変後の戦時接収工作のうち、山口・小沢を中心として、鉄道・運輸・駅・鉄道工場の復旧工作を担当し、是安を中心として、満州青年連盟会員である満鉄職員や旅順工科大学卒業生等が産業接収に従事した。当時奉天の主要な公共事業・鉄道・産業施設の管理をしていた中国側責任者は、高級職員の大半が北京に逃亡して、中下級職員が現場に止まっていた。他方、失うものがない無頼漢もいち早く逃亡しており、事変後の都市残留者の多くは一定の不動産をもつ中産階級であった。政治権力の真空状態において、事変で破壊された経済産業施設の復興工作を通じて、地元の中産階級と接触する機会が生まれ、青年連盟会員は民族協和の理想に基づいて戦時復興工作の最前線に立った[56]。

満州青年連盟理事原口純允は、満鉄付属地に電気を供給する南満州電気株式会社社員で、満州事変が勃発した翌日、関東軍参謀部第三課長竹下義晴中佐を訪ね、奉天城内と商埠地に電気を供給している電燈廠の火力発電所を保護して、市内の電気供給を確保する必要性を訴えた。この場に同席していた石原中佐は、この提言への賛意を竹下中佐に表明し、即座に護衛兵の派遣を約束した。電燈廠に向かった原口は、幹部の逃亡後もなお事業を継続している従業員に対して、彼らの職場や必要な資金・資材を保証して、従来どおり操業を続けるように要請し、みずから電燈廠顧問に就任した[57]。

当時満州青年連盟本部では、在満邦人演説会の開催準備、小沢開作（長春支部）・永江亮二（安東支部）・岡田猛馬（大連支部）を内地遊説に派遣するための寄付金募集、義勇軍編成準備に忙殺されていた。関東庁・総領事・満鉄が事変に不協力という状況下で、奉天にいた小山が原口による電燈廠接収の事実を大連の青年連盟本部へ電話で知らせるや、三千名の青年連盟会員を戦時接収工作に役立てようという機運が盛り上がってきた[58]。

山口は小山からの電話によって、関東軍参謀名義の電報で満鉄営業課員である自分への奉天出頭命令が出ていることを知らされ、九月二九日の大連発急行で奉天に向かった。奉天駅で山口を出迎えた小山は、事変の影響によって、満鉄を除いた京奉線・瀋海線等の中国側鉄道がすべて運行を停止し、秋の端境期により奉天城内の物資が欠乏している状況を伝える一方、瀋陽・海龍間を連絡する瀋海鉄路の復興計画の起案を求めた。翌日山口は瀋陽館へ出向き、板垣大佐・石原中佐・竹下中佐の三参謀を前にして、株主代表・社員代表による管理委員会を作って自主復興させ、関東軍から兵隊や資金の援助を受けることなく、二週間で鉄道開通をさせるという復興計画を説明した[59]。

板垣大佐は満鉄鉄道部長村上義一理事の承認を得るという条件を付して、瀋海鉄路の復興を山口に一任した。大連に戻った山口は関東軍から依頼された瀋海線復興の件を村上と相談したが、即座に拒否された。山口はこの経緯を金井理事長代理と相談して、十河信二理事に協力を依頼することにした。山口は大連から奉天に戻る列車の中で、十河に鉄道復興計画を熱心に説いて、彼から関東軍と満鉄との協力に尽力するという言質を取り付けることができた[60]。

一〇月四日、山口重次・奉天駅助役田中整・本社社員万沢正敏は、憲兵三人とともに瀋海鉄路本社に乗り込み、人事原簿・経理帳簿を確認し、会社が保管する株券を接収してのち、翌日から業務科長・運転科長・瀋海駅長等の中堅社員と交渉をすすめ、社員が結束して自主復興するという約束を取り付けた。瀋海鉄路の復興が軌道に乗るや。満鉄本社は事変への協力に乗り気となった。[61] 六日、満鉄総裁内田康也は本庄軍司令官と会見して、「挙国一致事に処するの要ある」と述べ、関東軍から「満鉄会社に対する要望事項」が示された。[62]

瀋海鉄路の復旧に先立って、一〇月一一日に山口と小沢は奉天の関東軍司令部で板垣大佐と会見し、東北交通委員会を設置して、中国側各鉄道を管理する計画の起案を約束した。一二日、関東軍参謀部と満州青年連盟の会議の席上、山口が「東北交通委員会設置大綱」について説明するや、板垣・石原両参謀から賛成意見が出され、竹下中佐から、奉天市公署に人手がないので、財政庁・電話局・兵工廠・郵政・マッチ税印紙・統税印紙等の処理も青年連盟で考えてくれという要望が提出された。[63]

一〇月一三日、満州青年連盟役員が奉天に集合し、山口は東北交通委員会設立の趣旨と経過を説明した。金井・小山・山口は十河満鉄理事と会見し、東北交通委員会の設立事務については、関東軍との協議を経て、十河を首班として金井章次・山口十助・山口重次・小沢開作が担当することを決定した。[64] 一四日、復興列車の第一号が瀋陽駅を出発した。二三日、瀋海鉄路総局で東北交通委員会の設立が決議された。その主要人事は、委員長丁鑑修（瀋海）、副委員長金璧東（吉長・吉敦）、委員闞鐸（四洮）、委員万咸章（洮昂）、委員艾迺芳（吉海）、主席顧問十河信二・金井章次・佐藤応次郎・山口十助、主席顧問秘書山口重次、警務署参事小沢開作等である。[65]

一〇月一五日、関東軍幕僚会議が開催され、満州事変後の瀋海鉄路復旧工作について、「昨日、開通した瀋海鉄道のごときは、全く支那人だけで積極的に復興している。その現実の例にみても、軍政よりも、支那人の自主自治による建設方法を採るべきである」と評価し、「電話局、兵工廠、紡紗廠（被服廠）等の官業は、第三課長指揮、監督のもとに、青年連盟会員を使用して復興せしむる」と予定している。[66]

瀋海鉄路の復旧で中心的役割を果たした山口は、板垣大佐から接収した官営事業を整理する適任者について聞かれ、満州青年連盟会員で旅順工大一期生である是安正利を推薦した。こうして、電話局・兵工廠・紡紗廠・迫撃工廠等の官営事業は、是安を責任者として産業委員会が組織され、住谷梯主計大尉と協力して復旧工作が進行していった。一部の青年連盟会員は関東軍第三課の無給嘱託として、戦時接収工作で中心的役割を果たした[67]。

満州青年連盟による戦時接収工作が進展する中で、金井章治は奉天ヤマトホテルの一室で青年連盟会員の相談相手となる一方、関東軍参謀部と連絡を取りながら日を過ごしていた[68]。他方、関東軍の軍事作戦地域の拡大につれて、地方有力者による張学良からの独立声明が相次いだ。こうして、関東軍は満州青年連盟理事長であり、現地要人とも有力なパイプをもつ金井を新政権樹立工作の責任者として起用することになった。

2 奉天における金井章治の現地要人工作

満州事変直後、奉天市は無秩序な混乱状態に陥ったので、関東軍司令部は九月二〇日に臨時市政の実施を布告し、奉天特務機関長土肥原大佐を市長として市政の回復を企図し、二一日に奉天市政公署を接収した。関東軍は二二日に軍政を避ける方針を決定し、二四日に袁金凱・于沖漢・闞朝璽・丁鑑修等九名を委員として、奉天地方維持委員会が発足し、二六日に遼寧市民臨時維持会と合流して、二八日に遼寧地方維持委員会が成立した。奉天市政公署は一〇月一四日に軍政を廃止し、奉天市長は土肥原大佐から趙欣伯に交代した[69]。

奉天市内の治安は一〇月中旬までにしだいに回復し、満鉄沿線の各都市も秩序が保たれ、関東軍が駐屯する沿線各県にも支配が及んだが、遠隔地にある各県の多くは張学良政権時代のまま放置されていた。当時関東軍は東北四省の復辟派の地方有力者に対する政治工作をすすめていたが、黒龍江省の馬占山に対する帰順工作は難航し、張学良は錦州政府を反抗の拠点として、関東軍の軍事的・政治的支配に抵抗する各地の抗日軍事活動を指導していた。こうした治安維持の困難が山積する状況下で、各省政府や基層の県政府を再組織して、独立国家を樹立する展望はなかなか得られなかった。

一〇月一五日、関東軍は板垣大佐・石原中佐・竹下中佐・片倉大尉等の各参謀と土肥原大佐が会合し、市政の改正、省政の改革について審議し、次のような暫定的方針を決めた。「市政に関し市長以下を支那人とし之に顧問を配することは全員一致の意見なるも省政につきては若干見解の相違あり。……右の結果地方維持委員会の名称を存置し財政・実業・司法庁のみを開設せしむることとせり。尚自治運動に関しては県単位迄は認むることゝせるも各県頻出の私軍の存在を許容せざることとす[70]」。

同日夜、瀋海鉄路の復興や東北交通委員会の設置工作を通じて関東軍の信頼を得ていた山口重次は、板垣大佐から奉天の政治復興を担当する適任者について質問を受けた。当時土肥原大佐は溥儀擁立工作のために天津への出張が決まっており、遼寧地方維持委員会最高顧問を引き継いで、奉天の政治復興を担う責任者を誰にするかという問題が浮上していた。そこで、山口は板垣大佐に対して、金井を遼寧地方維持委員会最高顧問として推薦した[71]。

関東軍は「行政機関邦人顧問及諮議服務要領」(一〇月二〇日)を定めて、地方維持委員会・財政庁・実業庁・法院・県公署・市公署の顧問と諮議を配置する手順を定めた。地方維持委員会は金井章次を最高顧問、黒柳一晴・升巴倉吉・甘粕正彦を諮議に予定していたが、黒柳と升巴は満州青年連盟会員である[72]。金井は地方維持委員会最高顧問に就任するにあたって、事変前に于沖漢と討議していた三条件(①日満は共同防衛、②経済は日満ブロック、③政治は全面的に現地人に一任)を板垣大佐に提案して、彼の了解を得た。二四日、金井は軍司令部で本庄軍司令官と会見し、関東軍が以上の三条件を受け入れるという確約を得て、地方維持委員会最高顧問への就任を応諾した[73]。

土肥原は金井を地方維持委員会へ案内して委員長袁金鎧に紹介した。袁金鎧がその答礼として奉天ヤマトホテルを訪問した際、金井は袁に王道政治の採用を慫慂した。のち、金井は袁金鎧を再度訪問して、現実的な政治目標としての王道の意義について説明するや、袁から「果して関東軍司令官はそれでよいのか」という質問を受けた[74]。一〇月三〇日、地方維持委員会の日本側代表金井・升巴と現地側代表袁金鎧・闞朝璽・趙欣伯は、関東軍司令部で本庄軍司令官と会見した。本庄中将は初対面である袁金鎧に対して、「貴方のような文人が政治をおとりになれば、関東軍は絶対に援助致します」と言明した(75)。

金井が説く王道政治は、地方軍閥による覇道を否定して、現地人の自治を尊重するということであり、それまで奉天文治派の人々が唱えていた保境安民の主張と通底する内容を具えていた。こうして、袁金鎧は遼寧省の戦後処理と社会経済を復興する役割を引き受けたが、張学良の錦州政府がなお現存し、政治の帰趨がなお流動的な状況下でみずから遼寧省の独立宣言を発表し、「漢奸」(民族裏切り者)として非難されることは望まなかった。

一一月六日夜、金井顧問や板垣・竹下両参謀は袁金鎧を軍司令部に召喚し、金井を通じて遼寧省政府の独立布告文を発表するよう説得した。片倉参謀は当時の袁金鎧の様子を、「身命の危険を感じ戦々兢々たり。容易に地方維持会に依る独立宣言を書する能はず」と記している。抵抗する術がない状況下で、袁金鎧はこの説得に応じるほかなく、七日に「遼寧省政権代行独立宣言」が発表された(76)。二〇日、遼寧省政府は遼寧省の奉天省への改称を布告し、一二月一五日に奉天省が成立して、一六日に軍人出身の臧式毅が省長に就任した(77)。

金井は遼寧地方維持委員会の最高顧問として現地要人工作をすすめたが、日本人顧問を彼一人にして命令伝達系統が一本化されていた。また、関東軍は地方維持委員会に直接命令を下すのではなく、「左の件を最高顧問金井章次に要望す。……」と包括的に指示し、要望事項の細部の実施手順は彼の臨機応変な判断に委ねられた(78)。こうして、金井は関東軍と現地側要人との間に立って、両者の意思疎通の調整工作を担当した。金井は省政府樹立工作を推進し、遼寧省(奉天省)政府の成立後も、引き続いて最高顧問の職務を担当した。

金井が率いる満州青年連盟が掲げた「民族協和」の政治スローガンは、「王道主義」を媒介として、奉天文治派の「保境安民」の政治的主張と共鳴し、彼らを対日協力の道へ導くことを可能としたのである。

3　自治指導部の設立

石原中佐が起案した「満蒙問題解決案」（一〇月二日）によって、満蒙地域を独立国とする基本方針が定まったが、この方針を実現する手順は白紙であり、のちに種々な建国案が提案されたが、具体的な建国の段取りはなかなか見通せなかった。こうした状況下で、独立建国以前に遼寧地方維持委員会を基礎として省政府樹立工作をすすめるとともに、基層行政組織である県政府を再組織して、張学良側の錦州政府と対抗する案が浮上してきた。

金井によって大連から奉天に呼び出された満鉄文書課長中西敏憲は、次のような依頼を板垣大佐から受けた。「新らしい政権が何時出来るか今の処一寸見当がつかん。就ては統一新政権の確立する迄の間、夫々各県に於て支障なく、各県が細胞的に生きて行く様な方法を一つ考へて貰ひたい」。中西は奉天特務機関で花谷正中佐と相談し、大雄峰会の中野琥逸の意見を加えて、地方自治指導部の方針と要領を起案した。その骨子は、中央に自治指導部を設け、各県に自治指導員を派遣し、県自治指導委員会と県自治執行委員会を設けて、指導委員会は県自治の指導監督機関、執行委員会はその執行機関とし、「軍閥汚吏」を排して、県行政の自治的運用を企図したものであった[79]。

一〇月二四日、奉天特務機関の会議室において、三宅光治参謀長から「地方自治に関し遼寧地方維持会顧問金井章次に対する要望」「地方自治指導部設置要領」が示達された[80]。この要領は以下の三方針を掲げている。「1、満鉄沿線各県につき先づ県自治を施行せしめ漸を以て他に及ぶものとす。2、県は完全なる地方自治とし省の関与は最小限度に止む。3、軍閥と関係ある旧勢力を一掃し県民自治による善政主義を基調とす[81]」。

自治指導部長の候補者には于沖漢が擬せられたが、彼は病身を理由として故郷の遼陽に隠棲し、関東軍の要請を断ったので、三顧の礼によって于の出馬を促すことになった。于沖漢は一一月三日に本庄軍司令官と会見し、出馬の条件として八項目意見を提出した[82]。金井は于沖漢の政治思想について、「于氏が保境安民の思想を徹底するには満州を独立国にするにありといつた考え方は、本庄司令官を始め満州建国に関係した日本要人に強い影響を与えた」[83]と評価している。すなわち、于沖漢こそが「民族協和」と「王道主義」という本来無関係な二つの思想を結合したキーマンであった。

当時中国研究家橘撲は、小山貞知が創刊した『満洲評論』の編集責任者で、一〇月九日に奉天で板垣・石原両参謀と会って、「真にアジア解放の原動力たり得る如き理想国家を建設する」という説明を受けて、思想的な「方向転換」を行なった[84]。橘撲は自治指導部に参加して、王道主義を基礎とした農村自治の理想を実現しようとした。従来の満州国建国史の研究において、橘撲が唱える「王道主義」は、満州国が掲げる理想と悲惨な現実との断絶を示す実例としてしばしば取り上げられている。橘撲の思想を独立した研究対象として、橘の唱える王道主義を詳しく考察することには意味があるが、関東軍に及ぼした思想的影響は小さく、彼には単に宣伝者としての役割が期待されていたにすぎない[85]。

当初関東軍は、熙洽・張海鵬・湯玉麟・于芷山・張景恵等の復辟派に政治的働きかけを行なったが、黒竜江省では馬占山が帰順を拒否し、錦州では張学良が失地回復の機会を窺っていたので、板垣大佐には独立建国の具体的な展望が描けなかった。こうした状況下で、橘撲の王道主義論は深い哲学的洞察力を備え、彼の農村自治論は若い自治指導員に若干の思想的影響を及ぼしたとはいえ、関東軍の建国工作に役立つような実践的論理ではなかった。

一一月一日、自治指導部（自治指導部長于沖漢）が成立して、一〇日から事務所が開所し、満州青年連盟（理事長金井章次）や大雄峰会（代表笠井良明）の多くの会員が参加した。金井は遼寧地方維持委員会最高顧問としての仕事があり、自治指導部の設立には関係せず、青年連盟からは小山・山口・小沢等が中心となって活動に参加した[86]。こうして、自治指導部は青年たちを自治指導員として各県に送り込み、崩壊していた旧東北政権の基層行政機構を県レベルで再建していった。

自治指導員として農村に入った青年たちは、理想的な政治目標を掲げ、献身的な努力によって県政の改革に従事した。自治指導部は「地方自治指導部設置要領」が定める「県は完全なる地方自治」という規定を金科玉条として、みずから新県長を任命するという事例がいくつかの地方で発生した。これは省政府の権限を侵すもので、関東軍が意図した事態ではなかった。

一九三二年一月、奉天省長臧式毅は省令で各県の重要官吏は省長が任命すると布告した。自治指導部の中で笠井の思想的影響を受けた大雄峰会会員は、これを地方自治の破壊であると怒って、自治指導員大会を開催し、板垣大佐と金井最高顧問を糾弾する騒ぎが起きた。しかし、満州青年連盟会員は大雄峰会の動きに同調しなかったので、自治指導部を構成する二大勢力の間で不協和音が生じた[87]。

関東軍が県政レベルで地方自治を容認したのは、将来の独立建国を視野に入れて、基層行政組織である県政府を張学良側の錦州政府の影響から切り離すことが目的であり、「地方自治の理想」を実現するためではなかった。実務を重視する植民地政治家へと転身した金井は、理想主義とは縁がなく、異民族を統治するツールとして「民族協和」「王道主義」を受け止めており、関東軍側の立場から県政を正常化する工作に従事した。

4　金井章治の満州国建国工作

関東軍参謀部第三課は省政府成立に先行して、一〇月一九日に財政庁を、二一日に実業庁を開設し、法院も復興がすすめられた。金井が奉天省政府最高顧問として実施した重要な施策としては、現地要人に対する政務工作のほか、財政復興、積欠整理委員会、北寧鉄路の回収、胡蘆島築港問題等が挙げられる。

満州事変前、奉天の財政収入は約六千万元であったが、事変後の政治的混乱によって確実な税収が失われた。内国税は関東軍が駐屯する二十一県の収入があるほか、関税収入は大連税関をあてにできないので、安東・営口に着目し、とりわけ営口で徴収される塩税の接収にあたっては、臧式毅省長が命令を発して、従来香港上海銀行に送金していた塩税剰余金の納付先を東三省官銀号に変更する方法が採られた。こうして確保した五百万元に同額の架空な収入を加算して、奉天省の第一次財政計画が作成された(88)。

張学良政権時代、東北政権は欧米諸国に対外債務を負っていたが、関東軍はこれら旧債を整理する方針を定めていた。そこで、金井は臧式毅省長と相談して積欠整理委員会を組織した。当時奉天省の債務残高は、金額が最大である日本の鉄道借款を除くと、総額で二、三千万元であり、ノルウェー（火薬）・ドイツ（兵器類）・イギリス（鉄道）の金額が多かった。アメリカは文化工作に力を入れて、債権残高は東北大学の暖房設備費二十万元にすぎなかった。北京にあるシティーバンクは、他の銀行が東三省官銀号の預金払い戻し請求に応じる中で、同銀号の預金千二百万元の払い戻しを拒否した(89)。

満州事変直後、関東軍は憲兵を派遣して奉天市内の金融機関を接収し、その預金については、市民の日々の生活費以外を封鎖した。東北地方に利権を有するイギリス・アメリカ・ドイツ・オランダ等の各国は、預金封鎖解除運動を始めた。諸外国の中でもっとも先鋭な預金封鎖解除運動を行なったのは、北寧鉄路に借款を供与しているイギリスであった(90)。

関東軍による本格的な錦州作戦が一二月二六日に開始されるや、イギリス人技師に率いられた北寧鉄路の従業員数百名が、接収準備のために山海関で待機していた。こうした状況下で、金井は臧式毅省長と協議して、山海関以北の北寧鉄路の経営権を省政府を通じて掌握することを計画し、鉄道会社代表ブスベリーを東三省官銀号に呼び出して、借款をすべて支払った。その結果、イギリスが北寧鉄路を直接経営する計画は阻止され、その運営は満鉄に委嘱されることとなり、鉄道会社の名称は奉山鉄道に変更された(91)。

北寧鉄路の借款問題が解決してのち、金井は翌年二月一六日に本庄軍司令官と会見した際、胡蘆島築港問題の解決を要請された。当時満鉄は旧東北政権時代に敷設された満鉄並行線の輸出港胡蘆島の築港に反発したが、奉天省（金井）と関東軍は、将来の西部満州や熱河方面の開発には築港が必要であるという観点から、改めて胡蘆島の築港を継続する方針を決定し、築港工事と港湾経営は満鉄に委託された(92)。

馬占山は黒龍江省で関東軍に抵抗していたが、張景恵・韓雲階の仲介によって、一二月八日に板垣大佐と財政顧問駒井徳三は海倫へ乗り込み、馬占山と会見して帰順の説得に成功した(93)。他方、関東軍が二六日に錦州への本格的攻撃を開始するや、張学良軍は一九三二年一月初旬までに関内へ撤収していった。こうして、独立建国のための大きな障害が除去された。

錦州作戦が終了し、板垣大佐が陸相等への報告のために上京した際、本庄軍司令官は「板垣参謀上京に際し与へし指示」(一月四日)の中で、満蒙中央政府の首都を長春とし、各省より奉天に代表者を出して、政務委員会を設置する方針を示している。一月二二日、関東軍幕僚会議が開かれ、「満蒙自由国は飽迄共存共栄在住民一致融和融合して作り上ぐるを主眼とすること。即ち日本の領土的野心なるものを含有せしめず」と確認している。一月二七日、三宅参謀長は幕僚間の意思統一のため、「満蒙問題善後処理要綱」(片倉参謀起案)を配布し、「速に奉天、吉林、黒龍江三省主脳者を以て最初政務委員会を組織せしめ新国家樹立に関する研究準備に任ぜしむ」と定めている(94)。

板垣参謀は新国家建設の順序として、「奉天、吉林、黒龍江の三省主席を以て中央政務委員会を組織し」、政務委員会のメンバーとしては、政務委員長(張景恵)、政務委員(臧式毅・熙洽・馬占山)、幹事長(熙洽)を予定していた。板垣大佐は臧式毅と協議して、政務委員会の成立を促進するため、二月一〇日に吉林・ハルピン・チチハルへ代表を派遣した。一四日、熙洽が吉林から着奉し、一五日に板垣大佐は張景恵とともに飛行機で奉天に戻った。一六日、馬占山が飛行機で奉天に到着し、張景恵・馬占山・熙洽・臧式毅が関東軍司令部を訪問して、本庄軍司令官に挨拶した。一七日、東北三省の四巨頭が集合し、これら四人に湯玉麟・チムトスンプル・凌陞を委員に加えて東北行政委員会が組織され、一八日に独立宣言が内外に発表された(95)。

四巨頭が奉天に集合する以前、片倉参謀は奉天省公署に各省首脳を集めて建国会議を開くことを提案したが、金井は奉天省政府最高顧問として、内外の注目を浴びるようなやり方に反対した。その結果、四巨頭が関東軍司令官への挨拶という名目で奉天に集まり、一六日から臧式毅を中心として、宴会を交互に開いて非公式会議を繰り返し、一七日未明までに合意に達した。[96] この間金井は関東軍と現地側実力者の間に立って、東北行政委員会を組織する黒子役を演じた。金井の回想によれば、「この現地系の大官の会合に顔を出した日系人が有るとすれば、それはおそらく板垣参謀一人であった」と回想している。[97]

二月一九日、石原参謀が上京して陸軍中央部に説明することが決まったが、その携行書類「新政府組織準備要領」には、「国体は住民の民意を基礎とし決定す」と記されている。[98] 当時旅順の粛親王府に滞在していた溥儀は、新国家の国体が帝政ではなく共和制になるという情報に不安を感じていた。二三日午前、板垣大佐は溥儀との協議のために旅順へ飛んだ。午後、金井は本庄軍司令官と会見して新国家建国案を示された際、民主制を採るという原案は君主制を採る日本にとってふさわしくないと述べ、「民本制」に改めるよう進言した。[99]

片倉大尉の業務日誌は、次のように記している。「板垣参謀出旅するや軍司令官は絶えず和知参謀の報告に基き心を痛め特に元首号、国体、国号に関しては自ら電話を以て板垣参謀に意見を述ぶる所あり」。二月二四日、板垣大佐は旅順から奉天に帰還し、新国家体制の原案として、国体（民本政治）、国首（執政）、国号（満州国）、国旗（新五色旗）、年号（大同）という案を定めて、二五日の建国幕僚会議で正式に決定された。[100]

執政溥儀の就任式に先立って、清朝の吉日を選んで三月一日に満州国の独立が宣言された。満州国の首都は長春（新京）に置くことになったが、奉天省政府最高顧問を務める金井には長春へ出張する余裕がなく、事変後に産業施設を接収する責任者となった是安正利が、新首都に溥儀を迎える責任者となった。八日、金井は八時二〇分に湯崗子を出発した溥儀が乗車する列車を九時四〇分に奉天駅で出迎え、同じ列車に乗って午後三時に長春に到着した。九日午前八時二〇分、本庄軍司令官が乗車する軽油車が奉天を出発し、午後二時に長春に到着し、午後三時に溥儀の執政就任式に参列した。[101]

建国式典の終了後、名古屋ホテルで中央政府に入る内地派遣の青年官吏が新国家の財政問題について議論していた。金井は片倉参謀の依頼で青年官吏の相談に乗ることとなって、名古屋ホテルへ出向くと、彼らから辺業銀行の準備金四百万円の半分の提供を要求された。金井は兌換準備金の提供は影響が大きいので、この要求を拒否し、関税・塩税を中央政府の財源とするほか、各省立銀行が発行する兌換券の上納を求める代案を示した。(102)

満州国の建国によって、金井の建国工作は終了を告げた。のち、中央政府の役人として、日本本国から現役官吏が送り込まれた。他方、現地組の中では、学歴が高い大雄峰会会員が自治指導部員から官吏に横滑りしたほか、満州青年連盟会員は概して学歴が低かったので、官吏として採用されるものはほとんどなかった。(103)満州青年連盟は一九三二年一〇月二日に解散され、その会員の多くは満州協和党(のち、満州国協和会)の活動に参加して、民族協和の建国理念を満州国全土に普及する事業に参加した。(104)満州国成立後、金井は奉天省総務庁長となって、地方政府レベルで異民族支配の実務を担当する植民地政治家へと転身していった。

おわりに

満州国の建国理念である「五族協和」のイデオロギーは、満州青年連盟が唱える「民族協和」の主張にその源流を求めることができる。青年連盟は一九二八年末に「満洲に於けるわが大和民族の発展を期す」という主張を掲げて成立したが、一九二九年から民族協和論が組織内部で台頭し、一九三一年六月に青年連盟は「満蒙ニ於ケル現住諸民族ノ協和ヲ期ス」という方針を決議した。当時青年連盟はすでに独立建国案を構想していたが、関東庁長官の反対を考慮して、対外的には「独立国」という主張はしばらく伏せられた。

満州青年連盟が民族協和を唱えた意図は、満蒙に日本人を含む諸民族が平等な資格で参加する独立国を建設することにあった。しかし、満蒙に居住する中国人にとって、民族協和はとくに魅力的な思想ではなかった。金井章次は民族協和の思想を受容する一方、奉天文治派の巨頭于沖漢との交流を深めていく中で、彼らの理想である

「保境安民」という政治思想に着目した。両者の思想を媒介したのは、満州日報記者金崎賢が唱える「王道主義」の主張であった。

王道主義は古色蒼然とした中国の伝統思想で、本来中国の現実政治とはあまり関わりがないが、民衆を苦しめる東北軍閥の内戦政策を「覇道」とみなせば、保境安民は民衆の苦難を救う「王道」と解釈することができる。王道主義は、満州青年連盟が唱える民族協和と奉天文治派が唱える保境安民の両思想の紐帯となって、日本人と現地要人が提携する有力な論拠を提供した。

満州事変前、石原莞爾中佐は満蒙領有論を唱えていた。事変直後、日本政府は不拡大方針を決定し、関東軍による本国からの三個師団増援の要請は拒絶され、関東庁・総領事・満鉄は関東軍への協力を拒んだ。満蒙領有論は軍事占領による軍政を前提としていたが、兵力不足でその条件は最初から失われていた。日本の在満三機関の不協力という状況下で、満州青年連盟は発電所・鉄道・産業施設等の戦時接収工作によって、関東軍に積極的に協力した。青年連盟による接収工作が成功した秘訣は、民族協和の思想によって、現地の中産階級による積極的な事業参加が実現したことにあった。石原中佐は民族協和による対日協力者の獲得が有効であることを認識して、従来の満蒙領有論を放棄し、一九三二年末までに青年連盟が唱える民族協和の思想を受容していった。

金井は満州青年連盟理事長として、一〇月二四日に関東軍司令部で本庄繁軍司令官と会見し、王道政治による現地要人の登用という方針が承認されたので、遼寧地方維持委員会最高顧問への就任を引き受けた。金井は地方維持委員会委員長袁金鎧から王道政治への賛同を得て、現地要人の自発的な政治協力への自信を深めた。金井が満州国建国工作において果たした役割は、関東軍と現地要人との間に立って、両者の意思疎通を仲介した点にある。金井の政治活動は裏面工作がその大半を占めるので、歴史の表面にはあまり出てこないが、現地要人を対日協力者として獲得するうえで、決定的な役割を果たしている。そして、その思想的裏付けは民族協和と王道主義の主張にあった。

一九三二年八月、陸軍定期人事異動によって、本庄繁軍司令官以下関東軍参謀部の大半の幕僚が更迭された。新たに着任した武藤信義軍司令官・小磯国昭参謀長は、それまで陸軍中央部で勤務していた新幕僚を引き連れて新京へ赴任してきた。その結果、従来民族協和と王道主義のよき理解者であった本庄軍司令官、および板垣・石原両参謀をはじめとする関東軍幕僚の大半が一掃され、本国の権益が強調されるようになった。

満州国の国家体制の整備がすすむにつれて、本国の中央官庁から有能な官僚が次々と送り込まれ、日本の権益第一主義が支配的となっていった。この過程で、満州国の建国工作において決定的な役割を果たした「民族協和」「王道主義」の主張は空洞化し、新たに「五族協和」「王道楽土」という無内容な美辞麗句へと換骨奪胎されていった。

内地出身の官僚が満州国の実権を掌握していく過程で、建国初期に活躍した現地組の人々はしだいに政治の舞台から消えていった。現地組の中で学歴が高い大雄峰会会員は自治指導部員から資政局官吏へと転身していったが、資政局の権限をめぐる政治抗争によって、彼らの多くは政府から離れていった。満州青年連盟会員は概して学歴が低かったので、官吏への道は最初から閉ざされていた。一九三二年一〇月に青年連盟が解散されるや、会員の多くは満州国協和会に活動の拠点を移して、民族協和の建国理念を守ろうとしたが、のちに協和会もしだいに官製組織へと変質していった。

満州国建国後、金井は奉天省政務庁長・浜江省総務庁長・間島省長等の地方官を歴任して、植民地政治家へと転身していき、異民族統治政策の最前線で実務責任者として執務した。盧溝橋事変が勃発するや、金井は関東軍から張家口を接収する政治工作班代表に選ばれた。のち、関東軍による蒙疆地域の軍事支配の拡大にともなって、金井は蒙疆政権最高顧問を歴任し、「防共」「民族協和」「民生の向上」をスローガンとして、新占領地の異民族統治政策を体系化していった。金井が「蒙疆」という複合民族地域を統治する切り札となったのは、「民族協和」の政治思想であった。

注

（1）甲賀春一編『本庄総裁と軍事保護院』青州会、一九六一年、二〇－二五頁。
（2）同前書、一三－一四頁。
（3）同前書、四三頁。
（4）同前書、五一頁。
（5）金井章次『満蒙行政瑣談』創元社、一九四三年、三〇七－三一四頁。
（6）『高原千里』らくだ会本部、一九七三年、一九六－一九八頁。
（7）『上田新聞』一九六三年三月八日。一九五七年六月三〇日から一九六六年一一月一八日にかけて、金井は『上田新聞』紙上に時事評論を定期的に投稿しており、その原文は『金井章次博士著作集』（高原大学出版部、一九九一年）の中で写真製版によって復刻されている。これら寄稿文の一部は、金井章次・山口重次『満洲建国戦史――満洲青年連盟かく戦えり』（大湊書房、一九八六年）の中に再録されている。
（8）新田満夫編『極東国際軍事裁判速記録』第四巻、雄松堂書店、一九六八年、七四四頁。
（9）『上田新聞』一九六五年一月一八日。
（10）菊池寛『満鉄外史』新装版、原書房、一九七九年、三五八－三七五頁。
（11）仙頭久吉編『満洲青年聯盟史』満洲青年聯盟史刊行委員会、一九三三年、三五－三七頁。
（12）同前書、四七－四八、五二－五五頁。
（13）同前書、九〇、九七－九九、一四〇－一四二頁。
（14）同前書、一〇三、一二七、一五六－一五七頁。
（15）同前書、二四四－二四六、二八六－二八七頁。
（16）「三十年後の満蒙」（山口重次『増補 悲劇の将軍・石原莞爾』大湊書房、一九七五年、三三七頁）。
（17）『満洲青年聯盟史』一〇七三頁。
（18）同前書、四五四－四五六頁。
（19）宮内勇編『満洲建国側面史』新経済社、一九四二年、三七頁。
（20）『上田新聞』一九六三年六月二八日。

(21) 同前紙、一九六五年三月八日。金崎はみずからの王道主義について、次のように説明している。「中国がこのまゝではだめだから先づ以つて中国内政を治めることが先決と考えた。それには、互に利権を争そうために各自の手兵を持つて戦争している軍人とそれと結託する野心政治家をなくすること、王道（中国固有の道説）を以つて政治の基本となし、政治技術（近代的）は欧米日本を参考にすること。軍隊を持たないことが必要だ」（永井正編『笠木良明遺芳録』笠木良明遺芳録刊行会、一九六〇年、二三三頁）。

(22) 『上田新聞』一九六五年一月一日。

(23) 角田順編『石原莞爾資料――国防論策篇』増補版、原書房、一九七三年、四六頁。

(24) 同前書、四二―四五頁。

(25) 同前書、五一―五五頁。

(26) 同前書、二〇、七九頁。

(27) 同前書、二一―二六頁。

(28) 『上田新聞』一九六五年八月二八日。

(29)(30)(31) 『増補 悲劇の将軍石原莞爾』九八―一〇四頁。

(32) 参謀本部『満洲事変作戦経過ノ概要』復刻版、巌南堂書店、一九七二年、五―七頁。

(33) 片倉衷「満洲事変機密政略日誌」『現代史資料』7、みすず書房、一九六四年、一八三―一八四頁。

(34) 同前書、一八四、一八七頁。

(35) 同前書、一八九頁。山口重次の回想によれば、一九三一年四月頃から満州青年連盟は大羽時男を通じて、「民族協和により独立国を建設する」という趣旨の意見を奉天特務機関に提出している（山口重次『満洲建国――満洲事変正史』行政通信社、一九七五年、一〇〇―一〇一頁）。土肥原は満州事変の事前の謀議に参加しておらず、支那通軍人として、満蒙領有論ではない独自の政治的観点をもっていたと思われる。

(36) 片倉衷『回想の満洲国』経済往来社、一九七八年、八一―八二頁。

(37) 「満洲事変機密政略日誌」前掲書、一八九頁。

(38) 『満洲青年聯盟史』五二〇―五二一、五三八―五五四頁。

(39) 『上田新聞』一九六五年八月八日。

(40) 「満洲事変機密政略日誌」前掲書、一九二頁。

(41) 山口重次「骨抜きにされた協和会」(『人物往来』一九六六年三月号、六五頁)。
(42)(43) 「満洲事変機密政略日誌」前掲書、一九五―一九六頁。
(44) 同前書、一九八―一九九頁。
(45) 『満洲青年聯盟史』六一五―六一八、六五六―六五九頁。
(46) 『回想の満州国』九六―九七頁。
(47) 「満洲事変機密政略日誌」前掲書、二五一頁。
(48) 伊藤隆編『片倉衷氏談話速記録』上、日本近代史料研究会、一九八二年、一六七―一六八、一八九頁。
(49) 『上田新聞』一九六五年一月二八日。
(50) 「満洲事変機密政略日誌」前掲書、二三二頁。
(51) 『現代史資料』11、みすず書房、一九六五年、六三〇―六三二頁。
(52) 『上田新聞』一九六五年九月八日。
(53) 同前紙、一九六五年七月二八日。
(54)(55) 『満洲青年聯盟史』六五九―六六〇頁。
(56) 『上田新聞』一九六五年九月二八日。
(57)(58)(59)(60) 『満洲建国――満洲事変正史』一二二―一三〇頁。
(61) 同前書、一三二―一三五頁。
(62) 「満洲事変機密政略日誌」前掲書、二〇三―二〇四頁。
(63)(64) 『満洲建国――満洲事変正史』一四二―一四五頁。
(65) 同前書、一四八頁。
(66) 同前書、一五三―一五四頁。
(67) 同前書、一五四、一五九頁。
(68) 『上田新聞』一九六五年一〇月八日。
(69) 『満洲建国――満洲事変正史』一〇五―一〇六、一五八頁。
(70) 「満洲事変機密政略日誌」前掲書、二一二頁。
(71) 『満洲建国――満洲事変正史』一五四頁。

(72) 同前書、一五六―一五八頁。
(73)『上田新聞』一九六五年一〇月一八日。本庄繁『本庄日記』原書房、一九六七年、三四頁。
(74) 同前紙、一九六五年一一月一八日。
(75)『満蒙行政瑣談』二九二―二九三頁。『本庄日記』三六頁。
(76)「満洲事変機密政略日誌」前掲書、二四七頁。
(77) 金崎賢『満洲国経綸の精神』満洲文化協会、一九三二年、四頁。
(78)『上田新聞』一九六五年一〇月二八日。
(79)『満洲建国側面史』六三―六五頁。
(80) 藤川宥二『実録満洲国県参事官』大湊書房、一九八一年、二九頁。
(81)「満洲事変機密政略日誌」前掲書、二三六―二三七頁。
(82)『本庄日記』三七頁。于沖漢が本庄軍司令官に提出した八項目意見の第一項目は、「絶対保境安民主義 旧軍閥政権及び南京政府との関係を断絶し、新独立国家を建設 王道主義を根幹とす」と記している（『回想の満洲国』九六頁）。
(83)『上田新聞』一九六五年四月一八日。
(84) 田中武雄編『橘撲著作集』第二巻、勁草書房、一九六六年、一七―一九頁。
(85) 伊藤武雄の回想によれば、橘撲の周辺に集まっていたのは満鉄調査部の若手部員で、「幕僚連が、思想的素養の貧弱なゆえに、橘方式にすら共鳴するだけの力なく、しだいに日本の帝国主義的圧力に屈して行く様を見て、橘は満州を見限って、東京に転任した」と述べている（伊藤武雄『黄竜と東風』日本国際協会、一九六四年、七三―七四頁）。
(86)『上田新聞』一九六六年二月二八日。
(87) 小沢征爾編『父を語る』中央公論事業出版、一九七二年、一五九―一六〇頁。
(88)『満洲建国側面史』四四―四六頁。
(89)『上田新聞』一九六五年一二月八日。
(90)(91) 同前紙、一九六六年一月一八日。
(92) 同前紙、一九六六年一月二八日。『本庄日記』七四―七五頁。
(93) 駒井徳三『大満洲国建設録』中央公論社、一九三三年、八〇、九六―九八頁。
(94)「満洲事変機密政略日誌」前掲書、三三三、三五六、三六一頁。

(95) 同前書、三六七、三八〇、三八二―三八五頁。『本庄日記』七四―七五頁。
(96) 『上田新聞』一九六六年三月一八日。
(97) 同前紙、一九六四年九月八日。
(98) 「満洲事変機密政略日誌」前掲書、三八六―三八七頁。
(99) 『上田新聞』一九六四年九月八日。『本庄日記』七七頁。
(100) 「満洲事変機密政略日誌」前掲書、三九一―三九二頁。
(101) 同前書、四〇九―四一〇頁。『上田新聞』一九六六年四月八日。『本庄日記』八二頁。
(102) 同前紙、一九六六年四月一八日。
(103) 『回想の満洲国』一五三頁。
(104) 山口重次『満洲建国の歴史――満洲国協和会史』栄光出版社、一九七三年、三六―三八頁。

対日協力政権下の日本人顧問、官吏・職員に関する制度的変遷

――「満洲国」・中華民国臨時政府・中華民国維新政府について

小笠原　強

はじめに

対日協力政権に関する研究は近年、著しい進展を見せている。中でも、とりわけ汪精衛政権（以下、汪政権と略記）に関する成果がここ数年目立っている。当初、汪政権研究は「傀儡」「漢奸」といった政権の性格を問う傾向にあった。しかし、近年では史料の公開が進んだことなどにより、これまでの研究成果を踏まえた上で、汪政権による政策の検討(1)、民衆動員政策としての新国民運動について(2)、政権支配下にあった地方政府での日本軍や汪政権の統治に関する研究(3)などが発表されている。

汪政権に関する研究成果が目立つ一方で、他にも対日協力政権と呼ばれる政権があるにもかかわらず、それらの政権の総体的な考察(4)、政権間の比較検討を試みる研究は数少ない現状にある(5)。日中戦争下の占領地を検討する上で克服すべき課題といえる。

筆者は二〇一五年に汪政権下の日本人顧問を取り上げ、顧問の配置方針や配置後の動向について分析を試みた(6)。その際、今後の課題として、他の対日協力政権の日本人顧問についても、検討が必要であると提示した。

そこで本稿では、今後の横断的な比較検討を試みる足掛かりとして、「満洲国」(以下、満州国と略記)、中華民国臨時政府、中華民国維新政府について、日本人顧問、官吏・職員の配置という視点から考察を進めていく。

この三つの政権下の日本人顧問を分析している先行研究としては、主に山室信一、小野美里、堀井弘一郎、許育銘の研究が挙げられる。山室信一は満州国の統治過程について詳細な分析をしており、関東軍や日本人官吏がいかに満州国を運営しようとしていたのか、また日本の植民地統治や満州国運営に関わった人材の統治経験について言及している(7)。

小野美里は、日中戦争期華北占領地に派遣された日本人教員を分析し、派遣が規定された中華民国臨時政府(以下、臨時政府と略記)の顧問約定について言及している。「内面指導」(後述)の担い手としての日本人教員は占領地において、「占領という現実を体現する存在」であったと明らかにしている(8)。

一方、堀井弘一郎は中華民国維新政府(以下、維新政府と略記)の成立過程から成立後の治政までを追い、維新政府の実態分析を行なっている。その中で日本人顧問や職員の配置過程に言及しており、政権の成立過程なども踏まえながら、維新政府の傀儡性を明示している(9)。

許育銘の研究は、維新政府と汪政権の顧問配置過程について言及し、日本人顧問の存在を客観的な角度から理解しようと試みている(10)。傀儡政権の比較検討や分析内容には賛同するものの、顧問が政権に与えた影響を「プラス」「マイナス」で評価しようとするのが、果たして妥当かどうか疑問である。傀儡政権への評価に大きく関わる点だけに、慎重を要すべき部分と自戒を込めて感じている。

なお、許論文は本稿脱稿後に発表された論文であり、本稿中で筆者が論じている内容と重複する部分がある。とりわけ、維新政府に関する記述において重複部分があるため、その点については適宜、本文もしくは注で言及した。

これらの先行研究を参考にしつつ、三つの政権の日本人顧問、官吏・職員の配置をめぐる制度比較を行なっていく。

本論に入る前に、本稿で使用する用語について述べておきたい。タイトルにもあるように、「官吏・職員」について、史料に則して、満州国については官吏（日系官吏）、臨時・維新政府では職員と明記する。また、使用している史料中には差別的な表現が含まれているが、原資料の記述を尊重したためであることを御理解いただきたい。引用した史料の漢字は新字体に改めた。

I 満州国の日本人顧問・官吏――「内面指導」体制のはじまり

対日協力政権には日本人顧問・官吏がくまなく配置された。その端緒となる満州国での日本人顧問・官吏の配置について、満州国の統治論について分析した山室信一の研究を参考にしながら、考察していく。

1 「本庄・溥儀協定」と「内面指導」

関東軍の画策により、一九三一年九月一八日に発生した柳条湖事件から約半年後の一九三二年三月一日、清朝最後の皇帝であった愛新覚羅溥儀を首班とする満州国が成立している。

その成立から一〇日後の三月一〇日、満州国執政溥儀から関東軍司令官本庄繁へある書簡が送られ、同年五月一二日に本庄から溥儀へ回答文が送られている（「大同元年三月十日満洲国執政より本庄関東軍司令官宛貴翰及昭和七年五月十二日同軍司令官より同執政宛回答文」以下、「本庄・溥儀協定」と表記）。

その書簡は満州国の「安全発展は必ず貴国［日本＝引用者注。以下同］の援助指導に依る」とした上で、満州国は「今後の国防及治安維持に関し之を貴国に委ね其の所要経費は孰れも弊国に於て之を負担す」「貴国軍隊が必要と認むる各種施設に対し極力之を援助す」など、国防や治安維持を日本に委ねるとするものであった。基本的には満州国の軍事に関する申し入れが中心の書簡ではあったが、同書簡中には以下のような項目も記されている。

四、弊国参議府は貴国国人中達識名望ある者を選び参議に任ず其の他中央及地方の各官署の官吏も亦貴国人を任用すべし其の人物の選定は之を貴軍司令官の推薦に委ね其の解職も亦貴軍司令官と協議の上其の同意を得べきものとす［以下、省略］(11)

軍事に関する件とは異なり、満州国の中央・地方政府の官吏として、関東軍司令官が推薦の日本人を任用すると申し入れたものである。その申し入れに本庄は「当方に於いて異存無」しとだけ回答している。この流れだけを見ると、三月一〇日の溥儀からの申し入れに本庄は約二か月後に内容を承諾したかのように思われるが、溥儀からの申し入れがあった頃には日本の方針はすでに決定されていた。その点が以下の史料からわかる。

溥儀の申し入れから二日経った三月一二日、日本政府は満州国成立後の基本的な運営方針を定めた「満蒙新国家成立に伴ふ関係処理要綱」（以下、「関係処理要綱」と略記）を閣議決定している。日本と満州国間の「対外関係に出来得る限り支障を生ぜしめざること」、満州国が「先づ其の内部を充実して堅実なる発達を遂げ漸次対外関係殊に条約問題乃至承認問題の展開を計るの態度に出づる様之を誘導する」ことを企図した要綱であった。では、どのように「誘導」していこうとしたのか。その方法について、同要綱の四項目から七項目に顕著に示されている。内容は以下の通り。

（四）我方は出来得る限り非公式の方法を以て新国家［満州国のこと］との間に事実上の関係を結び（私法的契約の形式を原則とし例外的には帝国出先官憲と新国家若くは其の官憲との地方的取極の形式に依る）以て帝国権益の実現拡充及事実上の既成状態の形成に努むること

（五）軍事上の実権掌握に付ては聯盟理事会［国際連盟理事会のこと］をして確認せしめたる兵匪討伐権及帝国

臣民保護の建前に依り既成状態を作るに努むること
（六）外交上及内政上の実権掌握に付ては当初成るべく少数の日本人を官吏又は顧問として採用せしめ逐次之を充実すること
（七）政府の方針叙上の如く決定を見たる上は直ちに出先帝国官憲に其の旨通報し右官憲をして新国家指導上遺憾なきを期せしむること[12]

日本と満州国間という「公式」な方法ではなく、「非公式」に満州国と関係を結び、現地の「帝国官憲」や日本人官吏・顧問の「指導」によって、「既成状態」を作り上げていこうとする、まさに対日協力政権のレシピが提示されている。

前述の「本庄・溥儀協定」や「関係処理要綱」の（七）に見られる「指導」という文字がこの先、重要なキーワードとなっていく。

満州国成立から約一年半が経過しようとしていた一九三三年八月八日、日本政府は「満洲国指導方針要綱」を閣議決定している。日本が満州国を「不可分的関係を有する独立国家として進歩発展」させるために、「指導」を施す方針案を定めたものである。

この要綱には、満州国を「指導」する主体について、以下のように記されている。

三、満洲国に対する指導は現制に於ける関東軍司令官兼在満帝国大使の内面的統括の下に主として日系官吏を通じて実質的に之を行はしむるものとす
日系官吏は満洲国運営の中核たるべきを以て之が簡抜推挙を適正ならしめ之に本指導方針を徹底せしむるに付万遺憾なきを期すると共に特に此等日系官吏の活動の中心を得しめ其の統制に便する為総務庁中心の現制を維持せしむるものとす[13]

満州国の実質的な指導者である関東軍司令官が日系官吏を「内面的統括」した上で指導を行ない、運営の中核

となる日系官吏の活動は、満州国総務庁が中心となって統制する（「総務庁中心主義」）と規定している。

ここで示されている軍司令官が官吏を「内面的」に統括することが、いわゆる「内面指導」と呼ばれるものであり、前述の「関係処理要綱」にあった帝国官憲や日本人官吏・顧問による満州国への「指導」も同義である。つまり、軍司令官から内面指導される対象は日本人官吏・顧問や満州国関係者であり、さらに日本人官吏・顧問が満州国関係者を指導する重層的な体制が構築されたのである。

この「内面指導体制」とも呼べる方式は、満州国以降、対日協力政権の基本的な統治方式となっていくが、山室信一も述べているように、この方式は基本的に法的根拠がないものであった[14]。満州国国務院総務庁次長兼企画局長などを務めた古海忠之は回想録の中で、関東軍司令官は満州国への「内面指導権を保有」していたと記している[15]。

しかし、内面指導に関わる協定などの法的根拠はなく、古海本人も「関東軍としてはあくまでも内面指導であり、その相手方が日系官吏中心の総務庁であることから、とくに満洲国の承認を得ることもないと考え、軍自体で取極めたのであろう」と述べている[16]。なお、引用した古海の解釈には、あくまでも日本人以外の満州国関係者への内面指導は行なわれていないとするスタンスが反映されている[17]。

満州国のみならず、他の対日協力政権にも共通するが、なぜ内面指導の方式が執られたのだろうか。

一九三五（昭和一〇）年六月に陸軍大臣兼対満事務局総裁林銑十郎が昭和天皇に満州の現状を説明するために、「満洲の現況に就て」という資料を作成している。その中の脚注で「関東軍司令官が満洲国内面指導を行ふを要する理由」として、「一、満洲国の実情」「二、制度上の問題」の項目を用いて説明している。長文となるが以下に引用しておく。

関東軍司令官が満洲国内面指導を行ふを要する理由

一、満洲国の実情

1、満洲国を独立国とし努めて表面的干渉を避け内面的に指導すること万般に得策なる所之が指導力を強力なる威力を要し、若し文武二途に出る時は策謀に乗ぜらるるのみならず満漢人の習性は強力なる軍権の支配下に於てのみ制御せらるべく又文武分治の域に達せず治安の維持を第一とする現状に於ては国防治安の責に任じ満洲軍権を指導する関東軍司令官が満洲統治の全体に亘り強力なる指導力を及ぼす要あるものとす

2、満洲国の国防は自力の力なく之を指導し又国礎を権立する為には先づ治安の恢復を第一義とし万般の措置を国防治安の要求に適応せしむること必要にして之が見地よりするも共同防衛の任にある軍司令官が之を指導すること必要にして交通、通信航空等を管理する所以なり

3、満洲国成立の経緯よりせば関東軍の威力に帰服したる満人が之に信頼して建国に精進したるものにして今日軍司令官は将に其恩人にして其声望に依り各方面統制せられあり又満側依託に基き我日本人官吏の所謂人事権を掌握し之を通じ其指導力を徹底しあり

二、制度上の問題

内面指導に関し我国制度上より云々するものあるも抑々同国は独立国にして政府又は統帥系統が制度上の権限として干渉すべき筋合にあらず軍の内面指導は毫も憲法上の制度を紊すことなし

尤も条約取極等に基く表面的の意志の発動は事の性質と内容とに依り国務に属するものは外務大臣等より大使経由交渉し又統帥事項は統帥系統より満側軍権に交渉しあるも其区分困難なるものあり之等表面的意志の発動と内面指導との調和を策すること必要なるを以て軍司令官が大使を兼ね運用の全きを期しあり単に制度上の紛淆を論ずるは対満政策遂行の根本を把握せざる形式論に過ぎず(18)

この二項目ともに、満州国は「独立国」と前提し、表面的な干渉ではなく内面的に指導することが得策と強調している。その上で、治安維持が第一とされる満州国には軍事力がないため、「声望」ある関東軍司令官の「強

力なる指導力」のもとで日系官吏を掌握しながら、内面指導が行なわれていると説明している。

また、「制度上の紛淆を論ずるは対満政策遂行の根本を把握せざる形式論」として、内面指導の制度的問題はないと強調している。つまりは、満州国の「現況」、かつ日本側による満州運営にとって必要な方式であると述べられている。

その一方で、古海忠之は内面指導を行なった背景として、先述の内面指導権という言葉を用いながら、以下のように述べている。

関東軍司令官は満洲国に対する内面指導権を保有した。この内面指導権の保有は、関東軍の絶大な援助によって誕生した新生満洲国が満蒙関係の既存条約および日本の各種権益を尊重するとともに、将来、排日乃至反日的態度、行動をとることを防止するための保障制度として考え出したものであった。(19)

林銑十郎の説明と古海忠之の回想を比較してみると、内面指導の在り方について、両者によって「本音と建前」が提示されている。林の資料は昭和天皇への説明文であったため、比較的柔和に記されているが、古海の回想は満州国の運営のみならず、「排日」や「反日的態度、行動」を抑制するための手段とする内面指導の根幹的な意図が顕著に表れている。自分たちで組織しておきながら、その組織を警戒するスタイルを継続していったのは、満州国以降の対日協力政権においても共通しているといえよう。

次に内面指導体制の中に置かれた満州国下の日本人顧問・官吏について、見ていくこととする。

2　満州国の日本人顧問・官吏

日系官吏は「満洲国運営の中核」として位置づけられていたように、満州国では顧問よりも日系官吏の配置に重きが置かれていたことは、これまでの引用史料からわかる。その顧問や官吏について、先に引用した林銑十郎の資料には以下のように説明されている。

軍司令官の有する官吏任免推薦権に依る日人官吏は満洲国に対する内面的指導上の一大要素なるが事変以来逐次其数を増加し今や四千人の多きに達し准官吏を加ふるときは七千人を突破せんとするの現状にして日満陣の比率は地方に在りては日人の比率尚著しく小なるも中央官庁に於て已に一対一を超過し技術を要する官庁の一部に在りては総員の九割を占むるものあり日人官吏の数徒らに増大すれば満人官吏をして悦んで其能を伸さしむる所以に非ざるを以て将来は真に必要已むなきものの外は新に之を採用せず又真に日人を必要とする部位を研究決定し其以外特に一般行政就中民政の衝に当る者には極力満人を充当することとして日人官吏の位置を限定し日満官吏比率是正の方針を採りつつあり(20)

この資料が作成された一九三五年六月当時、満州国の日系官吏は約四千~七千人おり、中央官庁から地方政府にまで配置されていたことがわかる内容である。

資料中に「日人の比率」や「日満官吏比率」とあるが、これは満州国の日系官吏と満州系官吏の比率を表すもので、日系と満州系がほぼ同率か満州系が多くなるように設定されていた。その比率が設定されたのは、満州国が関東軍の「傀儡国家という国際的非難を回避し、しかも支配の実効性を担保するため」という背景によるものであった(21)。

古海忠之は日満官吏比率について、総務庁以外の各部における比率は日系官吏を少数に留める「厳格なもの」であったと回想しているが(22)、林の説明には日系官吏が「技術を要する官庁の一部に在りては総員の九割を占むるものあり」とあることから、実際には日系官吏の比率が高く、日本側もそれを把握していたのであった。

続けて林は日系官吏と顧問について、以下のように述べている。

日人官吏の質に就ては当所匆忙の際任用せられたる者、爾後内地よりせる移入せられたる官吏中には素質十分ならざる者少からざりしも此等は逐次更迭せられ又輓近に於ては内地諸官省より優秀なる官吏率先して任に赴くの風あり著々改善の実を挙げ総務庁長を通じ軍司令官の把制下に克く其職務に精進しつつあり軍司令官の周囲に於ける経済顧問も最近内地官庁よりせる優秀を以て其陣容を整へ大に其活動を期待せられあり[23]満州国成立時に任用された素質が十分ではない官吏は更迭されて、「内地諸官省より優秀なる官吏」が着任し、職務に就いているとある。

「本庄・溥儀協定」にあったように、当初は関東軍司令官が選任する人物を官吏として任用し、その対象は満州在住の日本人を任用する方針であった[24]。しかし、適材適所の人材が必要とされたことにより、林の資料が作成された一九三五年前後には関東軍の方針は揺らぎ、日本政府の各省庁から満州国へ官僚が派遣されるようになっていた[25]。日本の各省庁から官僚が派遣されていく点については、満州国以降の対日協力政権でも同様の傾向を辿っていく[26]。

また、林は経済顧問の存在についても言及しており、官吏と同じく内地官庁から優秀な陣容を整えていると記している。日系官吏に重きがあったとはいえ、全く顧問が配置されなかった訳ではなく[27]、「より直接的な統治関与の回路」として顧問制は存在していたという[28]。

満州国に配置された顧問は「官制の上に明記された顧問」と「法制のうえに現われることのない顧問たち」[29]、つまるところ、姿が見える顧問と姿が見えない顧問とに分けられ、とりわけ、統治に影響を与えたのは後者であった[30]。姿が見える顧問としては、一九三二年一二月に国務院へ配置された国務顧問（宇佐美勝夫）や一九四一年三月に設定された経済顧問（大村卓一、鮎川義介、吉野信次、小平権一）が挙げられるが[31]、国務顧問は一九三四年の宇佐美辞任以降、任用者不在となり、一九三七年には国務顧問の制度自体が廃止されている。

ここで注目したいのは経済顧問の存在である。山室は一九四一年に設定された経済顧問は政策への直接介入を行なうのではなく、主要企業を満州国の経済政策へ参画させるために設定されたとしている[32]。

満州国以降の対日協力政権、とりわけ汪政権では戦時体制との兼ね合いなどから、経済顧問の存在が大きなウェイトを占めていくだけに、満州国統治における経済顧問の立ち位置が他の政権とは、やや異なる点が興味深い。

しかし、先に引用した一九三五年作成の林の資料にはすでに経済顧問の存在が記されており、いわゆる姿が見えない顧問が存在していた可能性はある。この点については、今後の課題とせざるを得ない。

林の資料が作成された一九三五年六月から約二年後の一九三七年七月七日、北平(現在の北京)郊外の盧溝橋で日中両軍の軍事衝突が発生し、日本と中国は全面戦争へと突入していく。

II 日中戦争の勃発と臨時・維新政府の「政府顧問約定」

日中戦争勃発後、日本軍占領地に成立した中華民国臨時政府と中華民国維新政府(以下、それぞれを臨時政府、維新政府と略記)の日本人顧問・職員について、考察を進めていく。本論に入る前に、日中戦争の勃発から臨時・維新両政府が成立するまでの過程について簡単に述べておく。

一九三七年七月七日、北平郊外の盧溝橋で日中両軍の軍事衝突が発生した。いわゆる盧溝橋事件である。事件発生後、現地では停戦協定が結ばれたものの、同年八月一三日に上海で戦端が開かれると(第二次上海事変)、戦火は一気に華北から華中へと拡大し、日本軍は同年一二月一三日に南京を陥落させている。戦争の進展により、日本軍占領地は拡大していき、占領地支配を浸透させるために、北支那派遣軍は南京陥落翌日の一二月一四日に「(国民党の)滅党」、「反共」、中日の「親善提携」を施政方針とした王克敏を首班とする中華民国臨時政府を北平に成立させている(33)。

臨時政府には行政・議政・司法の三つの委員会が置かれ、とりわけ行政委員会が政府の中心となり、同委員会委員長が臨時政府の長を務めた。その行政委員会の下に行政機関として内政・財政・治安・教育・実業・法制の六部と外務局、建設総署が置かれ、各組織に日本人顧問や職員が配置されていくこととなる。

一方、華中の日本軍占領下でも上海市大道政府をはじめとする自治政権が乱立していたため、新政権を樹立して一本化しようとする動きが出ていた。臨時政府の「新中央政府」化を構想していた北支那派遣軍は華中の新政権樹立に反対し、日本海軍などが華中での新政権樹立を主張する「南北対立」の構図が生まれていたが、一九三八年三月二八日、南京に梁鴻志を首班とする中華民国維新政府が成立している。[34]

維新政府には行政院・立法院・司法院の三院が置かれ、とりわけ行政院の下には外交・内政・財政・綏靖・教育・実業・交通の七部、司法院には司法行政部などが置かれた。[35] 臨時政府と同様に、これらの組織にも日本人顧問や職員が配置されていくこととなる。

1　中華民国臨時政府の日本人顧問・官吏

(1)「政府顧問約定」の締結とその内容

臨時政府の成立から一〇日後の一九三七年一二月二四日、日本政府は「支那事変対処要綱(甲)」(以下、「対処要綱」と略記)を閣議決定している。この「対処要綱」は日中戦争勃発後、占領地への日本人顧問配置について、具体的な方針を示した最初のものであり、臨時政府への指導方針として、日本人顧問は内面指導を行なうにとどめ、行政の細部には干渉しないと定めている。[36]

満州国では「本庄・溥儀協定」や指導方針として、日本人顧問や官吏を任用するとされたものの、具体的な取り決めが交わされることはなかった。その一方で、臨時政府、維新政府では顧問に関する約定が交わされている。まずは臨時政府から見ていこう。

一九三八年四月二七日、北支那方面軍司令官寺内寿一と臨時政府行政委員長王克敏との間で「政府顧問約定」が締結されている。[37]「政府顧問約定」は同約定と「附属約定」「顧問服務章程」から構成されており、顧問の他に顧問の補佐官などの配置も決められている。

全八条から構成されている「政府顧問約定」は、「日本軍最高指揮官ハ中華民国臨時政府ノ請ヒニ応シ中華民国ノ行政法制軍事等ノ各項ヲ充実改革及保全統一スル目的ヲ以テ」臨時政府行政委員会委員長と約定が締結されている。

重要な条文として、第一・三・五・七条が挙げられる。参考までに以下に引用しておく。

政府顧問約定

第一条　日本軍最高指揮官ハ所要ノ人員ヲシテ中華民国臨時政府ノ中央及地方顧問並ニ同輔佐官タラシメ中華民国ノ行政法制軍事治安及警務等ノ事項ニ関シ協力援助セシム

第三条　中華民国臨時政府ハ技術家、専門家ヲ必要トスル業務ノ遂行及改善ノ為専員、技術官、教授、教官、教導官等トシテ日本軍最高指揮官ノ推薦ニヨリ日本人ヲ任用又ハ招聘ス

第五条　本約定ハ日華文各二通ヲ作成シ両約定者ニ於テ日華文各一通ヲ保存ス

第七条　約定ニ疑義ヲ生シタル場合ノ解釈ハ日本文本文ニ拠ルモノトス[38]

臨時政府は日本側から推薦された行政、法制、軍事、治安・警務に「協力援助」する日本人を任用することとしている。その任命は日本軍最高指揮官の「推薦」によるとしている点は、満州国の「本庄・溥儀協定」と共通している。また、本約定に疑問がある場合の解釈は「日本文」によるとしており、どちらの立場に比重が置かれていたのかは一目瞭然である。

続いて、臨時政府との「政府顧問約定」の肝ともいえる「附属約定」（全一四条）について見ていこう。この附属約定において、臨時政府内に配置される顧問の大枠が決定されている。ここでも重要な条文を以下に引用しておく。

附属約定

第一条　本約定第三条［前述の「政府顧問約定」第三条のこと］ニ拠ル者ノ推薦手続ハ日本軍特務部長ヲ通シ之ヲ行フモノトス

第二条　顧問及輔佐官ハ日本軍嘱託又ハ現役軍人若クハ応召中ノ軍人トス
第三条　顧問ハ其ノ担任事項ニ関シ関係各委員会各部各省市ノ長官ニ意見ヲ具申シ又ハ右長官ノ諮問ニ応答スルモノトス
第四条　前条ノ各長官ハ顧問ノ担任事項中重要ナル事項ニ関シテハ予メ当該顧問ト十分隔意ナキ協議ヲ遂ケタル後之ヲ行フモノトス
其ノ細部ニ関シテハ各顧問毎ニ其ノ服務章程ニ於テ之ヲ定ム
第五条　行政顧問ハ議政委員会及行政委員会所属各部ノ所管事項中他ノ顧問ノ担任ニ属セサル事項ヲ担任ス
第六条　法制顧問ハ議政委員会所管ノ立法事項及行政委員会所管ノ法制事項ヲ担任ス
第七条　軍事顧問ハ治安部ノ所管事項及警務ニ関スル事項ヲ担任ス
第八条　地方顧問ハ省公署及特別市公署ノ所管事項ヲ担任ス
第九条　輔佐官ハ顧問ノ命ヲ受ケ顧問ノ担任事項ニ関スル事務ヲ輔佐ス
第十三条　本約定第三条ニ列記スル専員、技術官、教授、教官、教導官等ハ総テ中華民国ノ職員トシ中華民国臨時政府ノ命令規定ニ拠リ所管業務ヲ執行スルモノトス[39]

附属約定にあるように、顧問としては行政、法制、軍事の三顧問（各一名）、省・特別市への地方顧問（省・特別市に各一名）が設置された。ちなみに行政顧問には湯澤三千男、法制顧問には大達茂雄が就任している。それらの顧問は日本軍嘱託もしくは現役軍人などであることと規定され、顧問には補佐官がついた。[40] また、「技術家、専門家」は臨時政府の「職員」として業務を執行することとされ、顧問や補佐官以外の日本人も配置されている。

顧問は臨時政府下の「各委員会各部各省市」の長に「意見ヲ具申」し、長の「諮問ニ応答」すること、また各長は「顧問ノ担任事項中重要ナル事項」については、顧問と十分に「隔意ナキ協議」の上で業務を行なうとされ、まさに顧問による内面指導について規定されている。

（2）顧問と職員の存在

行政顧問に就任した湯澤三千男は一九三八年五月に、日本外交協会北支那協会第二五三回例会にて、「内部より見たる北支政権観」という講演を行なっている。その講演記録の『北支那政権に如何に協力すべきか』という資料中に顧問としての役割など、臨時政府とどのように関係していくべきかなど、湯澤が企図する考えが掲載されている。(41)

まずは日本軍占領地に顧問を配置する理由として、湯澤は華北占領地に親日防共の精神を涵養しなければならなく、「満洲国のやうな隅から隅まで日本人の手で以て総らゆるものを虱潰しにやつて行くという遣り方」ではなく、行政、法制、軍事の三顧問による「少数顧問の内面指導」により実施すべきと主張している。(42)もはや、満州国が日本人によって操縦されているのは自明のことであった。

臨時政府の顧問について、湯澤は以下のように述べている。長文となるが引用しておく。

それから重要と認むる事項は、中華民国臨時政府は、顧問に相談せずに実行することを得ずといふ規定があります。さうすると謂はば手弁当の押し掛け世話人と云ふ訳です（笑声）。一体その相談する、しないは向ふが雇つて居る場合、即ち普通の顧問でありますれば向ふの勝手といふ建前でありますが、今度の顧問はさうぢやない、相談しなければならない、せざるべからず、かういふのであります。これは何うも重要な性質であります。――向ふから考へて見れば――日本の政府は如何にも独立の政府を援助するやうなことを言つて居るけれども、実は矢張り傀儡政府を拵へて居るんぢやないか、かう言つたやうな疑ひを持つ原因になる。さうすると従来非常な待遇ばかりして一向実のある事の相談はして居らない。これが従来こつちが感心せざる顧問の制度であつたのです。でありますから、こちらの身分は即ち今度の顧問は、何処迄も向ふから金を貰ふやうなことは不可ない。それから又向ふとこつちと契約して、この顧問が気に入つた顧問であるからこれは雇ふ、あれは気に入らんから来て貰ひ度くない、かういふやうなことを向ふには言わせないので、今度の顧問は新しい約定に基いて日本側の軍司令官が向ふに通告する。「誰それを顧問として決定致します」、かういふことを先方に通告すればそれで顧問の職務は成立する。(43)

臨時政府下の顧問は、「この顧問が気に入つた顧問であるからこれは雇ふ、あれは気に入らんから来て貰ひ度くない」といった従来の顧問制度とは異なり、顧問と「相談せずに実行することを得ず」という制度のもとで展開されると述べている。つまりは、顧問との相談や許可なくして、政権運営はできないことを示しており、「傀儡政府」との評価を非常に気にしながらも「傀儡」であることを認めている。

この講演の時点では、湯澤の顧問としての業務はまだ開始されておらず、業務への考えについて、以下のように述べている。

さういふやうな訳でありますから、まだ実は仕事が開始されて居りません。六月一日からさういふやうな仕事を開始しやうといふやうな段取りになつて居る。

そこで吾々許りぢやない、日本人でありますから、日本の不為になるやうなことは無論やらないんでありますが、併しその組織の約定の根本の上から考へて見ますと、この顧問は一体どつちの為に働く、支那側の為に働くのか、日本側の為に働くのか、かうなりますと、根本は日本側の為に働くのだと思ふ。日本側の為めと云ふのは要するに親日防共の精神の徹底といふ一語に尽きるだらうと思ふ。［中略］その精神を破壊するやうなことは困る。かういふ結論になるだらうと思ふのであります。(44)

顧問約定で規定された「中華民国ノ行政法制軍事治安及警務等ノ事項ニ関シ協力援助」するために、「支那側の為」の顧問として臨時政府へ赴くわけではなく、「親日防共の精神の徹底」を盾としながら、「日本側の為」に働くとする、湯澤の顧問としての「気概」が記されている。この文章は臨時政府に関わらず、対日協力政権における顧問配置の本質をついた一文といえよう。他の文献との擦り合わせが必要ではあるが、大半の日本人顧問は湯澤が述べるような「気概」の下で配置されていったのではないだろうか。

表1　中華民国臨時政府の日本人職員数［中央］
（1939年7月・興亜院華北連絡部政務局調べ）

配置先	行政委員会	治安部	教育部	財政部	実業部	建設総署	計
職員数	6	54	101	84	25	113	383

典拠：JACAR（アジア歴史資料センター）Ref. C01002283200、陸軍省—大日記乙輯—S14-11-39（防衛省防衛研究所）。

表2　中華民国臨時政府の日本人職員数［地方］
（1939年7月・興亜院華北連絡部政務局調べ）

配置先	北京特別市公署	天津特別市公署	青島特別市公署	河北省公署	河南省公署	山東省公署	山西省公署	計
職員数	93	27	89	5	9	38	2	263

典拠：表1に同じ。

次に臨時政府の日本人職員について言及する。「政府顧問約定」と「附属約定」にあったように、臨時政府は業務遂行に必要な日本人の「技術家、専門家」を「専員、技術官、教授、教官、教導官」などとして任用し、臨時政府の職員とするよう規定している。

では、臨時政府にはどれくらいの日本人職員が任用されていたのだろうか。

一九三九（昭和一四）年七月に興亜院華北連絡部政務局により作成された「臨時政府各機関日系職員表送付の件」を見ると、当時、臨時政府下の中央・地方政府で職員として登録されていた日本人の氏名が記載されている。

表1は中央政府に配置されていた日本人職員数である。確認できるだけで三八三人となっており、その中でも建設総署と教育部は一〇〇名を超えている。建設総署の内訳を見ると、工務・河川・水力・水利などを扱う技術者が多くなっており、教育部では教員が大半を占めている[45]。

財政部は海関や塩務関係者、治安部については陸軍軍官学校や憲兵学校の教官が多く、実業部には農事実験場などの農学・農業関係者が配置されている。行政委員会には六名と少ないながら、情報処や調査処に専員が配置されている。

続いて、表2は臨時政府下の地方政府に配置された日本人職員数である。北京の九三人、青島の八九人とほぼ同数の人員が配置されているが、天津については二都市と比べると大幅に少なくなっている。

主な内訳としては、三都市ともに各公署に設けられた部局の長クラスに日本人職員が配置されており、総体数でみると教員の人数が多くなっている。北京・青島の欄には記載されていないが、天津市の教員欄には「日本語教諭」という記載があることから、他の都市においても教員は日本語教諭であった可能性が高い。また、警察関係の部署には「指導官」「副指導官」という教官にあたる役職が多く配置されている。

省公署を見ると、山東省公署だけが極端に多くなっている。その大半が教官や指導官などとなっている。推測の域を出ないため、更なる確認が必要であるが、省における人事は日本軍による軍事作戦の展開と関係があるのかもしれない。

中央・地方政府における日本人職員数を見てきたが、確認できるだけで、合計六四六名の日本人職員が臨時政府下に存在していた。しかし、あくまでも六四六名は「姿が見える」職員であって、「姿が見えない」存在もいたと考えるべきであろう。

また、とりわけ長クラスを務めた人材で、当時は臨時政府で職務に就いていたが、それ以前、それ以後はどのような経歴を経たのかなど、山室信一がいう「統治人材の周流」[46]がどこまで確認できるのか、この点は今後の課題としたい。

2 中華民国維新政府の日本人顧問・官吏

(1) 顧問配置方針と「顧問約定」

一九三八年三月二八日に中華民国維新政府が南京・上海を中心として成立している。日本陸軍が中心となって成立した臨時政府とは異なり、維新政府の成立にあたっては日本海軍も関係していたことは前述の通りである。

維新政府成立から約四か月後の一九三八年七月二二日、日本政府は「支那政権内面指導大綱」を五相会議で決定している。参考までに同大綱の方針について、以下に引用しておく。

方針

帝国ノ支那政権内面指導ノ目標ハ現事変ノ解決ニ裨益スルト共ニ日支両民族ノ提携ヲ促進シ日満両国ノ不可分的善隣関係ノ確立ト相俟チ我国防国策ニ投合スルニアリ之カ為抗日思想瀰漫セル現状ニ対シテハ威力ヲ背景トシテ局面ヲ打開スルトトモニ国民経済ヲ向上シテ人心ヲ収攬シ東洋文化ヲ復活シテ指導精神ヲ確立シ恩威併ニ用ヒテ一般漢民族ノ自発的協力ヲ促スモノトス(47)

同大綱は日本が中国を内面指導することにより、日本の国防国策に活かすことが目標とされたものであった。同大綱の「要領」中の政治・外交の項目内で日本人顧問・官吏について、以下のように規定されている。(48)

要領

第二、政治及外交

二、諸政権ノ首脳者以下官吏ハ支那人トスルモ枢要ノ位置ニハ所要ニ応シ少数ノ日本人顧問ヲ配置シ或ハ日本人官吏ヲ招聘セシメ以テ内面指導ヲ容易ナラシム(49)

政権の「首脳者以下官吏」には中国人を配置するが、内面指導を容易にするために、重要な位置には日本人顧問や官吏を招聘させるとしており、この大綱の決定により、満州国で執られた内面指導体制が日中戦争の占領地でも正式に採用されることとなったのである。

以上のような変化を踏まえながら、維新政府において日本人顧問がどのように配置されていったのか、一九三九年九月に作成された『維新政府顧問設置ノ経緯』(以下、『設置ノ経緯』と略記)(50)と堀井弘一郎の研究を参考にして、分析を進めていく。(51)

堀井は、一九三八年七月三日に陸軍軍務局で作成された「中支顧問々題処理方針」以後に同政府内への顧問設置の動きが本格化すると分析しているが[52]、『設置ノ経緯』によると、その数か月前から顧問設置に向けて動き出していたことがわかる。同史料には途中経過が記されているので、長文となるが以下に引用しておく。

昭和十三年三月末維新政府成立以来其業務ノ実情ヲ具察スルニ諸種ノ事情アリトハイヘ其推進我方ノ希望ニ副ハサルモノアリシニ依リ五月頃ヨリ政府各院部ノ要位ニ日人顧問ヲ配置スルノ必要ヲ痛感シ北支臨時政府ノ実情ヲ検討スルニ既ニ最高指揮官ト王克敏トノ間ニ約定ヲ結ヒ顧問ヲ派遣シツツアル事ヲ承知シ之ニ倣ヒ中支最高指揮官ト行政院長梁鴻志トノ間ニ別紙第一ノ如キ顧問約定ヲ調印セントシ之ヲ行政院長ニ協調セシ処何等異存ナキニ付調印スヘキ旨申入レアリタルカ本件ハ中支ノ特殊状勢ニ鑑ミ海軍及外務両省関係者ト協調スル必要アルヲ認メ先ツ海軍側ニ協議セシ処維新政府ノ顧問ハ陸軍ノミノ関係ニアラス海軍トノ関係モ尠シトセス又軍特務部長一人ノミノ監督ニ依ル機構ニモ同意スル能ハストノ意嚮ヲ申出スルト共ニ東京ニ於テ陸海軍省間ノ問題トナサントスル意見アリタルニ依リ本調印ハ寧ロ実現セシムル事ナク実質的ニ軍特務部長ト梁行政院長トノ間ニ顧問ヲ必要ニ応シ招聘セシムルヲ適当トスル意見ニテ軍参謀長ト協議ノ結果東京陸軍省ニ対シテモ其旨電報スル事トシ八月一日軍特務部長ヨリ梁行政院長ニ対シ別紙第二ノ如キ公文ヲ送附シ別紙第三ノ如キ回答ヲ受ケ茲ニ政府ヘ顧問派遣ノ件ハ必需ニ応シ政府ヨリノ申出ニ対シ派遣スル事トシ爾来十月頃ヨリ綏靖部、内政部及教育部、財政部等ニ所要ノ人員ヲ派遣スルニ至レリ[53]

維新政府成立後、日本側の希望に副わないことがあったために、五月頃から顧問設置の検討を開始したとある。前節で述べたように、臨時政府の約定締結は同年四月二七日であったことから、まさに臨時政府の事例に倣って、ほぼ同時期に検討を始め、梁鴻志への「別紙第一ノ如キ顧問約定」提出に至ったと思われる。

この「別紙第一ノ如キ顧問約定」とは、『設置ノ経緯』の付属資料の「中華民国維新政府顧問約定」であり[54]、臨時政府が締結した顧問約定と同様に、「附属約定」なども付されている。その内容を見ると、「附属約定」で顧問の任期について言及されている以外はすべて臨時政府の顧問約定をコピーしたものとなっている[55]。

海軍の反対により一時的に棚上げされた顧問設置であったが、『設置ノ経緯』には同年八月に中支那方面軍特務部長原田熊吉が再度、梁鴻志と交渉し、承諾を得たとして、同年一〇月頃より「綏靖部、内政部及教育部、財政部」などへ顧問が派遣されるようになったとある。

引用した『設置ノ経緯』には続きがあり[56]、一九三八年一二月の軍特務部解消により、原田の帰国を憂慮した梁鴻志は、中支那派遣軍司令官畑俊六へ原田の「中支残留ト政府ノ最高顧問トシテ援助セシメラレ度旨懇望」したとあり、畑はこの要請を承諾している。これ以降、原田は維新政府最高顧問として、「顧問以下ノ職員ヲ指揮シ維新政府ノ政務経済文化ノ各般ニ亘リ内面指導及援助協力工作ニ邁進」していると記されている[57]。

上記の史料からすると、維新政府から原田の最高顧問への就任要請があったかのように見えるが、堀井が提示している「興亜院連絡部設置ニ伴フ現地措置要領（第三案）」（昭和一三・一九三八年一二月一一日軍特務部作成）の「要領」欄にある「特務部ヲ解消シ現陸軍特務部長ヲ維新政府最高顧問トナシ南京ニ顧問府ヲ設置ス」[58]との記述から考察するに、維新政府から原田の最高顧問就任への「要請」があったとは、決して鵜呑みにすることはできない。

ここで留意したいのは、一九三八年八月に原田と梁鴻志が交渉した際には顧問約定の締結は行なわれず、正式に約定が締結されたのは一九三九年一〇月一〇日になってからのことであった点である。また、その締結された約定名は「中華民国維新政府顧問ニ関スル暫行約定」（以下、「暫行約定」）であり、締結日は一〇月一〇日であったにもかかわらず、維新政府側の要請により、「八月一日」へと書面上では変更されている[59]。なぜ「暫行」とし、維新政府は締結日を変更したのかは確認が取れないが[60]、この頃には汪政権の成立がほぼ決定されており、また中華民国における「一〇月一〇日」の意味合いを考えてのことだったのかもしれない[61]。

当初、一九三八年に維新政府へ提示された顧問約定は、「日本軍最高指揮官ハ中華民国維新政府ノ請ヒ」に応じて顧問を派遣するとしたものであったが、「暫行約定」では「大日本帝国興亜院華中連絡部長官ハ中華民国維新政府ノ請ニ応シ」と主体が異なっている。[62]

これは対中国占領地行政の処理機関として、一九三八年一二月一六日に興亜院が設置され、出先機関として、一九三九年三月一〇日に維新政府の指導などを職掌とした興亜院華中連絡部が設置されたためであった。[63] そのため、暫行約定は興亜院華中連絡部長官津田静枝（日本海軍）と梁鴻志の間で締結されている。なお、原田熊吉を最高顧問へ就任させる流れを記した「興亜院連絡部設置ニ伴フ現地措置要領（第三案）」は華中連絡部が新設されることに対して、それまで日本陸軍が持っていた権力を確保するために作成したと堀井は分析している。[64]

前節で取り上げた臨時政府の顧問約定との比較も兼ねるために、ここで「暫行約定」の条文を記載しておく。「暫行約定」は以下の全四条から構成されている。

中華民国維新政府顧問ニ関スル暫行約定

大日本帝国興亜院華中連絡部長官ハ中華民国維新政府ノ請ニ応シ政治、経済、文化等ノ充実改善及保全統一ヲ目的トシテ維新政府行政院長ト左ノ如ク約定ス

第一条　興亜院華中連絡部長官ハ所要ノ人員ヲ推薦シ中華民国維新政府中央及地方各機関ノ顧問タラシメ維新政府ノ政治、経済、文化等ノ事項ニ関シ協力援助セシム

前項顧問ノ身分、権限及待遇等ニ関シテハ附属約定ニ於テ別ニ之ヲ定ム

第二条　中華民国維新政府ハ必要ナル業務ノ企画進行又ハ其業務改善ノ為興亜院華中連絡部長官ノ推薦セル日本人ノ技術家又ハ専門家ヲ維新政府ヨリ任用又ハ招聘スルモノトス

第三条　本約定ハ調印ノ日ヨリ効力ヲ生スルモノトス

第四条　本約定ハ日文華文各二通ヲ作成シ各約定者ニ於テ日文華文各一通ヲ保存ス

本約定ノ解釈ニ疑義ヲ生シタル場合ハ日本文正文ニ拠ルモノトス[65]

臨時政府の顧問約定と内容はほぼ同じであり、全八条から構成されていた臨時政府の約定が全四条へとコンパ

クトになっただけであった。

臨時政府と比べて大きな差異が見られるのは、「附属約定」（全一〇条）である。重要と思われる第一～六・八・十条を以下に引用しておく。

附属約定

第一条　顧問中一名ヲ中華民国維新政府最高顧問トシ各顧問ヲ統轄セシム

第二条　顧問ハ其ノ担当事項ニ関シ当該機関ノ長官［維新政府各機関の長のこと］ニ意見ヲ開陳シ又ハ右長官ノ諮問ニ応答スルモノトス

第三条　各長官ハ其ノ所管事項中重要ナル事項特ニ左記各項ニ関シテハ須ラク予メ当該顧問ト十分隔意ナキ協議ヲ述タルモノトス

一、中央及地方機関ノ重要事項

二、日本及日本人ニ関係アル事項

三、第三国及第三国人ニ関係アル事項

第四条　顧問ハ当該長官ノ要請ニ応シ中央及地方機関ノ各種会議ニ出席シ意見ヲ開陳スルコトヲ得

第五条　顧問ハ其ノ業務執行上必要ナル補助員ヲ置クコトヲ得

第六条　中華民国維新政府ハ最高顧問ニ対シ各機関ハ其ノ顧問ノ首席者ニ対シ最優ノ賓礼待遇ヲ与フルモノトス

第八条　政府顧問約定第二条ニ拠ル職員ハ専員、技術官、教授、教官、教導官トシ其ノ推薦ハ最高顧問ヲ通シ之ヲ行フモノトス

前項職員ノ身分、権限、待遇及配属等ノ事項ニ関シテハ其ノ都度協議ノ上之ヲ定ム

第十条　顧問ノ人員及配置ハ附表ニ拠ルモノトス(66)

「暫行約定」を締結したのは華中連絡部長官であったが、この「附属約定」を見ると、各種職員の推薦など、実質的な権限は、顧問を統括する長としての「最高顧問」にあったことがわかる。第六条では最高顧問などに対して、「最優ノ賓礼待遇」を与えると取り決められており、政府内での顧問の立ち位置が垣間見える。

臨時政府の顧問約定と比較すると、第三・四条の項目に大きな違いがある。

第三条の維新政府各機関の長は顧問と「十分隔意ナキ協議」を行なうべきとする条文は、前述の臨時政府の「附属約定」にも存在しているが、維新政府の「約定」では中央・地方各機関の重要事項や日本に関する事項など、協議すべき項目が明示化されている。顧問が政府にどこまで関与するのか、顧問が維新政府にかけるフィルターが明確にされている。

臨時政府の附属協定との大きな差異は第四条にあると筆者は考える。維新政府側の「要請」に応じてとのことではあるが、顧問が中央・地方政府で行なわれる「各種会議」に出席し、意見を述べられると取り決められている。第三条と同様に、臨時政府の「附属約定」にも同様の条文は存在し、維新政府でも第二条に同じ内容が規定されている。しかし、維新政府の約定においては、具体的に会議への出席、かつ意見の開陳という顧問の発言権、つまりは維新政府への内面指導の強化が方針として確認できる。

以上の二つの条文を臨時政府の約定と比較してみたが、確実に顧問の権限が拡大し、また前述の「支那政権内面指導大綱」の決定も相俟ってか、内面指導体制が次第に強化されていったことがわかる。

（2）顧問・職員の配置

維新政府の「附属約定」第十条に規定されているように、顧問の人員・配置について附表が添付されている。(67)この附表は顧問の配置先と人数を記した「人員及配置」という資料で、堀井の研究でも引用されている。(68)

表3・表4は附表「人員及配置」をもとに筆者が作成したものである。表3は中央政府の各機関へ、表4は地方政府に配置された顧問数である。

表3　附表「人員及配置」中央政府

配置先	行政院	内政部	財政部	実業部	交通部	外交部	教育部	立法院	司法行政部	計
顧問数	3	4	5	4	4	2	3	2	3	30

典拠：「7 維新政府顧問約定送付ノ件」JACAR（アジア歴史資料センター）Ref. B02031736300（第8画像目）、支那事変ニ際シ支那新政府樹立関係一件／支那中央政権樹立問題（臨時維新政府合流問題連合委員会関係、呉佩孚運動及反共、反蔣救国民衆運動）第9巻（A-6-1-1-8_3_009）（外務省外交史料館）。

表4　附表「人員及配置」地方政府

配置先	江蘇省政府	浙江省政府	安徽省政府	上海特別市政府	南京特別市政府	計
顧問数	4	4	4	4	4	20

典拠：表3に同じ。

表5　維新政府下の日本人顧問・職員数

機関名	最高顧問部秘書処	内政部警務関係	綏靖部	財政部	計
人数	21	21	42	27	111

典拠：日本帝国主義侵華檔案資料選編『汪偽政権』中華書局、2004年、496-502頁。

表4の地方政府については一律四人の配置となっているが、表3をみると、財政部を筆頭に内政・実業・交通部と顧問数が多くなっていることがわかる。推測の域を出ないが、顧問数が多い機関ほど日本側にとって重要な政策を担っていたのではないだろうか。

この附表からわかるように、「附属約定」では中央・地方合計して五〇名の顧問配置が規定されている。このように具体的な人数が提示されている例は珍しく、維新政府以降の汪政権でも人数などを記した詳細な史料は確認されていない。

しかし、具体的な規定は確認できるものの、臨時政府顧問の湯澤三千男のように、維新政府下の顧問の職務などに言及された資料は確認できていない。更なる史料発掘が求められる。

次に維新政府下の日本人職員について見ておきたい。中国で二〇〇四年に出版された資料集である日本帝国主義侵華檔案史料選編『汪偽政権』（中華書局）に、維新政府下の最高顧問部秘書処・内政部・綏靖部・財政部の日本人顧問・職員の名簿が掲載されている。名簿には一一一名の氏名と職名が記されているが、本稿では各機関の人数のみ提示しておく（表5）[69]。なお、一一一名の中には顧問が複数名含まれていることをご了解いただきたい。

最高顧問部とは前項で言及した南京に設置された「顧問府」のことであり、役職としては秘書官（四名）、事務官（三名）、事務員（一四名）の人名が挙げられている。

内政部については同部顧問（一名）、事務員（三名）、警官学校顧問（一名）、同教官（三名）、地方警察顧問（三名）、同警察指導官（一〇名）の内訳となっている。地方警察関係者は内政部所属で地方警察機関へと派遣されていたと思われる。

支配領域の治安維持などを担当する綏靖部[70]には同部顧問（一名）、同部軍官学校教官（五名）、同部同学校事務官（一名）、同部同学校指導官（三名）、同部地方指導官（二七名）、同部事務員（五名）の氏名が挙げられており、中央に限らず地方にも人員が派遣されている。

最後に財政部には海関税則委員会嘱託（七名）、塩務管理局秘書（一名）、地方機関（一九名）それぞれに日本人職員の氏名が記載されている。

臨時政府では六〇〇名超の日本人職員の存在を確認できたが、維新政府については史料の制約上、これ以上の日本人顧問や職員を確認することはできない。維新政府についても同様に「顔の見えない」顧問や職員の存在があったであろうことは想像に難くない。本稿では維新政府の日本人顧問・職員として一一一名が確認できたということに留めておきたい。各職員の経歴などについては今後の課題である。

おわりに

以上、満州国から臨時政府、維新政府における日本人顧問、官吏・職員の配置に関する制度的変遷を追ってきた。考察した内容をまとめると以下のようになる。

満州国では一九三二年三月の「本庄・溥儀協定」により、関東軍司令官が推薦する日本人を官吏として任用するとされ、日本人官吏が「国家」運営の中核となっていった。その際、関東軍司令官は日本人官吏や顧問、満州国関係者（日本人以外の現地人）を「内面指導」と呼ばれる方式で指導・統制し、さらには同様に日本人官吏や顧問が満州国関係者を指導するという重層的な「内面指導体制」とも呼べるスタイルが構築されている。

このような内面指導体制が執られた背景には、満州国を「独立国」たらしめるためや運営に必要な手段であっただけではなく、日本への「排日」や「反日的」な態度や行動をとることを防止するという抑圧的な思惑が存在していた。この思惑はその後の対日協力政権にも継承されていくこととなる。

満州国にも日本人顧問は配置されたものの、満州国成立過程においては顧問中心に事が進められていたが、満州国成立後は官吏中心へと変化していった。顧問が中心となって運営された他の政権とは、この点が大きく異なっている。

続けて日中戦争勃発後、日本軍占領地に成立した臨時政府、維新政府では満州国とは異なり、顧問の存在が重視され、それぞれの政府で「顧問約定」が取り決められている。

臨時政府では、一九三八年四月に「政府顧問約定」が北支那方面軍司令官寺内寿一と臨時政府行政委員長王克敏との間で締結されている。この約定により、臨時政府には行政・法制・軍事の三顧問、省や特別市への地方顧問が配置され、専員や技術官、教官などの「技術家、専門家」が臨時政府の職員として任用された。行政顧問を務めた湯澤三千男が少数の顧問による内面指導が必要と述べたように、内面指導体制は引き継がれ、顧問こそ少数ではあったが、確認できるだけで六四六名の日本人職員が配置されている。

一方、維新政府では臨時政府と同様に、一九三八年五月頃に「政府顧問約定」が作成されたものの、日本海軍の反対により一時的に棚上げされている。その後、中支那派遣軍特務部長原田熊吉と維新政府行政院長梁鴻志の間で顧問設置の交渉が成立し、一九三八年一〇月頃から顧問が配置されていくが、その際には約定などの取り決めはなされず、一九三九年一〇月になって、「中華民国維新政府顧問ニ関スル暫行約定」が交わされている。「暫行約定」内にある「附属約定」では政府と顧問が協議すべき具体的内容や顧問の各種会議への出席・意見の開陳などが取り上げられ、顧問による維新政府への内面指導の強化がこの点から確認できる。一九三八年七月には「支那政権内面指導大綱」が日本政府で決定されていることから、臨時政府と比べて、内面指導体制が制度的にも強化されていったといえる。

今回は考察対象から外したが、維新政府後の汪政権では日本人顧問・職員の配置はどうなっていったのだろうか。汪政権でも最終的には内面指導体制が執られ、顧問や職員が配置されたものの、政権側からの反発を伴うようになり[71]、日本はスムーズに統治を展開できなくなっていく。各政権下での時局の流れが異なるために一様に述べることはできないが、顧問や官吏・職員の配置を対日協力政権側に呑ませることは、時間の経過とともに限界を迎えつつあったといえるのではないのか。

最後に今後の課題について述べておきたい。本稿はいくつかの史料を用いながら説明して来たものの、先行研究の大枠をなぞっただけのものである。満州国、臨時政府、維新政府それぞれに更なる検討が必要であり、本稿が言及できなかった他の対日協力政権についても同様である。

顧問や官吏・職員の配置をめぐる制度について考察してきたが、統治側による基本的な配置方針、顧問が与えた影響や実践面、更には顧問を受容した対日協力政権側については分析することができなかった。これらの論点は今後の課題としたい点である。

また、本論中でも言及したが、山室信一が述べている統治人材の「周流」を対日協力政権において、考察することは、日本による植民地統治から連なるという意味で重要な視点の一つと思われる。この点についても考えていくこととしたい。

注

（1）小笠原強『日中戦争期における汪精衛政権の政策展開と実態――水利政策の展開を中心に』専修大学出版局、二〇一四年。
（2）堀井弘一郎『汪兆銘政権と新国民運動――動員される民衆』創土社、二〇一一年。
（3）樋口秀実「日中戦争下、湖北省における日本の占領地統治と汪兆銘政権」（『東アジア近代史』第一七号、二〇一四年、一一四―一三三頁）。
（4）広中一成『ニセチャイナ――中国傀儡政権 満洲・蒙疆・冀東・臨時・維新・南京』社会評論社、二〇一三年。なお、広中は二〇一五年一二月五日に明治大学で開催されたシンポジウム「抵抗と協力の狭間で――占領地・植民地〈グレーゾーン〉国際視点の比較から」において、対日協力政権研究における「比較検討の少なさ」を指摘している。
（5）柴田哲雄は汪精衛とヴィシー政権のペタンの政権構想、汪政権参加者の陳公博とドイツ軍占領下のパリで対独協力を行なったジャック・ドリオについて、比較検討を行なっている（柴田哲雄『協力・抵抗・沈黙――汪精衛南京政府のイデオロギーに対する比較史的アプローチ』成文堂、二〇〇九年、三六九―四一六頁）。
（6）小笠原強「汪精衛政権下の日本人顧問――顧問の配置とその影響」（『専修史学』第五九号、二〇一五年、一―四〇頁）。
（7）山室信一『キメラ――満洲国の肖像』（中公新書、一九九三年）、同「植民帝国・日本の構成と満洲国――統治様式の遷移と統治人材の周流」（ピーター・ドウス、小林英夫編『帝国という幻想「大東亜共栄圏」の思想と現実』青木書店、一九九八年、一五五―二〇二頁）、同「「満洲国」統治過程論」（山本有造編『「満洲国」の研究 新装版』緑蔭書房、二〇一四年、八三―一三〇頁）。
（8）小野美里「日中戦争華北占領地における日本人教員派遣――顧問制度との関連に注目して」（『人文学報』第四三〇号（歴史学編第三八号）、二〇一〇年、三三―六九頁）。

（9） 許育銘「汪精衛政権と日本人顧問」（『軍事史学』第二〇六号、二〇一六年、二八―四六頁）。
（10） 堀井弘一郎「中華民国維新政府の成立過程（上）」（『中国研究月報』第四九巻四号、一九九五年、一―二五頁）、同「中華民国維新政府の成立過程（下）」（『中国研究月報』第四九巻五号、一九九五年、一七―二九頁）、同「日本軍占領下、中華民国維新政府の治政」（『中国研究月報』第五四巻三号、二〇〇〇年、二七―五〇頁）。
（11） 小林龍夫・島田俊彦編『現代史資料7 満洲事変』みすず書房、一九六四年、四九九頁。
（12） 同前、四九五頁。
（13） 同前、五八九頁。
（14） 前掲、山室信一「「満洲国」統治過程論」一〇〇―一〇一頁。
（15） 古海忠之『忘れ得ぬ満洲国』経済往来社、一九七八年、五一頁。
（16） 同前、五四頁。
（17） 古海の『忘れ得ぬ満洲国』には、満州国での内面指導の様子がいくつか描かれているが、すべて関東軍と満州国日系官吏との間でのやり取りの記述となっている。この記述から日本人以外の満州国関係者に対して、内面指導が行なわれなかったと判断するのは、根拠不足と筆者は考える。
（18） 稲葉正夫・小林龍夫・島田俊彦編『現代史資料11 続・満洲事変』みすず書房、一九六五年、九三八頁。
（19） 前掲、古海忠之『忘れ得ぬ満洲国』五一頁。
（20） 前掲、『現代史資料11 続・満洲事変』九三四頁。
（21） 前掲、山室信一「「満洲国」統治過程論」一一三頁。
（22） 前掲、古海忠之『忘れ得ぬ満洲国』五七―五八頁。
（23） 前掲、『現代史資料11 続・満洲事変』九三四頁。
（24） 前掲、古海忠之『忘れ得ぬ満洲国』四一―四二頁。
（25） 山室信一は日本の各省庁にとって、満州国は人材育成を図る「人事研修所」の意味合いがあったとしている（前掲、山室信一「「満洲国」統治過程論」一二六―一二〇頁）。
（26） 汪精衛政権下にも大蔵省や農林省・農商務省、商工省の官僚が顧問として配置されている（前掲、小笠原強「汪精衛政権下の日本人顧問――顧問の配置とその影響」一六頁）。
（27） 山室信一は満州国の成立過程では顧問中心に各事業が行なわれていたが、次第に重きは官吏へと移っていたと分析している

（前掲、山室信一「植民帝国・日本の構成と満洲国――統治様式の遷移と統治人材の周流」一六四―一七四頁）。
(28) 前掲、山室信一「「満洲国」統治過程論」一〇三頁。
(29) 同前、一〇四頁。
(30) 山室信一は「法制のうえに現われることのない顧問たち」の一例として、軍事を担った軍政部顧問の存在を挙げている（同前、一〇三―一〇四頁）。
(31) 同前、一〇三―一〇五頁。
(32) 同前。
(33) 中華民国臨時政府の成立過程や政府機構などについては、劉傑『日中戦争下の外交』（吉川弘文館、一九九五年、二四九―二六四頁）、郭貴儒・張同楽・封漢章編『華北偽政権史稿――従〝臨時政府〟到〝華北政務委員会〟』（社会科学文献出版社、二〇〇七年、一三八―二三二頁）、張同楽「華北傀儡政権の組織機構について」（『中国21』Vol.31、二〇〇九年、一二九―一四六頁）参照。
(34) 前掲、劉傑『日中戦争下の外交』二六四―二七三頁。維新政府については注(10)を参照。
(35) 維新政府概史編纂委員会編『中華民国維新政府概史』一九四〇年、一六―一七頁。
(36) 「支那事変対処要綱（甲）」に示されている臨時政府への政治指導方針において、日本人顧問・官吏については、「我方ノ指導ハ大綱ニ関スル邦人顧問ノ内面指導ニ止メ日系官吏等ヲ配シ行政ノ細部ニ亘ル指導干渉ヲ行ハサルコトヲ方針トシテ指導スルモノ」と規定している（外務省編纂『日本外交年表竝主要文書 1840-1945』下巻、原書房、一九六六年、三八一―三八二頁。前掲、小笠原強「汪精衛政権下の日本人顧問――顧問の配置とその影響」三頁）。
(37) 「1 昭和一三年四月から昭和一四年九月八日」JACAR（アジア歴史資料センター）Ref. B02031735700（第八―一〇画像目）、支那事変ニ際シ支那新政府樹立関係一件／支那中央政権樹立問題（臨時維新政府合流問題連合委員会関係、呉佩孚運動及反共、反蒋救国民衆運動）第九巻（A-6-1-1-8_3_009）（外務省外交史料館）。なお、臨時政府の「政府顧問約定」締結日を拙稿「汪精衛政権下の日本人顧問――顧問の配置とその影響」では、一九三八年四月一七日と記載したが、同年四月二七日の誤りであることをここで訂正しておきたい。
(38) 同前、第九画像目。
(39) 同前、第一〇―一一画像目。
(40) 行政顧問には五名、法制・軍事・地方顧問（省・特別市それぞれ）には輔佐官が四名設置された（同前、第一二画像目）。

(41)「64 北支那政権に如何に協力すべきか（中華民国臨時政府行政顧問、湯澤三千男）」JACAR（アジア歴史資料センター）Ref. B02030921400、本邦対内啓発関係雑件／講演関係／日本外交協会講演集 第五巻（A-3-3-0-2_1_2_005）（外務省外交史料館）。

(42) 同前、第一〇画像目。

(43) 同前、第一三画像目。

(44) 同前、第一四画像目。

(45) 臨時政府下の日本人教員については、前掲、小野美里「日中戦争華北占領地における日本人教員派遣――顧問制度との関連に注目して」を参照。

(46) 前掲、山室信一「植民帝国・日本の構成と満洲国――統治様式の遷移と統治人材の周流」一七四―一九八頁。

(47) 前掲、『日本外交年表竝主要文書 1840–1945』下巻、三九〇頁。

(48) 詳しくは、前掲、小笠原強「汪精衛政権下の日本人顧問――顧問の配置とその影響」四―五頁。

(49) 注(47)と同じ。

(50)「9 維新政府顧問設置ノ経緯」JACAR（アジア歴史資料センター）Ref. B02031736500、支那事変ニ際シ支那新政府樹立関係一件／支那中央政権樹立問題（臨時維新政府合流問題連合委員会関係、呉佩孚運動及反共、反蒋救国民衆運動）第九巻（A-6-1-1-8_3_009）（外務省外交史料館）。

(51) 前掲、堀井弘一郎「中華民国維新政府の成立過程（下）」一七―二九頁。

(52) 同前、二二頁。

(53) 前掲、「9 維新政府顧問設置ノ経緯」第三画像目。

(54) 同前、第五―一五画像目。堀井は具体的な時期は不詳であるが、一九三八年に「中華民国維新政府顧問約定」が作成されたと推測している。臨時政府の顧問約定とほぼ内容が同じことから、維新政府成立時にはすでに作成されていたと筆者は考える。

(55) 同前、第八画像目。ちなみに顧問の任期は二年とされ、任期満了時に維新政府の同意を得れば継続できるとされている。

(56) 前掲、許育銘「汪精衛政権と日本人顧問」三一頁にも『維新政府顧問設置ノ経緯』が引用されている。

(57) 同前、第三―四画像目。

(58)「4 昭和一三年一二月一一日から昭和一四年四月二九日」JACAR（アジア歴史資料センター）Ref. B02031736000（第一三―一四画像目）、支那事変ニ際シ支那新政府樹立関係一件／支那中央政権樹立問題（臨時維新政府合流問題連合委員会関係、呉佩孚運動及反共、反蒋救国民衆運動）第九巻（A-6-1-1-8_3_009）（外務省外交史料館）。

(59)「7 維新政府顧問約定送付ノ件」JACAR(アジア歴史資料センター)Ref.B02031736300(第一画像目)、支那事変ニ際シ支那新政府樹立関係一件/支那中央政権樹立問題(臨時維新政府合流問題連合委員会関係、呉佩孚運動及反共、反蒋救国民衆運動)第九巻(A-6-1-1-8_3_009)(外務省外交史料館)。
(60)維新政府の約定締結日変更については許育銘も不明としている(前掲、許育銘「汪精衛政権と日本人顧問」三二頁)。
(61)民国期中国の記念日については、小野寺史郎『国旗・国家・国慶――ナショナリズムとシンボルの中国近代史』(東京大学出版会、二〇一一年)参照。
(62)前掲、「7 維新政府顧問約定送付ノ件」第三画像目。
(63)興亜院については、本庄比佐子・内山雅生・久保亨編『興亜院と戦時中国調査 付 刊行物所在目録』(岩波書店、二〇〇二年)、久保亨「興亜院とその中国調査」(姫田光義・山田辰雄編『日中戦争の国際共同研究1 中国の地域政権と日本の統治』慶応義塾大学出版会、二〇〇六年)を参照。
(64)前掲、堀井弘一郎「中華民国維新政府の成立過程(下)」二三頁。
(65)前掲、「7 維新政府顧問約定送付ノ件」第三－四画像目。
(66)同前、第六－七画像目。
(67)前掲、「7 維新政府顧問約定送付ノ件」第八画像目。
(68)前掲、堀井弘一郎「中華民国維新政府の成立過程(下)」二五頁。
(69)維新政府の日本人顧問や職員については、今後の分析を進めた上で詳細な情報を公表していくこととしたい。
(70)維新政府下の綏靖部については、前掲、『中華民国維新政府概史』(一八〇－一九八頁)を参照。
(71)前掲、小笠原強「汪精衛政権下の日本人顧問――顧問の配置とその影響」七－一五頁。

一九三〇年代中期華北における日本の電力開発

――灤河水力発電所建設計画を例に

広中一成

はじめに

一九世紀後半、アメリカのトーマス・エジソンが炭素フィラメントの白熱電球を完成させ、同じ頃、欧米では発電機が実用化された[1]。これ以降、電気は産業の近代化を推し進める原動力となり、今日においても、産業の発展や人々の生活になくてはならないものとなっている。そして、その電気を作り出す各種発電所は、その時代の社会や経済の情勢、技術レベルなどを背景に、その状況にもっとも適した方法で開発、運用された。

たとえば、日本の発電施設は一九世紀末まで都市の電灯需要に応えるための小規模な火力発電が中心であった。しかし、二〇世紀に入ると、豊富な水資源と高低差のある地形を生かした水力発電が主となり、火力発電はその補助的役割となった。これを「水主火従」という[2]。

一九三二年三月、満洲事変を起こした関東軍によって満洲国が建国されると、満洲では資源開発に必要な電力を統制する組織として満洲電業株式会社が創設された。そして、日本と同じく「水主火従」の方針のもと、鴨緑江、松花江、牡丹江など大規模河川を使った水力発電所建設が始まった。

一方、一九三五年一一月、河北省通州に対日協力政権の冀東防共自治政府（成立時は冀東防共自治委員会。以下、冀東政府）が成立すると、翌一二月、満鉄の子会社として発足した日本の国策会社の興中公司は、天津電業股份有限公司と冀東電業股份有限公司を設立して天津と河北省東部（冀東。冀は河北省の異称）一帯の電力の統制に乗り出した。さらに、興中公司は、河北省最大級の河川であった灤河に水力発電所を建設する計画を立てた。

しかし、満洲国が水豊（鴨緑江水系）、豊満（松花江水系）、鏡泊湖（牡丹江水系）と水力発電所を次々と完成させたのに対し、興中公司は結局、灤河にひとつも水力発電所を建設することができなかった。なぜ、灤河水力発電所は建設されなかったのか。この問いは、一九三〇年代半ばの華北における日本の経済開発、とりわけ電力開発の動きをたどるうえで一考に値する。

この問題に関するこれまでの研究を振り返ると、日本では臼井勝美が日中戦争前半期の日中の政治動向を論じた研究のなかで、ごく簡単に興中公司による華北の電力経営について触れている。臼井によると、日中戦争勃発後、興中公司は電力会社など華北の資源開発企業の経営にあたったが、占領地の拡大で、満鉄から支援を得ることが難しくなったことから、それら企業の経営を日本国内の民間業者に依頼するようになったと分析している(3)。また、依田憙家の研究でも、臼井と同様、占領地拡大による興中公司の経営の変化について論じている(4)。しかし、両者の研究のなかに、電力経営の一端をなした灤河の水力発電所建設についての言及はみられない。

中村隆英の研究では、日中戦争期の華北における日本の経済支配の実態を考察したなかで興中公司の電力政策を論じ、その政策のひとつとして灤河水力発電所建設の構想があったことを指摘している(5)。しかし、中村はその計画が具体的にどういったものだったのかということについては述べていない。その後、興中公司の電力政策については、柴田善雅が研究のなかで言及しているが、灤河水力発電所の問題は見過ごされている(6)。

欧米では、ボイルが日中戦争前半期の対日協力政権に関する研究のなかで、臼井の研究成果をもとに興中公司と日本側企業による華北資源開発の問題を取り上げている。しかし、灤河水力発電所の問題については述べられ

ていない。(7)

中国では、一九九〇年以降、日本側の研究成果をもとに、華北における日本の経済侵略の視点から徐勇や居之芬らが興中公司による華北電力統制の実態を論じているが、(8)それら研究のなかに灤河水力発電所建設についての言及はない。二〇〇五年に発表された朱成章の研究では、すでに一九三一年に満鉄が灤河を含む満洲の九つの河川に水力発電所を建設する計画が立案されていたことが指摘されている。(9)しかし、朱もこの計画が具体的にどういったものだったのかということについては論じていない。

以上の先行研究の状況から言えることは、興中公司による華北の電力政策に関するこれまでの研究者の関心は、もっぱら電力会社の経営問題や電力統制の実態にあった。しかし、電力政策の一翼を担った発電所開発、特に灤河水力発電所建設計画については、計画があったことを指摘する研究者が一部いたものの、具体的な検討にまでは至っていない。そのため、その計画が一体どういったものだったのか、なぜ建設されなかったのかという問題が依然として解明されないままとなっている。

そこで、本稿では次のように論証を進め、灤河水力発電所建設計画がいつどのようにして立案され、それがなぜ最終的に建設されなかったのか、その背後にあった問題を考察していく。はじめに、灤河とはどういう特徴を持った河川だったのか、当時の中国の水力発電所建設はどのように進められていたのか簡単にまとめたうえで、朱の指摘した一九三一年に立案された水力発電所建設計画を取り上げ、満鉄がいかなる意図で灤河に水力発電所を建設しようとしていたのか検討する。

次に、支那駐屯軍の要請のもと、一九三五年秋から行われた満鉄による華北資源調査を取り上げ、そこで灤河水力発電所建設計画がどう話し合われたのか、一九三一年の計画とはどこが違うのか論じる。また、この計画に冀東政府がどう関わっていたのかも言及する。

最後に、華北の電力統制を進めるなかで、興中公司がいかなる計画を立てて水力発電所を建設しようとしたのか、それに対する日本側の反応はどうだったのか、そして、満洲産業開発五カ年計画の動きに留意しながら、なぜ興中公司は灤河水力発電所を建設することができなかったのか、その原因を明らかにする。

なお、本稿では、灤河水力発電所建設計画と並行して興中公司と支那駐屯軍が冀察政務委員会との間で進めていた永定河水力発電所建設計画、ならびに一九三八年以降に満洲国で進められた灤河水力発電所建設計画については触れない。

I　満鉄の灤河水力発電所建設計画

1　灤河の特徴

灤河は察哈爾省沽源（現内蒙古自治区）近郊の山神廟嶺を水源とし、察哈爾省内を流れた後、熱河省西南部（現河北省北部）と河北省東部を横断して渤海湾に注ぐ、全長約一二〇〇キロメートルの河川である[10]。支流の小灤河、興州河、蟻馬吐河、熱河、白河、老牛河、柳河、瀑河、長河、青龍河などを合わせた流域面積はおよそ四万四六四〇平方キロメートルにのぼった[11]。

流域のなかでも熱河省内を通る部分は山岳地帯で、流れが激しく峡谷がいくつもあった。そして、万里の長城を越えて河北省に入ると、北寧鉄道が通る灤県北部までは丘陵地帯の間を縫うように進み、さらにその下流は平野の中を渤海湾に向けて流れた[12]。

灤河流域には金や鉄、石炭など鉱産資源が埋蔵されていることで知られていた。また、河北省内の流域では、高粱や大豆、小麦などの農産物が収穫されたため[13]、元代から清代にかけて、船舶を使った河川物流が盛んに行われた。しかし、民国以後、鉄道など陸上交通が発達すると、河川物流は徐々に衰退していった[14]。

いくつもの支流が合流していた灤河はもともと低水量[15]が豊富であったが、清末から民国初期にかけて、上流の森林が伐採されたため、流量が減少した。そして、森林がなくなったことで灤河には大量の土砂が流れ込むようになり、黄土などの堆積物が川底を埋め水深を低くした[16]。さらに流域全体の年平均雨量三五〇ミリから六〇〇ミリのうち、七割から八割が夏期の六月から八月に集中したため[17]、平地の広がる流れの緩やかな下流域では洪水の危険性が高まった。

灤河では元代以降たびたび洪水を防ぐための堤防工事が行われていた[18]。しかし、日中戦争が始まるまでの民国年間に、灤河下流で一九一七年と一九二四年の二回洪水が発生し、近隣の集落に大きな被害を与えた[19]。特に一九一七年の洪水では、被害が天津市内にまで及んだことから、租界を管理する各国代表は北京政府に対し、共同で委員会を設けて治水計画を討議することを提案した。これを受けて、北京政府は代表者を天津に派遣して協議をさせ、一九一八年、国務院直属の順直水利委員会を発足させた[20]。

しかし、一九二八年、北伐戦争によって北京政府が倒れ、蔣介石率いる国民政府が中国を統一すると、同年九月、順直水利委員会は華北水利委員会に改組され、一九三一年四月、内政部のもとで、黄河以北の渤海に注ぐ河川の水利事業を担当することになった[21]。

華北の河川は順直水利委員会が成立する以前まで詳細な地形図がなく、順直水利委員会も水害の影響で充分な地形調査ができなかった。そのため、華北水利委員会は一九二八年一二月から、華北主要河川の測量調査を開始し、灤河については、改組直後の一九二九年一〇月から一九三〇年七月、一九三一年六月から七月、同年一〇月から一二月までの三回、計三七九カ所で調査を実施した[22]。また、それと並行して水文調査や気象観測も行い[23]、水利事業実施のための基礎データを収集した。

2　日中戦争以前の中国の水力発電所建設

その灤河に満鉄がどういった水力発電所建設計画を作成したのか探る前に、中華民国成立後から日中戦争勃発前までの中国の水力発電所建設の流れを簡単に振り返る。

一九〇八年、滇越鉄道（昆明―ハノイ）を建設中であったフランスが鉄道開通後の電灯需要を賄うため、中国全省の商工業を主管する勧業道に雲南省昆明近郊の螳螂川に水力発電所を建設する要求を提出した。しかし、民衆の反発に遭い、雲南勧業道道員の劉永祚は雲貴総督李経義の支持を得て、フランスの要求を拒否するとともに、雲南官商合辦で同地の水力資源開発を提案した。

そして、一九〇九年一〇月、劉永祚は雲南省商会総理の王鴻図らと螳螂川の急流地帯である石龍壩に自然流水の落差を使って発電する流し込み式発電所を建設し、一九一〇年三月、李経義の同意を得て、耀龍電灯公司を設立した（発電開始は一九一二年五月）。発電所や送電施設の建設にあたっては、ドイツから資本や技術を導入し、ドイツ製の発電機二台から合計二四〇キロワットの電力が昆明市内に供給された。さらに、石龍壩水力発電所では、日中戦争が始まる前までに五回設備の拡張工事が行われ、五回目となった一九三七年の工事によって、発電所の総発電量が創建当時と比べて約一〇倍の二四四〇キロワットとなり、当時中国最大の水力発電所として機能した。[24]

四川省は水力発電所建設に必要な高低差のある地形と豊富な水資源を有していたため、石龍壩水力発電所以外にも、一九二五年に洞窩水力発電所（瀘県龍渓河）、一九二六年に洗面橋水力発電所（成都）、一九三〇年に興業水力発電所（同）、一九二六年に金堂水力発電所（金堂県）が相次いで建設され、住宅や工場などに電気を供給した。

さらに四川省の隣のチベットでは、イギリスで電気工学を学んだチベット人のチャンオルパ・リグゼンドルジが、ダライラマ一三世の許可を得て、一九二五年ラサ北部にチベットでイギリス製発電機を使った水力発電所を建設した（発電開始は一九二八年）。また、福建省や広東省、河南省でも一九二〇年代後半から一九三〇年代前半までに、小規模な水力発電所が建てられた。[25]

一九三五年四月、蔣介石は日本軍の中国侵略に備えるため、国民経済建設運動の開始を宣言し、今後は国内経済の建設から国防建設に重点を移す考えを明らかにした。[26] そして、一一月、国民党第五次一中全会で、「国民経済建設実施計画大綱案」が通過し、国民生活の安定と外敵に抵抗できる国防能力の充実を主な目的として経済建設を進めていくことが決定された。[27]

これを受け、資源の調査や開発計画の立案にあたっていた資源委員会は一九三六年三月、「国防工業初歩計画」を作成し、江西省と湖南省一帯に国有の重工業区を設置するとともに、西南各省に埋蔵されている鉱産資源を開発し、工業を発展させる計画を立てた。[28]

これに先だち、資源委員会は一九三五年、調査隊を組織して浙江省と四川省の河川の水力資源調査を実施し、開発計画を作成していた。また、調査隊は中国国内の一部に雨量計や流量計を設置して、重工業開発に必要な電気を供給する水力発電所を建設する準備を進めた。[29] しかし、灤河を含む華北の河川は開発計画の地点から距離が遠く、水力発電所の建設計画は作られていなかった。

3　灤河水力発電所建設計画の概要

前述のとおり、これまでの研究で、すでに満鉄は一九三一年に灤河水力発電所建設計画を立案していたことが明らかになっている。この計画の内容は具体的にどのようなものであったのか。

満洲事変発生から間もなくの一九三一年一〇月、満鉄地方部商工課[30]は『満蒙ニ於ケル電力資源ト其経済的考察』をまとめ、灤河を含む満洲主要河川の水力資源の調査結果をもとに、水系ごとの水力発電所建設計画案を提示した。同書は「当社並南満電気株式会社ニ於ケル電気事業ノ進展ニ伴ヒ予メ満蒙一帯ニ亘ル電気網計画ヲ樹テ以テ将来ノ施設ニ準拠スル」ことを目的に作られ、作成にあたっては、元鉄道省電気局局長で朝鮮の電力計画調査にも携わった、満鉄臨時嘱託の吉原重成が調査を指導した。[31]

「南満電気株式会社」(正式名は南満洲電気株式会社)は、一九二六年六月、満鉄の電気事業が独立した際に設立され、満洲内では資本、技術とも同業他社を圧倒していた。しかし、営業区域が日本の権益下の関東州と満鉄付

表１　灤河水力発電所建設想定地

	建設地（灤河上流部より）	発電施設（発電量、kW）
1	外溝門子上流1.5km 地点	ダム式（堰堤式）発電所（２万）[1]
2	老虎溝門上流７km 地点	ダム式発電所（４万）
3	郭家屯から豊寧県上流25km 地点	流し込み式発電所（８万）
4	板営子	ダム式水路発電所（４万）[2]
5	承徳の下流12km 地点	ダム式発電所（１万5000）

注：１）ダム式発電所は、河川にダムを築造し、ダムによってせき上げられた河水が落下する際の落差を使って発電し、通常、勾配が緩やかで流量の豊富な河川の中流から下流域にかけて設けられることが多いが、季節によって変化する河川流量を平均化させるため、上流部に大規模な貯水池を設けてダム式発電所を設置する場合もある（電気事業講座編集委員会編『電気事業講座 第８巻 電源設備』エネルギーフォーラム、2007年、33頁）。

２）ダム式水路発電所は、ダムによって水位を上げ、さらにダム下流の急流部や屈曲部の落差を、ダムから水路を伸ばして利用し発電する（同上、34頁）。

出所：南満洲鉄道株式会社地方部商工課『満蒙ニ於ケル電力資源ト其経済的考察』南満洲鉄道株式会社地方部商工課、1931年、161–179頁より広中作成。なお、発電施設は調査内容をもとに、前掲『電気事業講座 第８巻 電源設備』33–37頁にある、水力発電施設の種類別説明を参考にして広中が分類した。

属地に限定されていたため、事業の拡張に限界があった(32)。

調査対象地域は、東北三省（奉天、吉林、黒龍江）および熱河省と一部蒙古地域を加えたおよそ一二一万平方キロメートルで(33)、そこを流れる河川から地理的、経済的に水力発電所の建設に適していると判断された松花江、牡丹江、嫩江、ウスリー江、豆満江、鴨緑江、遼河、大凌河、灤河など九水系三七地点の流量やその流域状況が調べられた。しかし、調査にあたり本来ならば調査員が現地に赴いて詳細なデータを収集しなければならなかったが、調査開始時、「時恰カモ排日気分甚ダ濃厚」であったため、「現地踏査ヲ差控へ、専ラ図上ニ発電水力ノ地点ヲ探求スルコトトシ一〇万分の一地図ニヨリ調査地域内ノ各河川ノ概況ヲ調べ進ミテ発電地点ヲ探査」した(34)。

この図上調査の結果、灤河上流の察哈爾省多倫から中流の熱河省承徳までの間に表１の五カ所の水力発電所建設を想定した（いずれも熱河省内）。そして、五カ所の灤河水力発電所と西遼河上流の老哈河および大凌河に建設を想定した水力発電所、ならびに熱河省北票に建設を計画した火力発電所を合わせて「第六電力系統区」とし、灤河水力発電所の総発電量一九万五〇〇〇キロワットのうち、一万キロワットを発電所付近に送電し、八万キロワットを錦州まで送電線を三〇〇キロメートル延ばして送り、残りの一〇万五〇〇〇キロワットを長城線まで送電線をつなげて北平（一九二八年に北京から改称）方面に向けて送電する計画を立てた。[35]

以上が、一九三一年に満鉄地方部商工課が作成した灤河水力発電所建設計画の概要であるが、この計画ができたとき、まだ満洲国は建国されておらず、熱河省は依然として中国の支配領域にあった。それにも拘らず、なぜ満鉄地方部商工課は熱河省内に灤河水力発電所の建設を想定し、錦州や北平方面に送電しようとしたのか、南満洲電気株式会社の事業拡大という目的だけでは不明な点が多い。そこで、満洲国建国前の関東軍と満鉄内部の動きに注目しながら、この問題を検討する。

4　満鉄内での満蒙領有論の台頭

一九二八年六月、奉天軍閥の張作霖が関東軍高級参謀の河本大作大佐らによって爆殺され、日本に対する中国側の反発が強まるなか、一九二八年一〇月、陸軍大学兵学教官であった石原莞爾中佐が関東軍参謀に補された。ドイツ留学中から戦史研究に力を入れた石原は、一九二七年に「現在及将来ニ於ケル日本ノ国防」を執筆し、これまでの戦史研究の成果と自身が信仰する日蓮宗の教義に基づいた日本とアメリカによる世界最終戦構想をまとめた。[36]

一九二九年七月三日、石原は河本の後任として高級参謀に就いた板垣征四郎大佐らと対ソ戦研究を目的に北満参謀旅行に出発した。旅行中の七月五日、石原は「国運転回ノ根本国策タル満蒙問題解決案」を一行に示した。この案のなかで石原は、日本が生き残る唯一の方法は満蒙問題の解決にあり、それには満蒙領有が実現されなければならず、領有するためには対米戦争も辞さない覚悟が必要であると述べた。また、実際に対米戦争が起きた場合、「断乎トシテ東亜ノ被封鎖ヲ覚悟シ適時支那本部ノ要部ヲモ我領有下ニ置キ」、その際、満蒙を含め中国全土を七カ所に分け、それぞれに総督を配置して治安維持にあたらせる案を提示した。例えば、長春に置かれる満蒙総督は日本軍を使って満洲と熱河を守り、北京に配置される黄河総督は中国側の軍隊を用いて直隷（河北）、山東、山西、河南、察哈爾の治安維持を担った[37]。

そして、一九三〇年三月一日、石原は満鉄調査課で講演を行い、対米戦は必至であり、対米持久戦に向けて日本は「西太平洋制海権ノ確保」「満蒙ノ占領」「支那本部ノ領有」を行い、関東軍とともに満鉄調査課も対米戦準備にあたるよう求めた[38]。

当時、満鉄調査課は庶務部に属し、一般調査や統計、営業報告年報の編纂を任務としていた[39]。調査課は一九二〇年代頃、マルクス主義の影響が広がり、一部の課員を除き軍にあまり協力的でなかった[40]。しかし、石原らが関東軍に入り、満鉄に対し積極的に調査を依頼するようになると、調査課と軍との関係は緊密なものとなった[41]。

石原と交流のあった調査課長の佐多弘治郎は一九三一年一月二四日、旅順の関東軍司令部で「科学的に満蒙対策を観る」と題する講演を行った[42]。講演のなかで佐多は、今後の満蒙対策の基調は「東四省に経済活動の絶対自由を確保し生命財産の安全確実を期[43]」し、大国に囲まれた小国の日本が超大国となるためには、領土を獲得するかまたはそれと同じ価値のものを得なければならず、中国本土は人口過密であるため、残る東北三省と熱河省を「我絶対権の支配下に入れ此処に超大国を建設する[44]」必要があると主張した。

調査課には佐多以外に、法制係の松木侠やロシア係の宮崎正義が石原らと緊密な連携を持ち、佐多よりも専門知識を生かしたより深い関係を築いていた。また、この頃満鉄では調査課内だけでなく一般社員のなかでも強硬的な考えを持つ者が台頭していた[45]。このような社員の中の一部は、現状打破をうたって一九二八年一一月に満鉄社員や在満商工業者などで結成された満洲青年連盟や、満蒙問題の解決を目指して満鉄人事課主任の笠木良明が中心となり結成した大雄峯会に参加し、満蒙独立や満洲新国家建設を推進する運動を行った(46)。

このように、関東軍参謀の石原が主張した満蒙領有論は、調査課長の佐多など軍と関係の深い満鉄社員に受容され、さらにその考えが一般社員にも浸透していった。そして、地方部商工課内にもこの考えが受け入れられ、満蒙領有論のなかでその範囲とされた熱河省を開発するため灤河水力発電所の建設を計画し、南満洲の主要都市である錦州や満蒙とともに領有する可能性があった華北に向けて送電しようと考えたのではないだろうか。

一九三一年九月一八日に満洲事変が起こると、石原は満蒙領有を実行に移そうとした。しかし、事態収拾のため関東軍司令部に派遣された建川美次参謀本部第一部長は、国際連盟が存在するうえ、九カ国条約や不戦条約が結ばれている中で、関東軍が武力によって他国の領土を併合することは到底容認されないとして、石原の考えに反対した(47)。そのため三宅光治関東軍参謀長はじめ、石原や板垣など参謀らは協議の末、九月二二日、「満蒙問題解決策案」を作成し、満蒙領有を諦め、日本の支持を受け「東北四省及蒙古ヲ領域トセル宣統帝ヲ頭首トスル支那政権ヲ樹立」することになった(48)。

II　華北における灤河水力発電所建設計画

1　乙嘱託班の結成

では、満鉄内で立案された灤河水力発電所建設計画が、なぜその後華北で進められることになったのか。ここからは支那駐屯軍の動きに目を向け検討を進める。

一九三四年八月の陸軍定期異動で参謀本部支那課長だった酒井隆大佐が支那駐屯軍参謀長に転補された。酒井は早くから陸軍内で中国に関する情報の収集と分析に従事し、陸軍の対中政策に直接影響を及ぼし得るポストを歴任したいわゆる支那通軍人のひとりであった(49)。

天津で満鉄総務部長の石本憲治と会談した酒井は、[50]「今や日本の平和的対北支工作は満洲国の内部建設工作と相平行して着々準備進捗せしむる」必要があるとして、一〇月二三日、支那駐屯軍が希望する華北資源調査研究の方針と具体的内容をまとめた「北支に於ける重要なる資源、経済調査の方針及要項」を石本に送付した。[51]このなかで酒井は、この資源調査の目的を「帝国の対支経済的発展を助長し併せて戦時我国国防不足資源の充足を容易ならしむる為、北支に於ける帝国の経済的勢力の扶殖増進並日満北支経済ブロック結成の促進に必要なる準備を整ふるを以て主眼と」し、調査は先ず塘沽停戦協定で河北省東部に設置された非武装地帯から着手することを主張した。[52]

また、酒井は各資源調査の緊急性を順序立てした「北支に於ける資源、経済等調査目録」も添付資料として石本に送った。このなかでは開発の必要性および価値のある水路として、黄河などとともに灤河も選ばれているが、調査の緊急性は全五二調査のうち五一番目と低く、水力発電所建設計画についてもまだ検討されていなかった。[53]

一九三五年六月、「梅津・何応欽協定」で河北省から国民政府直属の軍政機関を撤退させることに成功した酒井は、七月、「北支新政権の発生に伴ふ経済開発指導案」を作成し、華北新政権の擁立が実現しようとしているこの機会を利用し、華北にある新たな権益の獲得を目指した。[54]

さらに、支那駐屯軍司令部は同月、日本の国防と国策上華北で緊急に開発しなければならない事項の基礎調査計画を立てるため、同軍司令官の指揮統制の下に関東軍、満洲国、満鉄各関係者ならびに天津駐在の各調査機関などで構成された「北支経済調査班」を編成することを決めた。そして、支那駐屯軍は関東軍参謀の田中隆吉大佐とともに、具体的な編成方針をまとめた「北支経済調査編成要領」を作成し、八月二〇日、満鉄に対し、要領に基づいて天津に常駐幹事を配置して調査を行うよう要請した。[55]

要領では河北、河南、山東、山西、察哈爾、綏遠各省の経済開発と日中経済提携を図る上での基礎的資料の作成を目的に総務を含め六つの班を組織し、担当事項の調査にあたるとされた。このなかで第二班は華北の工業と電気事業の調査を担当することになっていた[56]。

支那駐屯軍の要請を受けて、九月二六日と二七日、満鉄が経済調査会などから選定した調査員を天津に派遣すると[57]、支那駐屯軍は調査班を「乙嘱託班」と名付け、一〇月二日、支那駐屯軍が決定した「乙嘱託班調査綱領」を班員に示し、これをもとに調査活動を行うよう指示した。

さきの「北支経済調査編成要領」にあった第二班は、綱領では「工業班」と称され、企業の指導統制に関する検討ならびに調査と「水力発電及電気事業並工業地建設に関する調査立案」を任務としたが、築港計画の立案や水運調査を担当した「港湾班」も「水利及治水は主として水力発電及重要水運関係事項に付調査す」と、工業班と同じく水力発電に関する調査を担った[58]。

乙嘱託班の調査が始まると、支那駐屯軍司令部は一二月一七日、「北支産業開発指導綱領」を立案し、調査の指針とした。このなかで電気事業については、「将来官営又は特殊資本に依り大規模なる発電所を建設して在来発電所を之に統合し工業地帯其の他に対し動力及電灯を安価に供給す」ると定めていたが、「其の電源を石炭水力の何れに求むべきやは追て定む[59]」と、発電方法についてはまだ決定できていなかった。恐らくまだこのとき、支那駐屯軍は発電方法を決定できるだけの調査資料を手にしておらず、乙嘱託班の調査結果に期待を持っていたものと考えられる。

なお、華北の水力発電調査については、乙嘱託班とは別に、満鉄経済調査会が一九三五年五月に発足させた支那電気事業調査小委員会（委員長野中時雄）もすでに行っていた[60]。小委員会は華北の主要電気会社の業態調査を進める一方、山西省壺口での水力電気事業調査とその電力を利用した液化石炭精製の可能性を探っていた[61]。この調査が経済調査会による独自の調査だったのか、あるいは支那駐屯軍などの指示によるものだったのかは定かでない。

水力発電など華北電気事業に関する調査立案を担当した工業班は、一〇月から「天津電気事業統制に対する一考察」「天津に於ける電気事業の現況」「北平電気事業統制に対する一考察」「北平に於ける電気事業の現況」をテーマに、天津、北平、張家口、済南、青島で調査を行ったが[62]、当初から工業班は経済班とともに一九三六年三月をもって調査を打ち切ると予定されていたため[63]、四月以降の電気事業の調査は港湾班のみで行うこととなった。では、水力発電事業について港湾班はどのような調査を行ったのか。

2 港湾班による灤河水力発電調査

港湾班は発足から一九三六年三月まで、わずか六人で調査を行っていた[64]。四月から第二次調査が開始されると、港湾班は四〇人あまりの調査員と本部ほか八つの調査隊に拡充された[65]。第一次調査時の六人の構成は満鉄計画部から出向してきた主査の大竹章以外、経済調査会あるいは同会が一九三五年一一月に開設した天津事務所の職員であった。そして、組織拡充後も調査員の半数は経済調査会関係者が占めた[66]。

八つの調査隊はそれぞれ華北の主要河川に派遣され、港湾建設地の選定や水運、水利、水力発電に関する調査立案などを行った[67]。このなかで灤河と潮河の調査を担当した第八調査隊は、現地までの移動や調査中断の日などを含め、一九三六年一二月一八日から一九三七年二月一三日までの約二か月間、灤河と潮河の水力発電候補地調査を行った[68]。現地入りにあたり、調査班は計画部と経済調査会が一九三六年九月に地形図をもとに作成した机上計画を携えた[69]。この計画とは、灤河上流部を潮河水系へと流域変更させることで生じる落差を利用した高落差水路式発電を想定したものであった[70]。

調査班は冀東政府の協力のもと、一二月二二日から二台のトラックに分乗し、河北省潮河流域の密雲、城廠、西翁荘、太平荘、小十八盤嶺、古北口を回り、二八日から年明け頃まで熱河省豊寧など建設候補地を調査した。その後、いったん調査が中断されたが、一月二一日から再び調査班は河北省に入って調査を開始し、二月九日までに灤河中下流域の潘家口、羅家屯、亀台（亀口）、新集、新荘をめぐった[71]。

これら調査の結果、水力発電所の建設候補地として想定していた、熱河省内の灤河上流から潮河水源に至る一帯、郭家屯付近の灤河本流から支流の興州河上流部に至る区間、鞍匠屯付近、小十八盤嶺はいずれも地形図で測定したよりも高低差が小さく、水力発電には向いていないことが明らかとなり、潮河への流域変更実施を前提に計画していた興州河流域の博爾諾、潮河流域の磅堆、陳家営子、密雲の水力発電所建設も取り止めとなった。(72)

その一方、地質調査と横断測量の結果、熱河省下板城から下流の灤河流域は発電用ダムの建設に適した地形が点在し、特に下板城南の黄花川、河北省境の潘家口、河北省遷安県の羅家屯は水力発電所建設の候補地としてふさわしいことが判明した。さらに、その後の調査で、熱河省灤平県付近とそこから一〇キロメートル上流にある五道河子も水力発電所の建設に適していることがわかった。(73)

これら調査結果をもとに、調査隊は新たに羅家屯、潘家口、黄花川、五道河子を水力発電所建設候補地に選定し、羅家屯に平均出力二万一二〇〇キロワット、潘家口に三万九〇〇キロワット、黄花川に二万三一〇〇キロワット、五道河子に六三〇〇キロワットのダム式発電所の建設計画を立案した。(74)

しかし、候補地を流れる灤河の「水利権」は、満洲国と冀東政府がそれぞれ握っていたことから、(75)この地点に水力発電所を建設する場合は、両政権の協力が不可欠であった。

では、この灤河水力発電所建設計画はその後いかなる歩みをたどったのか。それを検討する前に、まずこの頃の満洲国と冀東政府が行っていた河川行政についてみていく。

3　満洲国と冀東政府の河川行政

満洲国の河川は、黒龍江、遼河、鴨緑江の三大水系が主をなし、黒龍江支流の松花江流域の面積は日本の本州の二倍を誇り、遼河流域もほぼ本州に等しい長さであった。満洲国建国前、これら河川の調査資料は、満鉄調査所が集計したものがあるのみで、なおかつ、この資料は満洲全水系を網羅したものではなかった。

そのため、満洲国の治水事業を統括していた国道局は一九三三年以降、関東軍兵要地誌班と共同で兵要給水班を組織し、県城や主要地点に雨量計や水文計を設置したほか、県公署職員や地方の有志らに観測を依頼するなどして、満洲全域に観測網を広げ、満洲各水系の基本資料を整える作業を行った。このほか国道局は、差し当たり急を要する都市防水工事を進めたり、日本や朝鮮から日系技術者を呼んで応急水害対策などに取り組むなどして治水対策にあたった。そして、民生部土木司は既存の中国河川法を利用したり、新たに土木工事取締規則や河川取締規則などを施行して、当面の河川統制を行った。(76)

一九三〇年代半ばになると、満洲国では政府官僚の発言力が徐々に強まり、国政に一定の影響力を及ぼすようになった。例えば、一九三六年八月一五日、満洲国国務院は水力発電を国営とする決定を下したが、これは国道局の土木系官僚の意向に沿ったものであった。(77)

冀東政府では一九三六年一一月一一日に成立した冀東水利委員会が政権領内の港湾、水利、水運などの開発や工事計画の立案などを取り仕切った。(78)一九三七年四月二二日、冀東水利委員会は満鉄関係者と協議を開き、灤河を治水して下流域に一〇万町歩の開墾地を設けることや灤河の水力調査について、冀東政府、満洲国、満鉄の三者が共同で行うことなどが協議された。さらに、冀東政府が灤河の河水使用権と水面使用権を担保に満洲興業銀行から二〇〇万元を借り受ける約束を交わしたことが明らかにされた。(79)

満洲興業銀行は一九三六年一二月、「満洲興業銀行法」に基づき、新京の朝鮮銀行満洲支店を改編して設立された満洲国の特殊銀行のひとつで、普通銀行業務のほかに満洲国農工業への融資などを行っていた。なぜ、冀東政府は灤河にあったふたつの権利を手放してまで資金を借りようとしたのか。

政権成立直後から深刻な財政危機に陥っていた冀東政府は、一九三六年に入ると新税を創設したり、低関税で輸入した日本製品に「査験料」と称して輸入業者から税を徴収するなどしたりして財源を確保し、同年春頃までに余剰資金が生まれるまでに財政状況を改善させた。

その一方で、冀東政府は一月九日に冀東建設委員会を発足させ、領内を通る道路の改修や、渤海湾岸の大清河口での商業港（北方大港）建設計画を立案した。しかし、港湾建設には莫大な費用がかかり、財源捻出のために始めた阿片専売も計画通りにはいかなかった[80]。そのため、冀東政府は灤河に関する権利を抵当に出すことで、当面の資金を確保する必要があった。

4　興中公司の灤河水力発電所建設計画

冀東政府が成立してから一か月近く経った一九三五年一二月二〇日、大連に興中公司が設立された。社長に就任した十河信二は満鉄理事（兼経済調査会委員長）だった一九三四年に二度中国を旅し、日本の対中経済進出を図るための投資機関を創設する構想を立てた。満鉄はただちにこの案を取り上げ、一九三五年二月三日、満鉄重役会で投資機関としての興中公司の設立が決定された。興中公司の資本金一〇〇〇万円のうち、払込二五〇万円は満鉄が出資し、関東軍の意向のもと、国策に従いながら、対中国投資事業を行った[81]。

設立後に初めて開かれた役員会で、興中公司は北京、上海、広州に支店を設置することと、当面の事業計画として、渤海沿岸で生産されていた長蘆塩の増産と輸出、龍烟鉄鉱の開発、天津発電所の新設、塘沽港の建設が決定された[82]。

このうち、天津での発電所建設については、天津特別市が経営する天津電業新公司を買収し、同市との合弁で一九三六年八月二〇日、天津電業股份有限公司を設け、発電所を新設することになった[83]。同公司の資本金八〇〇万元と重役はいずれも日中折半とされたが、天津市側の出資金は興中公司が支払った。

また、公司設立に際し、興中公司は日本の主要電力会社五社からなる電力連盟に呼びかけ、電気事業に対する技術援助と経営を委ねるとともに、興中公司が出資した資本金と天津市側に貸し付けた資金のそれぞれ半額を電力連盟に肩代わりさせ、華北に日本の電力資本を導入した[84]。発電所設備は一九三七年一一月中に完成する予定だったが、七月に日中戦争が勃発したことで遅れ、一九三八年三月一日に送電が開始された[85]。

一方、興中公司は満鉄が立てた案に基づいて、冀東政府領内の電気事業を一元化するため、一九三七年六月から一〇月までの間に通県の通州電灯公司、蘆台の蘆漢電灯公司と済光電気公司、昌黎の昌明電灯公司を買収した[86]。そして、一二月に冀東政府と合弁で唐山に冀東電業股份有限公司を設立し、買収した全ての電力会社を同公司に譲渡した[87]。

さらに、興中公司は既設発電所の電力に加え、華北の工業開発に必要な電力を確保するため、火力および水力による発電所の新設を計画し、特に水力発電所については、「由来灤河、永定河ハ共ニ渤海ニ注ク大河川ニシテ而モ其ノ水量並流域地方所々ニ有望ナル発電地点ヲ有スルヲ以テ之ヲ合理的ニ開発スルコトニヨリ、低廉豊富ナル動力資源ノ開発、新興産業ノ勃興誘発、電力利用ノ大衆化ノ機会ト範囲ノ拡充ニ資シタル処大ナルヲ確信シ夫々調査隊ヲ派遣シ調査ノ結果、両河川開発ノ腹案ヲ建テ[88]」た。

この「腹案」の具体的内容は不明であるが、興中公司は一九三七年三月、冀東政府の殷汝耕宛に「灤河筋潘家口及亀台発電所水利許可申請書」、一〇月に満洲国産業部大臣の呂栄寰へ「灤河外溝門子、五道河子、黄花川、潘家口及支流青龍河筋桃林口発電所水力使用許可申請書」をそれぞれ提出し、両政権に発電所を建設するために灤河を使用することを願い出ている。

これらの点から考えて、興中公司の「腹案」は、これまで満鉄側の調査でも候補地として挙がった、外溝門子、五道河子、黄花川、潘家口のほか、熱河省内にある灤河支流青龍河の桃林口と、河北省遷安県の亀台に水力発電所を建設する計画だったと思われる。

Ⅲ 灤河水力発電所建設の中止

1 日本側の反応

では、灤河に水力発電所を建設することに対し、日本ではどういう意見がみられたか。電力連盟の一社である日本電力で副社長を務めていた内藤熊喜は、一九三七年六月、経済雑誌『ダイヤモンド』誌上で「電力開発の一考察」を発表した。このなかで内藤は、今後北平や天津一帯で工業が発展し、それにともない電力需要の高まりが予想されることから、「そこで火力と水力をどういふ風に組み合わせるかといふことが、今からの問題」になると指摘した。そして、水力発電所の建設候補地として永定河と灤河を挙げ、「灤河の開発は、冀東地区内に於ては二個地点あるやうに思ふ。これは開発の仕方に依るが、大体廿万キロ位のものが起るだらう(89)」と、灤河水力発電所建設の実現に期待を示した。

一方、参謀本部第一部長代理の石原莞爾大佐は一九三七年一月一八日、「冀東ノ指導開発ニ関スル私見」を著し、「軍閥ナキ冀東ヲシテ模範的行政ニヨリ新支那建設ノ試験場タラシムルト共ニ日満支経済合作ノ核心タラシム」ため、華北経済開発事業のひとつとして、「灤河水力発電事業」を実施していく考えを明らかにした(90)。なぜ石原は灤河の水力発電開発に注目したのか、日本の対冀東政府政策に注目して検討する。

一九三五年末、華北に冀東、冀察両政権が成立すると、日本政府の関係各省は新たな華北情勢に対応するため、一九三六年一月一三日、「北支処理要綱」(第一次)を決定した。この要綱で日本政府は、華北民衆の自治完成を援助し、両政権を支那駐屯軍の内面指導下に置くが、冀察政務委員会の自治が完成次第、冀東政府はこれに合流させることとした(91)。また、八月に決定した「第二次北支処理要綱」でも、「冀察政権ノ分治機能信頼スルニ至ラハ冀東地域ハ之ヲ冀察政権下ノ特別区トシテ同政権ニ合流セシムルモノトス」と、冀東政府を冀察政務委員会に合流させる方針は維持された[92]。しかし、日本政府として合流が完成するまでに冀東政府をどう指導するかという方針は具体的に定まっていなかった。

六月、参謀本部第二課長（戦争指導課長）に着任した石原は、満洲産業開発五カ年計画の策定を進める一方、一二月に西安事件が発生すると、華北を視察し、中国国内に内戦反対と国内統一の気運が高まっていることやいままでの日中の国交調整が不充分なものであったという状況を知り、参謀本部として従来の対中国政策を改めて検討しなおす必要があるとの結論に至った[93]。

そして、一九三七年一月六日、第二課は「対支実行策改正意見」をまとめ、今後日本側は華北に対し、「北支特殊地域ナル観念ヲ清算シ之ヲ五省独立ノ気醞ニ誘致スルカ如キ方策ヲ是正シ現冀察政権ノ管掌スル地域ハ当然中華民国ノ領土ニシテ主権亦其中央政府ニ在ル所以ヲ明確ニ」した上で、「冀東地区ハ満支経済提携ノ楔子トシ該地域内ノ経済開発ヲ急速ニ実現セシムル為暫ク維持セシムルト共ニ支那カ軍閥誅求ノ苛烈ナル圧迫下ニアル現状ニ対スル模範的楽土タルノ一試験場トシテ帝国並満洲国ニヨリテ支援シ後述新支那建設ト相俟チ適時支那ニ復帰」させなければならないと主張した[94]。

冀東地区の経済開発を早急に実現するには、その基礎となる充分な電力の供給が不可欠であった。特に満洲と華北を縦断する灤河の水力発電開発は、冀東地区を「満支経済提携ノ楔子ト」するうえで重視しなければならなかったと石原は考えたのではないだろうか。

2　満洲国による灤河水力発電所建設計画

日本でも灤河水力発電所建設に対する期待が高まりつつあった一方、興中公司から灤河の水利使用の許可申請を受けた冀東政府と満洲国はどういった対応をしたのか。

冀東政府が興中公司にどういった回答をしたのかは、現在のところ史料がなくはっきりしない。しかし、前述のとおり、冀東政府は灤河の河川使用権などを担保に満洲興業銀行から二〇〇万元を借り受けたことから、冀東政府が資金を調達してそれら担保を取り戻さない限り、興中公司の申し入れを受け入れることは困難であった。

一方、満洲国産業部は、一〇月二六日、興中公司の十河社長に対し、正式に要請を拒否する回答を行った(95)。灤河水力発電所の主たる建設候補地を抱えていた満洲国の同意が得られない以上、興中公司は水力発電所の開発を断念せざるを得なかった。

では、なぜ満洲国は興中公司に灤河水力発電所を建設させないようにしたのか。この問題と関わりの深い満洲産業開発五カ年計画の経過をたどりながら検討する。

参謀本部の石原莞爾大佐を中心に満洲産業開発五カ年計画の策定が進められたことはすでに触れた。一九三五年八月、関東軍参謀から参謀本部作戦課長に転補した石原は、国力の充実と極東兵備の増強を図っていたソ連に対抗するため、満鉄経済調査会東京駐在員の宮崎正義を長とする日満財政経済調査会を創設し、生産力拡充計画の立案を命じた。そして、一九三六年七月、石原は陸軍省に対し、満洲国で対ソ持久戦に必要な産業を急速に開発しなければならないとする要望を提言するとともに、日満財政経済調査会が作成した国力増進計画案の「昭和十二年度以後五年間歳入及歳出計画　付緊急実施国策大綱」(宮崎案)を関係部局に配布し、意見を求めた(96)。

この案では、国力充実のため、日本国内で行政改革や経済統制を図る一方、満洲で軍需工業の建設や増産を行うため、一九三七年から一九四一年までの五年間に、鉄鋼七五〇万トン、石炭四五〇〇万トンを中核とする重工業の建設を目標としていた(97)。

宮崎案を受けて、参謀本部満洲班長の片倉衷少佐らは具体的な満洲産業開発計画の試案として、「満洲開発五カ年計画に対する目標案」を作成し(98)、関東軍、満洲国政府、満鉄による協議(湯崗子会議)を経て、一一月一日、「満洲産業開発五カ年計画綱要」が決定された(99)。

この計画綱要では、五年間で満洲の電力開発目標が火力八一万五〇〇〇キロワット、水力五九万キロワット、

表２　「灤河水系水力資源開発計画」で計画された８つのダム式水力発電所

発電所名	流　域	ダム建設地点	発電設備容量（kW）	平均発電量（kW）	年総発電量（kWH）
灤河第一	灤河本流	外溝門子上流２kmの白石磊付近	30,000	15,000	131,400,000
灤河第二	灤河本流	老虎溝上流約12kmの両岸狭窄地点	60,000	29,400	257,000,000
灤河第三	灤河本流	郭家屯上流地点	208,000	109,000	955,000,000
灤河第四	灤河本流	官杖子の本流と支流との合流点直下流部	46,200	20,000	173,000,000
灤河第五	灤河本流	五道河子の両岸狭窄地点	160,000	81,000	700,000,000
灤河第六	蟻螞河	黄姑屯下流15kmの老爺廟	33,000	16,000	140,000,000
灤河第七	灤河本流	国境線潘家口上流の小河口付近	200,000	105,000	905,000,000
灤河第八	青龍河	国境線上流約２kmの両岸狭窄地点	40,000	20,300	178,000,000

注：発電設備容量…その発電所がもつ総発電出力
　平均発電量…その発電所が１回に発する電力量の平均
　年総発電量…平均発電量の１年間の総量

出所：満洲国実業部「灤河水系水力資源開発計画」1936年12月、南満洲鉄道株式会社調査部『支那・立案調査書類 第五編第六巻第四号 北支水力発電計画並調査資料』1937年、122–123、192–193頁を参考に広中作成。

合計一四〇万五〇〇〇キロワットとされていた[100]。そのため、満洲国政府は一九三七年四月一日、国務院内に水力電気建設局と水力電気建設委員会を設置し、全満洲の河川総合開発計画の具体化に着手した。

　計画綱要の決定を受けて、満洲国実業部はこれまでの水力調査のデータをもとに、一二月、「灤河水系水力資源開発計画」を作成した。この計画の中で実業部は、すでに建設が決定した松花江水系の豊満水力発電所（第二松花江発電所）によって、新京、吉林、ハルピンの工業地帯ならびに遠距離送電が可能な地域にも電力供給ができるようになるが、「然れども日支《ママ》国境線に近接する熱河省内は、少くとも前記動力供給圏外に立ち、且火力電源たる石炭の産出比較的少なければ、本地方の産業開発のためには、灤河の水力資源を開発すべきは必至の問題なり」[101]と、灤河水力発電所建設の必要性を主張し、灤河水系に次の八つのダム式水力発電所の建設計画を立案した（表2参照）。

このうち、灤河第一、第五、第七、第八の各発電所のダム建設予定地は、興中公司が申請した発電所建設地と同じか、またはそれに近い場所だった。日本側によって規模が拡大された満洲産業開発五カ年計画を実現させるために、満洲国は建設予定地が重なる興中公司の灤河水力発電所建設計画を認めるわけにはいかなかった。

おわりに

本稿は一九三一年から一九三七年にかけて繰り広げられた灤河水力発電所建設の変遷をたどりながら、一九三〇年代半ばの満洲と華北における日本の電力開発の一端を検討した。本稿をまとめると以下のようになる。

満洲西南部と河北省東部を貫く全長およそ一二〇〇キロメートルに及ぶ灤河は、満洲を流れる部分は流水量が豊富で、かつ地形が険しく、水力発電所の建設に適した場所が点在していた。南満洲電気株式会社の事業拡大を目指していた満鉄は、一九三一年一〇月に『満蒙ニ於ケル電力資源ト其経済的考察』を作成し、満洲を流れる九つの水系を図上調査して水力発電所の建設を想定し、灤河についても建設候補地として外溝門子など熱河省内の五カ所を選定した。当時、まだ熱河省は国民政府の支配領内にあったが、満鉄内には満蒙領有を唱えた石原莞爾中佐に影響を受けた社員が台頭し、彼らによって熱河省も計画の範囲に組み込まれた。

一九三四年八月、支那駐屯軍参謀長に就任した酒井隆大佐は、日本の対中経済発展と国防資源の充足を実現するため、華北の資源開発に着目し、一九三五年八月、満鉄に対し、天津に調査員を派遣するよう要請した。そして、九月に満鉄から来た調査班を「乙嘱託班」と名付け、資源調査の実施を命じた。そして、このとき、工業班と港湾班によって華北の水力発電に関する調査も行われた。

一九三六年三月、工業班の調査打ち切りを受け、同班の電気事業の調査業務を引き継いだ港湾班は、人員が拡充されると八つの調査隊を組織して華北主要河川で水運や水利などを調査した。特に灤河と潮河の調査を担当した第八調査隊は、一九三六年一二月から一九三七年二月にかけて実地調査を行い、熱河省黄花川、五道河子、河北省の羅家屯、潘家口でダム建設に適した地形を発見し、計八万一五〇〇キロワットを発電するダム式発電所の建設計画を立案した。しかし、これら地点の「水利権」は満洲国と冀東政府が握っていたことから、灤河水力発電所建設計画には両政権の協力が不可欠であった。

このとき、すでに満洲国では満洲各水系の基本資料が整えられたり、河川の治水政策や制度の制定など、河川行政の整備が進められたりしていた。一方、冀東政府は深刻な財政難を補うため、満洲興業銀行との間で、灤河の「水利権」を抵当に出す代わりに、二〇〇万元を借り入れる契約を交わしていた。

一九三五年一二月に創設された興中公司は、冀東政府領内の電気事業の一元化を図るとともに、灤河流域の外門溝子、五道河子、黄花川、潘家口、桃林口、亀台に水力発電所を建設する計画を立て、冀東政権と満洲国にそれぞれ河川利用の許可を願い出た。そして、日本でも電力業界や陸軍内から灤河水力発電所建設に期待する声があがった。

しかし、冀東政府はすでに満洲興業銀行に「水利権」を渡していたことから、興中公司の求めに応じることは難しく、また、満洲国も第一次産業開発五カ年計画を進めるため、灤河水力発電所を建設して電力を確保する必要が生じたため、興中公司の要請を受け入れることができなかった。これら灤河流域を支配していた政権の同意が得られなかったため、興中公司は灤河水力発電所の建設を断念せざるを得なかった。

興中公司の設立により、本格的に始まろうとしていた華北における日本の電力開発は、灤河水力発電所建設計画の失敗により、早くも出鼻をくじかれる結果となった。

注

（1）電気事業講座編集委員会編『電気事業講座　第三巻　電気事業発達史』エネルギーフォーラム、二〇〇七年、一〇頁。
（2）電気事業講座編集委員会編『電気事業講座　第八巻　電源設備』エネルギーフォーラム、二〇〇七年、一五―一七頁。
（3）臼井勝美「日中戦争の政治的展開（一九三七年―一九四一年）」日本国際政治学会太平洋戦争原因研究部編著『太平洋戦争への道　第四巻　日中戦争（下）』朝日新聞社、一九六三年、一五六頁。
（4）依田憙家『戦前の日本と中国』三省堂、一九七六年、三八一―三八二頁。
（5）中村隆英『戦時日本の華北経済支配』山川出版社、一九八三年、六〇頁。
（6）柴田善雅「華北における興中公司の活動」『東洋研究』第一三八号、大東文化大学東洋研究所、二〇〇〇年一二月、三一―三三頁。
（7）Boyle, J. H., *Japan's Puppet Regimes in China, 1937–1940*, University Microfilms, Inc., 1969, pp. 115–116.
（8）徐勇「日本加緊蚕食華北、内蒙、中華民族危機加深」軍事科学院軍事歴史研究部『中国抗日戦争史』上巻、解放軍出版社、一九九一年、三四四頁。居之芬・張利民主編『日本在華北経済統制略奪史』天津古籍出版社、一九九七年、四二―四三頁。
（9）朱成章「艱難起歩　勢頭緩慢」中国水力発電史編輯委員会編『中国水力発電史（一九〇四―二〇〇〇）第一冊（第一稿）』中国電力出版社、二〇〇五年、四一頁。
（10）秋草勲『北支の河川』常磐書房、一九四三年、一一―一三頁。
（11）支那駐屯軍司令部乙嘱託班『北支・産業調査書類　第六編第三巻　灤河及潮河水力発電調査報告』支那駐屯軍司令部乙嘱託班、一九三七年、二四七頁。
（12）前掲『北支の河川』一一―一三頁。
（13）同前、一三頁。
（14）同前、一六頁。
（15）低水量（低水流量）とは河川流量の指標を示すことばで、河川のある地点で一年のうち二七五日間減少することのなかった流量を、その河川の低水量という（地学団体研究会・新版地学事典編集委員会編『新版　地学事典』平凡社、一九九七年、八六〇頁）。
（16）前掲『北支の河川』一六―一七頁。

(17) 同前、九頁。例えば、灤河下流の盧龍県で一九三〇年から一九三一年にかけて行われた調査によると、同県の年合計降水量七九七・七ミリのうち、約七四パーセントにあたる五九二・八ミリが六月から八月に集中した（沈百先・章光彩等編著『中華水利史』台湾商務印書館、一九七九年、三二頁）。

(18) 河北省水利庁水利誌編輯辦公室『河北省水利誌』河北人民出版社、一九九六年、三四八頁。

(19) 灤県誌編纂委員会編『灤県誌』河北人民出版社、一九九三年、九四頁。

(20) 前掲『河北省水利誌』九七二頁。

(21) 華北水利委員会編『華北水利建設概況』華北水利委員会、一九三四年、一頁。

(22) 同前、二―三頁。

(23) 同前、五―六頁。

(24) 前掲「艱難起歩　勢頭緩慢」『中国水力発電史』二七―三〇頁。

(25) 同前、三〇―三四頁。

(26) 薛毅『国民政府資源委員会研究』社会科学文献出版社、二〇〇五年、一三九頁。

(27) 同前、一四〇頁。

(28) 同前、一四二頁。

(29) 同前、二三一頁。

(30) 満鉄の職制によると、地方部は「土地家屋ノ経営並教育・衛生・勧業・社会事業其ノ他地方施設ニ関スル事項ヲ掌理ス」ることを任務とし（南満洲鉄道株式会社編『南満洲鉄道株式会社第三次十年史』上、龍渓書舎、一九七六年、四九頁）、その中で商工課は「商工業ノ助長ニ関スル事項」「鉱務ニ関スル事項」「産業ノ紹介ニ関スル事項」を扱った（同前、五二頁）。

(31) 南満洲鉄道株式会社地方部商工課『満蒙ニ於ケル電力資源ト其経済的考察』南満洲鉄道株式会社地方部商工課、一九三二年、凡例頁。

(32) 満洲国史編纂刊行会編『満洲国史　各論』満蒙同胞援護会、一九七一年、六三二頁。

(33) 前掲『満蒙ニ於ケル電力資源ト其経済的考察』二頁。

(34) 同前、二〇―二一頁。

(35) 同前、三一五頁。

(36) 原田勝正『満鉄』岩波書店、一九八一年、一三六頁。

(37)「国運転回ノ根本国策タル満蒙問題解決案」一九二九年七月五日、角田順編『明治百年史叢書　石原莞爾資料――国防論策篇』原書房、一九六七年、四〇―四一頁。
(38)「講話要領」一九三〇年三月一日、同前、四六―四七頁。
(39)南満洲鉄道株式会社編『南満洲鉄道株式会社第三次十年史』下、龍渓書舎、一九七六年、二三六七頁。
(40)小林英夫『満鉄調査部の軌跡　一九〇七―一九四五』藤原書店、二〇〇七年、一〇八頁。
(41)前掲『南満洲鉄道株式会社第三次十年史』下、二三七三頁。
(42)前掲『満鉄』一四〇頁。
(43)佐多弘治郎「科学的に満蒙対策を観る」小林龍夫・島田俊彦編『現代史資料7　満洲事変』みすず書房、一九六四年、一三四頁。
(44)同前、一三五頁。
(45)加藤聖文『満鉄全史――「国策会社」の全貌』講談社、二〇〇六年、一二九頁。
(46)前掲『満鉄』一四〇―一四三頁。
(47)江口圭一『大系日本の歴史14　二つの大戦』小学館、一九九三年、二四七頁。
(48)関東軍参謀部「満蒙問題解決策案」一九三一年九月二二日、前掲『国防論策篇』八五頁。
(49)戸部良一『日本陸軍と中国』講談社、二〇〇一年、一二頁。
(50)石本憲治は、一九一五年に東京帝大法科大学経済学科卒業後、日本勧業銀行を経て満鉄に入社し、社長室情報課参事、臨時経済調査委員会第四部幹事、社長室情報課長、上海事務所長、奉天事務所次長など、主に調査情報系統の部局に勤め、一九三三年に本社総務部長となり、一九三五年には満鉄理事に昇格した(井村哲郎編『満鉄調査部――関係者の証言』アジア経済研究所、一九九六年、七四〇頁)。
(51)支那駐屯軍参謀長「北支に於ける重要なる資源、経済調査の方針及要項」一九三四年一〇月、南満洲鉄道株式会社調査部『支那・立案調査書類　第二編第一巻其二　支那経済開発方策並調査資料』南満洲鉄道株式会社調査部、一九三七年、三八四頁。
(52)同前、三八五頁。
(53)同前、三九七頁。
(54)前掲『戦前の日本と中国』三一八頁。
(55)支那駐屯軍司令部乙嘱託班『北支・産業調査書類　第一編第一巻　乙嘱託班調査概要』支那駐屯軍司令部乙嘱託班、一九三七年、一頁。
(56) 同前、二―三頁。
(57) 同前、四―五頁。
(58) 同前、一三―一五頁。
(59) 支那駐屯軍司令部「北支産業開発指導綱領」一九三五年一二月一七日立案、同前、三五頁。
(60) 経済調査会委員長「支那電気事業調査小委員会組成に関する件」一九三五年五月、南満洲鉄道株式会社調査部『支那・立案調査書類 第五編第六巻第五号 支那電気事業調査資料(除天津、北京、冀東地区)』南満洲鉄道株式会社調査部、一九三七年、三―四頁。
(61) 野中時雄「北支那経済調査の根本目標を何に置くか」一九三五年九月、前掲『支那経済開発方策並調査資料』三七四頁。
(62) 乙嘱託班「昭和十年度各調査班の編成及工業概表」一九三六年三月三一日、前掲『乙嘱託班調査概要』一一九頁。
(63) 前掲『満鉄調査部の軌跡』一六八頁。
(64) 前掲『乙嘱託班調査概要』一二四頁。
(65) 同前、一三八―一四二頁。
(66) 満鉄計画部は一九三二年一二月に設置され、技術の統制および新規事業の計画に関する事項を掌理した(前掲『南満洲鉄道株式会社第三次十年史』下、二四〇八頁)。
(67) 前掲『乙嘱託班調査概要』六八頁。
(68) 同前、一七二頁。
(69) 同前、一八七頁。
(70) 前掲『南満洲鉄道株式会社第三次十年史』下、二四〇三頁。
(71) 前掲『灤河及潮河水力発電調査報告』四頁。「冀東政府側満鉄冀東区内水力発電調査班関係処理案」「毛里英於菟文書」国立国会図書館憲政資料室所蔵。
(72) 前掲『灤河及潮河水力発電調査報告』二四五頁。
(73) 同前。
(74) 前掲『乙嘱託班調査概要』一八七頁。
(75) 満洲国と冀東政権は国際的に国家として認められていなかったことから、「水利権」についても、実際の権利は国民政府にあったとみなすことができる。

(76) 前掲『満洲国史 各論』九六一―九六三頁。
(77) 堀和生「『満州国』における電力業と統制政策」『歴史学研究』第五六四号、歴史学研究会、一九八七年二月、二〇頁。
(78)「冀東水利委員会設立ニ関スル経過報告」一九三六年一一月一一日、前掲「毛里英於菟文書」。
(79) 南満洲鉄道株式会社調査部『支那・立案調査書類 第五編第六巻第三号 冀東電気事業統制並調査資料』南満洲鉄道株式会社調査部、一九三七年、五八―五九頁。
(80) 広中一成「冀東政権の財政と阿片専売制度」『現代中国研究』第二八号、中国現代史研究会、二〇一一年三月、八一―八七頁。
(81) 前掲「華北における興中公司の活動」『東洋研究』第一三八号、二七―三〇頁。
(82) 十河信二「満鉄と興中」北条秀一編『十河信二と大陸』北条秀一事務所、一九七一年、五〇頁。
(83) 株式会社興中公司『興中公司関係会社概要』株式会社興中公司、一九三九年、一頁。
(84) 前掲『戦時日本の華北経済支配』五九―六〇頁。
(85) 前掲「華北における興中公司の活動」『東洋研究』第一三八号、三二頁。
(86) 前掲『戦時日本の華北経済支配』六〇頁。
(87) 前掲『興中公司関係会社概要』一四頁。
(88) 株式会社興中公司『電気事業引継書（其六）「添附書類」事業完了又ハ中絶セルモノ内重要事業報告書』株式会社興中公司、一九三八年、六三頁。
(89)「電力開発の一考察」経済雑誌『ダイヤモンド』一九三七年六月。
(90)「冀東ノ指導開発ニ関スル私見」一九三七年一月一八日、前掲『国防論策篇』二〇五頁。
(91)「第一次北支処理要綱」島田俊彦・稲葉正夫編『現代史資料8 日中戦争1』みすず書房、一九六四年、三四九頁。
(92)「第二次北支処理要綱」同前、三六八頁。
(93) 今岡豊『石原莞爾の悲劇』芙蓉書房、一九八一年、一三五頁。
(94) 参謀本部第二課「対支実行策改正意見」一九三七年一月六日調製、前掲『国防論策篇』一九八頁。
(95) 前掲『電気事業引継書（其六）』七二頁。
(96) 満洲国史編纂刊行会編『満洲国史 総論』満蒙同胞援護会、一九七〇年、五二七―五二八頁。
(97) 中村隆英・原朗「解題」日本近代史料研究会『日満財政経済研究会資料 第一巻 泉山三六氏旧蔵』日本近代史料研究会、一九七〇年、四頁。
(98) 前掲『満洲国史 総論』五二八頁。
(99) 同前、五三二頁。
(100) 同前、五四二頁。
(101) 満洲国実業部「灤河水系水力資源開発計画」一九三六年一二月、南満洲鉄道株式会社調査部『支那・立案調査書類 第五編第六巻第四号 北支水力発電計画並調査資料』南満洲鉄道株式会社調査部、一九三七年、一二〇頁。

日中開戦前後の中国将来構想
――張鳴の「五族解放」「大漢国」論

関　智英

はじめに

本稿の目的は、日中戦争開戦前後の時期、日本との提携を前提として登場した中国の将来構想の検討である。これまで筆者は上海市大道政府の主張の分析等を通して、日本軍占領直後に中国に登場した極端な既存の政治体制否定の議論（中華民国否定の議論など）を明らかにしてきた。[1]従来の中国史研究では、日本との協力を前提とした中国人の議論は、ほとんど正面から検討されることが無かった。もちろん、近年では汪精衛政権の分析などはかなり進展したが、占領地の思想状況はいまだ不明な点が少なくない。占領地の政論もまた当時の中国の社会状況を反映していたことを考えれば、その丁寧な分析が求められよう。

本稿では、一九三〇年代半ばから「五族解放」なるスローガンを掲げ、漢民族による大漢国の樹立を主張した張鳴という人物に注目する。張鳴は中国国民党の反蔣介石勢力として知られる西山派や胡漢民派と関係を持った人物である。しかしその一方で清朝の遺臣・福建の現地有力者や日本軍人・外交官との関係もあり、満洲事変以後は日本軍の活動に時に寄り添って運動を展開するなど、その軌跡は大変興味深いものである。

張鳴は戦後まもなく台湾で逝去するが、その活動は従来ほとんど明らかにされてこなかった。これには張鳴の義父が中国国民党西山派の有力者で司法院院長など要職を歴任した居正であったこと[2]、また張鳴の係累が戦後の台湾社会で教育界を中心に相応の地位を占めたことが影響していよう。戦前張鳴が従事した反蔣介石活動、また日本との協力は、戦後の台湾で触れられることはなかったのである。

こうしたこともあり張鳴に関する研究は限られている。張鳴とエスペラントに関係する文章で略歴が紹介されているものの、日本との関係についてはほとんど言及がなく、誤りも散見される[3]。淡江大学（張鳴が一九五〇年に台湾淡江に設立した英語専科学校の後継）が編纂した『淡江大学校史』（一九八七年）には一九六〇年代に書かれた張鳴の略歴が転載されているが、この中でも張鳴の戦前の活動、とりわけ日本との関係についてはほとんど言及がない。日本語での研究も管見の限りない。辛亥革命を支援した萱野長知が張鳴の義父（妻の養父）に当たることから『萱野長知研究』の中に張鳴に関する断片的な情報が確認でき、「張鳴は相当な侠気や民族的・革命的な気風の持主」とされるが、全体像は漠としている[4]。

ただ張鳴に関する文章は、いくつか確認される。自身によるものとしては、黄帝紀元四六三六年[5]（一九三九年）の表示がある宣伝ビラ「今日国人応有之覚悟」、小冊子『復興社政綱』（以上、上海市檔案館所蔵）、日本語パンフレット『五族解放』（出版者不明、一九三八年）、「反蔣運動十五年の記」（上田健二郎編『東亜の風雲と人物』近代小説社、一九四三年）がある。また玉江恒平『中国現代史と張鳴君』（鳴々社、一九三九年）も、本人の聞き取りを元に記述し（あるいは張鳴自身が筆名で執筆したか）、また張鳴の文章を豊富に引用していることから貴重である。

これら文献に登場する張鳴の活動は、日中の外交文書で裏付けの取れるものも多く、事実関係についてはおおむね正確であると考えられる。この他、当時の新聞記事、張鳴の義父居正の書翰・文書類[6]、台湾に残された檔案にも張鳴の動静を伝えるものがある。以上の史料を相互に検討することで、張鳴の生涯をほぼ追うことができる。

本稿は日中戦争開戦前後の張鳴の議論の検討を第一の目的とするが、これまでの中国史研究で張鳴の経歴が明らかにされてこなかった事情に鑑み、まず諸史料から張鳴の日中戦争に至るまでの経歴を整理する。その上で張鳴の「五族解放」「大漢国建国」の議論について検討したい。

Ⅰ　日中戦争勃発以前の張鳴

日中戦争開始までの張鳴については前述の『中国現代史と張鳴君』（以下引用の際はA）及び張鳴「反蔣運動十五年の記」（以下引用の際はB）が詳しい。以下、両書の記述を他の史料で検証しながらその経歴を確認したい。

1　台湾の出自を隠す

張鳴は一九〇六年台湾宜蘭羅東に生まれた。原籍は福建漳浦で、祖父慶茂の代に台湾に移住した。その先祖は明末清初の学者張若仲であるという[7]。張鳴は台湾の出自を秘して行動したようで、戦前発行の新聞・書籍等はもちろん、日本の外交文書でも一貫して福建漳浦出身の中国人と紹介されている。この理由は不明だが、張鳴の活動拠点の一つであった廈門《アモイ》では「台湾籍民の内には善良でないものもありました為に、［現地人と台湾人が］お互い反感をもつて[8]」おり、また当時の中国大陸では「台湾籍民はやゝもすれば、支那側から日探［日本のスパイ］としての嫌疑を受け、不当な圧迫[9]」を加えられる雰囲気があったという。台湾出身の事実を隠した方が、中国での活動に都合がよいという判断が働いたと考えられる。

張鳴は台湾羅東の小学校を卒業し、淡江中学で学んだ後、廈門に渡り英華書院に進学した。一九二三年秋には北京の世界語（エスペラント）専科学校（校長蔡元培、副校長景梅九）に入学した。後に張鳴は北ボルネオでエスペラントの教員として過ごすが、北京時代にエスペラントを学んだことが生きたと思われる。世界語専科学校副校長の景梅九は山西安邑出身の中国同盟会員であった。景が北京で主宰した『国風日報』で、反袁世凱の論陣を張ったこと等で知られ、その活動は景梅九の自伝『罪案』[10]に詳しい。景梅九とのつながりは、後に張鳴が国民党西山派に参加するきっかけとなる。

2　復辟運動に関わる

張鳴の政治との関わりは、北京滞在時に始まる。当時張鳴の同級生に溥儀の側近陳宝琛[11]の孫がおり、そこから復辟への協力依頼が持ち込まれたのである。陳宝琛は張鳴に五〇万元の資金を元手に、武器の購入及び福建の有力者盧興邦を中心とした復辟運動を要請し、合わせて北京の日本公使館附武官輔佐官板垣征四郎中佐を紹介した（B二四〇―二四一頁）。

張鳴は上海駐在の岡村寧次中佐とも会見した後[12]、一九二五年四月二七日、盧興邦の部下呉紘と共に板垣の紹介状を携えて台湾軍参謀渡辺金造を訪問した（A一六頁）。しかし台湾軍からの援助は断られた[13]。また陳宝琛が復辟の主力として期待した盧興邦も、張鳴に言わせると「眼中復辟もなければ革命もない」人物であった。結局張鳴は盧を司令とする福建独立を断念した（B二四三頁）。

この経緯について台湾軍参謀と張鳴の間には見解の違いがある。台湾軍参謀渡辺金造は中央に対する報告で「[張鳴ら]当軍司令部を訪問し、兵器購入方及軍事教官招聘二件につき希望を陳述する処《ところ》ありしが、小官之《これ》に面会し右二件共に当軍に於《おい》て独断処置し得《う》る所にあらざるのみならず、恐らく日本政府としても希望に応じ得《え》ざるべき旨答解《ママ》し帰還」させたと説明している。

ところが張鳴の回想のニュアンスはこれとは異なっている。張鳴は渡辺から「夏頃になつたら代表を送らう。それまでに兵の訓練をしておくがよい」と言われたとする（B二四二頁）。玉江の著作も「[台湾軍]当局は、北京へ打電して、張君の使命を確かめた上で云ふ。——こちらの手で、盧[興邦]の部下を訓練してから、武器を渡さう。君は、それまで北京に帰つて居たまへ——」としている（A一六頁）。

今となってはどちらが真実であったのかは知る由もない。ただ張鳴の回想が関係者の生前に公表されていることを考えると、その内容が全くのでたらめであったとは考えにくい。少なくとも日本側が張鳴たちを門前払いしたのではなく、かなり含みを持った対応をしていたというのが実情に近いと考えられる。むしろ重要なのは張鳴がかなり早い時期からこのような形で日本軍人との関係を持ち、交流がその後も続いたという点にある。

3　当時の福建事情

さて張鳴が政治活動に足を踏み入れた時期の福建はどのような状況だったのであろうか。一九二一年に外務省が発行した『福建省事情』によれば「管内の特長」として、「住民の他地方に出稼するもの多数なること」を挙げ、主な南洋の出稼地としてシンガポール・ペナン・ルソン・暹羅・安南・ジャワ・スマトラ・セレベス・ビルマ等の地域が列挙されている(14)。

台湾在住の江文鐘なる福建人が一九三三年に上海総領事館に寄せた「日本の識者に愬《うった》ふ」という文章ではさらに詳しく福建の政治情勢にも言及し、福建省が「軍閥の搾取」を受け、「土匪的政治を発達」させ、「各地の実権は共に割拠状態の半ば土匪的な民国の手に帰してゐる」として、次のように説明する。

……民国以来、李厚基・周蔭人・洪兆麟・臧致平、等の北福建省を一つの金箱の如くに目して出来得る限りの剝奪手段を講じて大いに自己の懐裏を肥やして退去したものである。［中略］斯《か》くの如き軍閥の搾取する方法は共に大同小異にして、恰《あたか》も福建省を新開殖民地の様に考へ南洋華僑の預金地の如くに目を大きくして渇望してゐる。

かゝる乱暴な政治は遂に福建民衆をして失望させ憤怒させて到頭《とうとう》土匪的政治を発達せしめて民国の如き不可思議な特種政治を見る。しかし斯《かか》る土匪的民国は北方軍閥の無法に起因してゐるが彼等の抱きたる思想は只《ただ》「北方人に剝奪されるよりは福建人自身で剝奪する方が胸がすく」と言ふ様な下劣な考へからである。

民国十六年以来為《ため》に中央政府の面子《メンツ》上の命令あるも省政府の設置あるも、有名無実な看板であつて、各地の実権は共に割拠状態の半ば土匪的な民国の手に帰してゐる。此の中に二三の北方小軍閥も介在してはゐるがやはり民国の如き一区限地に割拠して共に同政策を行はねばならん状態にある。斯様《かよう》な政治は最近十年来次第に発達して不完全ながら福建人は之《これ》に順応し適宜な生活法を講じて辛うじて生活してゐる。(15)

このように、東南アジア各地との心理的なものも含めた近さや、中央の影響が現地に及ばず土着の勢力が割拠する当時の福建は、張鳴の活動にも様々な形で影響することになる。

4　南洋での活動

復辟運動に関わったことで、張鳴・呉紘には福建軍務督辦周蔭人から逮捕令が出された。そのため張鳴は廈門で中華学生中学校の陳金芳が主催する学生軍、さらに汕頭《スワトウ》附近では遠縁の張貞の主催する新閩《びん》同志社(16)（閩は福建の意）に参加することで素性を隠した（A二二―二三頁）。まもなく張貞は陳炯明との戦闘のため福建に入った何応欽の麾下に入り、張鳴も宣伝隊長として張貞軍に参加した（B二四八頁）。

一九二六年、張鳴は福建詔安に移った。ところが、北京のカラハンから広東国民政府顧問のボロディンに、無政府主義者・反国民党・反共産党・復辟運動者が広東に潜入しているという情報が入った。このため張鳴には広東国民政府からも逮捕令が出され、張鳴は三月一五日、盧振柳・曾強・林先立らを頼り広東饒平県柘林に移った。柘林では、林先立・曾強らと南澳島（柘林・汕頭対岸の島で、かつて鄭成功も根拠地とした）占領を画策して四月一五日に同島へ上陸し、ユートピア建設を目指し太極旗を掲げた（A四七頁、B二五〇頁）。この時掲げた太極旗は、その後も綏遠事件（一九三六年）・廈門治安維持会（一九三八年）でも、張鳴が標識として採用することになる。しかし間もなく、何応欽麾下の兵が南澳島を占領し、張鳴らは四散した。六月二七日、張鳴はシンガポールに逃れた。

シンガポールでの張鳴はエスペラント・日本語・英語を現地華僑に教授するなどし、さらにインドのカルカッタ（ガンディーに会見したという）を経て、一一月に北ボルネオのミリに入った。ミリでは『新国民日報』社の謝文進の斡旋で[17]、民国華僑小学校で教鞭をとった。張鳴は滞在先に遠東社（エスペラント研究会）の分社を設けて、エスペラントを華僑青年に教えた（A六三―六四頁）。この遠東社の同志は後年張鳴が組織した中国復興社に集うことになる。

5　国民党西山派に参加

一九二七年一月二九日、張鳴は教師を辞して北ボルネオを離れた。三月には福州に戻り、国民革命軍独立第四師幹部学校校長になっていた盧振柳の紹介で幹部学校の語学教師となった（A六五・七四頁）。七月に張鳴は再び教師を辞し、再度福建の独立を目指し張発奎[18]の麾下に入って活動したが、これも一九二八年一月に失敗した（A九三―九四頁）。

その後、張鳴は南京に赴き李烈鈞[19]の許に身を寄せ、一一月にはその命で資金調達のためシンガポールに、また翌一九二九年三月には中華民国駐京城総領事館敷地問題調査のため朝鮮京城に赴いた（A一〇四―一〇六頁）。

一九二九年夏、張鳴は李烈鈞・景梅九と共に廬山《ろざん》に向かい、そこで田桐[20]・居正らを紹介され、国民党西山派に加わった（A一〇六頁）。田桐は中国同盟会発起人の一人で、辛亥革命前後は景梅九と行動を共にし、その後も孫中山に従い、広東国民政府にも関わっていた。ただ田桐は思想的には反共を堅持し、一九二四年の孫中山の容共及び国民党改組には反対し、上海で章炳麟・居正・馮自由・馬君武ら一二名と共産党の排除を求める「護党救国公函」を発表していた。

一九二七年の四・一二クーデター後、田桐は蔣介石に不満を持ち、山西五台山に逃れた。その後も一九二八年には上海で『太平雑誌』を主宰するなど、反蔣の理論的支柱と目されていた[21]。こうした田桐・居正等を中心とする西山派に加わったことで、以後張鳴は同派の意向も受けながら政治活動に従事することになる。

一九三〇年一月六日、張鳴は反蔣・福建独立を掲げ、盧興邦らと福州で福建省首脳部を拉致・監禁した。[22]張鳴が福建の独立を企てたのはこれが三度目であった。しかし、まもなく張鳴は逮捕され廈門で監視下に置かれた。二月、張鳴は廈門を脱出して上海へ向かい、以後田桐の下で、閻錫山を盟主とした反蔣工作に従事した（A一二三頁）。

この頃、張鳴は『江南晩報』に「忍苦奮闘之聖雄甘地《ガンディー》」「印度之独立観」などの文章を寄せ、張鳴が私淑していたガンディーを中国読者に紹介した。『江南晩報』は西山派の機関紙で、居正が社長を務め（名義は山田純三郎）、反蔣介石の論調で知られていた。当時偽の『江南晩報』が作成されていたことからも、同紙の影響力はうかがえよう（A一三九―一四二頁）。

張鳴は「印度之独立観」（一九三〇年六月一日）では、インドが一七〇年にわたりイギリスに抵抗する力が無かったのは、決して有為の民がいなかったからではなく、特出した指導者がいなかったためであるとした。そして東方民族の特徴である「汎愛の心理」と「犠牲の精神」の双方を兼ね備えたガンディーがインド人を率いれば、英国もインドを侮ることはできないとした。またイギリスはインドを領有できなければ、シンガポールも守れないとして、インド独立とシンガポールの英軍港廃止も唱えた（A一三八頁）。

6　満洲問題に関わる

一九三〇年七月二日、田桐は上海で逝去した。その後も張鳴は胡漢民派の人々とも関係を持ちながら、西山派の一員として活動し、同月北平で開催された国民党拡大会議には、鄒魯・葉承明と共に西山派代表として出席した。[23]当時反蔣介石派は閻錫山を主席に北平に国民政府を組織したが、張鳴もこれに関わっていたのである。一九三一年五月二七日には広州で開催された国民党執監非常会議にも孫科・許崇智・王寵恵・陳友仁らと参加し、陳中孚[24]・山田純三郎らと行動を共にした（張鳴と山田純三郎との関係は、山田の書翰からも確認される[25]）。

一九三一年五月二八日、広州に国民政府が成立した（南京の国民政府と区別するため広東国民政府と呼ばれる）。同政府には汪精衛・唐紹儀・孫科・古応芬・鄒魯ら反蒋各派が集まった。ここでも張鳴は陳済棠を推す汪精衛に対して、許崇智を推すなど主体的に活躍した（A一五四・一六四頁）。

一九三一年九月に満洲事変が勃発したのは、上述のように南京と広州に二つの国民政府が拮抗している時であった。当時、満洲事変後の現地をどのように扱うのかについてはいくつかの構想があった。とりわけ中国側には満洲に委員会を設け日中の緩衝地帯としようとする動きもあり、先行研究でも胡漢民が日本の総理大臣犬養毅に対し広東総領事代理須磨弥吉郎を派遣するなど動いていたことが明らかにされている[26]。南京国民政府は、総理大臣犬養毅の意向を受けて派遣されていた萱野長知[27]との折衝で、満洲接収のため委員会を組織し「西山派、許崇智、居正、曹汝霖、陳中孚、周西成」等を満洲に派遣することを想定していた[28]。

一方、広東国民政府の意を受けて水面下で動いたのは張鳴であった。事変勃発後の一〇月初旬、満洲を特別行政区として日華の緩衝地としたい、という広東国民政府の意向を携えて、山田純三郎が張鳴を訪問した。これを受け張鳴は陳中孚と共に奉天の板垣征四郎を訪問した。張鳴に白羽の矢が立ったのは、張が板垣と旧知の関係にあったためと考えられる。しかし事態は中国側の望む方向には進まず、一九三二年三月には満洲国の成立を迎えることになる（A一六七—一六八頁、B二五六頁）。

7 『阿含日報』創刊

一〇月二七日、奉天から上海に戻った張鳴は、同地で開催されていた国民党の南京・広東両派の和平会議に参加した。この会議では日本の満洲侵略を受け、両派の提携に向けて話が進められた。しかし、張鳴はそれを安易な妥協と見なし、自身は反蒋の立場を堅持した。そして一一月一五日には孫科の資金援助も受けて『阿含《あごん》日報』

（題字は胡漢民による）という新聞を創刊した。

『阿含日報』はその発刊の目的に、1．庶民の伝えたい苦しみと話を発表し、健全な民衆輿論を打ち立てる、2．庶民に真実のニュースを報告し、国民政治の観念を増進する、3．道理を根拠に政治状況を批評し、民意に違反する暴政を痛斥する、4．積極的に独裁者の政府に反対するよう民衆を覚醒し、党国の和平統一を促成する、という四カ条を掲げ、反蔣の論陣を張った。

『阿含日報』の「阿含」は上座部仏教の教法である「小乗開治道」を意味し、社会の実践的、直接的、現実的、行動的な木鐸を以て任じたものという（A一八四頁）。そもそも阿含経が仏教の本来の姿を伝えた経典とされていることを考えれば、『阿含日報』の名称には、国民党や国民政府、あるいはもっと広く政治の本来あるべき姿を希求する張鳴らの思いが込められていたとも考えられる。

表からもわかるように、張鳴は同紙社論で蔣介石に対する痛烈な批判を繰り返した。あまりの過激さに胡漢民は『阿含日報』の題字は自分が書いたものの、「阿含」は仏教用語なので、まさかこのような時事問題を扱う新聞とは知らなかった、という声明を『申報』に発表するほどだった。[29] 結局『阿含日報』は孫科からの支援が打ち切られたこともあり一か月で停刊した（A一七六―二〇七頁）。

一九三二年一月、張鳴は旧『阿含日報』同人を集め、南京に鳴々通訊社を設立し、その醵金で上海に『新亜洲日報』を発刊した。またこの時期、張鳴は居正が南京で主宰する東方被圧迫民族聯合会の事務も担い、居正に代わって「インド国民党党員」（国民会議派のことか）らと面会するなどしたという（A二一二―二二〇頁）。東方被圧迫民族聯合会については一九二〇年代中葉から広州・上海・漢口といった地域に同名の組織があったことが知られている。[30] 居正主宰の会との関係は不明だが、これら組織と同様の活動を行っていたものと思われる。張鳴は以前からガンディーに私淑し、インド独立に関する文章を書いていたこと、また新たに創刊した新聞の名称が新亜洲（新アジア）であったことを考え合わせると、張鳴の関心が中国国内のみならずアジアにも広がっていたこ

表　『阿含日報』社論概要

日付	社論題名	概　　要
11.16	和平会議之回顧与前瞻	政治の徹底的改革と、民治の確乎たる実現を要求し、独夫（蔣介石）が下野しなかった場合、広東非常会議並びに広東国民政府が、行動を採ることを希望。
11.19	独夫之兵禍	蔣介石の四大罪状を列挙し、蔣を誅すべきを唱える。
11.26	還向独裁政府請願嗎	民意を蹂躙する独裁者にとって、救国請願は問題でなく、政権維持のためには、失地回復など考えてもいないはずである。
11.27	安内与攘外	独裁を消滅させ内を安んじ、外を攘《はら》う必要がある。
11.29	蔣介石北上之推測	蔣介石は四全大会で、北上し国難に赴くと口にしながら、未だ実行していない。
12. 8	鉄血救国	鉄血によって蔣介石を打倒するべきである。
12. 9	打倒蔣中正、為救国之一法	独裁政府を革命政府と美称し、羊頭狗肉を行うことは旧軍閥もしなかった。蔣という野蛮人を打倒するべきである。
12.15	所希望於今後之統一政府者	蔣介石は下野したものの、それを懲罰することが今後の統一政府の重大な責任である。
12.16	蔣介石此次下野之推測	蔣介石は下野したものの、その監督を怠ってはならない。
12.17	軍政問題之研討	［蔣の下野宣言に関連して］首都を離れなければ下野でなく、軍権を解除できなければ下野ではなく、一切の行政権を奪わねば下野ではない。
12.18	下野原来如是	［蔣が］武力を保持している以上、その復活は時間の問題であり、所詮は偽装的な下野である。また下野は財政問題の責任転嫁のためでもある。

出所：『阿含日報』原紙は確認できていないが、『中国現代史と張鳴君』の記事を参考に作成。

とがうかがえる。

同時期張鳴は日本の外交官と居正ら西山派との仲介をしていることも確認できる。一九三三年二月には駐華公使有吉明の意向を受けて、中国軍の熱河撤退を居正に進言している[31]。

一九三三年四月、胡漢民は陳中孚・劉承烈・任援道[32]・何世楨らと反蔣を謀り、通電を発した。張鳴は、この運動が八月の馮玉祥の下野によって失敗するまでこれに関わり、その後は再び香港の胡漢民の許へ戻った（A二三六－二四八頁）。

8　中華共和国への関与

華北での反蔣の動きは頓挫したものの、張鳴はその後も胡漢民の命で、陳銘枢を訪問したり、蔣光鼐・蔡廷鍇に福建独立・反蔣政府樹立工作について説いてまわったりしたという（A二五五頁）。一九三三年一一月、張鳴は胡漢民の代理として福州に赴き、中華共和国（福建人民政府）設立大会に参加した。蔣介石側も福建の動き（閩変）を注視し、張鳴が山田純三郎らと行動していることなどを把握していた[33]。

福建独立の動きは、対岸の台湾を領有していた日本も注視していた。当時の日本の報道機関は福建独立運動の主体を次の三つ、1．第十九軍（陳銘枢・蔣光鼐・蔡廷鍇）を主体とし、これに広西派並びに第三党が合体したもの、2．張鳴氏の主唱にかかる胡漢民氏を中心とする福建自治運動（傍線部筆者）、3．土民軍を中心とする福建人の福建運動、と分析していた[34]。張鳴は福建在住の台湾籍民保護を名目に日本の支援・介入の可能性も探っていた。これに対し、福州総領事館の守屋和郎及び当地の駐在武官からは、独立勢力（＝中華共和国）が共産主義を容認しないことを条件に出されていたという（A二五九―二六一頁、B二六一頁）。

しかし、中華共和国は長くは続かなかった。同政府の「赤化」を理由に胡漢民が手を引くと、張鳴も中華共和国から離れた。その後、張鳴は廈門で国家社会党なる団体を組織するがこれも失敗し、まもなく福建から上海に移った。この際も、張鳴が駐華公使有吉明に情報を提供していたこと、また広東駐在武官和知鷹二少佐とも関係があったことが確認できる[35]。

福建事変失敗後、張鳴は胡漢民の意向を受けて、熊克武・任援道・何世楨・陳中孚らと天津日本租界で、熊克武を主席とする軍事委員会設立を画策するが、これも失敗。以後張鳴は胡漢民の許を離れている（A二七八頁）。

9　東京滞在

一九三五年末、居正は張鳴を南京に招いた。もし張鳴に蔣政権に参加の意志があれば、相応の地位に就けるとの話であった。しかし張鳴は蔣介石と組むことを潔しとせず、結局居正の斡旋で東京へ向かった（A二八二―二八三頁）。この際、有吉明・須磨弥吉郎も同道した（B二六七頁）。本田一郎（外務省亜細亜局第一課長）の張鳴の紹介は、当時の日本人関係者の張鳴観を象徴していると思われるので以下引用しておく。

　……張鳴君は小生数年来の老朋友にて、上村［伸一南京］領事、須磨総領事等に於て大《おい》に利用したる人物なり。胡漢民、陳中孚氏等と好《よ》く、多年反蔣工作に従事し来《きた》れる処《ところ》、今般蔣介石より下野外遊を条件に月々金の仕送を受くることとなり、形式上は居正氏（張は居正氏（司法院長）と最も昵懇なり）の保証にて日本に法律司法制度の研究に来れるものなり［中略］仝《どう》人は年僅《わずか》に二十九才なるも、実に真面目の人間にて青雲の志あり（此れは一寸《ちょっと》我々日本人官僚にはよく理解出来さるも、従来仝人の政治工作及支那政情に鑑み大に野心を有するも尤《もっとも》なりとも思はる）。他日、大《おおい》に利用出来る人物なり。[36]

　こうして張鳴は「国民政府司法院派遣海外研究員」として、一九三五年二月より三か月の研究室利用の許可（後に三か月延長）を得て、東京帝国大学法学部の神川彦松研究室に在籍した。[37]日本滞在中の具体的な活動は不明だが、神川の指導の下に国際法と世界外交史の研鑽に没頭したという（A二九三頁）。九州帝国大学教授今中次麿の『現代独裁政治論』『現代独裁政治学概論』『現代独裁政治史総説』などを参考に「独裁論」を訳述したのはこの頃のことである。[38]

　このほかにも張鳴は、五月には『東方論叢』という雑誌発行助成の名目で、外務省文化事業部に補助金三五〇円を申請し、[39]一一月には日本内地及び満洲国視察のため同部より五〇〇円が支給されている。[40]また明治大学新聞高等研究科との関係もあったと思われ、[41]戦後書かれた略歴には明治大学留学とするものもある。[42]

　張鳴は、東京滞在中に「中日外交調整並に中国内政改革意見書」という文書を執筆している。これは居正に提出されたもので、張鳴の中国の内政改革の提言及び日本分析である。内容は多岐にわたるが、主な論点として三つ、1．対日外交問題、2．共匪討伐問題、3．財政経済問題を掲げた。そして知日に徹せんとすれば、「日本民族の理想は、東洋の和平にあり」「最近、思想の顕著なる動向は、東洋に還《かえ》れの一言に尽《つ》く」の二点を確認しなければならないとした。

さらにこの意見書で張鳴は日本の現状を分析し「元来日［本］人の性格は、単純にして、直截短気。されば、一面抵抗一面交渉の如き、乃至《ないし》対日二重政策の如き曖昧なる態度に対し、最もその不誠実を責むる所以《ゆえん》なり」とし、「現在、日本は、内に兵備充実し、外に貿易伸展し、国民皆自信を有し、これを往年の日本と同一視」すべきではないので、「腹心を披《ひら》き、淡白に、単刀直入する事こそ、日人の心機を把握する要訣。殊に軍人に於いて最も然りとなす。要は、唯だ我に於いて、和日親日の真意如何のみとなす」と日本との提携を訴えた。中国の内政については、1．全民政治に復すること、2．全国的剿共陣を張ること、3．財務に公明無私の人材を充てることなどを進言した（A二九三－二九七頁）。

10　居正の娘との結婚

日本滞在は張鳴に新たな転機も齎《もたら》した。それは居正の娘で、萱野長知の養女になっていた萱野華恵（居瀛玖）との結婚である[43]。両人の媒酌人は頭山満が務めた。華恵は張鳴に会うまで自身が居正の娘であることを知らなかったといい、二人の結婚は日本国内でも「中国人に還つても 心は大和撫子《やまとなでしこ》 廿年目に知る秘密」等といった見出しで盛んに報道された[44]。もっとも、張鳴自身はそうした報道には批判的で、「大したロマンスはない」としている（B二六八頁）。

張鳴と華恵の関係について、新聞報道では二人は恋愛結婚であると伝えており、当初華恵と義弟長雄の結婚を望んでいた萱野長知は激怒したという[45]。しかし、二人の出会いを偶然とするのは話が出来過ぎている。事の真相は不明だが、居正は当初手許で育てていた次女（華恵の妹）を張鳴に嫁がせることを張に仄《ほの》めかしていたといい（A二八八頁）、張鳴も華恵の存在を以前から知っていたと思われる。どちらにしても張鳴がこの婚姻によって、居正と萱野長知という辛亥革命に関わった日中の「大物」と閨閥で結ばれたことは確かである。

11　綏遠事件[46]への関与——王英軍への参加と大漢義軍

一九三六年一〇月、張鳴は北京に向かい、陳中孚（冀察政務委員会外交委員会主席）と会見した。この北京滞在中、張鳴は旧知の田中隆吉（徳化特務機関長）にも会い、その誘いで蒙古独立運動に加わった。綏遠事件と呼ばれるこの動きに関わった松井忠雄は、張鳴について「日本留学生上りで、南京政府の要人許正《ママ》の娘で日本の支那浪人萱野某の養女と結婚している果敢な反蒋の闘士というのが［田中］隆吉の紹介だった。しかし私は何か不透明なものを感じ警戒した。王英軍の政治部長にしたのだが、彼の動きは、私のスパイ網に不思議な行動をしるさせた[47]」と回想している。

当時、内モンゴルでは徳王が独立を標榜して活動しており[48]、すでに錫林郭勒《シリンゴール》・察哈爾《チャハル》の二盟と烏蘭察布《ウランチャブ》盟の大部分を勢力下に置いていた。一九三六年二月には蒙古軍政府を樹立し（百霊廟、後に徳化に移る）、満洲国や冀東政府とも協定を結んでいた。

張鳴は徳化に到着すると直ちにスニトの徳王府に向かった。当時共に三〇代だった徳王と張鳴は意気投合したという（A二一六‐三二七頁）。この結果、張鳴は王英部隊の政治部長兼参謀となり、商都に赴いた。一一月五日、それまで「西北蒙漢防共自治軍」と称していた王英部隊は「大漢義軍」と改称した[49]。これは張鳴の主張を反映したものと判断して良いだろう。一一月一四日、王英と張鳴は連名で「大漢義軍宣言」を発し、ホンゴルトを攻撃した。

「大漢義軍宣言」では、チベット・新疆などの国土喪失、苛斂誅求など七カ条にわたり蒋介石の罪状を掲げ、「蒋賊を打倒するに非ずんばこの危機を救ふ能はず。南京偽政府をくつがへすに非ずんば、民衆政治を起す能はず」とし、年号には民国紀年ではなく黄帝紀元四六三三年を採用した[50]。張鳴作詞と思われる「大漢義軍総政治部特務隊隊歌」には「国賊蔣逆、竊国整十年」「右打国民賊、左打悪赤匪」といった歌詞が確認できる。[51] 大漢義軍の伝単類は天津・北平等でも散布された。[52]

しかし大漢義軍は傅作義軍との戦闘で大敗し、王英は逃亡した。一二月九日、張鳴は王英の部下金憲章に逮捕され、綏遠の傅作義の許に送られた。張鳴は死刑判決を受けたものの、綏遠日報社長で旧知の王錫周から居正・陳中孚・宋哲元らに事情が伝えられた。その後、彼等が閻錫山に対し救命運動をした結果、張鳴は二か月余の牢獄生活を終え一九三七年初旬釈放された（A三一〇―三二頁、B二七〇頁）。

II　日中開戦前後の張鳴の主張

1　大和魂と大漢魂

一九三七年三月、日本に戻った張鳴は、五月にパンフレット「冀東問題」を作成した。これは、当時成立から一年半が経過し、その解消も含めて今後の動向に注目が集まっていた冀東防共自治政府に関するものであった。この中で張鳴は「東亜甦生の光明」は冀東から輝かねばならぬとし、その大目的を貫徹するために冀東の住民に大漢魂を持つことを提唱した。

では大漢魂とは何か。張鳴は日本の大和魂に相当するものとして大漢魂を想定していた。張鳴は「日本の躍進は、皇室を中心として大和魂が、しつかりと結合して居る為である。大和魂が、全国民の心髄となり、伝統的精神となつて居る為である」と、大和魂が日本国民の紐帯となっている点を高く評価した。そして孟子の王道精神こそが大漢魂に他ならず、王道精神に基づき合理的独裁政治を行い、大漢魂を持ち、この精神に基づく政策を執れば、王道に即した仁政が行われ、南京政府の何十分の一にしか当たらない冀東が、その輝きを全中華に及ぼし得る、としたのである。[53]

ただ、このパンフレットは日本当局の禁忌に触れ発禁処分を受けた（A三三五—三三七頁）。この理由は明らかではないが、この直前、児玉謙次を代表とする経済使節団が南京を訪問し、帰国後冀東政府解消論を表明するなど、日本と国民政府との間には融和の空気が見られつつあった。「冀東問題」が発禁とされた背景には、張鳴の主張が日本政府の冀東政府解消の動きに反するとの判断があったと思われる。

2　中華民国の否定

一九三七年六月、張鳴は国策研究同志会（大倉公望・小野塚喜平次・美濃部達吉らが組織）で「反蔣運動の失敗について」[54]と題する講演を行った。この中で張鳴は中国の現状を語ったが、その特徴は三〇年にわたる中華民国の動向を、辛亥革命の理念に遡って分析・評価した点にある。

張鳴によれば辛亥革命の主張は二つあった。一つは民族意識に基づく民族革命、二つには、不平等条約によって国土を失った悪政府の攻撃である。これにより革命は成し遂げられたのである。しかし、張鳴はこのどちらも未だ実現されていないとの立場を示した。前者について張鳴は、現状として満洲族と蒙古族が独立運動を行っている以上（満洲国と徳王らの動きを指す）、孫中山の唱えた各民族平等自由の主張は、その他の各民族にも及ぼされるべきであるとした。また後者についても、中国の大規模な産業は借金の抵当として各国の勢力下に入り、国土も回復どころか縮小の一途を辿っているとの認識を示した。

孫中山への批判も痛烈であった。張鳴は孫中山が各国政府と清朝との条約を引き継いだり、後に共産党を引き入れたりしたのは、自己一身の成功を急ぐ「英雄功名思想」であり、「本当の革命家であるなら、決してそんな事はしなかつた」とした。そして「今日南京政府にある国民党の老先輩連」も恐らくは孫中山と同じ道徳観念を持つ人たちで、彼等の方針が変わりやすい点を問題視した。さらに汪精衛を例に挙げ「彼は非常に変わり易い白面書生」であるが、これは汪精衛一人に限ったことではないと、国民政府の指導層を批判したのである。

では中華民国の現状を如何に打破するのか。張鳴は「民国創立以来、中心人物からして、道徳を持たぬのでありますから、今日我々は再び、亜細亜の為、正義の為、我等四千年来の東亜文化の再興並に百年の大計の為に義旗をたてねばならぬ」とし、そのために根拠地を設け、立派な政治家を以て義旗を挙げれば、各方面より志士が集まってくると主張した。

このような張鳴の主張は、中華民国の三〇年をその原点である辛亥革命に遡って再検討し、中華民国という政体を相対化し、それに否定的な見解を提示した点に特徴がある。張鳴の立場から見れば、国民党の元老はもちろん、孫中山さえ批判の対象であった。こうした発想は、福建事件の際に「中華民国」という政体に替わって「中華共和国」という別個の政体を採用した意識とも通じている。張鳴の主張は日中戦争が始まるとさらに具体化することになる。

残念ながら張鳴の講演に対する日本側の反響は確認できない。しかし、当時の日本における指導的な立場にあった知識人が集った国策研究同志会が張鳴に講演を依頼したということは、張鳴の議論が傾聴に値するとの判断があったということだろう。

3 「五族解放」と「大漢国建国」

盧溝橋事件勃発当時、張鳴は東京に滞在していたが、同年一一月には上海へ渡った。その際、長崎で自らの主張を葉書大のリーフレットに印刷し携えた。そこには「五族解放」と「大漢国建国」が明記されていた。

同リーフレットで張鳴は、現段階では五族解放をスローガンに、東洋新道徳に基づいた国民戦線を結成して中華民国北京中央政府を創立することを主張し、東洋の道徳精神を失った国民党並に共産党、人民戦線の欺瞞政策、さらに五族を圧迫する偽装政策「五族共和」の打倒を訴えた。さらに将来南京国民政府が滅亡した後には、新たに成立した満洲・蒙古・大漢・回教・蔵民の五つの新帝国に、日本とシャムの二帝国が加わることで「亜細亜国際聯盟」を結成するべきとした。亜細亜国際聯盟の詳細は不明だが、リーフレットによれば海軍を日本が、陸軍を残りの六帝国が担い（現在の日本陸軍が六帝国の陸軍創設を援助）、インドの独立を援助するとの構想が展開されている（A三四一頁、図2）。

こうした張鳴の主張については日本の報道機関にも関心を持つものがあった。『読売新聞』は「風塵録」欄で「アジア聯盟を唱え［中略］五個の新帝国を建設し、国防は日本に委ねよとの意見を発表してゐる、時節柄一顧の価値なしとしない」と張鳴を好意的に評価・紹介した[55]。

一九三八年八月に発行されたパンフレット『五族解放』に収められた「五族解放と大漢国」という文章でも張鳴は、「孫文の革命に依って生れた国民政府は、その革命精神の不徹底を暴露して遂に失敗に終つた」とし、中華民国の実際は「漢民族が政府を独専してをり、その諸民族に対する統治は実に無責任なもので［中略］満蒙の諸族は総べての文化的恩恵」を与えられず萎縮していたとした。そして「過去十余年一路五族解放を叫んで来た」人間として、不徹底な共和主義を廃し、各民族の自主権を認めて各自の国を建設し、日本・シャム等と亜細亜国際聯盟を結成し、アジアを知らない西欧国際聯盟の容喙を止めさせるべきであるとした。

図1　大漢国組織図

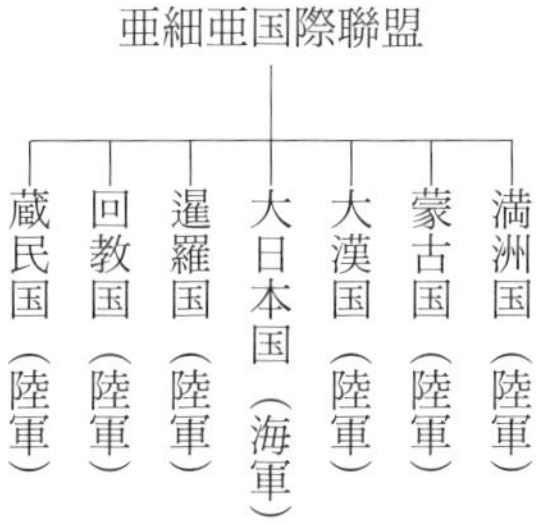

図2　亜細亜国際聯盟組織

図3　大漢国旗（太極旗）

大漢国については、「満洲国、蒙古自治聯盟《ママ》」は成立し、回族はすでに団結し、チベットも事実上一国を成している以上、「五族の中最後の漢民族に依つて形成さるべき大漢国の出現が待たれる」とし、広域に跨る漢民族を一つにまとめるために、日本占領地に成立した華北の臨時政府、華中の維新政府をそのまま地方政権とし、これに日本軍の占領下に入った漢口附近及び南方の地方政権を併せ、大漢国を樹立することを提案した(56)。

日本占領地で掲げられていた北京政府時代の五色旗も、張鳴にとっては批判の対象であった。張鳴は五色旗が「民国時代に清朝の黄龍旗に代つて立てられ、五族が共和して中華民国をつくる事を意味して制定」されたものである以上、「今日満蒙の二独立国が［日本に］承認されながら、これに境を隔ててゐる華北華中の新政府が、今更五族を表示する五色旗を掲げることはまことに不合理である」と述べている。そして五色旗に変わるものとして、大漢政府の治下にあるところはすべて漢人を表徴する旗、即ち黄帝に由来する「黄色地に黒白の巴で陰陽即ち太極を現」した太極旗を掲げるべきであると主張した(57)。

こうした自身の主張について、張鳴は「過去十余年一路五族解放を叫んで来た」としている。ただ、管見の限りでは満洲国建国以前の張鳴の発言に、「五族解放」に類するものは確認できていない。もちろん張鳴が胸底に「五族解放」「大漢国建国」の意識を持っていた可能性は否定できない。しかし、張鳴が五族解放・大漢国建国を具体的な行動に移していく過程には、満洲国建国や内モンゴルの独立運動の進展、中華共和国の樹立など、中華民国の分裂という現実世界での動きが影響を与えたと考えた方がよさそうである。

また張鳴の主張には、日本留学中に師事した政治学者神川彦松の学問の影響がうかがえる。当時、神川は国際聯盟の原理原則を根拠としながらも、その上で地方的区劃の性質を持った極東聯盟を構想し、まず極東の六カ国（日本・満洲・支那・シャム・シベリア・フィリピン）の聯盟を建設し、「之《これ》がアジヤ共同の利益を進むる時、極東永遠の平和が確立する」等と主張していた(58)。「五族解放」は張鳴自身の発案によるものであろうが、その上に「亜細亜国際聯盟」を置くという構想は、神川の枠組みを援用した蓋然性が高いのである。

4　廈門治安維持会

『五族解放』発行の少し前、張鳴は日本軍占領直後の福建省廈門《アモイ》で治安維持会の設立に関わった。一九三八年五月、日本軍は廈門を占領し、沢重信ら日本人の指導のもと廈門復興委員会が設けられ、六月二〇日には廈門治安維持会が成立した（翌年七月、廈門特別市へ改組）。これを裏面で支えたのが、五月に中国復興社なる団体を組織し、同社社長に就任していた張鳴であった（同社は翌年復興党に改組し張鳴は総裁となる）。復興社はエスペラント団体遠東社の同志を再組織したものであった（A三五二頁）。

復興社は復帰団を組織し泉州・漳州を周り、戦争により廈門から逃亡した人々の帰郷にむけて宣伝を行った[60]他、『復興日報』という新聞を発行した[61]。

廈門治安維持会の成立を伝える日本の報道は、張鳴を「大亜細亜主義を実現すべく十数年前同志を糾合して復興社を組織［中略］今日では北は蒙古から南はインドに亘り二万余の同志を擁してゐる」と紹介した。張鳴も「打倒蔣介石こそはわれわれが多年叫んで来たところです。先般東洋平和の聖戦を起した日本軍は、蔣《ママ》介石を対手とせずと声明された時こそは、痛快この上もありませんでした［中略］私は廈門に来ても絶対に表に立たない積りですが、常に太極旗の理想を忘れず楽土建設に務める決心です」等と述べている[62]。

福建の対岸台湾でも張鳴の活動は報じられた。『台湾日日新報』は、張鳴が廈門で僧侶の肉食妻帯を奨励していたことを伝えている。張鳴は「支那仏教は人間自然の理に反した戒律を何故墨守しなければならないか、日本の仏教は肉食妻帯を許して時代の進運と共に歩んでゐるではないか」と廈門南普陀寺の僧侶達に説いた。その結果「四十五人の僧侶が結束して如何なる迫害も覚悟して新仏教提唱の運動に乗出し、来る十六日」に「僧侶の旧習慣改革の歴史的宣言」を発表することになったという。この動きは単に僧侶の妻帯肉食提唱だけでなく「仏教が時代と共に歩むべきことを提唱したもので［中略］支那宗教史上未曾有の時代を劃するべきもの」と伝えられた[63]。張鳴が新仏教を提唱した理由は明らかではないが、日本のそれと比べて一般に戒律の厳しい中国仏教の日本化は、中国仏教への深い理解があってのものとは考えにくい。実際、中国の仏教界からは批判があった[64]。

このように廈門で活動を拡大していくかに見えた張鳴だが思わぬところから批判を受けることになった。張鳴の唱える「大漢主義」が台湾総督府から問題視されたのである。台湾総督府は五〇〇万の漢民族が居住する台湾に「大漢主義」の影響が及ぶことを恐れ、台湾に革命が起これば誰が責任を負うのかと、復興社に対して厳重な抗議をしたのである[65]。おそらくこうしたことが背景にあったのであろう、張鳴は間もなく廈門を離れた。

張鳴は自身の活動についても常々「私の理想をこの島（廈門）に実現してみたいと思つてゐます」と語っていたものの、一方でもし「私の五族解放の理想が容れられなければ何時でも旗を捲いてお別れします[66]」との心境であったという。こうして張鳴は一一月には廈門を離れ上海へ向かった。

5 「十大政綱」発表と政治訓練所の設立

その後、張鳴は一九三九年一月に東京に行き「某方面との交渉[67]」にあたったが、この時新聞記者に「今度復興社の同志が四川で、蔣［介石］の四川入りを喰止める為め暗躍してゐますが、之《これ》が成功すれば英国のビルマ、インドからの援蔣ルートが断たれる」等と語っている[68]。この東京滞在中には大川周明を訪問し、大川に中国事情を伝えるとともに、日本軍占領下の漢口で新政府建設に従事するにあたり「新政府の名称は何がよいか」と問い、大川から「武漢革命政府とするがよからう」という返答を受けている[69]。このように張鳴は廈門を離れた後も、時に日本側の意向を受けて占領地で活動していた。

一月二〇日、張鳴は上海で中国復興社（五月に党に改組）を組織し、二月一九日に「今日国人応有之覚悟」というビラの他、「復興社十大政綱」を発表した[70]。この中では従来の「復興大漢民族」「五族解放」に、「ファシスト独裁制の採用」「労資合作の調整」「仏教旧規の改革」「東亜新道徳の創造」といった主張が加えられた。「一切の大計は最高領袖の決裁による」という一条も注目される。

ここでの最高領袖には張鳴が想定されていたと思われるが、こうした意識は同年六月一日に上海閘北《ざほく》に開学した中国復興党政治訓練所につながっていった。同訓練所は一期一か月間で三〇～四〇名の学生を擁し、「復興革命、努力建設新経済、打倒白色人的政治陰謀、組織強有力合理化的独裁中央政府」などのスローガンを掲げて活動を行ったが、二期が終わった時点で閉所している。(71)

上海の復興党政治訓練所の閉所理由は明らかではない。ただ同訓練所の閉所が、一九三九年八月に上海で開催された汪派国民党の第六次全国代表大会（同大会で「還都」（新政府樹立）が決められた）の影響を受けた蓋然性は高い。国民政府の還都を目指す汪精衛らと、「強い合理的独裁中央政府」の組織を掲げ、あくまで大漢国の樹立を標榜する張鳴とが一致点を見出すのは難しかったと思われる。

汪政権成立（一九四〇年三月三〇日）の直前、張鳴は汪精衛に面会し、自らの大漢国建設の理想を説き、蔣政権の切り崩しのために汪精衛が新政府を急いで組織することに反対し、政府の組織は暫く見合わせ、蔣政権の切り崩しに専念するよう直言した。これに対し汪精衛は「日本の国策」や「確固たる新政権を作ることは蔣政権を弱体にする唯一の方策であり、民衆の信頼も翕然《きゅうぜん》として集まる」といった理由を挙げて、一蹴したという。(72)こうした事情もあり、張鳴は汪政権に加わることはなかった。

汪政権成立から一年が過ぎた一九四一年七月、新聞記者の木村英夫は非公開を前提に張鳴にインタビューを行った（張鳴の肩書は「革新倶楽部総裁、復興社社長、大漢国建設主唱者」）。この際張鳴は「誕生した汪政権、実に嘆かわしい内容である」と述べ、三民主義も国民党も「本山は蔣政権であり」、「人物的にも経済的にもイデオロギー的にも汪政権と対比すれば恰《あたか》も横綱と褌かつぎとの相違があり、これでは全く相撲にはならない」とした。そして「かくの如き弱小なる汪政権が茶碗のかけらをならべて和平救国を叫んで民衆に訴えたところが、ギャングの親方や名も知らぬ部長連に何らの希望も民衆は寄せないであろう」と汪政権を痛烈に批判した。「東洋平和」や「東亜新秩序」といったスローガンについても、「支那人から見れば何らの魅力もない」もので、

「東亜新秩序よりもまず第一支那自身の問題」が重要であり、「支那を無視して東洋の新秩序はあり得ない」との立場を繰り返した。そして「大漢国建設」というスローガンは「民衆の感激を捉ふるのみでなく、抗戦陣営に対しても致命的打撃であり、東亜新秩序建設の理想から言えばその基礎工事である」と結んだのである。[73]

その後、一九四四年に張鳴が「日本産報与工運」という文章で日本の産業報国会は一時的に労働者を欺く運動であり、日本帝国主義の内に潜む危機を露わにしていると述べていることが確認できるが、敗戦に至るまでの張鳴の動静は不明である。[74]

おわりに

張鳴は一九二〇年代半ばの復辟運動から政治に関わり、その後は国民党西山派・胡漢民派の活動家として、一貫して反蔣の立場で行動した。満洲事変後は福建の中華共和国樹立に関係し、さらにその後は五族解放に基づいた大漢国建国など、国民党や中華民国の枠組みにとらわれない独自の国家構想を語った。

このような張鳴の中華民国否定の主張は、太極旗を掲げた点も含めて、日本軍の上海占領直後に樹立された上海市大道政府の大道思想[75]や、後に中華民国維新政府実業部部長に収まる王子恵[76]が、同じく当初は中華民国を否定し独自の国旗を準備していた事情とも通じるものがある。

では張鳴の行動・主張からは我々は何を読み取ることができようか。一つには、日本の中国侵略が、一部の人間にとっては、既存の社会体制を覆し新たな体制を模索する契機となったということである。日本によって齎された社会の激変に、将来の展望を見出した人々も少なからず存在していたのである。

張鳴の政治活動は主には反蔣という国内的な要因に起因しているが、張鳴の発言を追っていくと、満洲事変やその後の情勢に合わせながら、主張の内容を展開していった様子もうかがえる。仮に張鳴が五族解放や大漢国建設の意向を十数年にわたって持ち続けていたとしても、満洲国の建国や、内モンゴル自治運動の進展が無ければ、張鳴は自身の議論をこれほど展開することはなかったであろう。

二つには、日中戦争勃発後日本軍占領地に成立した各種政権に関わった人々が、必ずしも直ちに国民政府以前の北京政府の政治体制を標榜したわけではないということである。事態はより複雑で、当初は張鳴が大漢国建国を唱えたように、中華民国という政治体制をも改めることを標榜して動く人々がいたのである。こうした、誤解を恐れずに言えば雑多とも見られる議論は、日本の占領地支配が進展する過程で整理されていった。諸構想の中から占領地の政治体制もまた選択されていったのである。この事情を象徴的に言えば、日本占領地で中国国民党や国民政府を象徴する「青天白日満地紅旗」に代わって、すぐさま北京政府時代の国旗「五色旗」が掲げられたわけではない、ということである。

中華民国否定の議論が登場した背景には中華民国建国から三〇年という、一九四〇年前後の時代情況も影響を与えていよう。中華民国のその後を知っている現在の我々から考えれば、中華民国という政治的枠組みを否定する発想は、かなり大それたもののようにも思われる。しかし、当時の人々、とりわけ辛亥革命を経てきた人々にとってみれば、三〇年という歳月は短い年月ではないものの、さりとて清朝が倒れ中華民国が成立してからまだ三〇年しか経っていない、とも言える時期であった。辛亥革命に直接携わった人も多く存命しており、当事者の中には中華民国という体制が上手く行かないのであれば、それに代わって新たな政府を設ければ良い、といった選択は十分にあり得るものであった。

このような意識は、例えば日中戦争初期、辛亥革命で孫中山を助けた萱野長知が、華中に設立される新たな政府について「単に名望があって仕事のできない人物を揃えるよりも、少壮有為の人物を以て政府を構成するべき」とした発言(77)にも現れているし、より世界的なレベルで考えれば、当時のヨーロッパでのファシズムの擡頭に象徴されるように、旧体制の崩潰を認識し、新時代を展望するような意識ともつながっていた可能性がある（先述の張鳴の国家社会党という名称や、復興党の綱領は明らかにドイツのナチ党を意識している)。

三つには、中国国民党の中の西山派や胡漢民派の関係者の中に、その後日本と関係を持った人物が多い点である。張鳴が反蔣運動に従事する中で共に行動した任援道・何世楨・陳中孚といった人々は胡漢民と関係のあった人物である。[78] 上海市大道政府市長蘇錫文も胡漢民と関係を持っていたという。彼等は中国の国内政治の中では反蒋を掲げて活動をしていたが、それは時に日本との接触にもつながった。本稿で扱った張鳴の動きにもそれは明らかである。一般に日本側が利用したとされる人々も、見方を変えれば彼等が日本を利用して、中国政界の中で自己の政治的浮上を狙っていた可能性も見えてこよう。張鳴の伝記を記した玉江恒平は張鳴について「それ自身に実力を持たない悲しさに、自然、他の勢力を利用せねばならぬ。それが、軍事的或は政治的投機者と見られる危険を齎し、これが、世の近眼者流に黙殺される所以でもあらう」(A一五〇頁)とするが、けだし至言であろう。

四つには、当時の中国における台湾籍と福建籍の問題である。少なくとも戦前期の張鳴は台湾出身であることを隠して行動している。大道政府の蘇錫文や維新政府の王子恵にも台湾出身という噂があった[79]ことを考えると、戦前の日中関係における台湾籍民の意味を考えるきっかけになりそうである。

戦前の著名なジャーナリストで中国に関する記事も多数残した野依秀市は、日本軍占領直後の南京を訪問し、市内のタクシー運転手の半分位は「日本臣民たる台湾人が占めてゐるやうだ」とし、台湾人運転手の「支那も日本が治めるやうになれば秩序が余程立派になるでせう、台湾は日本になつてから色々大変よくなりました」という発言を伝えている。[80]

これと関連して張鳴・蘇錫文・王子恵等が日本語に堪能であることで日本人から「重宝された」ことも見逃すことはできない。日本語が出来ることは日本人にとって都合が良かったという点はもちろんのこと、それを基盤にして、彼等が日本人との間の関係をさらに深め、一歩進んで信頼関係の構築へと進むきっかけを与えるものでもあった。また、辛亥革命で日本の民間人が革命派の中国人を支持した、といった記憶も彼等が日本との提携に踏み出す根拠となっていたように思われる。張鳴の活動の背後に見え隠れする日本の外交官・軍人の動きからは、福建に対して日本人が示した関心の高さもうかがえる。

本稿を結ぶにあたり、その後の張鳴についても触れておこう。張鳴は先述のインタビューに応じた後も上海に滞在していたが、日本敗戦後の一九四六年に台湾へ渡った。台湾では司法院簡任法規委員の肩書で活動しているが、これは司法院院長の経歴を持つ義父居正の計らいによるものだろう。一九四七年六月には日本時代の南邦林業株式会社及び桜井組の事業を民営にするよう台湾省農林処に訴えている記録が確認される。(81)

戦後すでに張鳴の父母、兄弟は亡くなっていたため、張鳴は相続した台湾の土地を売却し、一九五〇年、居正・鄒魯らと淡江英語専科学校（淡江大学の前身）を設立し、同校校長に就任した。しかし日本敗戦の段階で張鳴は心臓を患っていた。一九四九年、張鳴は治療のため日本に渡るが、病状は好転せず、一九五一年一月二九日台湾で逝去した。(82) 戦後の台湾社会で張鳴は淡江大学を創始した教育者として記憶されている。(83)

注

（1）拙稿「上海市大道政府と西村展蔵」『近きに在りて』第五二号、二〇〇七年。

（2）居正（一八七六－一九五一）：湖北広済人。国民党西山派。後に司法院院長。

（3）房建昌「張鳴与世界語」『世界』一九九七年第七－八期合刊。同じ著者による「漢奸張鳴其人」厦門市政協文史資和学習宣伝委員会編『厦門文史資料』第二三輯（二〇〇二年）は出典が示されていないが、内容から玉江恒平『中国現代史と張鳴君』（鳴々社、一九三九年）の抄訳と思われる。

（4）﨑村義郎著、久保田文次編『萱野長知研究』高知市民図書館、一九九六年、三三八－三四五頁。この他、嘉治隆一が「[淡江文理学院の]創立者は、張鳴という台湾出身者で東大の法学部で国際政治を専攻した人物であったが、今はすでに亡い」という記述を残している（嘉治隆一『沖縄・台湾日記』時事通信社、一九六八年、二二七頁）。

（5）黄帝の即位を元年とする紀年法。辛亥革命前『民報』等が採用した。

（6）上海図書館編『上海図書館庋蔵 居正先生文献集録』第三冊、広西師範大学出版社、二〇〇七年。居密編著『居正与近代中国――居氏家蔵手稿釈読』南京大学出版社、二〇一二年。
（7）淡江大学校史編纂委員会『淡江大学校史』淡江大学、一九八七年、八四頁。
（8）「厦門訪日視察団座談会」（一九三九年八月三〇日）『実業之世界臨時増刊 興亜産業経済大観』一九三九年一〇月号（以下『興亜産業経済大観』）南支那篇六九頁。引用文中の［ ］は引用者による。以下同。
（9）内田四郎「南京在留邦人の生活」『興亜産業経済大観』中支那篇一七〇頁。
（10）『罪案』の日本滞在部分を中心とした日本語訳に景梅九著、大高巌・波多野太郎訳『留日回顧――一中国アナキストの半生』（平凡社、一九六六年）がある。
（11）陳宝琛（一八四八－一九三五）：福建閩県人。一八六八年進士。一九一一年帝師。一九二一年太傅。一九二五年溥儀に従い天津へ移る。
（12）「盧興邦代表当軍訪問の件」（一九二五年五月二日）、陸軍省、密大日記 大正一四年 六冊のうち第四冊、防衛省防衛研究所。
（13）同前「盧興邦代表当軍訪問の件」。
（14）外務省通商局監理課『福建省事情』同課、一九二一年、四頁。
（15）「要注意人江文鐘ノ言動ニ関スル件」（駐上海総領事石射猪太郎↓外務大臣広田弘毅、一九三三年一二月九日）、支那内乱関係一件／福建独立運動関係 第一巻（A.6.1.224）外務省外交史料館。
（16）張貞（一八八四－一九六三）：福建詔安人。一九一一年同盟会に加入。一九二六年、北伐に参加し、詔安に福建陸軍幹部学校を置く。一九四九年台湾へ渡り、戦略顧問委員会委員。
（17）『新国民日報』は謝文進が一九一九年にシンガポールで創刊した新聞。華僑革命史編纂委員会編『華僑革命史』下、正中書局、一九八一年、三九三頁。
（18）張発奎（一八九六－一九八〇）：広東始興人。国民革命軍軍人、広東派。
（19）李烈鈞（一八八二－一九四六）：江西武寧人。江西都督、国民党西山派。
（20）田桐（一八七九－一九三〇）：湖北蘄春人。一九二七年国民政府委員。孫中山の容共に反対。
（21）王杰・張金超主編『田桐集』華中師範大学出版社、二〇一一年、二一－四頁。
（22）「福州大怪劇 楊樹荘及省委五人 宴会中被共党擄去」『大公報』一九三〇年一月九日、三面。
（23）鄒魯（一八八五－一九五四）：広東大埔人。国民党西山派。

(24) 陳中孚（一八八二―一九五八）：江蘇呉県人。国民党西山派。

(25) 今泉潤太郎・藤田佳久「〈資料〉孫文、山田良政・純三郎関係資料について」『愛知大学国際問題研究所紀要』第九七号、一九九二年。年月不明だが張鳴からの書翰及び張鳴の妻張居瀛玖からの書翰が確認される。

(26) 馬場明『日中関係と外政機構の研究――大正・昭和期』原書房、一九八三年、二〇〇―二〇八頁。

(27) 萱野長知（一八七三―一九四七）：高知県人。辛亥革命で革命派を支援。

(28) 駐上海公使重光葵↓外務大臣犬養毅「萱野南京側ト折衝関係」（一九三一年一二月三一日）、満洲事変（支那兵ノ満鉄柳条溝爆破ニ因ル日、支軍衝突関係）／善後措置関係／直接交渉関係（A.1.1.298）外務省外交史料館。犬養健『揚子江は今も流れている』中公文庫、一九八四年、一八三頁。「犬養密使・萱野長知の日誌」久保田文次編『萱野長知・孫文関係史料集』高知市民図書館、二〇〇一年、二三四―二四六頁。

(29) 「胡漢民発表談話 函阿含日報撤換題眉」『申報』一九三一年一一月一七日、一四面。

(30) 水野直樹「東方被圧迫民族連合会（一九二五―一九二七）について」狭間直樹編『中国国民革命の研究』京都大学人文科学研究所、一九九二年、三〇九―三五〇頁。

(31) 有吉公使↓内田外務大臣（一九三三年二月二二日）「ランプソン」四川旅行ニ伴フ借款説、外国ノ対中国借款及投資関係雑件／英国ノ部 第一巻（B.E.1.6.0.X1.B1.001）外務省外交史料館。

(32) 任援道（一八九〇頃―一九八〇）：江蘇宜興人。維新政府綏靖部部長、汪政権海軍部部長他歴任。

(33) 「勾結閩逆叛変」（一）（二）、蔣中正総統文物、国史館002-090300-00009-015、002-090300-00010-166。なお国史館所蔵檔案は蕭明禮氏（東京大学大学院在外研究員）の協力を得た。記して謝意を示す。

(34) 「聯合 外信 第二号 福建に独立運動――要人の往来頻繁」（一九三三年一一月一四日）支那内乱関係一件／福建独立運動関係／輿論並新聞論調／連合通信（A.6.1.228）外務省外交史料館。

(35) 「十九路軍ト南洋華僑トノ関係ニ関スル件」（有吉公使↓広田外務大臣、一九三三年一二月九日）、「十五日張銘ノ情報」（有吉公使↓広田外務大臣、一九三三年一二月一五日）、「十五日帰滬セル陳中孚ノ談ナリトテ山田順三《ママ》郎及張銘ノ齎セル情報」（有吉公使↓広田外務大臣、一九三三年一二月一九日）、支那内乱関係一件／福建独立運動関係 第一巻、第二巻（A.6.1.224-225）外務省外交史料館。

(36) 江戸文化一課長宛本田一郎書翰（一九三五年一月九日）、「前南京通信社張鳴」満支人本邦視察旅行関係雑件／補助実施関係 第十六巻（B.H.06.01.00.04.02.00.16）外務省外交史料館。

（37）江口重国（東京帝国大学庶務課長）→岡田兼一（外務省文化事業部長）（一九三五年二月五日及び五月二一日）、同前「前南京通信社張鳴」満支人本邦視察旅行関係雑件。
（38）張鳴訳述「独裁論」『留東学報』第一巻第一期、一九三六年、同「独裁論（続）」『留東学報』第一巻第二・三期合刊、一九三六年。
（39）「東方論叢社補助申請」（一九三五年五月二〇日）、助成費補助申請関係雑件 第四巻（B.H.06.02.00.02.00.00.04）外務省外交史料館。
（40）「前南京通信社長張鳴に対し本邦及満洲国視察手当補給に関する高裁案」（一九三五年一一月三〇日決裁）、前掲「前南京通信社張鳴」満支人本邦視察旅行関係雑件。
（41）張鳴→原田通訳官電報（一九三五年九月一五日）、同前「前南京通信社張鳴」満支人本邦視察旅行関係雑件。
（42）張居瀛玖撰「先夫張鳴君行状」居密編著前掲、三八頁。
（43）「日人玉山恒《ママ》平著『中国現代史与張鳴』、内載西山会議以後経過」「鳴婿招待寛老及余赴羅東観音度会」「臨江月 為張婿新宅失火」前掲『上海図書館庋蔵 居正先生文献集録』第三冊、一八九、二〇三、二〇五頁。
（44）『東京朝日新聞』一九三六年七月二一日、一一面。
（45）前掲『萱野長知研究』三三九頁。
（46）綏遠事件については、森久男『日本陸軍と内蒙工作——関東軍はなぜ独走したか』（講談社メチエ、二〇〇九年）が詳しいが、張鳴への言及はない。
（47）松井忠雄「綏遠事件始末記」抜萃、島田俊彦・稲葉正夫編『現代史資料8 日中戦争1』みすず書房、一九六四年、五七三頁。この他、松井は張鳴を「あきらかにダブルスパイだ」ともしている（松井忠雄『内蒙三国志』原書房、一九六六年、一八五頁）。
（48）拙稿「「蒙疆」と日本の内モンゴル統治」『近代中国研究彙報』第三〇号、二〇〇八年。
（49）「大漢義軍総司令部訓令 参字第一号」（一九三六年一一月五日）、「日本擾乱之証明之件」外交部、国史館020-010102-0159。
（50）「綏遠時局に関する蒙古、綏遠当局の宣伝戦」（中華民国在勤帝国大使館附武官輔佐官桑原重遠、一九三九年一一月二九日）島田俊彦・稲葉正夫編前掲、五八一頁。
（51）「大漢義軍総政治部特務隊隊歌」「日本擾乱之証明之件」外交部檔案、国史館020-010102-0159。
（52）「津市内発現偽団体伝単」『申報』一九三六年一一月二一日、三面。「41 昭和11 24350」（加藤書記官→有田外務大臣、一九三六年一二月七日）島田俊彦・稲葉正夫編前掲、六五四頁。

(53) 蔣介石と共に日本に留学した張群も大和魂を高く評価しており、張鳴が特別なわけでは必ずしもない。張群著、古屋圭二訳『日華・風雲の七十年――張群外交秘録』サンケイ出版、一九八〇年、二七一―二七三頁。
(54) 講演内容は後に「国民党連中の革命観」として『五族解放』(出版者不明、一九三八年、一―一七頁)に掲載された。
(55) 「風塵録」『読売新聞』一九三八年四月三日、一面。
(56) ちなみに「大漢国」という名称は張鳴の創唱ではない。辛亥革命の際、新しい共和国の国号案には「大漢民国」「中華共和国」など複数あり、「大漢国」も候補の一つであった(「国号国璽考」『申報』一九四七年一〇月一〇日、一八面)。
(57) 前掲『五族解放』一七―二二頁。
(58) 神川彦松「亜細亜聯合乎極東聯盟乎」『国家学会雑誌』第四七巻第七号、一九三三年七月。また満洲事変をきっかけに日本の国際法学者の中に普遍主義的理念から地域主義を重視した議論に変遷する者があったことは、三谷太一郎「国際環境の変動と日本の知識人」(細谷千博・斎藤真・今井清一編『日米関係史――開戦に至る一〇年(一九三一―四一年)4 マスメディアと知識人』東京大学出版会、一九七二年)に詳しい。
(59) 「厦門日方首要人物 水戸春造与澤重信(続)」『申報』一九三九年九月一三日、七面。
(60) 「金門厦門両島現状」『申報』一九三八年一〇月一八日、七面。
(61) 「厦門已成為死島」『申報』一九三八年一二月五日、七面。
(62) 「故郷厦門に馳参じ 翻す蔣打倒の旗」『東京朝日新聞』一九三八年六月二一日夕刊、二面。
(63) 「四千年の伝統を覆へし 支那仏教に革命」『台湾日日新報』一九三八年七月一二日、七面。
(64) 子彦「何物張鳴」『海潮音』第一九巻第八期、一九三八年。
(65) 「社評 日軍閥的騙局及其結果」『申報』一九三九年二月六日、二面。
(66) 『厦門の復興は台湾の力に俟つ』」『台湾日日新報』一九三八年六月二二日夕刊、一面。
(67) 「〝興亜建設〟に協力 暗躍誓ふ革命児」『東京朝日新聞』一九三九年一月八日夕刊、二面。
(68) 「興亜の建設に 若き革命児張鳴君が支那から来朝」『台湾日日新報』一九三九年一月九日、七面。
(69) 大川周明顕彰会『大川周明日記』岩崎学術出版社、一九八六年、一九三、一九五頁。大川の「武漢革命政府」という名称も辛亥革命を想起させる。
(70) 「中国復興社政綱及今日国人応有之覚悟宣伝単」Q130-44-2上海市檔案館。
(71) 「日偽上海特別市政府警察局関於閘北及日寇総領事館警察署、江海関等設立中国復興党政治訓練所東亜反共同盟分会、査核所等社団的報告及本府的批復」R1-3-128上海市檔案館。
(72) 木村英夫『敗戦前夜――アジア再建秘録』佐藤咲代、一九九四年、一一一―一一三頁。
(73) 同前、一一一―一一三頁。
(74) 張鳴「日本産報与工運」『日本評論』第一七巻第八期、一九四四年。
(75) 「天下一家、万法帰一」を唱導し、各地に樹立された大道政府が将来的に一つの政府となることを理想としていた。拙稿前掲「上海市大道政府と西村展蔵」。
(76) 王子恵(一八九二―一九七〇頃):福建廈門人。中華民国維新政府実業部部長。ちなみに大川周明によれば、張鳴と王子恵は不倶戴天の間柄だったという。大川周明顕彰会前掲、一九三頁。
(77) 北昤吉述『中支戦線を巡視して』日本協会出版部、一九三八年、一一―一二頁。
(78) 少なくとも任援道・何世楨・陳中孚については胡漢民との直接のやり取りが確認できる。陳紅民輯注『胡漢民未刊往来函電稿』広西師範大学出版社、二〇〇五年。
(79) China Weekly Review 摘訳「大道市政府」『文摘戦時旬刊』第二五期、一九三八年。
(80) 野依秀市『南北支那現地要人を敲く』秀文閣、一九四〇年、二四一―二四二頁。
(81) 「張鳴呈請南邦会社及桜井組交由民営案」行政院農業委員会林務局檔案、A345040000G/0037/作J1/20/0001/001-002国家檔案管理局。
(82) 上海図書館前掲『上海図書館庋蔵 居正先生文献集録』第九冊、三四頁。
(83) 居鍾明志著、居浩然註「我的回憶」居密編著前掲、三八六―三八七頁、居浩然「張鶩声先生毀家興学」『中国一週』第三三五期、一九五六年九月。

日本占領下華北における欧米キリスト教会と新民会の相克

菊地俊介

はじめに

日中戦争期、日本占領地区を統治したいわゆる傀儡政権は、現地の民衆に対して親日化を図る教化工作と、日本の占領統治や戦争遂行に協力するための動員工作を進めた。日本占領下華北を例にとると、一九三七年に日本軍は、傀儡政権である中華民国臨時政府（以下、臨時政府。一九四〇年三月以降、華北政務委員会[1]）の成立に併せて、現地民衆に同政府を支持し、擁護させるための運動を行う民衆団体として、同政府と「表裏一体」の関係を標榜する中華民国新民会（以下、新民会）を設立した。

新民会は、北京に中央指導部、日本占領下華北の各地に省、道、市、県の行政単位ごとに指導部を順次設置し、現地民衆に対する教化、組織化、動員を進める中心的な役割を担った半官半民団体である。各地に青年訓練所を設置し、新民会の工作を担い、民衆運動の指導者となる青年層の育成にも力を入れた。新民会は教化工作を中心に進めたが、観念的な思想宣伝だけでは民衆の支持を得られないことを認めていた。そこで、新民会がもうひとつ重点を置いたのが、現地民衆の生活水準を向上させるための経済工作や、教育、医療などの事業であった[2]。

新民会は、「東方固有の文化道徳」として、儒教道徳を基調とした「新民主義」を指導理念として創作した。これは、中国国民党や中国共産党、更に欧米文化を、中国社会を荒廃させた元凶として批判し、「東方固有の文化道徳」を共有する日本と提携し、儒教道徳に根ざした中国社会の再建を提唱するものであった。即ち、日本の対華北占領統治にとって、欧米文化は対立するもの、排除すべきものとして位置づけられたのである。

しかし華北の日本占領地区には、日本の占領統治が始まってからも、欧米のキリスト教会が存続していた。日中全面戦争が開始し、日本軍が華北を占領統治するようになってからも、欧米キリスト教会は「第三国の権益」として日本が冒すことができずに存続していたのである。[3] 欧米キリスト教会は、教育、医療、福祉などの各種社会事業を通して、これらの領域で中国の近代化に重要な役割を果たしたが、日本占領下でもこうした社会事業を継続し、現地民衆に対して影響力を持ち続けた。そして、日本占領下華北に残った欧米キリスト教会系列の学校は、抗日運動の拠点となり、抗日運動に身を投ずる教師や学生の避難場所の役割も果たした。[4]

このような社会事業を通して現地民衆の支持を得るという過程は、日本の占領統治に伴う宣撫工作、特に新民会の民衆工作と重なるところがある。日本占領地区に生きる現地民衆から見れば、社会事業という手段を通して自らに働きかけてくる主体は、新民会を中心とする占領統治の主体である日本側と、欧米キリスト教会という二者が存在したのであり、いずれを支持する対象とするか、選択肢があったとも言えるのである。一方、社会事業の主体の視点で言えば、新民会を中心とする日本の占領統治の主体と欧米キリスト教会は、現地民衆の支持を獲得すべくせめぎ合う関係にあったと言える。このことに着目すれば、支配する側としての日本軍や傀儡政権と、支配される側の中国民衆という、両者の支配、被支配の関係だけを視野に入れて描かれてきた従来の傀儡政権史、日本の対中国占領統治の全体像を再検討することが可能になる。

同時に、日本占領下に生きた民衆の姿を明らかにすることにもつながる。日本占領下にあって対日協力側に取り込まれた民衆がいる一方で、欧米キリスト教会を支持した民衆がいた。現地民衆から見て日本の占領統治とはいかなるものであったかを、占領統治の主体だけではなく、欧米キリスト教会を視野に入れることで、相対的に捉え直すことができる。

また、太平洋戦争勃発以降、欧米キリスト教会のうち、特に明確に日本の「敵国」となった英米のキリスト教会は、日本軍によって排斥されることになる。そして、欧米キリスト教会の社会事業は、新民会が取って代わることとなった。民衆の支持を得ていた欧米キリスト教会を排斥した日本が、占領統治とそれに伴う社会事業を行い、現地民衆の支持を得られたのか。即ち、欧米キリスト教会とのせめぎ合いは、日本の占領統治の正当性についても問題を投げかけるものである。

本稿では、以上のような問題意識に基づき、臨時政府や新民会など、日本の占領統治に携わる現地機関の新聞、雑誌、公報や、対中国占領政策を担う日本政府機関である興亜院の調査資料を中心とする日本の資料を分析しながら、まず日本占領下華北の欧米キリスト教会が現地民衆に対していかなる影響力を持ち、日本の占領統治に対していかなる姿勢を示していたかを考察する。次に、太平洋戦争勃発前後に分けて、日本がこれらの欧米キリスト教会に対して弾圧を進めた過程を論じ、中国人キリスト教者による日本占領統治への協力団体の設立にまで言及する。これらを通して、欧米キリスト教会に着目することで、日本の対中国占領統治の実態を従来の傀儡政権史研究とは異なる角度から一層明らかにできるということを提起したい。

ここで、本稿のテーマに関わる先行研究について一瞥しておく。日中戦争期の日本の対華北占領統治や中国キリスト教史の先行研究も、日本占領下華北の欧米キリスト教会の存在には言及している。中国の先行研究では欧米キリスト教会も日本の統制を受け、日本の侵略の手先にされたこと、教会学校でも日本の戦争協力のための教育や動員が進められたことが、一九八〇年代の主な研究では一般的に言及されてきた(5)。これらの研究は、日本の統制を強調し、教会も現地民衆に影響力を持ちつつ日本の占領統治に抵抗し、日本とせめぎ合う存在であったという視点では論じていない。

近年の研究では、太平洋戦争勃発までは日本占領下華北に欧米キリスト教会が存続し、抗日運動の拠点の役割も果たしたこと、太平洋戦争勃発以後、日本によってこれが弾圧されたことを概括的に叙述している。[6] しかし、実際には太平洋戦争勃発以前にも、日本は欧米キリスト教会に対して、完全には排斥できないまでも、欧米の影響力を弱めて日本の統制を強化するための措置を画策している。[7] また一九三九年の天津租界封鎖事件[8]を発端とする反英運動も、現地民衆を動員してイギリス人に対する差別やイギリス商品に対するボイコット、教会学校の運営を妨害するキャンペーンを展開し、欧米キリスト教会に対する弾圧に及んでいる。このように欧米キリスト教会に対して日本が画策していた弾圧の動きが、太平洋戦争勃発以前から既に始まっていたことについては、先行研究は十分に論じていない。

松谷曄介や霍培修は、太平洋戦争勃発後の、中国教会の英米からの離脱の動きを中心に論じている。[9] その過程への日本軍や興亜院の介入を指摘し、中国教会の自立化とは、結局は日本への依存を強めたものであったと結論づけている。近年の研究として胡衛清も華北政務委員会の対欧米キリスト教会処理政策と、これに呼応した中国キリスト教会を中心に論じている。[10] しかし、教会の動きに焦点を当てた考察であり、教会が現地民衆といかなる関係にあったか、現地民衆からの視点では考察していない。

小野美里の論文は日本の対中国占領統治と欧米キリスト教会の相克に関する専論として位置づけられる。[11] しかし、小野は教会学校の抗日や、日本の欧米キリスト教会への対応とその背景にある国際関係が主たる考察対象であり、これもやはり民衆レベルの視点で考察したものではない。また、小野が取り上げる教会学校も高等教育機関に絞られている。

本稿は、現地民衆が日本の占領統治と欧米キリスト教会をどのように捉えたか、日本の占領統治と欧米キリスト教会は、現地民衆の支持獲得をめぐっていかにせめぎ合ったかに焦点を当て、日本の対中国占領統治が直面した問題、現地民衆から見て日本の対中国占領統治とは何だったのかを問うものである。

I　日本占領下華北における欧米教会学校の影響力

日本の対華北占領統治では、新民会が欧米の文化と思想を批判しつつ、儒教に基づく「新民主義」を提唱した。しかし、「東方固有の文化道徳」の復興を通して「東亜新秩序」と「中日提携」の確立を目指す上では排撃の対象となるはずの欧米キリスト教系の教育事業や社会事業は、日本の占領統治開始以後も現地に存続していたのである。しかも、明確に日本の占領統治に抵抗する姿勢を示し、なお且つ現地民衆から支持を得ている教会組織も存在した。

日本軍が華北に侵攻してから、現地の学校は日本軍によって破壊されたり、閉鎖や休校に追い込まれたりした。日本軍占領以降、順次学校が再開していくが、欧米キリスト教系の教会学校もその例外ではない。日中戦争開始以後に新たに設立された教会学校もあり[12]、日本軍がこれらを完全に排斥していたわけではない[13]。

では、日本占領下に入った華北において存続した欧米キリスト教会とそれを取り巻く社会の実態について、興亜院の現地調査資料を通して見ていくこととしよう。まず、『調査月報』に掲載されている山西省の調査を見てみる。山西省は内陸に位置し、外国からの宣教師にとって布教には不便という地理的な事情もあって、河北省、山東省に比べて欧米キリスト教会の影響力はやや弱いとされていた[14]。しかしこの山西省にも、日本の占領統治に抵抗する教会の姿、更には抗日運動の拠点となっていた教会の姿を見ることができる。また、日本の占領統治に不信感を抱き、教会学校を支持する民衆の姿も浮かび上がる。

山西省汾陽県では、公理会所属のアメリカ人経営による教会学校があった。調査項目「第三国人教会学校の思想状況」には、次のように記載されている[15]。

元来華北に於ける第三国人教会中最も抗日的色彩濃厚なるは英米人教会とす。例えば昭和一四年一一月日本憲兵隊は保定米人公理会に無電機を据付て敵側と連絡を取り居るを発見し、昭和一五年八月には蒙疆厚和に於て九月には山西澤州晋城に於て英人宣教師が中心となりて抗日団体を組織して活動し、又同年八月には山西平定に於て米人友愛会教会内に抗日団体が組織されて敵側と聯絡して抗日教育策の諸工作を為すを発見せり。汾陽基督教公理会も、亦米人経営にして其の国籍より見るも抗日的系統に属す。故に我々は必然的に抗日的性質を有するものとして其の動静を詳細に注意せざるべからず。［中略］此の外公理会は新政府学校規程に依り親日的教育が強制さるるを免れん為め、中学及び小学を宗教研究班及び訓練班の名に隠れて開校せり。而して県が省の命により学校規程に照し経営すべく命令せるに宗教研究班訓練班にして学校に非ずとか或は北京公理会本部の命を俟たねば汾陽公理会自身にては此れを改組改称する権無しとか言を左右にして命令を聴かず。之れ正に日本の指導する新政府の支配を拒絶し、消極的に日本の指導する新政府に反抗するものなり。

続けて、「一般民の教会に対する信望」の項目には、以下のように記載されている。

教会学校殊に公理会学校は公立学校に比して校舎設備遥かに宜しく教員の待遇は公立学校より良く為めに優秀なる教員が集り居り、従て其の成績は後者に比し遥かに宜しく、卒業後の待遇も後者より良し、又治乱常無く戦乱毎に生命の危険に曝さるる民衆は、若し子弟を教会学校に入るれば其の庇護を受け其の生命を全うすることを得。又政治的社会的に大勢力を有する教会の設立する学校に在学することは生活上諸種の点に於て便利にして利益する所大なり。此等の理由に依り一般民の教会学校に対する信望甚だ厚く、其の子弟を之に入れんと欲する者多し。

もうひとつ、同じく山西省の運城に関する調査記録を見てみよう。運城には、スウェーデン人の中国内地会による教会学校があった(16)。

「第三国人教会学校の思想状況」の項目には、次のように記載されている。

華北治安回復地域に於て第三国人教会が抗日分子の隠れ場所となり彼等抗日策謀の根拠地と為り居ること は何処に於ても共通の状況とす。運城教会には従来積極的抗日工作を為せし事実を発見せざるも、さればとて又彼等の協力的態度も表われず。故に斯る教会に依り経営さるる学校の教員児童は必ず新政権に対し非協力的なりと見て可なり、彼等の非協力的なるは下の例に依るも明らかなり。

即ち昨年運城特務機関は瑞典人教会学校が事変前の教科書を使用するを発見し、之が使用を禁止し新教科書の使用を命ぜり。市内他校が新教科書を使用するに本校のみが旧教科書を使用するを見ても日本及び新政府に対しても非協力的なるを証するに足る。〔以下略〕

「一般民の教会に対する信望」は、以下の通りである。

一般民は未だ本事変に於ける日本の絶対的勝利に疑惑を有ち再び支那軍に依り本地の占領さるる日有らんこと恐る。而して若し将来再び本地が支那軍に依り奪回さるる際は新政府の教育を受けたる者は不利にして又斯る際は教会学校在学者は教会の保護を受くること得、又教会学校は公立学校に比して設備も宜しく教員も優秀なり。故に一般民殊に教徒は其の子弟を教会学校に入れんと欲す。

以上の調査記録から見えてくるのは、ひとつは、教会が明確に抗日の姿勢を示していたこと、或いは明確ではなくとも日本からそのような疑念の目で見られる要素があったことである。もうひとつは民衆の反応であり、教会学校を公立学校より教育の質の面でも高く評価していたことに加え、日本の占領統治に不信感を抱き、教会学校に子どもを通わせることで教会の保護を受けられることを期待していたこと、民衆も日本の占領統治がやがて崩壊することを予想し、公立学校に子どもを通わせることがその後の中国社会で不利になると見通していたことも窺える。

では次に、興亜院華北連絡部の調査のひとつである、『山東省魯西道各県教育事情調査報告』(17)を見ていこう。同調査報告には、泰安県、済寧県、滋陽県、曲阜県、鄒県の学校の状況について報告されている。公立学校、欧米キリスト教系の教会学校のいずれについても学校ごとの調査報告があり[18]、その項目は、学校ごとに多少の遺漏もあるが、創立年月日、校長、児童生徒数などの概況のほか、児童生徒の家長の職業や家長の財産など、児童生徒の階層に関する調査もあり、そのほか卒業後の状況、教員、教育科目や教科書について、学費、経費など学校の教育や経営の状況に関する調査もある。また、「事変に際し教員生徒の取れる態度」や「教員生徒の思想状況」「新民会との関係」、更に日本語教育の実施状況など、日本の占領統治に服従しているか、抗日的な態度であるかなどの調査にも重点を置いている。

なお、一九三九年に山東省公署教育庁で省内の教会学校について調査したところ、登録している教会学校は一五四校あり、学生数は一万六〇七八人、また盧溝橋事件以降に新設した学校が四〇校あり、三万四一〇〇人の学生を受け入れているという[19]。日本の占領統治下に入ってからの華北で、一旦閉鎖した学校が復活したのみならず、新設された教会学校もあったということは、それだけ日本の統制が教会学校に対しては及びにくかったことを示していると言えよう。

『山東省魯西道各県教育事情調査報告』からまず見えてくるのは、教会学校に通う生徒が抗日意識を密かに抱いているのではないかという、興亜院の疑念である。同調査では、特に欧米キリスト教会の影響が強い地域として山東省済寧県を挙げ、教会学校について、

本地方に於ては欧米人教会が文化的勢力を握れり。例えば中等学校生徒募集に際しても省立中学校は一〇〇人の募集に対し四、五〇人の募集人員しか無きに反し、欧米人教会学校の応募者は遥かに募集人員を超過する有様なり。此れは本地方人民の欧米諸国に対する依存心強く其の保護を受けんと欲し、新政府を信用せざる為めなり。又、欧米人教会或は学校に勤むる支那人職員は、欧米人牧師に対しては平身恐懼措く能わざる有様にて、常に其の鼻息をうかがえり。若し支那人職員にして欧米人の気嫌《ママ》をそこなう事有らば、彼等は之を威嚇し或は厳罰に処す。斯くの如く欧米人教会は勢力の偉大なるものあり[20]。

と記している。また、以下のようにも述べている。

此れ等教会学校は民衆の間に信用を有し、現在の如き混乱の時代に在りては民衆は其の子弟を教会学校に入れて其の保護を受けんと欲す。例えば省立中学校が其の募集人員に充たざるに反し、教会中等学校は応募者甚だ多く非常なる入学難なり。又教会小学校児童も事変前に比して殆ど其の二倍に近く増加せり。以て、本地の欧米人勢力の如何に大にして、民衆の欧米依存の心如何に強きかを知るに足る[21]。

中国人教員は欧米人に対する恐怖を覚えてこれに従っているとの見方も示しているが、いずれにせよ、以上の記述からは山東省でも現地民衆が公立学校より教会学校を支持していたこと、日本の占領統治に対して不信感を抱いていたことは窺える。日本の統制を受けた公立学校に子どもを行かせたくないという親が、教会学校に期待を寄せたのであろう[22]。

では、まず「教員生徒の思想状況」の項目を見てみよう。公立学校の滋陽県立書院小学校では、「当地は鉄道の交叉点に当り交通上の要地にして従て日本軍の駐屯も多し。従て教員学生も日本の実力と真意を了解し、敢て抗日的言動を為すもの無し」とあるように、日本軍による統制が機能している事例も見られる。済寧県立第一模範小学校も「敢て抗日的言動を為すもの無し」と、特に懸念はないようである。

しかし、泰安県の山東省立泰安農村簡易師範学校については、

教員は省立初級中学校時代のものは一人も残存せず生徒も新しく募集せるものにして、事変前の如き激越なる抗日思想を有するものは無し。然れ共敗戦の彼等の心底を流るるものは必ず抗日的なるべし。故に彼等思想の善悪は今後の指導を俟って後論ずべきなり。

とあり、また山東省立済寧初級中学校では、

全て新たに任命せるもの、学生も新たに募集せるものにして、事変前の激烈なる抗日分子無し。故に其の内心は知るべからざるも、敢て抗日的言動を為すもの無し。

という記述に見られるように、表面的に抗日的言動はないが、内心は不明であるという興亜院の疑念が窺える。

次に、教会学校を見てみると、泰安県の米国メソヂスト教会の萃英小学校では、

激越なる抗日的言動を為すもの無し。然れども彼等の心底を流るる思想は必ず抗日的なるに依り、日本及び新政府は宜しく之が善導の対策を講ぜざるべからず。

と、こちらも「抗日的言動」は表面には見えないものの懐疑の目を向けている。しかし、他の教会学校ではこれにとどまらず、済寧県にある看護師を主に養成していた女子校で、米国人が校長を務める教会学校である育才学院に関しては、

教員生徒の思想は抗日的と断じて可なり。我我調査団の本校を訪問せる際、校長メリ・スチュアートは快く接見せず、傲慢なる態度有り。彼は未だ日本の実力を認識せず、本国の実力を誇大視せるものなり。校長然り、教員生徒の思想は推して知るべし。

とあり、済寧県の教会学校では、このほかにも、「校長は県及び新民会の命を聞かず」、「抗日的」と「断じて可なり」と明確に記述している教会学校として、米国浸信会の培英道学院が挙げられる。また、米国メソヂスト教会の私立萃英両級小学校については、新民会の会合に出席しないこと以外に「其の抗日的言動は実証は挙げ得ざるも、暗々裏に工作し居るに非ざるか」という。一方、滋陽県の教会学校では状況が異なり、米国メソヂスト教会の萃英初級小学校では、「日本の実力を恐れ敢て抗日的言動を為すもの無し」と報告されており、一様ではないことは指摘しておく必要がある。

なお、ドイツ系の教会学校については少々異なる。泰安県のドイツ天主堂の育徳小学校については、

彼等の心底を流るる思想は知るべからざるも、敢て抗日的言動を為すもの無し、ドイツ人天主堂学校の校長教員は米国人教会学校の校長教員に比し対日思想良好なり。

とあり、教会学校の母国によって日本に対する態度が若干異なることも見て取れる。それでも、ある程度疑念の

目を向ける対象になっていることは同様である。済寧県のドイツ人天主堂の私立中西初級中学校では、

本校校長ウイルヘルム・マイエル氏は日本軍警備隊を訪問して表面親日的態度を取れるも、其の思想及其の内面的工作の如何は計られず。然るに米国人教会に比するに遥かに日本に対して好意を示せり。

と、同様の傾向が窺われるが、ドイツ教会が他国の教会に比べて抗日的態度が弱い理由を、次のように論じている。

独逸人教会が斯く日本に対し好意的態度を取るには下の理由有り。大正四年独逸は青島を占領されて以後は支那に於ける伝道には援助を与えず、従てドイツ人宣教師は彼等自身の力にて宣教に従事しつつ有り。背後に国家の援助無きドイツ宣教師は占領者日本軍に対して媚び、自力にて其の圧迫を避けざるべからず。之に加うるに現在の日独関係の良好なるも彼等をして日本に好意を示さしむる理由の一なり。

但し、学校経営者と教員生徒との間では、対日態度が異なるようであり、次のように続く。

教員生徒の思想は固より抗日なるべし。只表面的に其れを表わさざるのみなり。新政府は特に欧米人経営学校教員生徒の指導には力を注がざるべからず。

ドイツ人天主堂の私立明徳完全小学校についても、次のように記述されている。

ドイツ人布教師は表面上は日本に対し好意を示せる如きも、其の内情、内面的工作は推して知るべからず。支那人教員の思想は固より抗日的ならん。然るに現在は日本軍の監視も厳重なるに依り表面的に抗日的言動を為すもの無し。

滋陽県のドイツ人天主教教会の滋陽天主教総堂育徳学院では、学校経営者の対日態度も表面的なものだとして、その内心に懐疑の目を向けている。

彼等の心底を流るる思想は推知すべからざるも、現在は日本の実力を認識し敢て抗日的言動を為すもの無し。殊に本校を経営せる教会は内面は知るべからざるも、表面に於ては日本に対して好意を示し我々調査員に茶菓を呈する等の歓迎を為せり。又日本に媚びる態度やも計られざるも、日本に永年居住せし神父をして

本校に於て日語を教授せしめ居れり。故に彼等の斯くの如き態度或は工作に依り教員児童延いては一般民衆に及ぼす影響は悪しからざるべし。

興亜院は、各教会の日本の占領統治に対する態度が反抗的か従順かという差異については、教会の本国の対日態度によるものと分析していた[23]。しかし、山東省における調査によれば、ドイツの教会の教員生徒も中国人である以上、抗日的であると疑わなければならないという見方をしていることが分かる。

では、次に各学校の「新民会との関係」という項目の記述を見てみよう。これに関しては、個別の学校の調査記録を掲載している三県でそれぞれ異なる傾向を示している。

泰安県では、公立学校である山東省立泰安農村簡易師範学校について、新民会との関係は「なし」となっており、教会学校については、アメリカ系、ドイツ系、いずれも教員が新民会教育分会の会員になっているという。また、米国メソヂスト教会の萃英小学校では、児童が新民会の付属団体のひとつである新民少年団[24]に入団していると記述されている。

次に見る済寧県は、欧米系教会学校の勢力が特に強いと見なされた地域である。公立学校では、教員は新民会教育分会の会員となり、児童生徒は新民少年団の団員となり、新民会の指導下に入っているが、教会学校はアメリカ系、ドイツ系のいずれも、新民会に対して明確に抵抗している。米国人長老会の育才書院は、「本校は新民会教育分会の会合に参加するよう通知有るも参加せず、新民会工作を拒否せり」とあり、その他の教会学校も、新民会が召集した会合に出席せず、新民会の命を拒否するという記述が共通して見える。

なお、滋陽県では、公立学校には新民少年団が組織されているが、教会学校では新民会との関係は「なし」となっている。

以上から見て、日本占領下でも、なお且つ日本の占領統治に明確に抵抗の意思表示をしている教会組織が、現地民衆に対して影響力を持ちつつ存続していることが分かる。

ここで、各学校に通う児童生徒の階層についても見ておこう。まず、公立学校を見ると、泰安県の山東省立泰安農村簡易師範学校は「生徒の家長職業」が「農業約七割、商業約二割、其他約一割」、「生徒の家庭財産」が「約八割は中流の子弟にして約二割は下流の家庭の子弟とす」となっている。済寧県の山東省立済寧初級中学校は、「生徒の家長職業」が「約七割は農業にして商業之に次ぐ」、「生徒の家庭財産」が「九割は中流家庭の子弟とす」とあり、済寧県立第一模範小学校は、「児童の家長職業」は「農業四割、商業四割、其他二割」で、「児童の家庭財産」が「八割は中流及び下流の子弟とす」である。なお、滋陽県立書院小学校については記述の仕方が異なり、「学生の家庭職業」は「官吏三人、軍人・警官五人、教員一〇人、医者一二人、銭業〇人、会社員二二人、農業一五〇人、工業二三人、商業七〇人、漁業〇人、苦力一八人、洋車夫七人、其他〇人」、「学生の家庭財産」は「一万元以上なし、一万元〜一千元八人、一千元以下二三二人、無財産八〇人」となっている。

一方、教会学校についても見てみると、まずアメリカ系の教会学校については、泰安県にある米国メソヂスト教会の萃英中学校では、「生徒の家長職業」が「農業約八割、キリスト教布教師約一割半、其他約〇・五割」、「生徒の家庭財産」が「中流家庭の子弟最も多く約五割を占め、貧家の子弟は約三割、上流家庭の子弟約二割有り」、米国メソヂスト教会の萃英小学校では、「児童の家長職業」が「農業約八割、商業約一割、其他約一割」、「児童の家庭財産」が「中流七割、上流二割、下流一割」となっており、同地域の公立学校と大差はない。済寧県については、まず「生徒の家長職業」の項目を見ると、米国人長老会の育才書院は「農商の子弟が大部分を占む」、米国浸信会の培英道学院は「農業四割、商業四割、其他二割」、米国メソヂスト教会の私立萃英両級小学校は「商業二六人、工業一二人、農業八人、苦力五人、漁業二人、郵便局一人」である。生徒または児童の「家庭財産」については、いずれも「全て中下流の子弟とす」と記されている。また、滋陽県にある米国メソヂスト教会の萃英初級小学校については、「児童の家長職業」は「城内商人の子弟が約半数を占め、農民の子弟之に次ぐ、大部分はメソヂスト信徒の子弟とす」とあり、「児童の家庭財産」は「貧民の子弟多し」である。

なお、ドイツ系の教会学校についても一瞥しておくと、泰安県にあるドイツ天主堂の育徳小学校では、「児童の家長職業」は「農業約五割、商業約二割、其他約三割」、「児童の家庭財産」は「約八割は貧民の子弟にして、残りの約二割は中流家庭の子弟とす」とあり、済寧県にあるドイツ人天主堂の私立中西初級中学校では、「生徒の家長職業」は「約四割が農、約四割が商、其他が約二割を占む。教徒の子弟約三割有り」、「生徒の家庭財産」は「上流の子弟一割、中流八割、下流一割とす」、ドイツ人天主堂の私立明徳完全小学校では、「児童の家長職業」は「官吏一三人、教員一四人、医者六人、農業六五人、工業二四人、商業二八人、無職一六人」、「児童の家庭財産」は「九割は中流以下の子弟とす」とある。あと、滋陽県にあるドイツ人天主教教会の滋陽天主教総堂育徳学院は、「学生の家長職業」が「教員二人、医者一人、会社員一二人、農民一八人、商人三三人、苦力四〇人、其他〇人」、「学生の家庭財産」が「一千円以上〇、一千円以下六三人、無財産四三人」であり、こちらも公立学校、米国系教会学校とほぼ同様の傾向である。

これらの記述を見ると、公立学校と教会学校では通う児童生徒の階層には大差なく、何を基準に中層、下層とするかは不明確ながらも、教会学校もおよそ中層が中心であり、農民の子や下層の子も一定の割合を占め、富裕層はむしろ少ない[25]。抗日思想の巣窟となっていると見なされた教会学校も、特定の階層にのみ開かれた学校ではなく、広く下層の民衆も入ることができたと言える。それだけに、教会学校は日本の占領統治と民衆工作に立ちはだかる存在として、現地社会への影響力も大きかったと言えよう。

興亜院は、欧米キリスト教会が存在し、その影響力を保持している地域は排日的気運が強いと認識している。しかし日本側はこれら欧米系の教会組織に対して、直ちに排除する措置をとったわけではなかった。その背景は国際情勢に関係しており、日本にとっては英米と敵対することを避けなければならず、占領下華北においても「第三国」の権益侵害はできなかったのである[26]。臨時政府は抗日図書の没収も進めていたが、教会学校では図書没収も国際情勢を考慮して特に慎重にならざるを得なかったという[27]。また興亜院は、教会学校を閉鎖した後、その学校に通う生徒を公立学校に再入学させなければならないが、そのための公立学校を設置する費用がないので対応できないことも教会学校を排除できない理由に挙げている(28)。

一九四〇年六月に発表された、「北京大学農学院西山教授」「斎藤副教授」「渡辺助教(29)」による興亜院の調査結果では、欧米系キリスト教会は本国からの莫大な資金援助を受けているため、現地民衆に対する教育、社会事業でもその活動規模は日本側の及ぶところではないと認識していた。また、中国における布教活動も、欧米キリスト教会の方がはるかに長い歴史を持つ。更に、教会の活動は背景に本国の援助があることを感じさせない民間による工作を巧みに演出しており、信仰を強制しない手法にも大いに学ぶべきところがあるとも述べている(30)。欧米文化を批判する「新民主義」の提唱者である新民会中央指導部長の繆斌も、中国人が欧米宣教師に好感を持っていることを認め、迫害にめげなかったキリストの精神を見習おうと、新民会の訓辞で述べている(31)。

医療事業に関しても同様である。興亜院の調査で、ロックフェラー財団の経営による北京協和医院学校附属医院の設備の良さを挙げ、欧米教会が中国人の医学の発達と普及に関心を持っているとした上で、「従って支那民衆が欧米人に信頼し且つ依存する観念を深からしむるは、亦自然の帰結と思わしむるのである。これは我等の特に考慮を要すべき点である」と述べている。また、日本の医療技術は欧米に劣らないが、医院経営と事務の点で及ばないという認識も見える(32)。

II　太平洋戦争勃発以前における日本の欧米キリスト教会対策

太平洋戦争勃発以降、明確に日本の「敵国」となった英米を母体とするキリスト教会は、日本から見て排斥の対象となる。それまでは、「第三国の権益」として、日本軍にとっても欧米キリスト教会は保護されなければならないものであった。だがそれ以前の段階でも、日本政府、日本軍、新民会なども欧米キリスト教会の存在を完全に放置していたわけではない。本章では、対華北占領統治を進めるにあたって日本側が欧米教会に対してとった措置について考察する。

既に一九三八年四月の臨時政府の教育部令で、「党下排日教育の実践」などと同時に、「外国系諸学校の指導監督」を通達し、加えて臨時政府の国是に反するとして英語系諸学校の廃止も定めている。[33] 太平洋戦争勃発までの間、興亜院、臨時政府、新民会、日本軍などが欧米キリスト教会の影響力を削ぐべく、様々な議論を展開していた。興亜院の指示は、およそ「東亜新秩序建設」を妨害しない限り、欧米教会の活動を許すというものであった。しかし日本語教育の実施をはじめ、学校教育は占領側の指示に従わせる、[34] 現時点以上に教会学校を設置させない、教会学校に日本人教員を派遣する、教会と母国との関係を断たせるなどの措置をとり、教会学校の代表になるべく中国人を就かせ、中国人の教会として再出発させようというものであった。[35]

新民会も、教会教育が「東亜新秩序」を破壊するものであり、青年に対して有害であるとして、一九三九年に「収回西洋化教育学生同盟」を結成し、教会の教育権回収を進める運動を提起している。[36] そして、堕落している学生の半分以上は教会学校の学生であるなどという宣伝もしている。[37] 一方で、同じく興亜院の調査でも、「外国人経営の社会事業を無視するでもなく敬遠するでもなく［中略］相提携して」という所見もあり、一様ではない。[38]

このように、日本は徐々に華北における欧米側の勢力を削ぐ措置をとっていた。その一環として、日本人宣教師、日本のキリスト教団を華北へ派遣して、日本側から現地民衆にキリスト教の布教と教育事業、社会事業を展開した。欧米側のキリスト教工作を通した現地民衆への「抗日」「侮日」の影響に対抗するためとして、日本側から現地民衆にキリスト教工作を実施するという。[39] しかしそれは、「東亜新秩序」や「教育勅語」を掲げた歪なキリスト教工作であった。そもそも日本側キリスト教団の当事者も欧米系のキリスト教会に比べて、現地民衆に対する自らの影響力ははるかに劣ると認識していた。[40]

このほか、日本側から欧米宣教師に対するより直接的な働きかけも見られた。「第三国人神父」と「支那人神父伝教士」「日本人信徒」との交歓会の企画や、欧米の牧師に正確な時局認識を持たせるべく日本見学をさせるなどの企画もあった。[41]

先に見た興亜院が提起した措置は、教会の代表を「なるべく」「支那人」とする、教会学校の教育に関して、「文化の特質と国際関係の複雑性に鑑み恩威を併用」[42]など、不徹底な内容であった。しかし、これ以外にも興亜院では欧米教会による教育事業や社会事業を漸次縮小、或いは禁止していく方向が議論されており、その詳細は一九四〇年の興亜院政務部『中国社会事業の現状』に掲載されている。

まず、「根本方策」として、「イ、第三国基督教団の活動に対し一定の制限を加うること」「ロ、社会事業施設中収容を目的とするものに在りては今後新たなる収容を禁止すること」「ハ、新政府は第三国社会事業の取締に関する法規を制定すること」の三点を挙げている。「イ」については、「即ち外国ミッションの経営に係る教会の行う布教に付ては其の布教の方法其の他に一定の制限を加うると共に其の経営する各種社会事業施設の拡充又は新設を禁止することを要す」、「ロ」については「養老院、孤児院、授産場又は小学校（孤児又は貧児を対象とするもの、一般の教育機関に付ては省略す）等に於ては今後一定の時期以後に於ては新なる収容を全く禁止するか又は漸次減少せしめ一定の時期以後に於て全く禁止するか何れかの方法を執るものとす」、「ハ」については「新政府は第三国の経営する社会事業の取締に関する法規を制定し其の条項に違反したるときは其の経営を禁止し又は強制搾取することを得る規定を設くる等取締の徹底を期する要あり」とあり、欧米教会の活動を徐々に縮小させ、最終的には禁止する方向性を示している。

次に、「各種社会事業に対する方策」として、「イ、一般救護事業」については、

養老院の如きは一の口の原則に依りて収容者の増加するを禁止しこれ等に収容さるるを要する者に付ては救済院の施設を拡充しこれに収容することと為すこと。

臨時的なる罹災救助事業等に付ては政府自ら又は紅卍字会、新民会等の団体をして行わしめ、第三国をし

て行わしめざること。
現存する第三国経営の難民収容所に付ては速に新政府に於てこれを摂取する方法を講じ其の経営を禁止すること。

とあり、社会事業を「第三国」が行うことを禁止し、中国政府、即ち華北政務委員会や新民会がこれに代わって行うことを提唱している。「ロ、医療救護事業」についても、

救療事業は政府又は地方自治体これを行うを原則とし別項「医療救護事業に関する方策」中に於て詳細説明せる方法に依り救療機関を整備すると共に第三国経営の医療機関に付ては都市に於ては一般診療のみを行わしめ救療を為さしめず、農村に於ては地方自治体又は新民会等の団体の施設拡充するに至る迄過渡的に認むることとし尚都市に於ては別項「医療救護事業に関する方策」中に於て詳述せるが如き方法に依り日本の医療機関を整備拡充し第三国の経営する医療機関の活動を漸次衰退せしむる方法を執ること。

と同じく述べており、「ハ、児童保護事業」についても

別項「一般救護事業に関する方策」中に於て詳述せるが如き方法に依り第三国の援助者又は使用人等を養成するの結果を生ずる児童保護事業の経営を漸次制限又は禁止し救済院の施設を拡充強化してこれに代わらしむること。

と、「第三国」による経営に制限をかける方向を示している。「ニ、経済保護事業」は、

収容の方法に依るものは一のロの原則に依り新なる収容を漸次禁止する方法を執り収容施設に依らざるものに在りてもこれに準ずる方法を以て其の経営を漸次制限し救済院又は別個に設けたる授産施設の拡充強化を図りこれに代わらしむること。

とあり、最後に「ホ、社会教化事業」[43]では、

主として新民会又は大民会等の団体に行わしむることとし第三国の行う事業は漸次これを制限又は禁止す

ること。

と、社会事業を欧米教会から新民会に取って代わらせることを端的に示しているのである[44]。

ここから分かるのは、既に太平洋戦争勃発前から欧米系教会の活動を停止に追い込むことが検討し始められていたことである。新民会も一九四一年の第二回全体聯合協議会で欧米系教会やそれに付属する学校や医療機関を閉鎖し、その資産を公用として慈善事業、或いは仏教の事業に充てることを議論している。併せて欧米の書籍雑誌のうち実用書以外を検閲して処分し、学校や文化団体で閲覧することを禁止するなどの思想統制も検討している[45]。太平洋戦争勃発後、日本は教会の封鎖、宣教師の国外追放などの措置に出るが、それ以前から既にそのような動きが進められていたのである。一九三九年の天津租界封鎖事件に伴う反英運動の際に、一部の教会及び学校や医療機関などの付属施設が閉鎖されたことも、その一例として挙げることができよう[46]。

しかし、既に現地民衆に対して影響力を持つ欧米キリスト教会の活動を、なぜ禁止しなければならないのか。そして、なぜ日本の占領統治に協力する組織である新民会などがそれに取って代わらなければならないのか。日本が宣撫工作を進めていく上で、その正当性を説明できなければならないであろう。

これについては、同書では続けて次のような説明がなされている。欧米キリスト教会の社会事業は自国の経済的、または政治的に中国に進出することが目的であり、「この教会の手段及目的主義に依る社会事業の経営が如何に中国の庶民大衆をして益々其の民族性を堕落せしめたるかは全く驚くの外なく誤まれる欧米崇拝乃至依存を馴致せしめたるは中国の為誠に遺憾なりと云わざるを得ず[47]」という。また、欧米キリスト教会の社会事業を、「中国に於て過去に行える教会の慈善救済事業が如何に中国人を毒したるかは贅言を要せざる所なり[48]」と批判する。「教会の行える社会事業がこれ等下層庶民に対し旱天の慈雨の如く如何に歓迎せられ感謝せられたるかは想像に難からざる所なり」と、欧米教会の社会事業の成果については評価するが、それによって中国の下層民衆は自身の生活を保護してもらえることで、「従て教会が過去四〇〇年に亘り所謂『強者の慈悲』を以て蒙昧無智なりし中国下層庶民大衆の心裡を把持し牢固として抜き難き欧米依存心を醸成せしめ今次事変発生の誘因となれるは周知の事実なり」という点を問題にしている。更に、そうして中国民衆の間に芽生えた欧米崇拝は、「遂に転じて牢固として抜くべからざる侮日抗日の強烈なる意識に発達せしめたるに在るは明白なる事実」であり、「今後第三国のこれ等の地位を限定乃至喪失せしむると共に其の活動を制限又は中止せしむるは興亜政策の絶対的必要条件なり」という[49]。

以上の説明から分かるように、欧米キリスト教会の社会事業を排斥し、日本の占領統治側に立つ新民会が取って代わることの正当性を支える根拠は、欧米教会の活動が中国人の民族意識を弱め、欧米への依頼心を強め、自力更生能力を奪っている、或いは「抗日」「侮日」意識を煽っているなどというものである。欧米教会の活動が中国民衆の生活を破壊したといった類の批判ではなく、日本の占領統治と宣撫工作の浸透を阻む民族意識の問題である。これは言わば占領統治者たる日本の都合でしかない。ここから見えてくるのは、既に現地民衆の支持を得ている欧米キリスト教会の社会事業を前に、これを排除して日本が占領統治を行い、宣撫工作を進めることの正当性を調達できないという実態である。

Ⅲ　太平洋戦争勃発以降における日本の欧米キリスト教会弾圧

太平洋戦争勃発以降、華北政務委員会は日本の明確な「敵国」となった英米を母体とする教会への排撃を始めた[50]。外国人宣教師を国外退去させ、教会学校を公立学校として接収した。外国人宣教師の中には、抑留された者も多かった[51]。日本語教育も華北の全学校で実施されるようになったという[52]。英米系キリスト教学校の学生や宣教師を逮捕することもあり[53]、教会学校の学生や教職員に対しては思想調査を行い、適格と判断された者のみ公立学校への編入や採用を許されたという[54]。

この経緯を、新民会機関紙『新民報』は次のように報じている。この時の教会学校の接収は、日本軍が主導で進めた。太平洋戦争が勃発し、日本軍は教会学校を一時的に封鎖したものの、教会学校の生徒の学業の妨げや教職員の失業にならないように、なるべく早く授業を再開できるように取り計らったという。これを日本軍は教会学校を「保護」したものだと言い、教会学校の欧米人の校長や教職員も、日本軍の「温情」に感謝していたという。教会学校の人事は、この期を境にはほとんど変わっていない。教会学校の校長や教職員は、日本軍から指導を受け、以後は欧米との政治的、経済的な関係を断ち、純粋に教育のみを行い、「東亜新秩序」建設に協力していくと誓ったという。そして教会学校は公立学校へと形を変えて授業を再開していく(55)。以上は『新民報』の説明であり、甚だ日本側の正当性を強調する偏った記述だと言えよう。教会と日本軍が話し合った結果、教会側が過去の欧米との関係が「害毒」であって断つべきものであったと理解した上で、進んで日本側に権益を譲渡したかのように見せかけている。しかし客観的には、時局に左右された日本側の一方的な統制に教会側が屈したものと言える。

教会学校は、管理権や財産を日本軍へ無条件に譲渡することとなった。ここに中心的に関わったのが、日本の特務機関長である。教会学校校長と日本軍による協議を経て、一九四二年三月、正式に英米系教会学校を中国人の管理下に譲渡した。しかし、教会がその契約を交わした相手は、日本軍である(56)。華北政務委員会教育総署は、一九四二年三月に華北教育会議を開き、英米文化を排除し、英米私立学校を閉校することを決定した(57)。また、その際に財政的に公立化が困難な学校は徹底的に改組し、解散した学校は在学生を他の学校に移らせ、失業しないように配慮するとした(58)。

教会学校を公立学校に改編した後は、学生の思想調査など、日本による監視や統制は強化された。また、全ての学校が再開したわけではない。閉鎖した学校の教職員や学生については、思想を調査し、日本側から見て問題がなければ行政機関での雇用など、職業紹介をしたり、学生であれば転校させたりした(59)。更に、北京市は特別精神訓練所を設立し、教会学校から転校させた学生に対して行政による精神訓練を進めた[60]。そして、新民会は欧米キリスト教会が行った社会事業について、侵略と搾取であり、慈善事業ではないという批判を繰り返した[61]。民衆を動員した反英米運動も続いた[62]。また、教会への弾圧のみならず、新民会では「敵性文字」の根絶として、英語を排斥し反英米意識を更に高める運動も行っていた[63]。

その後、日本側の「内面指導」を通じて、「自立、自養、自伝」をスローガンに、欧米依存脱却とともに中国人によるキリスト教組織を設立することを目指す動きが始まった。太平洋戦争が勃発して間もなく、一九四一年一二月一五日に華北政務委員会内務総署礼俗局はキリスト教会の指導者に通知して座談会を開き、内務総署の主管と興亜院華北連絡部調査官の武田熙、中国の牧師長老ら一三人を集め、教会が英米との関係を断つべきだとし、宣教師らはこれを受け入れ、連携するための機関を設置することとした。こうして、一九四二年四月一八日に、華北基督教聯合促進会が成立した[64]。同会は周冠卿、王秉衡らが発起人であり[65]、周冠卿が会長に就任した。教会代表と興亜院が教会「自立化」に向けて話し合い、日本の特務機関もこれに介入した。また、日本人キリスト者も関わっており、特約委員には清水安三、村上治、織田金男らの名前が見える[66]。これをもって、英米系教会の社会事業は中国側の政府に移管されることになった[67]。

そして一九四二年一〇月一五日に、華北中華基督教団が成立した。主席には江長川、副主席には周冠卿が就任した[68]。「第三国系」キリスト教会はこれに合流させることとし[69]、これをもって英米系の教会の財産も、中国の教会へと移譲された[70]。

華北中華基督教団の設立を進めたのは、興亜院、新民会、内務総署など、日本占領側の働きかけによるもので、更に日本の宗教界もこれに協力した[71]。以後、日本占領下華北における各種宗教団体は、華北政務委員会が発動した食糧増産運動[72]をはじめとする勤労奉仕や教化宣伝など、日本占領側に協力する活動へと動員されていく[73]。華北政務委員会内務総署が華北基督教指導員訓練班を主催し、教会指導者の訓練も行った[74]。一九四二年一〇月に発表された「第五次治安強化運動実施要綱」では、「新民会は本運動期間に於て青年同盟の結成、宗教団体の反共への積極的活動促進等を実行す」とあり、新民会の統制の下、宗教団体が治安強化運動にも動員されようとしていた。[75][76]

一九四二年一二月には、調査や審議の期間として、華北宗教制度討論委員会も設置された。これは、華北政務委員会内務総署に直属し、委員長は内務総督辦が兼任した。これら一連の教会「自立化」の過程には、内務総署が主体となって進め、日本軍、興亜院、新民会が絶えず介入するという形であった。

ここでいう教会「自立化」とは、中国人による教会へと移行するとは表向き言いながらも、結局は欧米との関係を断って日本軍の管理下に移行するというのが実態であった。一方、華北中華基督教団の設立のような動きは、欧米の影響下から脱したいという中国人牧師たちの考えと、日本側の政策の呼応でもあった。以後、華北中華基督教会は新民会の呼びかけに応じて各種大会や民衆運動に参加している。[77]ここに、中国の宗教界にも日本占領側に対する中国人の協力者の存在が見えてくる。新民会も、中国人牧師に協力を要請していた。[78]

中国の宗教界における対日協力は、太平洋戦争勃発後の日本軍主導による一連の教会自立化に伴って出現したものではなく、以前よりなかったわけではない。一九三八年に、既に反宗教の共産党及びその「傀儡」と見なす国民党を敵視し、日本軍による保護を求める宗教団体の運動が華北各地で行われていた。更に、そこでは日本人宣教師とイギリス人宣教師の参加も見られたという。[79]同じく一九三八年に開封で行われた宣教師座談会では、アメリカ人宣教師やイギリス人宣教師も日本軍を信頼し、日本の宣撫班との協力を表明しているという。[80]また、同じく一九三八年に華北の「第三国人」による防共委員会も成立し、日本軍から感謝状も公布されている。[81]日本軍は各宗教の高等教育機関も設置し、宗教界における対日協力者の養成を進めようとし、中央基督教学院や各宗教学研究所、華北宗教勤労指導員講習会などを設置した。[82]

なお、興亜院と日本軍、大使館の協議の結果、華北政務委員会の監督の下に華北基督教聯合促進会を組織して教会の統合を進める一九四二年一月時点の計画の中では、「教会系学校は特に教会より切離し公立学校とし再建し外国人に依る教育を排除す但し附属病院及社会事業は現在の儘教会に附属せしめ将来経営困難となりたる場合適当辦法考慮す」[83]とあり、学校と社会事業とで対応を分けている。構想は興亜院、新民会や日本軍、それぞれ同じではなく、様々なものがあったと言える。

では、こうした一連の欧米教会排斥の動きを、現地民衆はどのように受け止めたのであろうか。特別高等警察の中の外事警察による内部資料である『外事月報』には、次のような記述がある。

在津敵国人は客年九月二七日以来軍側に於て市内太平角路六五号に抑留中の処今次収容措置実施せらるるや右抑留所より濰県集団生活所に輸送せられたるが之を聞知したる関係白露人、中国人等にして面会及差入等を青島領警署に願出たる者相当数に達し更に周村駅頭に於ける宣教師との決別には多数の中国人蝟集し彼等に取縋り惜別する等真に劇場場面を現出したり。

然して之等中国人は従来米英商社に関係を有せし者或は米英系学校、基督教会に於て信徒関係を保持しある者多く之等の動向は更に厳重なる査察警戒の要あるを痛感する処なり。[84]

ここから読み取れるのは、現地民衆に慕われていた欧米宣教師の抑留は、現地民衆を悲しませ、日本にとってはそれが民衆の日本に対する反発につながることに対する懸念である。一九四三年になっても、現地民衆の英米崇拝思想を改める必要があるとまだ議論されており、そのために教会学校の回収を進める必要があるという議論がある。[85]太平洋戦争勃発後も、現地社会から英米系教会の影響力を完全に排除しきれたわけではなかったのである。それは、東亜新報天津支社の『華北建設年史』でも、「大東亜戦争開戦と同時に旧米英系文化施設は日本および中国側で利用運営することとなり、形の上では積年の米英文化侵略は一掃されたが滔々たる英米の思想禍は容易に拭うべくもない」[86]と述べていることに端的に表れている。この状況を受けて、前述の華北宗教制度討論委員会が設置されたのである。英米系の教会学校も、接収が徐々に進められつつも、一九四三年時点でまだ存続していたのであった。[87]

おわりに

本稿では、従来の傀儡政権史研究とは異なる角度から、日本の対中国占領統治の実態を捉え直すために、日本占領地区の欧米キリスト教会を視野に入れた考察を試みた。日本占領下の華北では、新民会が日本の占領統治を支えるための民衆工作を行う中、欧米キリスト教会が戦前から行っていた社会事業を継続しており、本稿では両者を現地民衆の支持獲得をめぐってせめぎ合う関係として位置づけた。両者を視野に入れた考察を通して、抗日の姿勢を示す欧米キリスト教会が現地民衆の支持を得ていたことと、一方で日本から見れば妨げになっていた欧米キリスト教会を統制しきれない、そして欧米キリスト教会を排斥するにも正当性を調達できなかった日本の占領統治の限界、脆弱性を明らかにした。

日本の対華北占領統治の過程で日本軍が進めた欧米キリスト教会の排斥は、欧米キリスト教会が日本による占領統治への抵抗勢力として放置できないという、日本側の都合によるものでしかなかった。新民会は中国民衆の生活の向上を図って支持を得ようとしたが、既に現地社会に根づいていた欧米教会の存在の前に、新民会の民衆工作がそれに取って代わらなければならない合理的な説明を民衆に対してすることは、不可能だったのである。このような状況で進められた新民会の民衆工作を通して、日本の占領統治が現地民衆の支持を獲得することが困難であったことは、容易に想像できよう。

注

（1） 一九四〇年三月、南京に汪兆銘を主席とする中華民国国民政府（以下、汪兆銘政権）が成立した。この時、形式的には華北の臨時政府は汪兆銘政権に吸収合併されたが、名称を華北政府委員会と変えて事実上臨時政府の統治機構をそのまま継承した。

（2）新民会については拙稿「日本占領下華北における新民会の青年政策」『現代中国研究』第二六号、二〇一〇年三月、同「日本占領下華北における新民会の女性政策」『現代中国研究』第三二号、二〇一三年三月、同「日本占領下華北における新民会の「青年読物」」『現代中国研究』第三四号、二〇一五年三月参照。

（3）この経緯については、小野美里「「事変」下の華北占領地支配」『史学雑誌』第一二四編第三号、二〇一五年三月に詳述されている。

（4）呉洪成・張華『血与火的民族抗争』内蒙古大学出版社、二〇〇七年、二四八頁、李蓉「中共在淪陥区的工作」沙健孫主編『中国共産党与抗日戦争』中央文献出版社、二〇〇五年、四七五頁。なお、共産党の抗日運動もキリスト教会組織を利用しつつ進めようとしていたという。李蓉、同前、四八八頁。

（5）顧長声『伝教士与近代中国』上海人民出版社、一九八一年、張力・劉鑑唐『中国教案史』四川省社会科学院出版社、一九八〇年など。

（6）顧衛民『基督教与近代中国社会』上海人民出版社、一九九六年、前掲呉洪成・張華『血与火的民族抗争』、高時良主編『中国教会学校史』湖南教育出版社、一九九四年、姚民権・羅偉虹『中国基督教簡史』宗教文化出版社、二〇〇〇年、李寛淑『中国基督教史略』社会科学文献出版社、一九九八年、前掲李蓉「中共在淪陥区的工作」、Peter Tze Ming Ng, "From 'Cultural Imperialism' to 'Cultural Exchange': Christian Higher Education in China Revisited," in Jan A. B. Jongeneel, Peter Tze Ming, Chong Ku Paek, Scott W. Sunguist, Yuko Watanabe eds., *Christian Mission and Education in Modern China, Japan, and Korea*, Peter Lang, 2009 も、太平洋戦争勃発後の教会大学の動向を論じている。Timothy Brook, "Toward Independence: Christianity in China under the Japanese Occupation, 1937–1945," in Daniel H., Bays ed., *Christianity in China*, Stanford University Press, 1996 も、日本占領下の欧米教会の状況の全体像をまとめ、日本占領下の教会の独立問題に触れている。Paul A. Varg, *Missionaries, Chinese, and Diplomats: The American Protestant Missionary Movement in China, 1890–1952*, Princeton University Press, 1958 は、日中米の宣教師の動向、その交流についても述べている。

（7）松谷曄介はこの部分についても言及しているが、華北において日本側は現地のキリスト教会を敵視していなかったと論じている。松谷曄介「日中戦争期における中国占領地に対する日本の宗教政策」『社会システム研究』第二六号、二〇一三年、五一頁。

（8）天津イギリス・フランス租界に抗日運動を行う者が潜伏しているとして、北支那方面軍が一九三九年六月から一九四〇年六月まで同租界を封鎖した事件。聯合準備銀行経理（頭取にあたる）兼天津海関監督の程錫庚が暗殺され、犯人が同租界に潜伏しているとしたことと、租界内で法幣の使用が続けられていたことが封鎖事件に至るきっかけとなった。広中一成『ニセチャイナ

――中国傀儡政権　満洲・蒙疆・冀東・臨時・維新・南京』社会評論社、二〇一三年、二九一―二九三頁。また、天津イギリス租界の抗日団体については、国史館編印『近代中国外諜与内奸史料彙編』一九八六年、五二三頁などを参照。

(9) 松谷洋介（曄介）「大東亜共栄圏建設と占領下の中国教会合同」『神学』第六九号、二〇〇七年、霍培修「淪陷時期的華北基督教団」文斐編『我所知道的華北政権』中国文史出版社、二〇〇五年。

(10) 胡衛清「華北中華基督教団研究」『文史哲』総第三四四期、二〇一四年第五期。

(11) 前掲小野美里「「事変」下の華北占領地支配」。

(12) 張書豊「山東教会学校教育九十年」『華東師範大学学報』教育科学版第一八巻第四期、二〇〇〇年一二月、八六頁、張書豊『山東教育通史』近現代巻、山東人民出版社、二〇〇一年、二六四頁。

(13) 斉魯中学は、日中全面戦争勃発後一旦休校し、一九三八年にアメリカ人によって再開している。朱式倫「済南市接受外資私立教会学校概況」『山東教育史志資料』一九八五年第一期、六五頁。

(14) 「華北に於ける第三国系学校調査（其の一）山西省」『調査月報』二巻四号、一九四一年四月、二七〇頁。

(15) 以下、同前、二七三、二九五―二九六頁。

(16) 以下、同前、二九七、三〇二―三〇四頁。

(17) 興亜院華北連絡部『山東省魯西道各県教育事情調査報告』一九四〇年。以下、各学校の調査記録に関して、特に注記がない場合、泰安県については一一―三二頁、済南県については六八―一一二頁、滋陽県については一四四―一六四頁を参照。

(18) 学校ごとの調査記録があるのは、泰安県では、公立学校は山東省立泰安農村簡易師範学校、教会学校は米国メソヂスト教会の萃英中学校と萃英小学校、ドイツ天主堂の育徳小学校である。済寧県では、公立学校は山東省立済寧初級中学校、済寧県立第一模範小学校、教会学校は米国人長老会の育才書院、米国浸信会の培英道学院、米国メソヂスト教会の私立萃英両級小学校、ドイツ人天主堂の私立中西初級中学校と私立明徳完全小学校である。滋陽県では、公立学校は滋陽県立書院小学校、教会学校はドイツ人天主教教会の滋陽天主教総堂育徳学院、米国メソヂスト教会の萃英初級小学校である。その他の県には学校ごとの調査記録はない。

(19) 前掲張書豊「山東教会学校教育九十年」八六頁。

(20) 前掲『山東省魯西道各県教育事情調査報告』八三―八四頁。

(21) 同前、四九―五〇頁。

(22) 前掲張書豊「山東教会学校教育九十年」八六頁、王兆祥『華北教育的近代化進程』天津社会科学院出版社、二〇〇八年、一一八頁。
（23）興亜院華北連絡部『華北ニ於ケル基督教調査』其ノ四、天主教、一九四一年、一三頁。
（24）新民少年団の訓練内容については、中華民国新民会中央指導部『首都指導部新民少年団諸規定及訓練ノ実際』一九三九年に詳しい。
（25）一般的には、一九三〇年代の教会学校には、学費の関係で富裕層の子弟でなければ入学が難しかったという。前掲王兆祥、一〇九頁。
（26）興亜院政務部『中国社会事業の現状』一九四〇年、一三八頁。その背景については、前掲小野美里、三頁に詳述されている。
（27）波多江次長「設計部関係指示事項」『新民会報』第七二号、一九四〇年八月二〇日、二九頁。臨時政府及び新民会による抗日図書接収については、鞆谷純一『日本軍接収図書――中国占領地で接収した図書の行方』大阪公立大学共同出版会、二〇一一年を参照。
（28）前掲『中国社会事業の現状』一三八頁。
（29）興亜院華北連絡部文化局『華北農村教育調査報告』一九四〇年、前言。
（30）同前、六六―六九頁。
（31）繆中央指導部長「工作に関する訓示」『新民会報』第三四号、一九三九年八月一日、一四頁。
（32）興亜院政務部『支那社会事業調査報告』一九四〇年、二八―二九頁。
（33）一宮房次郎『第七回新支那年鑑』Ⅱ、東亜同文会業務部、一九四二年、七九六頁（復刻版：『中国年鑑』第一三巻、日本図書センター、二〇〇六年）、東亜研究会『最新支那要覧』一九四三年、七九頁。これには、一九三九年に英国系の学校が閉鎖、一九四一年末に米国系の学校も閉鎖とあるが、実際には存続していた。
（34）『中国ニ於ケル諸外国ノ伝道及教育関係雑件』一一、一九四一年六月、一七七―一七八頁、JACAR（アジア歴史資料センター）Ref. B04012580500、第七画像目。
（35）同前、一七一―一七二頁、第四画像目。
（36）旭日「結成収回西洋化教育学生同盟之檄」『新民報半月刊』第一巻第四期、一九三九年七月一五日、五―六頁、黄培之「収回教育権問題」『新民教育』第四期、一九三九年五月、一―一二頁。
（37）魯直「現代青年応有的美徳――「尊賢敬長」」『新民報半月刊』第一巻第六期、一九三九年八月一五日、二三頁。
（38）前掲『支那社会事業調査報告』七二頁。

(39) 羽溪了諦「東亜政策と支那宗教」『宗教年鑑』有光社、一九三九年、一六三頁。
(40) 加賀政雄「北支だより」『基督教世界』二八二五号、一九三八年五月一二日、五頁、東亜研究所『日本の在支文化事業』一九四〇年、一〇頁。
(41) 前掲『中国ニ於ケル諸外国ノ伝道及教育関係雑件』一一、一九四一年六月、一七二―一七三、一八三―一八四頁、JACAR(アジア歴史資料センター)Ref. B04012580500、第四、五、一〇、一一画像目。
(42) 同前、一七七頁、第七画像目。
(43) 大民会は新民会と同じく、傀儡政権の成立に伴って組織された半官半民団体で、日本占領下の華中を統治した傀儡政権である中華民国維新政府に付属する団体である。堀井弘一郎「華中占領地における大民会工作の展開」『日本植民地研究』第九号、一九九七年七月参照。
(44) 以上、前掲『中国社会事業の現状』四五八―四六〇頁。
(45) 全体聯合協議会事務局「第二届全聯協議会擬定之上整議案及代表名単」『新民青年』第二巻第一〇期、一九四一年一〇月、六八頁。聯合協議会は新民会が「議会」と位置づける機関である。省、道、市、県の行政単位ごとと、新民会の各地の地域分会、職業分会ごとに、民意を集約するために設置した。全体聯合協議会はその最高位にある。
(46) 「華北基督教学校現状(一九三九年)」『教育季刊』第一五巻第四期、一九三九年一二月、八八頁、馬逢伯「滄州中華基督教会事工十余年来之転変」『郷村教会』第一巻第二期、一九四七年一二月、九―一〇頁。
(47) 前掲『中国社会事業の現状』一三八頁。
(48) 同前、四四四―四四五頁。
(49) 以上、同前、四五五―四五八頁。
(50) 「附華北各省市封閉英美等国籍人所辦各級学校善後処置要綱」『華北政務委員会公報』第一一七期・第一一八期、一九四二年一月二九日、教署、二頁。
(51) 前掲 Paul, pp. 272, 275.
(52) 倉橋義博「日語教育を顧みて」『華北日本語』第二巻第二号、一九四三年二月、一九頁。
(53) 宋恩栄・余子侠主編『日本侵華教育全史』第二巻、人民教育出版社、二〇〇五年、二三九頁、前掲姚民権・羅偉虹、二四三頁。
(54) 東亜新報天津支社編『華北建設年史』一九四四年、社文五頁。抗日側の資料では、英米系の教会学校に通う青年は暗殺されたともいう。『冀声月刊』第二巻第一期、第二巻第二期、一九四二年八月三一日、五七―五八、六五頁。なお、閉鎖する教会学校には一万五〇〇〇～一万六〇〇〇人ほどの学生がいたという。「市立第四五六女子中学訪問」『婦女雑誌』第三巻第三期、一九四二年三月、八七頁。

(55)「啓封後之英美各教会　決従事純宗教事業　根絶英美政治経済関係」『新民報』(北京)一九四一年一二月二四日、五頁。

(56)「北京市英美基督教会　正式移譲中国人管理」『新民報』(北京)一九四二年三月一六日、二頁。

(57) 前掲宋恩栄・余子侠主編、一二一〇頁。

(58)「一九四二年三月　教署召開華北教育会議」『文化年刊』第一巻、一九四五年一月、一三五頁。

(59)「華北封閉英美学校　善後処置要綱　教署頒布各省市一律遵照」『新民報』(北京)一九四一年一二月二一日、三頁。

(60)「燕大附中小学転校後　施以精神訓練」『新民報』(北京)一九四二年三月八日、四頁、「英米系教会学校学生　復学問題完全解決」『新民報』(北京)一九四二年三月一二日、四頁。

(61)「脱離英美覊絆　京市敵性気氛廓清」『新民報』(北京)一九四二年一月一三日、三頁。

(62)「打倒英美気氛将籠罩京市」『新民報』(北京)一九四一年一二月二四日、五頁。

(63) 新民会天津特別市総会『各関係機関三十一年度施政業務方針』一九四二年、一二七－一二八頁。

(64) 王潜剛「調整美英系基督教会之経過及将来之希望」『時事解釈』第二二期、一九四二年二月一日、七頁。

(65)『山東省公報』第九九期、一九四二年三月三一日、一三頁。周冠卿は北京中華基督教青年会（ＹＭＣＡ）幹事。王秉衡は公理会牧師。「華北基督教聯合促進会発起人年貫住址職業表」『日偽獲鹿県公署寺院調査、対華北基督教利用、回民、英美調査資料』一九四二年、石家荘市檔案館蔵20-1-58。

(66)「華北基督教促進総会　昨挙行聯席会議」『新民報』(北京)一九四二年四月二一日、三頁。

(67)「華北基督教聯合促進会総会簡章」前掲『日偽獲鹿県公署寺院調査、対華北基督教利用、回民、英美調査資料』。

(68) 新民会中央総会組織部編『華北民衆団体概況』一九四三年、九二頁付表、陶飛亜・劉天路『基督教会与近代山東社会』山東大学出版社、一九九五年、三二六頁。

(69)「華北宗教施政綱要」前掲『日偽獲鹿県公署寺院調査、対華北基督教利用、回民、英美調査資料』。

(70) 前掲『各関係機関三十一年度施政業務方針』七二頁。

(71) 前掲『華北建設年史』社文二〇頁。ここでは宗教学者の石橋智信の協力も見られる。また、必要に応じて北支日本基督教聯盟から顧問を招聘し、同聯盟と連携を保つことも取り決めていた。「華北英美系教会整理準則」前掲『日偽獲鹿県公署寺院調査、対華北基督教利用、回民、英美調査資料』。

(72) 華北の食糧問題は深刻であり、新民会も食糧増産に協力した。また、華北政務委員会教育総署が学生百万人動員計画のもとに食糧増産協力運動を展開した。「新民会基本方針決定」『同盟時事月報』七巻一二号、一九四四年一月一四日、一一一、一一四頁。
(73) 華北政務委員会総務庁情報局『華北新建設』一九四四年、七九、一三六頁、「切実施行協力増産運動」『新民報』(北京)一九四三年一月二七日、三頁、「協力食糧増産　華北宗教勤労指導員講習」『新民報』(北京)一九四三年二月一八日、三頁、前掲張力・劉鑑唐、七三四頁、前掲松谷洋介(曄介)、一四六頁。
(74) 「訓練基督教指導人員　呉署長昨在竭幕式中　勉以未来発揮指導使命」『新民報』(北京)一九四二年九月一三日、三頁。
(75) 一九四〇年三月から一九四二年一二月まで、日本軍は五次にわたって治安強化運動を実施した。治安強化運動は、華北政務委員会が発動して日本軍が実施した中国共産党に対する掃討戦であり、新民会もこれに協力した。この軍事行動は中国側の一般民衆を含む犠牲者を出した一方、占領地区内では思想宣伝工作を集中的に実施した。
(76) 防衛庁防衛研修所戦史室『北支の治安戦』二、朝雲新聞社、一九七一年、二九六頁。
(77) 祁心格「民衆団体的現状(5)」『新民月刊』第五巻第一期、一九四四年一月、五〇―五三頁。新民会正副会長の就任式にも出席している。「華北民衆団体慶祝新民会正副会長就職大会要領」『新民月刊』第四巻第四期、一九四三年六月、四八頁。
(78) 小山貞知「新民会活動と第三文化について」『満洲評論』二三巻一三号、一九四二年九月二六日、三〇頁。
(79) 「華北各地宗教団体反対国共運動勃興」『新民報』(北京)一九三八年七月一〇日、一頁。
(80) 「開封宣教師座談会　親日気勢洋溢」『新民報』(北京)一九三八年八月六日、一頁。
(81) 「華北第三国人組織防共委員会　日軍当局交付感謝状」『新民報』(北京)一九三八年一二月七日、一頁。
(82) 前掲宋恩栄・余子侠主編、二八〇頁。
(83) 「在北京英米系基督教会ノ処理ニ関スル件」一九四二年一月、「在北支英米系基督教会ノ処理ニ関スル件」前掲『中国ニ於ケル諸外国ノ伝道及教育関係雑件』一一、一九四一年一月六日、JACAR(アジア歴史資料センター)Ref. B04012580500、第三二画像目。
(84) 「北支に於ける敵国人収容状況」『外事月報』一九四三年九月、一三六―一三七頁
(85) 『撃滅英美』雑誌社共同座談会」『新民月刊』第四巻第三期、一九四三年三月、八七頁。前掲『華北建設年史』社文一五頁。
(86) 同前『華北建設年史』社文一五頁。
(87) 山東省公署教育庁編『山東省教育行政報告書』一九四三年、一五頁。

参考文献

〈日本語〉研究書・論文
小野美里「「事変」下の華北占領地支配」『史学雑誌』第一二四編第三号、二〇一五年三月
木畑洋一、イアン・ニッシュ、細谷千博、田中孝彦編『日英交流史』二、東京大学出版会、二〇〇〇年
鞆谷純一『日本軍接収図書――中国占領地で接収した図書の行方』大阪公立大学共同出版会、二〇一一年
永井和『日中戦争から世界戦争へ』思文閣出版、二〇〇七年
広中一成『ニセチャイナ――中国傀儡政権 満洲・蒙疆・冀東・臨時・維新・南京』社会評論社、二〇一三年
防衛庁防衛研修所戦史室『北支の治安戦』一、朝雲新聞社、一九六八年
防衛庁防衛研修所戦史室『北支の治安戦』二、朝雲新聞社、一九七一年
堀井弘一郎「華中占領地における大民会工作の展開」『日本植民地研究』第九号、一九九七年七月
松谷洋介（曄介）「大東亜共栄圏建設と占領下の中国教会合同」『神学』第六九号、二〇〇七年
松谷曄介「日中戦争期における中国占領地域に対する日本の宗教政策」『社会システム研究』第二六号、二〇一三年
拙稿「日本占領下華北における新民会の青年政策」『現代中国研究』第二六号、二〇一〇年三月
拙稿「日本占領下華北における新民会の女性政策」『現代中国研究』第三二号、二〇一三年三月
拙稿「日本占領下華北における新民会の「青年読物」」『現代中国研究』第三四号、二〇一五年三月
〈日本語〉同時代史料
一宮房次郎編『第七回新支那年鑑』II、東亜同文会業務部、一九四二年（復刻版：『中国年鑑』第一三巻、日本図書センター、二〇〇六年）
華北日本語研究所『華北日本語』一巻一号〜四巻二号、一九四二〜一九四五年（復刻版：冬至書房、二〇〇九年）
神の国新聞発行所『神の国新聞』五七五号〜一一六六号、一九三〇〜一九四二年（復刻版：緑蔭書房、一九九〇年）
基督教世界社『基督教世界』一〇一〇号〜三〇一一号、一九〇三〜一九四二年
興亜院華北連絡部『山東省魯西道各県教育事情調査報告』一九四〇年
興亜院華北連絡部『華北郷村ニ於ケル教育及社会実態調査』一九四一年
興亜院華北連絡部『華北ニ於ケル基督教調査』其ノ四、天主教、一九四一年

興亜院華北連絡部文化局『華北農村教育調査報告』一九四〇年（復刻版：日本図書センター、二〇〇五年）
興亜院政務部『支那社会事業調査報告』一九四〇年
興亜院政務部『中国社会事業の現状』一九四〇年
興亜院政務部『調査月報』一巻一号～三巻一〇号、一九四〇年一月～一九四二年一〇年（復刻版：龍溪書舎、一九八七～一九八八年）
在北京大日本大使館文化課『北支に於ける文化の現状』一九四三年（復刻版：日本図書センター、二〇〇五年）
『宗教年鑑』有光社、一九三九年
大東亜省総務局調査課『調査月報』一巻一号～二巻四号、一九四三年一月～一九四四年四月（復刻版：龍溪書舎、一九八七～一九八八年）
橘樸編『満洲評論』一巻一号～二八巻一二号、一九三一年八年～一九四五年四月（復刻版：龍溪書舎、一九七九～一九八一年）
中華民国新民会中央指導部『首都指導部新民少年団諸規定及訓練ノ実際』一九三九年
中華民国新民会中央指導部総務部『新民会報』第一号～第二八七号、一九三八年四月一日～一九四五年二月一一日
『中国ニ於ケル諸外国ノ伝道及教育関係雑件』一一、一九四一年六月、JACAR（アジア歴史資料センター）Ref. B04012580500
東亜研究会『最新支那要覧』一九四三年
東亜研究所『日本の在支文化事業』一九四〇年
東亜新報天津支社編『華北建設年史』一九四四年
同盟通信社『同盟時事月報』七巻一号～九巻二号、一九四三～一九四五年
内務省警保局外事課『外事月報』一九三八年八月～一九四四年九月（復刻版：不二出版、一九九四年）
内務省警保局保安課『特高月報』一九三〇～一九四四年（復刻版：高麗書林、一九九一年）
日本基督教聯盟『聯盟時報』五七号～二〇七号、一九二九～一九四一年
福音新報社『福音新報』一号～二四二二号、一八九一～一九四二年

〈中国語〉研究書・論文
王兆祥『華北教育的近代化進程』天津社会科学院出版社、二〇〇八年
王淼「珍珠港事変後日偽対北京英美教会的政策」『歴史教学問題』二〇一三年二月
霍培修「淪陥時期的華北基督教団」文斐編『我所知道的華北政権』中国文史出版社、二〇〇五年
何暁夏・史静寰『教会学校与中国教育近代化』広東教育出版社、一九九六年

胡衛清「華北中華基督教団研究」『文史哲』総第三四四期、二〇一四年第五期
顧衛民『基督教与近代中国社会』上海人民出版社、一九九六年
顧長声『伝教士与近代中国』上海人民出版社、一九八一年
呉慶華「棗庄地区的教会辦学概況」『山東教育史志資料』一九八六年第四期
呉洪成・張華『血与火的民族抗争』内蒙古大学出版社、二〇〇七年
朱式倫「済南市接受外資私立教会学校概況」『山東教育史志資料』一九八五年第一期
宋恩栄・余子侠主編『日本侵華教育全史』第二巻、人民教育出版社、二〇〇五年
高時良主編『中国教会学校史』湖南教育出版社、一九九四年
張力・劉鑑唐『中国教案史』四川省社会科学院出版社、一九八〇年
張書豊「山東教会学校教育九十年」『華東師範大学学報』教育科学版第一八巻第四期、二〇〇〇年一二月
張書豊『山東教育通史』近現代巻、山東人民出版社、二〇〇一年
陶飛亜・劉天路『基督教会与近代山東社会』山東大学出版社、一九九五年
姚民権・羅偉虹『中国基督教簡史』宗教文化出版社、二〇〇〇年
李寛淑『中国基督教史略』社会科学文献出版社、一九九八年
李蓉「中共在淪陥区的工作」沙健孫主編『中国共産党与抗日戦争』中央文献出版社、二〇〇五年

〈中国語〉同時代史料

華北政務委員会政務庁情報局第四科編『華北政務委員会公報』第一期～第三五四期、一九四〇～一九四五年（復刻版：国家図書出版社、二〇一二年）
華北政務委員会情報局『時事解釈』第二期～第四七期、一九四一～一九四三年
華北政務委員会総務庁情報局『華北新建設』一九四四年
華北政務委員会総務庁情報局『文化年刊』第一巻～第三巻
冀声月刊社『冀声月刊』第一巻第二期～第二巻第二期、一九四一～一九四二年
山東省公署教育庁編『山東省教育行政報告書』一九四三年
山東省公署秘書処第二科公報股『山東省公報』第一期～第一五六期、一九三九～一九四三年
新民会中央総会組織部編『華北民衆団体概況』一九四三年

新民会天津市指導部教育分会『新民教育』第一期〜第一〇期、一九三九年六月〜一九四〇年四月
新民会天津特別市総会『各関係機関三十一年度施政業務方針』一九四二年
新民報社『新民報』(北京)、一九三八年一月一日〜一九四四年四月三〇年
新民報社事業局『新民報半月刊』第一巻第一期〜第五巻第二四期、一九三九年六月一日〜一九四三年一二月一五日
中華基督教教育協会『教育季刊』第一巻第一期〜第一七巻第三期、一九二五〜一九四一年
中華民国新民会教化部『新民青年』第一巻第一期〜第三巻第六期、一九四〇年一一月〜一九四二年六月
中華民国新民会中央総会宣伝局(第三巻第九期以降、新民月刊社)『新民月刊』第三巻第七期〜第六巻第二期、一九四二年七月〜一九四五年二月
南京金陵神学院郷村教会季刊社『郷村教会』第一巻第一期〜第三巻第四期、一九四七〜一九五〇年
『日偽獲鹿県公署寺院調査、対華北基督教利用、回民、英美調査資料』一九四二年、石家荘市檔案館蔵20-1-58
婦女雑誌社『婦女雑誌』第一巻第一期〜第六巻第七期、一九四〇年九月〜一九四五年七月

〈中国語〉資料集
国史館編印『近代中国外諜与内奸史料彙編』一九八六年

〈英語〉研究書・論文
Jiafeng Liu, "Religious Education in Christian Colleges in pre-Communist China: Challenges and Renovationas," in Jan A. B. Jongeneel, Peter Tze Ming, Chong Ku Paek, Scott W. Sunguist, Yuko Watanabe eds., *Christian Mission and Education in Modern China, Japan, and Korea*, Peter Lang, 2009.
Paul A. Varg, *Missionaries, Chinese, and Diplomats: The American Protestant Missionary Movement in China, 1890–1952*, Princeton University Press, 1958.
Peter Tze Ming Ng, "From 'Cultural Imperialism' to 'Cultural Exchange': Christian Higher Education in China Revisited," in Jan A. B. Jongeneel, Peter Tze Ming, Chong Ku Paek, Scott W. Sunguist, Yuko Watanabe eds., *Christian Mission and Education in Modern China, Japan, and Korea*, Peter Lang, 2009.
Timothy Brook, "Toward Independence: Christianity in China under the Japanese Occupation, 1937–1945," in Daniel H., Bays ed., *Christianity in China*, Stanford University Press, 1996.

維新政府の対日交流
――中小学教員訪日視察団の見たもの

三好　章

はじめに――中華民国維新政府の成立

一九三七年一一月二〇日、蔣介石が陪都重慶への遷都を行い、首都南京は一二月一三日に陥落した。その後の混乱の中、「中華民国維新政府」（以下、維新政府）が一九三八年三月二八日に成立を宣言し[1]、事態の収拾に当たった。維新政府は、一九四〇年三月二九日、翌日の汪兆銘政権成立、すなわち「中華民国政府」の「還都」を前に解散した。ちょうど二年間の、極めて短命な「政権」であった。日中戦争の当事者であった日本は、そのころ南京陥落後も進めていたトラウトマン工作を断念していたが、それは解決の条件を戦局の進展とともに厳しくしたためであり、自ら選択の幅を狭くする結果となるだけであった。そして、一九三八年一月一六日には「爾後国民政府を対手とせず[2]」という第一次近衛声明を発して、日本側から交渉の窓を閉じてしまい、日中両国は外交関係断絶の事態に至った。このように状況が変化するなか、日本は一九三七年一二月二四日の閣議決定「事変対処要項（甲）」において、当分の間は現地の小規模かつ地方的な対日協力機構である治安維持会・自治委員会に依拠して、占領地区を統治する方針をすでに決めていた[3]。中華民国において最も繁栄していた上海・南京間を中心とする長江下流域には、国民党軍撤収後、いわば権力の空白状態[4]が現出していたのであり、そこに暮らす人々は、日常生活を安心して送るために、兎にも角にも治安の安定を欲していた訳である。これは統治する側の占領軍、すなわち日本軍も同様であった。

……その最も悲惨な事は、党軍退却の際の常套手段である挑発、掠奪、放火等であり、まして雑軍、敗兵の暴挙は言語に絶するものがあり、各方面とも生産に必要な器材食糧等の物資一切をあげて喪失したことである。かゝる悲惨なる災禍地区住民は、更に少数友邦軍隊の間隙を襲ふ敗残匪賊の出没に悩まされ、全く生命財産の保全も困難なる状態であつた。この対応策として一先づ各地市邑の先覚、有識者等が相集り友邦軍の強力なる支援の下に治安維持会を組織し、名の如く各村邑郷鎮の治安維持、秩序回復に当つたが、此の種の消極的組織は帰来難民の漸次多数を加ふるに至つて、その改良強化を必要とするに至り、積極的に戦後の再生面拡大を目指して自治委員会の結成に進んだのである。[5]

これは、維新政府当事者の回顧であり、「悲惨な事」の責任を退却した「党軍」に求めるなど、自らの政権成立の正当性の根拠を主張するものであることは確かである。とは云え、華中の人々の多くが現実に置かれていた状況の率直な表現として、さほど現実離れしたものではないであろう。戦乱によって地域社会がしばしば破壊され、それをいかような形態であれ、統治権力が防禦もあるいは保護もしてこなかった歴史を永く持つ中国にあっては、日常の社会生活再建、平和の回復維持を求めるために利用可能なものは何であれ利用するのは当然である。その点、華中の人々も、その中に国家規模のナショナリズムに目覚めた人々があったにしても、大部分は従来の地域社会の中で現実的に生き延び得る方向性を探っていたと言っても、過言ではあるまい。[6]もちろん、占領統治を進める日本軍にとっても、治安が不安定であって良いはずはない。従って、数多くの治安維持会・自治委員会が設立されてそれぞれの地域を掌握していたとしても、それらが林立し錯綜する状況[7]が好ましいはずはなく、比較的大規模な地域社会を一円的に統治するシステムが形成されるのを望むのは、当然である。

そうした状況の下、日本軍は中支那方面軍特務部長原田熊吉少将、第一〇軍上海派遣軍附特務部総務班長楠本実隆大佐等を中心に、日本人顧問の指導の下、華中占領地区全体の治安維持のために、現地政権樹立の方針を固め、華北の中華民国臨時政府との調整を経て維新政府を組織したのである。維新政府はその成立宣言に「其ノ性質ハ臨時的」としているように(8)、対日協力政権としても当初から過渡的役割しか与えられてはいなかったし、独自の統治能力に関しても疑問符が付いている(9)。それでも、その統治下にあった人々はつかの間の、言い様によっては見せかけの平和を利用しても生き延びなければならなかったのであり、その生き延び方への対応もまた、対日協力政権にとっての重要案件であったのではないだろうか。

汪政権の成立後、梁鴻志や温宗堯、陳群等、維新政府中枢にあった人々は、後述するように多くがそこに合流し、不協和音を奏でながらも一定の役割を担い(10)、第二次世界大戦終結後はそれぞれの戦後を迎えることとなる。

本稿では、維新政府の各事業のうち教育事業「再建」のあらまし(11)を見た上で、教員再教育の実践活動として推進された日本参観旅行を検討したい。そうすることで、「内面指導」を通じて当時の日本の何を見せたかったのか、その意味するものは何であったのか、の一端を明らかにしたい。言うまでもなく、教育は「国民」形成の重要な用具であり、維新政府も対日協力のイデオロギーを地域の人々に伝えるためには、おろそかにできない事業であった。

I　維新政府の教育政策と教育事業の「再建」

短命であった維新政府の教育政策の目標は、他の民政全般同様、「再建」に集約される。つまり、国民党政府撤収後の上海と南京との間を中心とする地域において、戦乱で破壊された教育のための装置を「再建」し、教員の再訓練、「親日」的教科書の編纂などを如何に効果的に行うかが、喫緊の課題であった。

1　行政組織の再建

教育行政の「再建」に関しては、維新政府の組織化に関与していた支那派遣軍特務部が当たり、維新政府成立から二か月後の一九三八年五月、維新政府組織改編に伴って置かれた現地の支那派遣軍特務班「社会民衆業務担当係」を軍特務部総務課乙第二班が担当し、維新政府とその教育業務に関して連携、満州国での用語を用いれば「内面指導」することとなった[12]。すなわち、まず維新政府教育部に上記関連業務全般についての計画立案を行う教育研究会を設け、主任将校として陸軍工兵中佐菅野謙吾を配し、そこに乙第二班員林卓、田中邦彦、菊沖徳平[13]、齊藤靖彦、軍嘱託である漢口の江漢中学総務長齋藤重保[14]、上海自然科学研究所主事上野太忠[15]、東亜同文書院教授福田勝藏[16]等が加わっていた。この教育研究会は、後述するように翌年三月には教育部顧問室となり、実際の維新政府の教育行政に直接関与することになる。教育研究会の業務は、「一、教育研究会ハ軍特務部ニ属シ、中支占拠区域内ニ於ケル諸般ノ教育対策ヲ研究、企劃シ、教育方針ノ確立及ビ学制ノ立案ヲ目的トス。一、教育研究会ハ常ニ維新政府教育部ト密接ナル連絡ヲ保チ、其ノ指導統制下ニ教育部ヲシテ諸般ノ教育事業ヲ実行セシム[17]」と委員会発足時の「暫行内

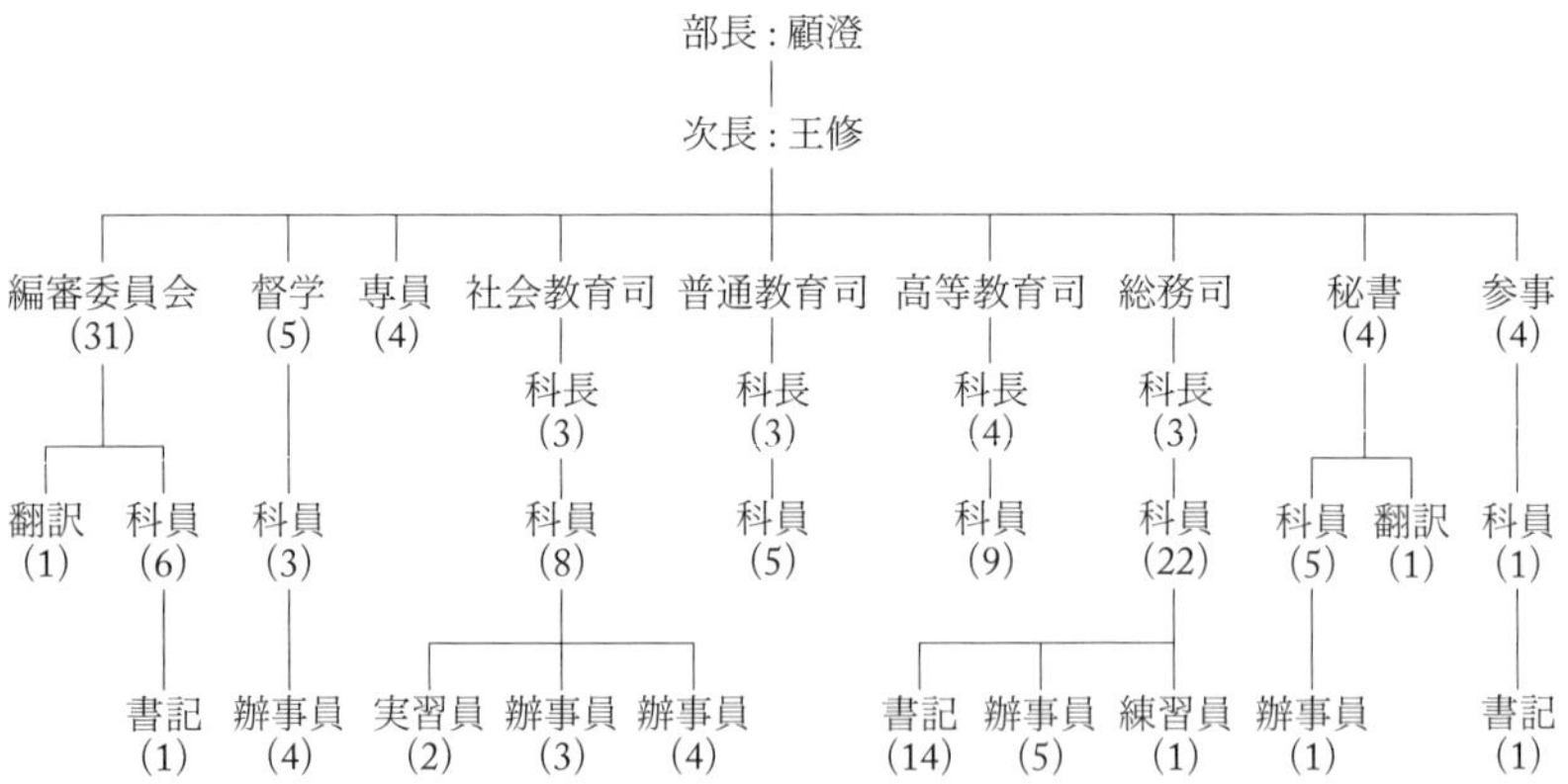

図1　中華民国維新政府教育部官制図（民国28年12月27日）

注：(　) 内はそれぞれの構成者数を示す。「司」にはそれぞれ「司長」1名を置く。
出所：『維新教育概要』別表一「教育部職員系統姓別表」より作成。

規」にあるのみで、詳細な具体的施策への言及はない。また、教育研究会の事業としては、当面「一、中、小学校ノ復旧状態ノ調査。二、教科書編纂。三、教育資料ノ蒐集、研究。四、教育制度ノ検討。五、将来ノ教育対策。六、維新政府教育部トノ連絡会議[18]」とあるのみであった。とにかく、急ぎ組織された維新政府において、教育部門も同様に「再建」のために急ぎ組織されたのである。

九月二六日、維新政府教育部は南京市山西路にあった中英庚款委員会址の建物に移転した。支那派遣軍特務部もその直後に南京に移り、一〇月二三日、上述の齋藤重保・福田勝藏・上野太忠が維新政府行政院からの招聘で教育部顧問の任に就き、翌二四日に田中邦彦・菊沖徳平が行政院の依頼で軍特務部より教育部顧問として派遣された[19]。さらに、一二月には前満洲国奉天省総務課長坪川與吉が教員養成所指導のために維新政府教育部顧問に招かれた。翌年三月一〇日、興亜院華中連絡部設置と同時に特務部の機構改革が行われ、並行して維新政府顧問部が置かれ、その管轄下に教育部顧問室が置かれた[20]。

前掲の「図1　中華民国維新政府教育部官制図（民国二八年一二月二七日）」作成の元にした「教育部職員系統姓名表」からは、「顧問室」の位置づけを明確に読み取ることはできない。しかし、組織の性格から考えて、教育部長直属であったと考えて差し支えない。維新政府教育部、そしてそれを「内面指導」する顧問室は、対日協力政権として親日的な教育を実践するためには、学校組織の再建、対日理解を深めるための教科書編纂、それに加えて、小中学校教員の養成と再教育とが必要であると認識していた。

2　教育事業の「再建」

民国期中国の一般的な教育状況に関しては、清末中国に関するロースキの古典的研究が示すように、産業革命直前の欧米諸国や日本と比べて、見劣りするほど低いというものではなかった[21]。

このことを踏まえて、維新政府が考えていた自らの教育事業についての意義説明を検討すると、日中戦争前の国民政府の教育事業を正当に評価しその業績を継承すること、戦禍による教育の中断を復旧することを課題としているなど、常識的かつそれなりの正当性を有していた。[22]要するに、特に華中において一定の教育水準を背景に徐々に定着してきていた基礎教育の拡充であり、同時に対日協力のための新たなイデオロギーの導入であった。『維新教育概要』は、例えば、「中小学ノ再建」の中で戦争によって教育が停頓し、それを復旧せねばならないと述べた後に「然レドモ事変前ニ於テ国民政府ガ常ニ教育ニ留意シ、鋭意之ガ充実改善ニ努メタル跡著シク、素ヨリ其ノ制度ニ於テハ概ネ欧米、日本ノ夫レヲ模倣セルモノニシテ……、教育ノ普及未ダ充分ナラザリシト雖モ、三民主義ノ精神ヲ以テ諸般ノ教育ヲ一貫シ、ソノ教育ノ効果ヲ著シカラシメタル点ニ於テハ吾人モ亦学ブベキモノ尠ナシトセザルナリ」と評価している。もっとも、それに続けて「但教育ノ基調タルベキ指導原理ハ適切ヲ欠キタルモノナリシヲ以テ今後之ヲ是正シ、中国ノ建設、日支ノ提携、東亜ノ和平ヲ徹底セシムル如ク教育ヲ指導スルヲ要ス」[23]と付け加えるのを忘れてはいない。国民意識を創成つつあった中華民国のイデオロギーに対して、対抗するイデオロギーを設定しなければならなかった日本側の立場が読み取れる発言である。

さて、実際の学校教育の復旧は、「中、小学ノ復興ニ方リテハ夙ニ学校ノ復旧、増加ヲ以テ目的トセズ、其ノ不良ナルモノヲ淘汰シテ、内容ノ充実ヲ期シ来リタリ」[24]と数量的には満足のいく展開ではなかったことを認めている。これは、「表1　維新政府時期小学校教育状況」から明らかであるが、ここに出ている数字を見ると、一九三八年（民国二七年）秋から翌三九年（民国二八年）春までの半年間において、江蘇省では学校数が三八年秋に比べ約二割の一四八校、児童数は一三・五パーセントの一万五五一五人、教員も一四・六パーセントの五一三人、それぞれ増加している。その他の省市においても、いずれも増加している。ただし、南京、上海、杭州という大都市部では学校数の増加が児童数の増加に比べると低く、一校当たりの収容人数を増加させることで対応していることが想像できる。これは、戦争が続く中、都市部への人口流入現象が起こっているが故と考えられる。

維新政府教育部が行った教員の再訓練に関しても、当然ながら支那派遣軍特務部が関与している。

表1　維新政府時期小学校教育状況
(民国27年度第2学期〜民国28年度第1学期)

	学校数（校）			児童数（人）			教員数（人）		
省市別	27年度第2学期	28年度第1学期	増加数	27年度第2学期	28年度第1学期	増加数	27年度第2学期	28年度第1学期	増加数
江蘇	776	924	148	114,874	130,389	15,515	3,502	4,015	513
浙江	63	83	20	12,549	16,621	4,072	401	556	155
安徽	72	95	23	12,153	14,690	2,537	502	615	113
南京	40	44	4	12,587	17,299	4,712	366	546	180
上海	80	83	3	24,120	25,595	1,475	478	650	172
杭州	60	68	8	10,812	13,300	2,488	295	427	132
合計	1,091	1,297	206	187,095	217,894	30,799	5,544	6,809	1,265

出所：『維新教育概要』別表三、四より作成。

年度末の夏期休業中にあたる一九三八年八月三日から一七日にかけて、上海日本居留民団立中部小学校において維新政府教育部主催の夏期講習会(25)が開かれ、午前中の一般的な教員への講習に加えて「特ニ時局ヲ認識セシムルタメ午後ハ科外《ママ》講演ニ充テ」た。科外講演のために特に招聘された講師は、在南京日本大使館書記官清水董三をはじめ、東亜同文書院教頭馬場鍬太郎教授、軍特務部堂ノ脇光雄少佐が、新政府からは実業部長王子恵、内政部長陳羣、教育次長顧澄らであった。題目からは、この企画がまさしく「時局認識」のためのものであったことが容易に見て取れる(26)。さらに、上海日本人居留民団が設置し、今回の夏期講習会会場でもある中部小学校校長福嶋天風が「上海ニ於ケル邦人教育ト日本国内ノ教育状況」と題する講演を行っている。ここに参加した教員は総計九六人、「管下小学校教員中各地特務機関、並ニ各省市県ニ於テ選抜セラレシ者」であった。「表1　維新政府時期小学校教育状況」からも明らかなように、維新政府管轄下にいた教員は一九三八年秋で五五四四人であり、その中から選抜され核となることが期待できる者のみであったことは言うまでもあるまい。さりながら、上記の表1からもうかがえるように、学校数、児童数、教員数ともに増加しており、学校教育のための施設と環境整備には維新政府も尽力していたということができよう。

また、教員の再教育と不足を補うための「臨時教員養成所」も設けられ、修業期間六か月、高級中学卒業以上を基礎資格として、一九三九年一月に開校した[27]。同所では、短期訓練班である特科卒業生第一期一二一名を四月に、六月には特科第二期六九名、本科第一期一一三名を卒業させ、各地に配属した[28]。

一九三九年夏には、維新政府成立二年目の事業として教育部主催の「中、小学教員夏季講習会」が開催された。二回目の夏期講習会ということもあり、講師には東京文理大学教授楢崎淺太郎[29]、東京高等師範学校教授佐々木秀一[30]など、東京からの教育学専門家を招聘し、さらに音楽・体育に講座を配している。音楽は上海日本高等女学校教諭成田藏見[31]、体育には東京聾唖学校主事・東京文理大学講師竹内虎士《とらお》[32]を招聘している。音楽・体育は後述する維新政府派遣の「赴日教育視察団」が訪問先で直に目にする科目であり、近代国民教育において国民を創成するために必須の科目であることは論を俟たない[33]。両者の講演内容はまだ不明であるが、維新政府教育部がこの二科目を特に重視していたことには留意すべきであろう。この二回目の夏期講習会に参加した教員は江蘇・浙江・安徽・上海・南京・杭州から総計二九九人、前年の三倍に増加し、南京の日本人小学校教員二三人も別途参加している[34]。これは、この地域の治安と教育事業が、戦時においてそれなりの安定を回復していた証左であると言ってもよいのではないだろうか。

II　維新政府中小学教員訪日教育視察団

1　訪日教育視察団の組織

一九三九年一一月、維新政府は初等中等教育教員の再訓練の一環として日本の教育の実情を見学し、その経験を学んで中国の教育「再建」に役立たせるため、「中小学教員訪日視察団」（以下、視察団）を派遣した[35]。視察団派遣に際して、維新政府教育部は以下のようにその趣旨と企画の概要を述べている[36]。

中小学教員ヲシテ支那日本ノ現実ヲ認識セシメ従来ノ誤マレル観念ヲ打破スルトトモニ、日本教育ノ現況ヲ視察セシメ将来ノ本国教育ノ革新再建ノ一助タラシメンタメ教育部ヨリ管下中小学教員中優秀ナルモノ三十名ヲ選抜シテ日本ニ派シ、二十八年十一月十一日ヨリ十二月五日ニ亘リ、東京、名古屋、大阪、神戸、別府、熊本等ノ各地ヲ訪問教育視察ヲナサシメタ

「従来ノ誤レル観念」とは、言うまでもなく「抗日」であるが、ここから「更生」させるには、教育先進国としての日本の実情を見せるにしくはない、という判断からである。それは、視察団派遣の趣旨をさらに詳細に語った「(一)従来ノ欧米依存ノ風ヲ打破シ日本ノ優秀ナル国情文化ヲ認識セシメントス　(二)単ナル見学旅行ニ止ラシメス友邦日本ノ現実ヲ深ク認識シテ中日提携東亜協同体建設ノ一員タルノ自覚ヲ促サントス　(三)中日親善ノ機会ヲ得ルト、モニ日本精神文化ニ関シ聴講見学ニヨリテ現地訓練ヲ行ハントス[37]」などの部分から明瞭に読み取れる。また、募集人員の割当地域は軍特務機関所在地に従っており、その選抜は維新政府教育部が担当することになっているが、軍特務部の関与は明白である[38]。

視察団団員は総計三四名[39]、教員は中学男性教員[40]一〇名、小学男性教員一五名、小学女性教員五名、それに日中双方から二人ずつ計四人の引率者[41]を含んでいた。これをもう少し具体的に見てみると[42]、団長に維新政府教育部立教員教授王質庵三五歳、副団長に南京市立第一中学校長欧季撫、南京市立第一模範小学校長張竹軒である。これは、視察の中心的な対象が初等中等教育であったことから[43]、バランスをとったためであろう。また、参加者は四名[44]を除いて全て学校長であり、若手管理職を中心に、帰国後は現場へのフィードバックを期待し得る人々であった。

2　日程・見学先

視察団の日本訪問日程[45]の詳細は、後掲の資料にあげた旅程表を参照していただきたい。実際の旅程は最初の訪問地である長崎で勝山尋常高等小学校[46]（一九九七年廃校）と県立長崎高等女学校、県立長崎中学校[47]の参観が加わった他は、基本的に予定通りに進められた[48]。代表たちが何を見、どう感じたかを検討する前に、視察団の行程のあ

らましを、参観した初等中等教育機関を中心に見ておく。

一九三九年一一月一一日、南京より華中鉄道の急行列車にて上海に移動し、支那派遣軍および興亜院華中連絡部に挨拶の後、維新政府があった新亜ホテルに一泊、翌日午前九時発の日本郵船所属の上海丸で長崎に向かった。約一昼夜の航海の後、日本到着。当初、門司、下関経由夜行寝台急行で東京に向かう予定であったが、一四日午前、長崎で勝山尋常高等小学校班と長崎県立長崎高等女学校および県立長崎中学校班とに分かれて見学した。その後、東京では一六日に東京帝国大学、一七日に東京女子高等師範学校と附属小学校および幼稚園、東京高等師範学校附属中学校および小学校、一八日に東京市立第一中等学校(49)（現千代田区立九段中等教育学校）、高輪台尋常小学校(50)（現港区立高輪台小学校）、その後都内および近郊各所を見学した。その後、箱根、名古屋、伊勢、奈良を経て二七日に京都帝国大学を見学した。二九日には神戸で北野尋常小学校（現神戸市立こうべ小学校(51)）と在日華僑のための教育機関であった中華同文学校（現神戸中華同文学校）を参観、大阪での在日華僑との交歓会に出席した後、船で別府に向かい、阿蘇山を眺め、船で有明海を渡って雲仙に泊まり、一二月三日、長崎から上海に戻り、五日に南京に戻って解散した。延べ二五日間の長期の旅行であった(52)。

なお、視察団が参観した日本の小学校と中学校は、女高師あるいは高師附属は言うまでもなく、長崎の勝山尋常高等小学校、東京の高輪台尋常小学校、神戸の北野小学校のいずれもが地域の伝統校、さもなければ当時新設のモデル校であり、また一九三〇年代中葉までに鉄筋コンクリート造りの新校舎を建築し、内部の設備も最新式であった。現在の中国の「実験学校」にあたり、由緒や所在地などから見ても一般的な小中学校であったとは言い難い。実際、視察団団員も、参観した学校を「実験小学(53)」と表現している。いろいろな面で、モデル校あるいは教育実験校として充分に投資がなされていた学校であり、受入の日本側が、最も先進的な学校を案内していることが容易に見て取れる。

3 視察団参加者の反応

視察団に参加した者たちは、帰国後、参観報告を求められている[54]。それを見ると、彼らが眼にしたもの、また日本側が見せたかったものがそれぞれ浮き出てくる。

副団長であった欧季撫は、帰国報告として「日本教育視察報告[55]」を帰国後間もない一二月一八日に教育部に提出している。詳細に書かれている欧季撫の報告を中心に、同じく副団長であった張竹軒の報告と合わせて、彼らの見た一九三九年の日本における初等教育の様子を整理してみよう。なお、後掲の南京市立第九小学教員呉悌方[56]は「訪日から帰っての感想」を提出しているが、個別の学校に関する報告ではない。

欧季撫は中学校長という立場からか、訪問先の学校の児童数、教室数、その他施設設備などの基礎データだけでなく、児童生徒の姿形や活動状況をつぶさに観察している。まず、一一月一四日午前九時、当初の計画にはなかった長崎の勝山尋常高等小学校では、視察団が「入校する時はちょうど集合して授業が始まる時であった。校内放送の号令が児童全員に伝わり、分列行進で教室に入る様子は、整然としていて全く乱れがなかった。国旗掲揚に際しては全員が宮城を遥拝したが、静寂そのものであった。授業は全て啓発式[57]をとっていたが、児童の注意力はきわめて強かった」と感想を述べる。同校に関する記録の中に男女児童数一五〇〇余人とあり、日本到着後、初めての見学が都市部の大規模校であったのに、その児童たちの秩序正しさに感銘を受けた様子であった。なお、副団長の南京市立第一模範小学校長張竹軒の報告[58]によれば、勝山尋常高等小学校では視察団到着にあたって、上級生が茶を点て、「小運動会」で歓迎してくれた。そして「校長の話を静粛に聴いた後、スピーカーから軍楽が流れ、全校児童は校庭を一周して校舎に入っていった」。「小運動会」が何を意味するのかはっきりしないが、全校児童が校庭に整列して徒手体操を演じ、校長講話の後、分列行進で教室に戻った様子から考えると、朝礼の時間を視察団訪問に合わせて対応したと考えられる。

東京では、当初の予定に従い午前一〇時に訪問した東京女子高等師範学校附属高等小学校で、手違いが生じていた。肝腎の児童が校外学習のため不在であったのである。そこで、急遽隣接する附属幼稚園を参観し、一一時、予定外ではあったが徒歩数分で移動できる東京高等師範学校附属小学校に移動し、参観した。高師附小については、学校内は清潔で「悪いところは些かもない」「児童の家庭は多くが中上流階層に属し、学費はかなり高いが、設備は全て工夫が凝らされている」と観察と感想を述べる。翌日、予定では「代表的中小学」としかなかったが、一九三五年に開校したばかりの高輪台尋常小学校を訪問した。ここは、高層建築がほとんど無かった当時、東京湾からも見えたという白いコンクリート造りの校舎であり、プールや映画上映設備のある講堂、毎週医師が来る衛生室、電動工具で実習のできる工作室、「東京一」という理科実験室を参観した。その中でも、児童の健康のために設けられたという紫外線浴室では、医師も参加した「虚弱児」対策に感心していた。また、高輪台小学校校長からは「日中間の誤解を取り去るには、教育界の努力が必要である」との話があった。

張竹軒は、東京の小学校での教育方針として「中日親善」の実行に続けて、知育での児童の自発性の喚起、徳育での誠実の強調、そして「身体の鍛練」に関わる体育方面でも児童の自発性を重視している点を特長としてあげている。

その後、一一月二九日には神戸北野尋常小学校訪問。一二時に同校に着くと小学生一〇人が日中両国の国旗を振って歓迎し、講堂で神戸市学務課長、北野小学校校長、中華同文学校校長の挨拶を受けた。そして、北野小学校校庭で北野小、同文学校両校児童による合同歓迎会が行われ、その後両校を見学した。同文学校では「児童は国語を能くし、家に帰れば父母の出身地の言葉を話す」とあり、在日華僑への「国語」すなわち北京語教育と彼らの生活言語の実態の一端が窺われる。また、同校では当時北京にあった「中華民国臨時政府」編纂の日本語教科書が用いられていた。

欧季撫、張竹軒両者に共通する点であるが、一九三九年当時の日本の教育状況に対する評価は、基本的に高いものであった。欧季撫は日本の初等教育が義務教育であり、身体発育、国民教育、無償である点などは範とすべきではあるものの、中国の実情から考えれば短時間では無理とする。特に設備や施設面での「教室に全く臭気が漂ってこない」トイレ、水道、電気設備、立派なプールや体育館などは「事変後の現在でも我国の小学校では夢想すらできない」し、これらは財源不足でとても実現は無理である、と嘆くにとどまる。張竹軒も、視察した学校は、校舎や設備のいずれもが西洋式で清潔であったこと、校舎が教育を目的に建設され、各種設備が充実していることなどを記す。張はまた、日本の学校の校舎の外壁にはスローガンが描かれることがない、と指摘している。これは、落ち着いた教育環境という点からは必要なことと現在の我々は考えるが、当時の中国では、それが維新政府であれ重慶政権であれ、イデオロギー国家であった中華民国からすれば、幼い段階からのナショナリズムの刷り込みのためには何の躊躇もなく行われていた光景[67]であり、それゆえ日本に来て新鮮に感じたのかも知れない。また、児童の様子や行事を見た限りでは、「教室の中は喧噪とはほど遠く、児童は充分に注意力を集中させていた」「授業では図表を多く用いて、児童に対して啓発式で進められ」ていることを二人とも指摘する。女高師附小が校外授業のために参観できなかったことも、それがしばしば行われることについては、否定的に捉えていない。教育内容までは詳細に記されていないが、張竹軒は文系よりも理科系の教育に力を入れ、体育では「刻苦鍛練」を実行している点、精神訓話が訓話に終わらず実践を重視していること、「忠君愛国」を「訓導目標」としている点を指摘する。

また、教育活動以上に具体的に記しているのが教育関係者の待遇に関してである。「日本の小学教師の待遇は我国よりも厚く、均しく生活を安定させられるだけのものが保障され、職務に勤勉であればその任を免ぜられることはない。そのため、校長の年齢はおおよそ四〇歳以上である」と記す。これは、初等教育への社会的評価が低い中国と、その正反対の日本との相違点が最も明瞭に表れている点でもあり、現在にもつながる問題である。なお、欧が女子の制服を「海軍式」と呼んだり、男子児童が時に裸足になっているのに驚きつつ、張とともに団体行動訓練の立派さに感じ入っているのもまた、現在に通底する日中の教育環境の相違として、興味深いものである。

ところで、南京市檔案館所蔵の「市立中小学教員訪日視察団名冊及視察経過報告徴文」には、上にあげたように南京市立第九小学教員呉悌方の「訪日から帰っての感想」(68)が収められている。肩書きからは管理職ではない一般の教員であり、年齢性別ともに不詳であるが、欧季撫、張竹軒と異なったニュアンスの「感想」を述べている。やや長いが、一部を訳出しておく。

戦争は残酷な悪魔である。……あらゆる建物を破壊し、尊い命を傷つけた。建築中だった高い建物を、賑やかな通りを破壊しただけであったし、その魔手が撫でさすった後は、みな瓦礫となって人通りの絶えた市場となった。……戦いに勝った者も、僅かばかりの土地と権利を握っただけだ。……だから、戦争は現在最も憎むべきものだ。

中日両国は、固より一時的な誤解から空前の惨劇を醸成してしまったのだ。現在、中国の同胞であれ日本の人民であれ、皆戦争の害毒を被ったのだ。各個人がそれぞれに知っている幸福な将来とは、決して戦いの神が開くものではない。……

呉の「感想」はまだ続く。そこでは、汪兆銘の指導の努力の下、日中関係がよい方向に転じているとか日中両国の教育界の交流が今後も続いて欲しいなどの、型にはまった部分や内容もあるが、中国人自身を孫文が用いた「バラバラの砂」(69)の比喩を用いて表現し、自らが窮地に追い込まれなければ全て他人事のようで愛国心がないのだから、教育に携わる者である我々は、日本のような「忠君愛国」を教えられる教育のあり方を見習わねばならない、とも述べている。「忠君」よりも「愛国」に重心を置いて考えれば、民国期にあってもナショナリズムが必ずしも社会のすみずみにまで浸透しているとは言いがたく、維新政府治下でもその状況に大きな違いがあったとは言えまい。しかしながら、呉悌方の報告は全体に散漫な内容であり、現在の境遇の辛さの原因を戦争一般に求めているようにも見える。だが、視察団幹部と異なり、自分の気持ちをかなりストレートに表現したがために、また提出した後の待遇が悪い方向に転化するのではないかと想定し、却って混乱しているようにも見える。この呉の「感想」がどのように扱われたのかについては、全く判らない。もちろん、呉悌方がその後どのようの処遇されたのかも、不明である。しかし、受け取った側としては、かなり始末に困るものであったことは確かであろう。

おわりに

視察団は、初等中等教育機関以外にも、東京とその周辺では東京帝国大学および付属病院、国会議事堂、府立美術館、塵芥処理場、汚物処理場、村山貯水池など、名古屋では七宝工場、陶器製造工場、伊勢では御木本真珠工場、大阪では造幣局、鐘紡淀川工場など見学した。いずれも、現在の日本の小中学校では、社会科見学あるいは遠足の目的地としてしばしば訪れる場所である。そして、当時の日本の近代化の最先端を自負しうる施設ばかりであった。特に公衆衛生に関する塵芥処理場と汚水処理場は、日本側の優越意識が見え隠れする。また、宿泊した場所も東京では第一ホテル、箱根では強羅観光ホテル、名古屋観光ホテル、鳥羽では待月楼、奈良では魚佐旅館など、当時の、現在も一流あるいは老舗のホテルや旅館であった。視察団全体の経費一万七〇〇〇円[70]を参加者三四人で単純に等分すると五〇〇円となる。当時、帝国ホテルで一泊一五円[71]、山手線初乗り一〇銭[72]の時代である。単純な比較はできないが、かなり贅沢な視察旅行であったと言える。もちろん、ここには接待する側であった日本側の各学校の負担などは記されていないが、当然受入側がそれなりの負担を分担したとみて差し支えあるまいから、実際の経費はもっとかかっていたに違いあるまい。なお、視察団の見学を受け入れるためにはそれぞれの小中学校ではかなり前からの準備が必要であり、時には授業計画や行事予定の変更が求められ、児童生徒の負担もかなりのものとなる[73]。要するに、「官民挙げての大歓迎」であった。

今回の視察団は件に関しては、『大阪朝日新聞』が昭和一四年（一九三九）一一月一四日の「中支版」に以下のような記事を載せている。[74]

維新政府教育部　訪日視察団出発【上海特信】

維新政府教育部中小学教員訪日視察団一行三十四名は去る十一日南京に勢揃ひのうえ来滬、我が在滬各機関に赴日の挨拶を述べて十二日午前八時発日華連絡船上海丸であこがれの日本に向つた◇一行は十四日東京着、直ちに宮城遥拝ののち明治神宮に参拝、興亜院、帝国大学、国会議事堂、女高師その他代表的な中、小学校を参観、名古屋、奈良、京都、大阪を見学ののち別府に渡り十二月四日長崎発の連絡船で帰国の途につく予定である

ベタに近い扱いではあるが、一行の予定を正確に報道し、その目的についても「あこがれの日本」と書くことで視察団を受け入れる日本側の意図が読み取れる。すでに述べたことではあるが、「先進国」日本の教育事情の実際を教育方法に至るまでモデル校を通して直に見学させ、圧倒的な指導力を感得させようというものであること、それは工業関係施設にとどまらず、東京帝大などの高等教育機関や都市部の公衆衛生設備の実見であり、また皇居、明治神宮、伊勢神宮、平安神宮など日本のイデオロギーの根幹にあたる施設への見学も行われていることから理解できる。しかし、本稿で引用した欧季撫や張竹軒の報告には、小中学校関連の見学以外には言及がない。しかしまた、高師附小の見学では児童の社会階層にも目を向けるなど、学校教育の背後にあるものへも注意を払っている。

翌民国三〇年度にも、視察団の派遣は計画されていた。[75] これは、南京市が独自に派遣するもので、年度末にあたる六月、一人四〇〇元の経費で一か月間を予定していた。計画では、五月にはメンバーを確定するとされ、「本部は間違いなく派遣するはずである」としていたが、実際の派遣の有無を含め、この後のことはわからない。一人当たりの経費が二割カットされている以外は、ほとんど異なることのない内容であったと考えられる。また、維新政府派遣の視察団の一か月前には、北京にあった中華民国臨時政府教育部からも一八人の師範学校長を「内

地視察」に派遣している(76)。

教育は、特に初等中等教育は、国民国家においては国民意識の注入、育成、定着を重要な目標として運営される。個人の立場とは無関係に、そうした意図を持たない国民国家は存在しない。その公教育の場合、教員のあり方が教育内容そのものにも関わり、教育行政側の意図をどれだけ忠実に子供たちに伝えられるかが問題となる。もちろん、教員個々人が国家意思を体現しているか、あるいは体現したいと考えているかどうかという問題はあるが、その場合でも管理職が国家意思をどれだけ一般教員に伝えられるかが鍵となる。維新政府が、日中戦争初期段階における地域秩序の混乱を、対日協力のスタンスから回復し、再編しようとしていた以上、また日本側がその模範を提示しなければならなかったことから、一九三九年段階での教員代表による視察団派遣は必然であった。上記のように、北京の臨時政府も同様の視察団を派遣しており、その意味では日中戦争初期の中国における対日協力政権にとって、現地の対日感情を良好なものにするためにも、この企画は時宜に適うものであった。しかし、当初の目的である日本の教育モデルは、まさにモデル校であるがゆえに中国人教員からは「高嶺の花」と見なされてしまったのである。また、日本では当たり前の統制の取れた児童の様子もまた、軍隊色を感じさせてしまっている。日本側の小中学校が熱心に「徒手体操」や「分列行進」をやればやるほど、それを感じさせてしまったのである。数少ない一般教員代表の一人である呉悌方が感じた戦争の悲惨さは、共通認識として持っているはずのものである。ただし、管理職は、体制の意図を伝達しなくてはならない立場から、それをあからさまにできない。この点は、派遣した側も感じ取っていたと考えるのが自然であろう。また、日本側の受入態勢に関しても、女高師附小において見学に行くことがわかっているはずなのに、当日に校外学習、恐らくは秋の遠足を組んでしまっているのは理解に苦しむ。受入校全ての温度が一律とはいえなかったのかもしれないが、その事情は不明である。

中華民国維新政府は、その理念や役割という大所高所に関わる問題はもとより、学校教育の実態、教員の訓練、教材の再編などをどのように考えていたのか、詳細まではよくわからない。そこに関わった現地中国の教育関係者に関しても、日本留学の経験の有無や日本での受入校との関係、さらに何をどのように学んだのか、帰国後の状況など、個別の事情は多くが不明である。また、中国現地にあった支那派遣軍特務部、興亜院華中連絡部など、軍政府関係の組織がこれと関わっていたことは当然であるが、そこに東亜同文書院をはじめ、日本人子女向けの在中国教育機関が協力していた。しかし、その実態もまた不明な点が多い。

維新政府をはじめ、中国における対日協力政権はこれまで「偽」の文字を冠して語られ、その評価は既定で不変のものとされてきた。しかし、それぞれの対日協力の度合い、ベクトルの向き、背景にある社会の性格などは一定ではなかった。共通するものを「勝者」の視点からのみ断罪すれば、「漢奸」「傀儡」でしかない。それが一面的であることは今や明らかであろう。本稿で見たように、日本側も治安の回復を望み、平穏な暮らしと学習環境を望む中国の教育関係者との間で行われた「中小学教員訪日視察団」事業は、双方が同床異夢でありつつ、維新政府側が行った日本側との掛け引きの一つであったとも言えよう。

注

（1） 維新政府は、その成立に際して「維新政府成立宣言」を出している。それによれば「近年百政腐敗シ羣小廷ニ満チ外交ヲ諳ンゼズシテ只豪語ヲ誇リ、民ニ教ヘスシテ戦ヲ為サシメ、軍備ナクシテ空言ヲ恃ミ啻ニ民命ヲ以テ犠牲トシ国家ヲ賭物トナスニ止マラス遂ニ神州ヲ塗炭ニ陥入レ京邑ヲ廃墟ト化シ万竈ニ煙ナク四民業ヲ失フニ至ル」状況であり、蔣介石の「焦土政策ハ自殺ニ等シク容共政策ハ寇ヲ招クニ同ジ……現在四川ニ一時ノ安逸ヲ求メ湖北湖南ニ潜伏スト雖モ只徒ラニ呼号スルヲ以テ自ラ娯ムノミニシテ已ニ統御ノ力ヲ失ヘリ」、それ故「爰ニ三月二十八日南京首都ニ中華民国維新政府ヲ重建ス其ノ唯一ノ使命ハ即チ領土主権ヲ戦前状態ニ復元シ隣邦ト樽俎折衝シテ敦睦ニ帰シ勉メテ国人ヲシテ戦渦ノ苦ヲ免レシメ同種ヲシテ兄弟相争フ事ナカラシメ……東亜ノ平和ヲ確立シ更ニ欧米列国ト連絡ヲ保持スルニアリ維新政府ノ成立ハ蘇浙等ノ省ノ事実ニ根拠シ其ノ性質ハ臨時的ノモノニシテ臨時政府トハ初メヨリ対立ノ心ナシ将来中央所管ノ事項ト不可分ノモノハ臨時政府ニヨリ商酌辦理ス……中華民国二十七年三月二十八日」とある（「維新政府成立宣言」『中華民国維新政府法令集』興亜院華中連絡部総務室4、昭和一五年一二月。JACAR（アジア歴史資料センター）Ref. A06033008500、一－二頁）。

（2）言わずもがなではあるが、交渉の相手の存在を自ら否定してしまったのでは話が先に進まなくなり、「事変解決」の目処が益々立たなくなるのは当然である。

（3）維新政府の成立過程については、特にことわりのない限り、『中華民国維新政府概史』（以下『維新政府概史』）（南京特別市行政院宣伝局、民国二九年三月、一－一六頁）、および広中一成『ニセチャイナ――中国傀儡政権 満洲・蒙疆・冀東・臨時・維新・南京』社会評論社、二〇一三年、三五二－三五六頁）。前者は、維新政府の汪政権への合流直前に維新政府の総括として編纂出版されたものであり、日本語による出版である。また後者は、書名はともかく、中国における対日協力政権に関して手際よくまとめたハンドブックであり、簡便かつ有用な書である。なお、「当分の間」といっても、それは安定的な親日政権が成立するまでとのことではあるが、具体的な期間が念頭におかれていたとは言いがたい。

（4）「権力の空白状態」とは、国民党軍撤収後、日本軍が一定の安定的統治を行うまでの状況であるが、これについてはC・ジョンソン（田中文蔵訳）『中国革命の源流―中国農民の成長と共産政権』（弘文堂新社、一九六七年）で示された、「権力の真空状態」という考え方と類似している。ジョンソンは、その「真空」を埋めるように、華中では新四軍が進出していった、とする。しかし、拙著『摩擦と合作――新四軍1937～1941』（創土社、二〇〇三年）でも明らかにしたように、「真空」を埋めようとしたのは中共だけでなく、日本軍以外にも、残置国民党軍遊撃部隊、在地勢力など、一筋縄ではいかない。もちろん、ジョンソン（Chalmers A. Johnson）の著作（*Peasant Nationalism and Communist Power: the Emergence of Revolutionary China, 1937–1945*, Stanford University Press）は、一九六二年初版の古典的なものであり、イデオロギーに囚われない中国研究の先駆けでもあった。

（5）前掲『維新政府概史』三頁。

（6）こうした点は、中華人民共和国の成立を「解放」と捉える理解のあり方の正反対にくるかも知れない。しかし、「父老」の支持を獲得できなかった革命派の失敗を早くも一九一四年に指摘した内藤湖南（『支那論』文春学藝ライブラリー版、二〇一三年、一六－一七頁）や、ギルドに中国社会の特質を見出した根岸佶（『支那ギルドの研究』斯文書院、一九三二年、『買辦制度の研究』日本図書株式会社、一九四八年など）をはじめとする戦前の先学が理解した中国像の方が、現在の中国を見る時に有効性を持つことから考えても、あながち誤りではないように思える。この点に関しては、拙稿「東亜同文書院の二〇世紀中国社会論――根岸佶・内田直作を例として」（『東亜同文書院大学記念センター報』第二四号、二〇一五年三月）参照。

（7）この点に関しては、「維新政府成立前ニ於ケル華中自治機関表」（『維新政府概史』三－四頁）参照。一九三九年段階で大小取り混ぜ、四二の「自治機関」があった。

（8）前掲「維新政府成立宣言」。

（9）上海の新亜ホテルに政府機構が置かれて、また実際の統治地域も狭小であったため、ホテルの中しか統治できないとして「ホテル政府」（原文「飯店政府」）と揶揄されたともいう（前掲、広中一成『ニセチャイナ』三六〇頁）。

（10）それぞれに出身母体となった政権、社会基盤に違いがある。

（11）日中戦争前の中華民国における教育事業の展開との比較、維新政府による新たな「親日的」教科書の編纂や教員の再訓練に関わる日本の諸関係者の活動などは、対日協力政権研究において避けることのできない課題である。これらに関しては、維新政府関連を含め別稿を用意したい。

（12）『維新教育概要』維新政府教育部顧問室、昭和一五年三月、六五―六六頁。なお、筆者は愛知大学豊橋図書館霞山文庫蔵の同書を参照したが、同書は後掲の齋藤重保の寄贈本である。

（13）「中支に於ける日本語教育」（『文学』第八巻第四号、一九四〇年四月）、「最近中支の日本語教育」（『日本語』第一巻第五号、一九四一年八月）（国文学論文データベースより）などがある。戦時中、華中での日本語教育に関わった人物。なお、当時の海外における日本語教育については、川島真「戦時体制与日本語・日本研究」（近現代日本社会的蛻変国際研討会、二〇〇六年三月一六〜一七日、台北：中央研究院）が網羅的に扱い、有用である。

（14）齋藤重保については津久井弘光「漢口同文書院（江漢高級中学校）について――齋藤重保の報告書を中心に」（『近きにありて』第四六号、二〇〇四年一二月）がある。「江漢中学」は正式には「江漢高級中学校」。一九二二年に東亜同文会によって漢口に漢口同文書院として設立されたが、国民政府による教育権回収運動に遭遇し、一九二五年、日中共同の東方学会に学校経営を委託、校名を「江漢高級中学校」と改め、民国教育部に認可を申請、留日予備教育に力を入れた。一九四五年廃校。なお、齋藤重保は、一九二五年より同校総務長（『東亜同文会史・昭和編』霞山会、二〇〇三年、九七、一〇五―一一〇頁）。同校に関する専論は管見の限りまだない。

（15）上野太忠について、豊島与志雄は、第二次上海事変後、日本軍による占領下の上海を描いたエッセイ「上海の渋面」のなかで、上海の和平派知識人の間で信望がある、と述べている（『豊島与志雄著作集　第六巻（随筆・評論・他）』未来社、一九六七年、三五九―三六四頁）。

（16）維新政府成立当時、東亜同文書院は大学昇格前であり、福田勝藏は「華語」担当の教授であった。なお、大学昇格後は「予科教授」となる（『東亜同文書院大学史』滬友会、一九八二年、一五七頁）。

（17）前掲『維新教育概要』六六頁。

（18）なお、「連絡会議」は毎週月木土の三回開催し、維新政府教育部の「立案ノ検討」を行うとしていた（同前『維新教育概要』六七頁）。満州国と同じく、「内面指導」の機関と位置づけられていたことが、ここからも読みとれる。

（19）「同時ニ顧問齋藤重保、補助官田中邦彦ハ顧問室及事務室ヲ教育部庁舎内ニ設置シテ教育部ノ内面指導並ニ之ニ関スル事務ニ当リ、補助官菊沖徳平ハ教育部駐滬辦事処ニ在リテ専ラ教育部トノ連絡並ニ教科書業務ヲ担当セリ。十月別紙ノ如キ日人教師配置計劃ヲ立テ、並ニ教育部編審委員会改組案、国立南京大学籌備ノ業務ニ着手セリ」（同前書、七一頁）とあり、もともとの所属、担当する業務によって、派遣あるいは招聘元が違っている。これは、本稿の課題とは異なるので言及しないが、維新政府のみならず、当時の対日協力政権への日本側の対応を検討する際、留意すべき事柄である。

（20）前掲『維新教育概要』七二頁。ちなみに、顧問室は当初、主席顧問齋藤重保、顧問坪川與吉、教育部事務官菊沖徳平、教育部事務員大石善次郎で構成され、その後、東亜同文書院教授福田勝藏と上海自然科学研究所主事上野太忠は顧問を辞し、菅野謙吾大佐は興亜院調査官となって転出している。

（21）Evelyn Sakakida Rawski, *Education and Popular Culture in Late Imperial China*, University of Michigan Press, 1979, p. 140 本文およびnote。もちろん、識字のレベルには格差が存在する。科挙に合格するようなトップエリートから、二、三百字程度の自分の名前とその周辺程度のものまでである。しかしながら、拙稿「現代中国の識字運動とその成果」（早瀬保子編『中国の人口変動』研究双書№414、アジア経済研究所、一九九二年一月、所収）で述べたように、一九四九年以来、現在まで、識字を政治運動として展開してきた中華人民共和国の掲げる識字目標から考えれば、Rawskiの主張する識字状況は、日中戦争時期の華中という民国中国における先進地域では、清末を上回りこそすれ、低下していたとは考えられない。

（22）前掲『維新教育概要』一二頁。中国の教育事情の本質を突いた批判ではあるが、一般論の枠を越えるものではない。しかし、このことは前掲拙稿「現代中国の識字運動とその成果」で述べたように、中華人民共和国成立直後に喧伝された「人民の九五パーセントが非識字者」という識字率はきわめて政治的なものに過ぎず、現在の中国の基礎教育水準の向上が初等教育にたずさわった現場教員の努力によるものであり、政治運動としての「識字運動」が何等成果を上げることができなかったことにも当てはまる状況批判である。その意味では、維新政府当局が、それを「内面指導」する日本側ともに、初等教育に力点を置いたことが教育事業であったという観点から見ると、問題なく正しい。ただし、イデオロギーの問題を抜きにすれば、ではあるが。なお、『維新教育概要』一二頁において「一九一一年以来大学数ニ於テ百倍セルニ反シ、小学校ノ数ハ過去二十六年間ニ僅カニ四倍ノ増加ヲ見タルニ過ギズ、コノ奇矯ナル発達下ニアリシ支那ノ教育ノ価値ガ奈辺ニアルカハ自ラニシテ明カナリ」と指摘する点は、上述の教育状況批判を含め中華人民共和国の教育政策にも当てはまる観点である。

(23) 前掲『維新教育概要』一一頁。

(24) 前掲『維新教育概要』一二頁。

(25) 前掲『維新教育概要』一九－二〇頁。

(26) 例えば、清水董三「中日文化ノ関係ト教学ノ根本義」、堂ノ脇光雄少佐「小学教師ニ対スル希望」、馬場鍬太郎「日本ト中国」であり、維新政府側からの陳羣「我カ教育経験」、顧澄「今後ノ教育」であり、日本側よりテーマとしておざなりな感を受ける。

(27) 前掲『維新教育概要』二〇－二一頁。

(28) 各地に配属された卒業生の「結束ヲ計リ新教育建設ノ中堅タラシムベク同学会ヲ組織」した（同前）と云う。これは、卒業生が親睦を深めるための単なる同窓会組織ではなく、各地への配属後も彼らを公私ともに掌握しようとする試みであったと考えられる。

(29) 楢崎淺太郎（一八八一－一九七四）。教育心理学者。コアカリキュラムを提唱。東京文理科大学心理学教室創設当時の中心人物の一人。

(30) 佐々木秀一は「教授法」を担当。通訳付であることから、日本語による講義であったと判断できる。なお、『維新教育概要』二二頁では、佐々木は講師教授とあるが、昭和一〇年九月一日付『読売新聞』および『東京日日新聞』では「帝国美校」（現武蔵野美術大学）新規教授に文理科大学教授として紹介されており、昭和一〇年には文理科大学教授であったことが確認できる。両校の関係から併任であった思われる。

(31) 上海日本高等女学校は一九二三年設立、一九四二年の上海第二高等女学校設立に伴い、「第一日本高女」となる（山本禮子「高等女学校の研究（第六報）――外地高女卒業生のアンケート調査から」『和洋女子大学紀要』第三一集文系編、四七頁、元表は高等女学校研究会編『高等女学校資料集成　第一七巻　外地統計年鑑編』大空社、一九九〇年）。なお、日本高等女子学校は現在虹口区第三小学校、一九二〇年に上海居留民団が設立、一九二三年三菱社宅を改築し、移転。第二高女跡地は現上海外国語大学、大連路五五〇号。

(32) 竹内虎士（一九〇二－没年不詳）。一九二六年東京高師体育科卒業後、附属中学及び本校講師、その後文理大に入学、一九三六年卒、以後東京ろう唖学校教諭、生徒主事。特殊体育学を研究。戦後、東京教育大学体育学部教授。競技としては陸上跳躍、サッカーを専門とし、障がい者体育に力を入れた（『コーチのための実験体育学』逍遙書院、一九六〇年、『運動生理学』逍遙書院、一九七〇年）。

(33) 明治期に、伊沢修二を音楽取調掛として欧米に派遣した際、伊沢がアメリカで行進曲の意味を体得し、さらに音楽の先進地域であったヨーロッパでの経験を日本の近代学校教育に導入したことは、賛否はあるものの、国民意識の形成にとって大きな意義があったと言うべきであろう。この点に関しては、奥中康人が『国家と音楽――伊沢修二がめざした日本近代』(春秋社、二〇〇八年)で詳細に論じている。これは、体育も同様である。

(34) 前掲『維新教育概要』二二一―二二三頁。省市別、受講科目別参加者数を付表1に示す。

(35) 団体の名称として、「教育赴日団」「訪日見学団」と各様の記述があるが、前掲『維新教育概要』および南京市檔案館での史料「1002-7-103 南京特別市教育局「市立中小学教員訪日視察団名冊及視察経過報告徴文」民国二八年七月」(二〇一三年八月一九日筆写)に基き「中小学教員訪日視察団(訪日視察団)」とする。なお、日本では「小中学」の順に表記するのが通例であるが、原資料に従い、「中小学」とした。

(36) 前掲『維新教育概要』二二三頁。なお、前掲『維新政府概史』二一八頁では、「中・小学教員をして従来の誤つた観念を打破すべき目的の下に、友邦日本の教育の実情視察と本国教育革新再建の目的より中小学教員訪日視察団を友邦に派遣し、東京・大阪・名古屋・神戸・別府・熊本等各地小学教育の実状を見学せしめた。一行は管下の優良教員中より三十名を選抜したもので、一行中には三名の女教員も交り二十八年十一月十一日から十二月五日にわたつて日本を視察した……」と、ほぼ同内容の文章が収められている。

(37) 同前『維新教育概要』二二三頁。

(38) 同前『維新教育概要』三二七―三二八頁。なお、関与した特務機関の所在地は、南京・蘇州・上海・杭州・南通・蚌埠であり、このうち女性教員は南京・上海・杭州からのみの募集であった。

(39) 前掲『維新教育概要』三二七―三二八頁。具体的には、付表2～4参照。

(40) 原文では「中学男子教員」「小学女子教員」のように記してある。

(41) 引率者は、教育部立教員養成所教授王質庵(既出)、教育部高等教育司第一科長兪義範(東京高師図書専修科卒、軍特務部教科書審査者)が中国人、指導官は支那派遣軍総司令部嘱託田中邦彦(特務部・スポーツ担当、東京高師文科一類卒)、同じく菊沖徳平(日本語教育担当、大東文化学院高等科卒)が日本人であった(前掲『維新教育概要』附表「維新政府教育部教員養成所一覧表」および同書一四―一五頁)。なお、菊沖徳平については川島真は「戦時体制与日本語・日本研究」(近現代日本社会的

付表1　夏期講習会参加教員数

	教育学・教授法	音楽・体育	合計
江蘇省	51人	36人	87人
浙江省	28人	8人	36人
安徽省	26人	11人	37人
上海市	35人	25人	60人
南京市	30人	21人	51人
杭州市	16人	12人	28人
合　計	186人	113人	299人

付表２　訪日中等学校教員分配表

機関名	校　名	人員
南京特務機関	教育部模範中学	1
	教員養成所	1
	南京特別市立中学	1
蘇州特務機関	省立蘇州中学	1
	無錫工業学校	1
上海特務機関	上海特別市中学	1
杭州特務機関	省立模範中学	1
	杭州市立中学	1
南通特務機関	南通県公立中学	1
蚌埠特務機関	懐遠県立中学	1
合　計		10

付表３　訪日女教員分配表

機関名	校　名	人員
南京特務機関	教員養成所	1
	模範女子中学	1
	南京市（小学校中）	1
上海特務機関	上海市（小学校中）	1
杭州特務機関	杭州市（小学校中）	1
合　計		5

付表４　訪日小学男教員分配表

省市別	機関名	所　在	人員
江蘇省	南京特務機関	模範小学校長中	1
	上海特務機関	同前	1
	蘇州特務機関	同前	1
	南通特務機関	同前	1
浙江省	杭州特務機関	同前	1
安徽省	蚌埠特務機関	同前	1
南京特別市	南京特務機関	同前	1
上海特別市	上海特務機関	同前	1
合　計			15

蛻変国際研討会 2006）で言及しているが、名をあげるにとどまっている。菊沖に関する詳細な研究は見当たらない。また、田中邦彦については高嶋航「戦時下の日本陸海軍とスポーツ」（『京都大学文学部研究紀要』第五三号、二〇一四年）に言及がある。なお高嶋論文は、戦時下の日本軍内部において「敵性スポーツ」がかなり活発に行われていた状況を紹介しており、従来の視角の転換を迫っている。

(42) 前掲「市立中小学教員訪日視察団名冊及視察経過報告徴文」。参加者の履歴などは、前掲『維新教育概要』附表「維新政府教育部教員養成所一覧表」による。教員養成所出身者に関しては、この附表によって履歴がある程度わかる。しかし、本文中に示したように、欧季撫、張竹軒等を含め詳細不明な者の方が多い。それでも、附表に掲載された関係者の履歴から類推し、また民国期中国の教育事情を勘案すると、留学歴を有しあるいは高学歴の者は三〇歳にならなくとも学校管理職に就くことが通例であり、大方が三〇～四〇歳代中堅になりかけた教員であったと考えても、特段異様ではあるまい。

(43) しかし、後述するように、見学地としては東京帝国大学、東京府立美術館、村山貯水池など多岐にわたり、初等中等教育の実情視察を周辺から補う見学先が用意されていた。なお、校外見学の位置づけの日中比較については検討が必要であり、これは今後の課題としたい。

(44) 四名は教育部立教員養成所附属小学校教員孫悦信（男、三〇、教員養成所卒）、滬西模範小学校教員徐国詔、南京市立第九小学校教員呉梯芳、杭州市立模範小学教員周定影。（ ）内は、前掲『維新教育概要』附表「維新政府教育部教員養成所一覧表」による。

(45) 計画と実際とは微妙な変更があるにとどまる。計画については前掲『維新教育概要』三三六–三四一頁、実際については前掲「市立中小学教員訪日視察団名冊及視察経過報告徵文」による。

(46) 同校については、『勝山尋常高等小学校沿革史』（一九三六年五月）が創立六〇年記念誌として刊行されている（国立国会図書館近代ライブラリー蔵）。なお、同校は学制発布に伴い、長崎県最初の小学校として一八七三年第一番小学・向明学校として開校、翌年勝山小学校と改称した。一九三五年、コンクリート造りの新校舎に改築、原爆に耐えて、一九九七年廃校まで使用された。現在、同校の跡地には長崎市立桜町小学校がある。

(47) 長崎県立長崎高等女学校（一九〇一年創立）、県立長崎中学校（一八七四年創立）は、戦後統廃合によって長崎県立西高等学校および東高等学校となった。また、高等女学校は、県立短期大学をへた現在の県立シーボルト大学の前身の一つでもある。

(48) この点に関しては、前掲『維新教育概要』には長崎での見学について言及がない。長崎の勝山尋常高等小学校と県立高等女学校の見学が急遽入ったのか、当初から予定されていたのか不明であるが、後述の東京での女高師附小での手違い（視察団到着日に、児童は校外学習で不在）などを見ると、実施直前まで見学先との調整が繰り返し行われていたと考えられる。

(49) 一九二四年創立。一九四三年都政移行に伴い、都立九段中学校と改称、戦後、都立九段高校。

(50) 一九三五年創立。当時建築されたコンクリート造りの校舎は「東洋一」と称され（「港区立高輪台小学校学校要覧 平成二五年版」）、また「昭和一〇年（一九三五年）二月一〇日、今の地に立派な鉄筋コンクリートの校舎が完成しました。「東京市高輪台尋常小学校」の誕生です。高輪の台地の中でも、ひときわ目立つ白い大きな建物でした。品川の沖を通る、大きな外国船のように美しいというので、「陸の白い巨船」の船出だと言われたそうです」（校長篠原敦子「高輪台小学校の歴史 その1」『高輪台』一〇月号、二〇一四年、一頁、同小ホームページより）とある。また、同じ『高輪台』一〇月号によれば、同校のプールは視察団が訪れる前年一九三八年に完成し、戦後補修された後、校舎同様、現在も使用されている。

(51) 一九〇八年創立。一九九六年、市立諏訪山小学校と合併、市立こうべ小学校となる。旧北野小学校の跡地は「北野・工房のまち」となっており、校舎も現存している。

(52) 視察団の日本旅行総経費として一万七〇〇〇円が予定されていた。なお、内訳は、教員旅費滞在費一万二〇〇〇円、引率者旅費滞在費二〇〇〇円、雑費一〇〇〇円、予備費二〇〇〇円であった（前掲『維新教育概要』三二八頁）。

(53) 「視察日本小学教育報告書　南京市立第一模範小学校長　張竹軒」（前掲「南京市立小中学教員訪日視察団名冊及視察経過報告徵文」）。欧季撫が初等、中等、高等の全段階の教育に関して報告しているのに対して、張竹軒は、初等教育に関してのみの報告である。

(54) ただし、前掲「南京市立小中学教員訪日視察団名冊及視察経過報告徵文」に収められている報告は引用した欧季撫、張竹軒、呉悌方の三名だけであり、残りに関しては不明である。

(55) 一九三八年一二月一八日「奉令赴日視察教育経過報告　南京市立第一中学校長　欧季撫」（前掲「市立中小学教員訪日視察団名冊及視察経過報告徵文」）。この報告には、一二月一〇日に執筆が完了した旨、記載されている。よって、一八日は報告提出日と考えられる。

(56) 呉悌方は、前掲『維新教育概要』所載の視察団団員名簿には記載がないが、南京市檔案館所蔵の前掲「南京市立小中学教員訪日視察団名冊及視察経過報告徵文」には名前があり、感想文の形であれ報告があるので、視察旅行参加者と判断した。

(57) 詳細は不明であるが、中国でも日本でも伝統的な教育方法としては、児童に対して教師からの知識の伝達が中心であり、日本の児童が強い注意力を持っていることに感心している、と見てよいのではないだろうか。

(58) 前掲「視察日本小学教育報告書　南京市立第一模範小学校長　張竹軒」。

(59) 明治六年、国立師範学校の練習校、すなわち教育実習校として創立、現在筑波大学附属小学校。視察団見学時には、九〇〇人の児童を幾つかのグループに分け、文部省が求める教学方法などを実施し、それ以外に発達障害児向けの教育などを行っていた。

(60) 張竹軒の報告では、「専司医師」三人とあるが、「くる病」治療の専門医が三人も来るとは考えにくいので、他の診療科目も含むのであろう。

(61) 原文のママ。現在の「保健室」であるが、日本でその用語が定着するのは一九四七年の学校教育法以後である。戦前期には「治療室」「医務室」と呼ばれることが多かった（田口亜紗「学校保健室の系譜——その空間機能の変遷に関する予備的考察」成城大学『常民文化』第二九号、二〇〇六年三月、参照）。「衛生室」は中国語にも類似の意味を持つ表現であり、帰国後の報告では日本で見た表示をそのまま用いたと判断した。

(62) 原文「手工室」。明らかに中国語での表現である。

(63) 紫外線を照射することで、本来は日光を浴びることで生成されるビタミンDの生成を促進し、「くる病」治療および予防に役立つとされていた。

(64) 日中戦争の緊張も、東京の児童や保護者たちにはまだまだ伝わっておらず、世界恐慌から立ち直りつつあった都市部では、自由主義的な教育も残っていた。

(65) 張竹軒は「連合游芸会」と記している。

(66) 中国では、清末から義務教育制度を導入しており、中華民国政府もそれを継承していた。この点は、本稿の論旨から外れるが、中華人民共和国において施行された一九八六年の義務教育法を以って中国史上初の義務教育制度と主張する政治的発言、あるいは誤りが散見されるので、あえて指摘しておく（拙稿「中国の教育体制改革――中等教育の改革と問題点」『アジア経済』第二七巻第八号、一九八六年八月、同「改革・開放期における中国の教育体制改革について――初等教育の普及と課題」『アジア経済』第三七巻第七・八号、一九九六年八月）。そうした民国期中国の努力を阻んだのも、近代日中関係であった。

(67) 中華人民共和国時期になっても、こうした情景は基本的に変わってはいないのではないだろうか。

(68) 原文「訪日帰来的感想」。

(69) 原文「散沙」。

(70) 前掲『維新教育概要』三二七―三三一頁。総経費一万七〇〇〇円であり、内訳は教員旅費滞在費一万二〇〇〇円、引率者旅費滞在費二〇〇〇円、雑費一〇〇〇円、予備費二〇〇〇円であった。史料の性格上日本向けと考え、「圓」は「元」ではなく「円」と判断した。

(71) 週刊朝日編『値段の明治・大正・昭和風俗史』上、一九八七年三月、四三三頁。

(72) 同前書、三六三頁。

(73) 神戸の北野尋常小学校での児童の演目は、1．分列行進（三年以上）、2．国民体操（三年以上）、3．行進遊戯「小馬・紅葉」（二年女子）、4．器械体操「跳躍・倒立・転旋」（五・六年）、中華同文学校・北野尋常小学校の合同演目は、1．唱歌「卿雲歌」……中華同文学校（五・六年女子）・北野小学校（六年女子）、2．舞踊「天夜了、天亮了」……中華同文学校（二年女子）、3．舞踊「水兵」……北野小学校（二年女子）、4．舞踊「同楽舞」……中華同文学校（二年女子）、5．舞踊「絵日笠」……北野小学校（三年女子）、6．舞踊「興亜行進曲」北野小学校（四・五年女子）・中華同文学校（五・六年女子）であった（前掲「奉令赴日視察教育経過報告 南京市立第一中学校長 欧季撫」）。どう見ても、一週間程度で稽古が終わるようなプログラムではない。

(74) 「維新政府教育部 訪日視察団出発【上海特信】」（『大阪朝日新聞』昭和一四年一一月一四日、中支版）。

(75) 〈南京市教育人員赴日考察団案巻〉民国三〇年、（前掲「市立中小学教員訪日視察団名冊及視察経過報告徴文」）。この史料に

は月日の記入はないが、維新政府が同年三月二九日に解消されるので、当然ながらそれ以前の事である。

(76)「北支那の校長さん 十八名日本見学に 臨時政府教育部が派遣【北京特電九日発】」(『大阪朝日新聞』昭和一四年一〇月一一日、中支版)。ここでも、興亜院が全体を取り仕切り、「輔導官」として武田調査官を配し、団長は臨時政府教育部普通教育科長陳楚涵、一〇月二四日北京発、一一月一五日北京着の日程であった。臨時政府の行程と一致するかどうかは未検討である。記事には、小学校教員養成に力を入れてきたが「最近同地における師範学校も整備された」のでその校長を派遣したとある。派遣の意図や人選の基準は維新政府と同類と考えて間違いないであろう。

資料　視察団日程

日次	月・日(曜)	地名	発着時刻	列車番号	備考	宿泊
1	11・11(土)	南京 上海	ハ前8:00 チ後1:30	急行ニレ バス	陸海軍・華中連絡部	新亜
2	11・12(日)		ハ前9:00	連絡船(上海丸)		船中
3	11・13(月)	長崎 門司 下関	チ ハ後2:45 チ後7:45 ハ後11:00	急行102レ 急行10レ寝台		車中
4	11・14(火)	東京	チ後7:43			第一ホテル
5	11・15(水)				宮城遥拝・明治神宮参拝、興亜院其他挨拶	〃
6	11・16(木)				午前中帝国大学及附属病院見学/午後帝国議事堂・日参会館見学	〃
7	11・17(金)				午前中東京女高師及附属学校見学/午後美術館・動物園見学	〃
8	11・18(土)				午前中代表的中小学見学/午後放送局・中央電話局見学	〃
9	11・19(日)				午前中大宮工場見学/午後中央市場・塵芥焼却場・汚物処理場見学	〃
10	11・20(月)				午前中村山貯水池見学/午後株式取引所・百貨店見学	〃
11	11・21(火)	小田原	ハ後3:15 チ後4:42 ハ後4:47	準急701レ 箱根登山鉄道		

		強羅	チ後5:30			強羅観光ホテル
12	11・22(水)	小田原 名古屋	ハ後3:11 チ後3:59 ハ後4:42 チ後10:00	準急701レ バス		(名古屋)観光ホテル
13	11・23(木)			バス	代表者県市挨拶、安東七宝・日本陶器・時計工場・名古屋城見学	〃
14	11・24(金)	山田 鳥羽	ハ前8:00 チ前10:02 ハ後0:18 チ後0:37	準急203レ 306レ	伊勢大廟参拝 御木本真珠工場見学	待月楼
15	11・25(土)	鳥羽 奈良	ハ前7:45 チ前10:40	206レ	代表者県市挨拶、市内見学	魚佐旅館
16	11・26(日)	京都	ハ前9:09 チ前10:16	914レ バス	代表者府市挨拶、平安神宮参拝後市内見学	弁慶館
17	11・27(月)				京都帝国大学見学、比叡山	〃
18	11・28(火)	大阪	ハ前8:30 チ前9:11	313レ	代表者府市挨拶、大阪城・朝日新聞社・電気科学館見学	新大阪ホテル
19	11・29(水)				造幣局、鐘紡淀川工場見学、在阪華僑交歓会	〃
20	11・30(木)	神戸	ハ前9:40 チ前10:14 ハ後7:40	103レ 大阪商船	代表県市挨拶、市内見学	
21	12・1(金)	別府 坊中 阿蘇山 坊中	チ後0:20 ハ後0:25 チ後4:06 ハ後4:10 チ後5:00 ハ後6:00 チ後6:40	512レ バス	阿蘇登山	

日次	月・日(曜)	地名	発着時刻	列車番号	備考	宿泊
		熊本	ハ後6：58 チ後8：22	514レ		司旅館
22	12・2(土)	三角	ハ前7：50 チ前8：54	930レ		
		島原港 雲仙	ハ前9：10 チ前10：30 チ正午	九州商船	雲仙登山	雲仙ホテル
23	12・3(日)	諫早 長崎	ハ前6：00 チ前7：20 ハ前7：56 チ前8：46 ハ前11：00	連絡船		船中
24	12・4(月)	上海	チ後1：00		代表者華中連絡部挨拶	新亜
25	12・5(火)	南京	ハ前8：00 チ後1：30	急行1レ	行政院長・最高顧問・教育部長ニ帰国挨拶	

出所：南京市檔案館（1002-7-103）南京特別市教育局「市立中小学教員訪日視察団名冊及視察経過報告徴文」民国二八年七月。

山東抗日根拠地における通貨政策

馬場　毅

はじめに

抗日戦争中の抗日根拠地における中国共産党（以下中共と略称）の通貨政策についての研究は多くはない。その中で山東抗日根拠地を対象にしたものは、数少ない研究の中で断片的にふれることはあるが皆無に等しい。抗日根拠地での通貨政策についての研究では、まず著書で桑野仁氏の研究がある。これは抗日戦争中の日本軍占領地における中国連合準備銀行券（以下連銀券と略称）を中心とする日本の通貨政策を分析したものである。その中で国民政府と中共側解放区の通貨政策についても若干触れている。[1]また宮下忠雄・豊田隆明両氏は、中共の通貨政策を分析し、その中で抗日戦争時期の中共の通貨政策について、山東抗日根拠地についても若干触れているが、陝甘寧辺区、晋察冀辺区が中心であり、かつ通貨政策そのものより財政経済政策との関連で分析している。[2]岩武照彦氏は、抗日戦争時期については日本側の連銀券、国民政府の法幣、各抗日根拠地発行の辺幣の三者による通貨闘争について分析し、各根拠地の通貨について触れているが、史料的にも「施政綱領」などに依拠し、制度的な分析にとどまり、かつ山東抗日根拠地の分析は簡単なものである。[3]

論文では、山東抗日根拠地における通貨政策について専著は皆無であるが、拙稿は、一九四二年以後、山東抗日根拠地で従来の法幣擁護策から北海銀行幣による法幣駆逐政策に転換していったことについて簡単に触れている。[4] また陝甘寧辺区については、井上久士氏が、経済建設との関係で通貨・金融政策についてふれている。[5] その他最近のものでは、一谷和郎氏が、晋冀魯豫辺区の貨幣流通について述べている。また楊韜氏が、印刷という視点から晋綏辺区における紙幣製造について述べている。[6] また岡崎清宜氏は、四川における幣制改革に関連して、法幣と小額貨幣の間に輔幣券（一元未満の小額銀行券）がすべり込む実態を明らかにし、当時の地方の通貨流通実態について参考になる。[7]

ところで山東抗日根拠地における通貨政策についての本格的な研究が行われなかったのは、関連する史料の極度の不足にあった。そのなかで『中国革命根拠地北海銀行史料』第一冊の発行は画期的なことであった。本書には北海銀行関係者へのインタビュー、銀行の檔案、山東抗日根拠地各区で出された機関誌や出版物からの記事など個人では収集が難しい史料を多数含んでいる。[8] 本書と日本で見られる史料を合わせると、山東抗日根拠地における通貨政策の実態をかなり明らかにできる。

中国では、山東抗日根拠地の通貨政策を扱った論文はいくつかあるが、その内容には精粗がある。その中では、王士花氏は、山東抗日根拠地の通貨政策を扱い、前述の史料集を丹念に読み込んでいて、参考になる。[9]

本稿は、山東抗日根拠地の一角の膠東区に設立された北海銀行の設立過程、その特色、一九四〇年以後の山東各区抗日根拠地への北海銀行拡大の経過、さらに初期における法幣を本位貨幣とし北海銀行幣をその輔幣とする位置づけから、一九四二年以後の北海銀行幣を本位貨幣とする政策転換および法幣の流通禁止政策の要因とその政策の遂行過程、さらにそのこととも関連するが、アジア・太平洋戦争開始以後の日本軍および汪精衛政権による法幣の大量持ち込みによるインフレーションおよび物価高騰に対して、山東抗日根拠地側がどのように対処したか、そして最終的に山東抗日根拠地で通貨の面で北海銀行幣により一元化されるまでを述べたものである。

I　北海銀行の成立

北海銀行が設置された膠東半島の抗日戦初期の状況は以下のようであった。津浦鉄路沿いに南下してきた日本軍は山東省の黄河北岸にとどまり、国民党の山東省長韓復榘と山東省の無抵抗占領をはかろうとして折衝をしていたがまとまらず、一九三七年一二月二三日、日本軍は黄河を渡り、韓復榘軍は無抵抗で省都済南を日本軍に明け渡し、韓復榘政権は崩壊した。その後日本軍は津浦鉄路沿いに南下するが、日本軍の一部は膠済鉄路を東進し、一九三八年一月一〇日、膠東の青島を陥落させた。(10)

一方、韓復榘政権が崩壊して、日本軍による占領統治が始まる前の権力の空白期に乗じて、中共山東省委下の膠東特委は、かねての計画に基づき、一二月二四日に膠東の文登県天福山で、昆嵛山遊撃隊を基礎にして蜂起して、山東人民抗日救国軍第三軍（以下第三軍と略称）第一大隊を樹立した。その後、膠東各地の威海、黄県、萊陽、蓬萊、即墨で蜂起した部隊を加えて拡大していった。一九三八年三月、第三軍第二路は、蓬萊県城に入城し、日本軍に協力した傀儡政権を倒して民主政権を樹立した。四月には、第三軍第三大隊が、八路軍魯東遊撃第七支隊、第八支隊とともに、黄県県城に入城して、国民党の県長に代えて、民主政権を樹立した。また三月には、中共蓬萊県委が民衆抗敵動員委員会を蜂起させて掖県城を占領し、日本軍に協力していた傀儡政権を倒し、抗日民主政権をたて、膠東抗日遊撃第三支隊（鄭耀南支隊長）を成立させた。すなわち四月には、中共は膠東の蓬萊、黄県、掖県に山東省での早期の抗日根拠地を樹立し、また三県の政権を影響下に置いた。七月上旬、蓬萊、黄県、掖県を管轄する膠東北海区行政特察専員行署を樹立し、曹漫之が専員兼黄県県長となった。その後、九月一八日には、第三軍と第三支隊を改編して八路軍山東人民抗日遊撃第五支隊を成立させた。(11) 北海銀行は、このような膠東の抗日根拠地を基盤に樹立された。

北海銀行は、元青島魯中銀行経理で銀行経営の経験があり、中小資本家の張玉田が、抗日戦争開始後、故郷の掖県に戻った時に、第三支隊の鄭耀南支隊長らの指導者の要請、第三支隊が改編された第五支隊や中共膠東特委の支持を受けて、銀行開設の準備を始めた。(12)北海銀行が開設された時期については、一九三八年秋、(13)一〇月、(14)一〇月に北海銀行幣を正式に印刷し一一月一日に正式に成立を宣布した、(15)一二月一日営業を開始した、(16)と分かれている。どれとも決めがたいのであるが、遅くとも一二月一日には、営業を開始したと思われる。紙幣の原料である紙の購入、紙型の制作は、張玉田の人的関係を通じて、危険を冒して日本軍の占領地区である天津、青島で行った。印刷は掖県の民間の印刷工場同裕堂で行い、銀行は掖県県城内の四合院の民家に置かれた。張玉田が行長をつとめ、陳文其が副行長ならびに黄県に置かれた分行の行長をつとめた。(17)

北海銀行は、最初、公私合営の形態を取り、公的組織と民間が資本金を出す合股の形態で設立することが計画された。計画では、資本金は表1のように各組織が合計二五万元出す予定であった。

しかしながら実際は表2のように、五支隊司令部と蓬萊経済委員会は出股金を出さず、掖県と黄県の二県の経済委員会のみが出股金を出し、総額も一〇万一三三六元余と予定より減少した。その上で九万五〇〇〇元の紙幣を発行した。この出股金は銀行券の発行準備金としての性格を持つと考えられる。ところで『中国革命根拠地貨幣』上冊およびそれに依拠して岩武照彦氏は、北海銀行は資本金二五万元、公私合営で発足し、民股が七（一七元五〇〇〇元）、公股が三（七万五〇〇〇元）であったとしているのは、(18)最初の計画でのことを述べており、実態に合わないと思う。なお『中国革命根拠地貨幣』上冊の記述のもとになったのは、一九四三年八月、省臨時参議会第一回二次大会上での山東省戦時工作推行委員会主任委員黎玉の「山東の過去における政権工作と今後の工作方案」での記述と考えられるが、(19)黎玉はもとの計画案により資本金二五万元、民股七（一七元五〇〇〇元）、官股三（七万五〇〇〇元）と述べている。

表1から見ると、七万五〇〇〇元は五支隊司令部応諸出股金にあたる。すなわち公股（官股）は五支隊司令部

表1　資本金の出資元

資本金の出資組織	金額（元）
（八路軍山東人民抗日遊撃第）五支隊司令部応諾出股金	75,000
掖県経済委員会応諾出股金	65,000
黄県経済委員会応諾出股金	55,000
蓬莱経済委員会応諾出股金	55,000
合　計	250,000

史料出所：原載、黄炎整理「北海銀行会計歴史資料」（『北海銀行史料』第一冊、29-30頁）。

表2　実際の資本金の出資元

資本金の出資組織	金額（元）
（八路軍山東人民抗日遊撃第）五支隊司令部出股金	0
掖県経済委員会出股金	55,672.02
黄県経済委員会出股金	45,664.545
蓬莱経済委員会出股金	0
合　計	101,336.565

史料出所：表1に同じ。

の出股金が想定されていた。しかしながら実際には表2のように五支隊司令部は出股金を出さなかった。したがって掖県と黄県の二県の経済委員会が出した出股金一〇万一三三六元余は、民股として予定されていた一七万五〇〇〇元の一部であったと思われる。すなわち北海銀行は、表向きは公私合営と称していたが（その後も公私合営と称していた）、資本金の面で見る限り、実際は民営の銀行として発足したと考えるべきであろう。

表2では、掖県と黄県の経済委員会が出股金を出資したことになっている。掖県でのこの組織に関連して、前述したように、一九三八年三月、中共蓬萊県委が民衆抗敵動員委員会を蜂起させて掖県城を占領し、日本軍に協力していた傀儡政権を倒し、抗日民主政権をたて、膠東抗日遊撃第三支隊（鄭耀南支隊長）を成立させた。すなわち掖県に中共の影響下の政権をたてた。当時、県委書記兼第三支隊政治部主任であった張加洛の回想によると財政建設のために財経委員会を設置した（この財経委員会は前述した経済委員会と同一のものと

思われる。張は、財経委員会は北海銀行の前身であるとも述べている。なお表1、表2の第五支隊が成立するのは、山東人民抗日救国軍第三軍と膠東抗日遊撃第三支隊が改編されて合併して以後の一九三八年九月以後である。したがって表1、表2はこの時期以後の状況であると思われる）。当時、財経委員会は、毎月約三〇万元の収入があり、収入源として塩池の塩税が一五万元を占め、その他に田賦にあたる地畝税（三畝以下は免税）、「金ある者は金を出す」政策に基づき大地主、大商人、富戸から徴収した抗日救国捐（抗日愛国捐）が主要なものであった。この中から部隊と政府の人員用に、毎月六万元を支出し、その後、膠東区党委、山東分局の金銭の支援をした。注目すべきは、第三支隊が、後の北海銀行行長となる元青島中魯銀行経理である張玉田に、財経委員会副主任を任せ、財務管理を援助させたことである。[20]

私股の募集に際して、少数は商工界が引き受けて購入したが、残りはみな農村で購入を募集した。そのやり方は区の行政機構を通じて村に割り当て購入させ、村は各戸に割り当てた。ただし正式の株券は未だ発行せず、株式申込書が村単位で発行された。私股への応募は、掖県が一番多く、黄県がそれにつぎ、蓬莱は反共の国民党頑固派の進攻を受けていたため大変少なかった。このように、従来の徴税方式によって私股の募集をしたのである。したがって大衆は株式申し込みを捐税と見なした。株式申込書が各戸ごとに発行されなかったことや、第五支隊が一九三九年一月から二月にかけて掖県と黄県、蓬莱の県城を撤退し農村部に移動して以後、大衆は反共の国民党頑固派や傀儡軍との煩わしい事態の発生を恐れて、株式申込書の多くを焼却したり、保管が不十分で散逸してしまったという。[21]その後、一九四四年五月以前に、北海銀行は公私合営から公営となり、配当金付きで掖県と黄県、蓬莱の民股を返還しようとしたが、取りにきた者はごく少数であったという。[22]

ところで北海銀行はなぜ紙幣を発行したのであろうか。これについてはいくつかの点が挙げられる。

(1)地方雑票の流通による通貨の混乱に対する統一の試み。当時、韓復榘政権時代に発行された山東省民政銀行券は、韓政権の崩壊とともに信用が低下していた。また地方の商店の出した流通券や小切手が雑多にあり、交易に影響していた。一九三九年六月、掖県では商店の出した紙幣一元二角を、北海銀行幣一元と交換し、地方雑票を整理していった[23]。

(2)国民政府が幣制改革以後に発行した統一通貨として本来流通すべき法幣の不足。北海銀行は法幣と同価値とし、一九三八年、一元未満の輔幣と一元の小額紙幣を発行し、法幣の不足を補おうとした。ただ発行した紙幣については、五分、一角、二角、五角[24]とか、一角、二角、三角、五角等[25]とか、一角、二角、五角、一元[26]とか、一角、五角、一元[27]とか、輔幣は一角、二角、五角などに分かれて三種[28]という記述がある。これらのうち、一角、二角、五角は複数の論者が述べているので、発行されたものと思われ、その他に『中国革命根拠地貨幣』上冊、三三二頁には、一九三八年印刷の一元札の写真が載せてあるので、一元を発行したものと思われる。

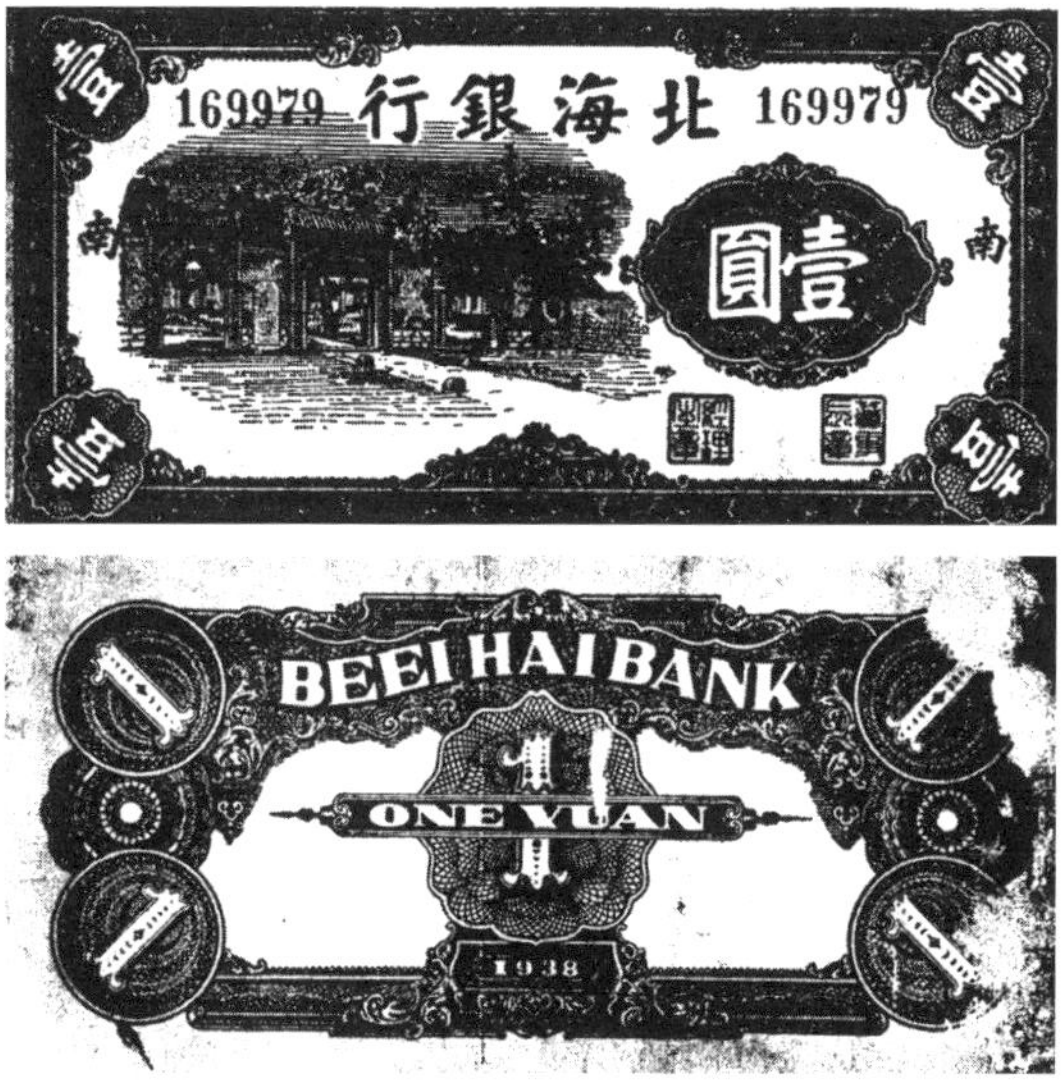

写真１　北海銀行幣（1938年発行一元札）

出所：中国人民銀行金融研究所・財政部財政科学研究所編『中国革命根拠地貨幣』上冊、文物出版社、1982年、332頁。

(3)連銀券など日系通貨の流通阻止。連銀券は一九三八年三月以後発行され、その後山東省でも日本軍占領地区や傀儡軍によって使用されていた。一九三九年六月、蓬萊、黄県の民衆は法幣を信用しそれを蓄え、一方北海銀行幣は県政府への納税や商品の売買に使用できるので流通した。民衆は連銀券に対しては信用せず、やむを得ず使用しなければならない時に、黄県城と龍口特区（六月、ここに連合準備銀行弁事処が設置されていた）へ行き物資に換え、それを手放したという。[29]ただし一九四一年六月二日（この時には、後述するように北海銀行総行は魯中に移り、その他に膠東、魯北、清河に分行を設置し、北海銀行は膠東地区だけではなく山東省の銀行となっていた）までに、北海銀行は連銀券などの日系の通貨や為替を三万七九四五・七三元を買い入れ、九三六三・六〇元を売り出し、二万八五八二・一三元を蓄えていた。[30]これらの金は、何に使ったか不明であるが、政府や軍隊、北海銀行等が日本軍占領地区で物資を購入する時に使われたと思われる。

(4)膠東の農村での商品経済・貨幣経済と集市（定期市）交易の発達。ここでは山区（山岳地帯）では落花生、果物、蚕繭を生産し、沿海では漁撈し製塩し、平原地帯では食糧を生産した。この三者が互いに生産物を交換するための集市が、山区と平原の間で多く立ち、そこで物資を購入するための貨幣を必要としていた。[31]

しかしながらこのように営業を開始した北海銀行も短期間で営業停止に追い込まれることになった。すなわち日本軍に協力した有名な土匪劉黒七（劉桂堂）、張宗援（伊達順之助）が西方から膠東の蓬萊、黄県、掖県の抗日根拠地に侵入したため、一九三九年一月、八路軍山東縦隊第五支隊（前年一二月に山東各地で蜂起した部隊をまとめて山東縦隊が成立していた）は、掖県、蓬萊、黄県の各県城を撤退し、山区の遊撃戦争に移ることになった。北海銀行も掖県県城を撤退し、営業停止となってしまった。行長であった張玉田は、国民党の趙保原の下で、萊陽の県長となり、その後北海銀行との関係はなくなった。膠東特委は、北海銀行の再開をはかろうとし、副行長であった陳文其が萊陽の張玉田の下へ行き、北海銀行の帳簿を引き継ぐとともに（前掲表1、表2はこの帳簿に基づく）、紙型を隠した所を聞き出し、紙型を引き継いだ。一九三九年夏、陳文其は遊撃戦争という条件下で、膠東区党委の遷った萊陽県の張各荘で銀行の再開をしたが、その業務も紙幣の印刷にかぎり、かつ独自の印刷機がなく、膠東での機関誌を発行している「大衆社」で代わりに印刷をしてもらうという状況であった。[32]なお一九三九年には新しい紙幣は発行せず、旧来の紙幣の増刷をしたものと思われる。[33]

II　山東抗日根拠地各地における北海銀行の成立

山東省各地における抗日根拠地の拡大につれて山東の他の地域でも北海銀行が設立されていった。一九四〇年六月には、小清河以南、膠済鉄路以北の清河区の寿光県の一村落に北海銀行清河分行が設立された。[34]これは最初、膠東地区と同様に、公私合営の有限公司形態をとり、資本金を三〇万元とし、一股一〇元とし三万股発行し、官六（一八万元）民四（一二万元）集める予定であった。[35]民股については一九四一年末の時点で、各県から徴収し（この点は膠東と同様に徴税方式で徴収したものと思われる）、約三五〇〇股、股金三万五〇〇〇元を集めたとも、[36]一九四一年度に八八七二股（一股一〇元として八万八七二〇元）を集めたとも記されている。[37]どちらが正しいか判定できないが、どちらにしても目標の一二万元に達していない。また官股がどれくらいか不明である。膠東の北海銀行のように、公的機関からの出資金が払われなかったのかもしれない。一九四一年度には利益が出たので、翌年、毎股一元一角の配当金を払うとともに、上級の指示により北海銀行清河分行を公営（当時中共は国営と称した）化し、民股をすべて貿易局の股票に変更し、株主に渡すこととした。[38]

その後山東各地における抗日根拠地と大衆組織の拡大を基礎にして、魯中の沂南県青陀寺で開かれた大衆組織各会の連合大会で、一九四〇年八月、抗日根拠地における実質的な山東省の政権にあたる山東省戦時工作推行委員会（以下戦工会と略称）が正式に成立した。その後戦工会財政処が成立し、その指導下に北海銀行総行兼魯中分行が魯中に成立し、行長には前山東縦隊供給部政治委員で、戦工会財政処長の艾楚南、副行長には灑海秋が就任した。この段階で、北海銀行は、膠東地区の銀行だけではなく山東抗日根拠地全体の銀行となった。なお魯中では北海銀行総行成立以前に、山東縦隊供給部が、一九四〇年に北海銀行の二角券を沂水県で印刷し、五角券を日本占領地区の済南で印刷していた。[39]

この時期まで、法幣を前提としてそれの輔幣としての北海銀行幣の発行であり、連銀券などを排斥し、私鈔を取り締まるのに対し、法幣を保護していた。(40)膠東区において「法幣は、わが行政区(抗日根拠地)や敵占領区を問わず、信用はほかのどんな貨幣より高い。というのはそれが長い流通の歴史、全民族の保証、国際的信用があるからである。流通区域は(山東省)全境におよび、流通量は全境貨幣流通量の四〇パーセントをしめている」(41)と述べ、法幣への信用を高く評価している。このような認識は膠東区に限らず、山東抗日根拠地全般において一致していた。

一九四〇年一一月、山東省財委会は「北海銀行が輔幣を発行する通知」を出した。これは北海銀行総行に関連してのものと思われるが、その中で、一九三八年度、一九四〇年度に発行した一角、二角、五角などの輔幣は一〇角で法幣一元と交換するとし、法幣と同価値の交換率を決め、各地の民選政府、部隊および付属機関、合作社等がみな交換する責任を負うとしている。(42)

北海銀行総行は、成立直後は戦工会財政処と一緒になって、紙幣を発行していたが、一九四一年夏になって、財政処と分離し、独自の機構を持つようになった。(43)北海銀行総行兼魯中分行が公私合営であったかは不明であるが、戦工会財務処と分離していないことなどから最初から公営であったのではないかと思う。一九四一年五月、戦工会は、治安強化運動による日本軍や華北政務委員会による物資の略奪、連銀券の乱発による金融の混乱、各種の封鎖による物価の高騰に対抗して、膠東区で一九四一年度の北海銀行一元券を特に継続印刷発行することを決定した。(44)膠東の北海銀行は、一九四一年、全省財経会議で正式に北海銀行膠東分行となった。(45)なお北海銀行は、今までは一元以下の小額紙幣や輔幣の発行に限定していたものを、一九四〇年に五元、一〇元紙幣を出し始めた。これは当時進行していたインフレに対応したものであろう。そしてこれ以後さらなるインフレに対応して、さらに高額の紙幣を発行することになる。一九四二年には五〇元紙幣、一九四三年には一〇〇元紙幣、一九四四年には二〇〇元紙幣、一九四五年には初めて二五元紙幣を出し始めた。(46)

写真２　膠東分行発行の北海銀行幣

表面に「膠東」および「この輔幣券は10角ごとに国幣１円と交換する」と記されている。
出所：前掲『中国革命根拠地貨幣』上冊、331頁。

この一九四一年以後、山東抗日根拠地の各地に北海銀行の分行が設立された。山東省北部と河北省の省境地帯の冀魯辺区では、一九四一年、冀南区の指導下から山東の指導下に入り、七月以後、北海銀行冀魯辺分行が設立され、辺区財政科長張耀曾が行長兼任となった。その後、一九四三年夏、清河区と冀魯辺区が合併し渤海区と改称すると、両区の銀行も合併して、北海銀行渤海分行となり、渤海行政公署財政処長王有三が行長となった(47)。山東省の東南部の浜海地区では、一九四一年七月、浜海弁事処を設立し、その後、一九四二年九月、正式に浜海分行となり、一九四三年三、四月の間、魯中から浜海に総行が遷って後、総行兼浜海分行となり、魯中は分行となった。その後、日本の投降前に、総行は再び魯中に戻った(48)。また浜海分行の指導下に、一九四二年に魯南支行が設立され、その後、一九四四年七月に魯南分行が設立された(49)。

このように次々と設立された各地の北海銀行分行は、清河分行を除いて、公私合営の有限公司形態を採らなかったものと思われる。ただしこの時期の総行と各分行は、それぞれ独立して統一しておらず、総行の勘定は各分行状況を反映しておらず、銀行券も分行のある分区で発行していて統一せず、銀行券の表面に膠東などの分区の頭文字を印刷し、相互の間で流通使用できなかった(50)。これはこの時期、山東抗日根拠地の各区では、各地にある日本軍や傀儡軍の拠点、国民党の拠点により分断されていて、分行ごとに独自の活動をしなければならない状況に適応したものと思われる。

Ⅲ　北海銀行幣の本位貨幣化と法幣の使用停止

1　抗日根拠地への法幣の大量持ち込みと物価騰貴

一九四一年一二月八日のアジア・太平洋戦争の開始後、日本軍は天津、上海の租界を接収し、香上銀行（滙豊銀行）以下の外国銀行、ならびに中央、中国、交通の国民政府系三行等を接収した。天津では、日本側は、中国銀行、交通銀行、河北省銀行所有の現銀を手に入れ、それを連銀の株式払込金として支払わせ、その財務基盤を強化した。その他に各銀行が保有していた法幣を接収した。その額は、中国側によれば、上海だけで二〇億元、全体では七〇億元ともいわれている。(51)

華北では、日本軍占領地区、華北政務委員会統治下では、連銀券を使用し法幣の流通を禁止しており、華中・華南では、一九四〇年三月に成立した汪精衛国民政府の下で、一九四一年一月に中央儲備銀行が作られて中央儲備銀行券が発行され、法幣は流通禁止とされていた。したがってアジア・太平洋戦争開始以後、日本側は、租界を接収し獲得した法幣は接敵地区（遊撃地区）で放出し物資獲得し、敵地区（蔣介石政権統治地区や抗日根拠地）に駆逐するようにした。山東抗日根拠地の南端の魯南区と浜海区に接している江蘇省北部の徐州のある蘇淮地区は、一九三八年以来、北支那方面軍が占領したこともあり、経済的には連銀券地区であったが、汪精衛国民政府の統治下に入った。(52)これにより山東抗日根拠地では、法幣が山東省内のみではなく、南方からも集まることになった。例えば、第四次治安強化運動後の一九四二年八月、日本軍は大量の法幣、それも多くは五〇元、一〇〇元の高額の法幣を大量に持ち込み、集市の物価を暴騰させた。さらに蘇淮地区の日本軍占領区の贛楡から来た人の話では、日本軍は法幣でもって大量に根拠地の麦を高価で買収し、抗日政府の輸送禁止をかいくぐり、商人に密輸させていた。さらに近々日本軍が南（汪政権統治地区）から法幣二〇〇余万を持ち込むと伝えられていた。(53)

表3　法幣物価指数変動表（1937–1944年）

	1937年	1938年	1939年	1940年	1941年	1942年	1943年	1944年
糧食	100	136	362	732	2,141	8,199	52,407	109,949
必需品	100	148	274	590	2,110	8,737	47,682	377,314
当地生産物	100	121	188	1,388	2,730	8,848	42,879	678,788
総合指数	100	135	275	903	2,327	8,595	47,665	388,684

註：糧食は小麦、高粱、大豆、必需品は棉花、手織綿布、機械製綿布、マッチ、食塩、当地生産物は落花生油、落花生、豚肉の指数である（原註）。総合指数は糧食、必需品、特産品の平均のようである（筆者註）。

史料出所：原載、楊波『山東解放区的工商業』山東新華書店、1946年（『北海銀行史料』第一冊、414頁）。

また第五次治安強化運動が終了した一九四二年一二月下旬、沂蒙（魯中区）、浜海の各地では、物価が二倍、三倍に高騰した。これは日本側が計画的に高価格で買収しているからであった。三井洋行は最近浜海の羅密荘（泰石公路の北）に分行を設け、周囲の各拠点に土産（当地生産物）収買交易所を設け、糧食、落花生、五金（金・銀・銅・錫・鉄）等を買収し、相公荘、湯頭、夏荘では食糧倉庫を設け、根拠地の食糧を専買していた。さらに北の青島、南の新浦では日本側が、商人を利用して根拠地の食糧、当地生産物を買収していた。そしてこの背景にあるのは、汪精衛政権が、一九四二年一二月以後、江蘇、浙江、安徽三省、南京、上海両市で法幣と儲備券との交換を終了し、法幣の使用も所有も許さなくなったために、大量の法幣が根拠地にもたらされ、高価格で糧食、当地生産物を買収し、インフレーションをもたらしたのであった[54]。

ところで表3は、法幣による物価指数の変動表である（前後の叙述から抗日根拠地のみではなく、山東省全体における物価指数と思われる）。

このような法幣物価指数がインフレーション化した要因として、戦時による交通の途絶などによる物流の停滞などのほかに、法幣自体が対外為替の面で、抗日戦争開始後、対英一シリング二ペンス半の公定相場を維持できず、その後一九三八年三月一四日以後、治外法権の上海市場では、八ペンス四分の一の自由相場が出現し、取引の大半はそれに移行し、その後七月一八日には三ペンス台に下落した。一九三九年九月以後、四ペンス台に回復したが、その後一九四〇年五月、再び三ペンス台に下落した。このような対外為替における法幣の下落に加えて、さらに戦費増大による国民政府の財政赤字による法幣の乱発が大きな要因となった。一九三七年六月、法幣の発行額は一四億一〇〇〇万元（指数一・〇〇）であったが、その後毎年発行額は増加し、一九四〇年一二月には、七八億七〇〇〇万元（指数五・五八）、一九四一年一二月には、一五一億元（指数一五・一〇）、一九四二年一二月には三四四億元（二四・四〇）に及んだ(55)。

表3で見ると、山東での法幣物価指数の高騰は一九四〇年から顕著になり（総合指数で前年の三・三倍、指数自体が約九倍）、一九四一年（総合指数で前年の二・六倍、指数自体が一九三七年の約二三・三倍）、一九四二年（総合指数で前年の三・七倍、指数自体が、一九三七年の約八六倍）とその傾向は続伸し、抗日戦争後期の超インフレとなっていく。ただし山東抗日根拠地では、法幣自体が根拠地すべてに潤沢にあるわけではないが、法幣物価指数の高騰はストレートにではないがある程度反映し、特に前述した一九四二年以後の日本軍、汪精衛政権による法幣の大量の持ち込みによる物資の買い上げが根拠地のインフレをもたらした。

2　北海銀行幣の本位貨幣化と法幣の割引使用から使用停止へ

これらに対抗して、第三次治安強化運動が終了した一九四二年一月、山東省戦工会財務処は、一九四二年の財政工作についての指示の中で、「北海幣の信用を高め、わが抗戦の金融を強固にし、各地区では北海幣および民主政権の発行した紙幣を本位貨幣とすることを迅速に確定し、法幣に対しては七掛け、八掛け、九掛けなどの使用を行うようにしなければならない」と、従来の法幣の輔幣としての北海銀行幣という位置づけからこれを本位貨幣とすることと、今まで法幣と同価値としていたのを法幣の価値を安くして、法幣からの離脱の志向を示した。さらに根拠地で流通している日本側の雑票（日本の接収した山東省民生銀行、平市官銭局の紙幣）は、一律に使用を禁止した。またこれらを実行するにあたり、各レベルの機関、団体、部隊は強制的に行うのではなく、民衆を宣伝動員した後、期限を切って執行するように求めた(56)。

このような北海銀行幣の本位貨幣化と法幣に対しての割り引いての交換政策への転換には、法幣の乱発による価値下落、インフレによる物価騰貴への対策というほかに、一九四一年一月の皖南事変の発生および国民政府の八路軍への軍費支給停止、さらに陝甘寧辺区への封鎖などによる国共の対立の激化に対して、中共側も、国民政府側への配慮をやめ、通貨においても名実共に独自の通貨体系樹立を指向していくことを反映したと考えられる。これらの事件以後各地の抗日根拠地で、発行している辺幣の本位貨幣化と法幣を割り引いての交換、さらに法幣の流通禁止が行われた。

一九四二年四月、北海銀行総行は、前年一一月に発行を決めた新紙幣を普及するための宣伝に力を入れていた。その中で、新紙幣発行の理由として、依然として民間で発行している紙幣の氾濫に対しての幣制の統一、輔幣の欠乏の補助、さらに大後方から遠く法幣の山東への供給の困難さ、敵傀儡が連銀券を発行し、さらに法幣を偽造して金融を攪乱し資財を略奪していることへの対抗等をあげた。そして新紙幣の発行準備金として、(1)遊撃区に存在している法幣の収集、(2)遊撃区に存在している銀、硬貨、金銀の首飾り、金、(3)（抗日政府の）経済的基礎の存在、政治的保障、民衆の支持を挙げている(57)。換言すれば抗日政府の経済力、政治力等への信頼ということであろう。以上の三点は、最初膠東地区にできた北海銀行が、股金として集めた資本金を、実質的に発行準備金としていることと異なる点である。

さらに新紙幣発行後は、山東各界人民は、迅速にすべての法幣を交換所（交換所が成立していなければ県の第二科）で新紙幣に交換しなければならないとし（この法幣を発行準備金にするのかもしれない）、また糧税の納入、納税、交易、預金などは一律に新紙幣を使用しなければならないとし、強制的に法幣に代えて北海銀行の新紙幣を普及させようとした(58)。またこれらの方針を、県や区の政府は、大衆団体、士紳と連合して新紙幣推行隊を組織して重要な集市へ行って宣伝し、さらにグループ分けして家庭や商店を訪問する等、大衆宣伝に力を入れた(59)。

ただこれらの発行準備金としての法幣や貴金属、貨幣の収集、法幣と新紙幣への交換が、どれくらい実現したかは不明である。当時は日本軍と華北政務委員会が実行した第三次治安強化運動（一九四一年一一月～一二月二五日）が行われ、日本軍による魯中の中心沂蒙山区根拠地への掃蕩戦で、抗日根拠地が大きな打撃を受け、基層の農村の政権の多くが崩壊し、さらに引き続いて第四次治安強化運動（一九四二年三月三〇日～六月中旬）が行われ、中共側の統治力が弱体化していた時期であり、[60]完全な実現は難しかったと思われる。

その後五月二九日、中共山東分局財委会は、「法幣問題についての指示」を出し、法幣の流入阻止のため、「各地の財政機関および財政上のすべての収入、党政軍民の公営事業は、すべて北海銀行幣のみ受け取り、その他の法幣等は一切受け取るべきではない。もし一部の地区で北海銀行幣の流通量が少なくて法幣で受け取らなければならない時は、法幣の価値を割り引いて徴収しなければならない」とした。その上で「北海銀行幣を本位貨幣とする事を宣布し、七月一日より、すべての軍政民間の取引の貸借勘定、借用証書契約書は、一律に北海銀行幣で計算し、北海銀行幣と法幣では北海銀行の規定した比率で法幣を割り引いて使用せねばならない」とした。さらに「北海銀行幣の信用を拡大し、流通範囲を拡大し、徐々に法幣（の流通）を取り消すことに到達する」と述べている。すなわち七月一日からの北海銀行幣の本位貨幣化と法幣を徐々に流通停止にすることを指示した。

また日本側による物資の買い上げと法幣流入阻止のために、「各レベルの政府は、すぐに糧食、耕牛、棉花、毛皮等の重要産品の移出を厳禁し、これを商人と力を合わせて行わなければならない。その土地の一般の生産物の余剰品は、貿易局より統一的に移出し、商人も自ら移出できるが、貿易局の検査と登記を経て、同価格あるいは一定の割合の必需品に換えることを保証しなければならない。そうでなければ移出証を発行しない（移出証がなければ移出を許さない）」としている。このように法幣の流入をせずに、一般の生産物の移出と同価格の必需品の移入という「貨を以て貨に易える」政策を行おうとした。また「すべての党政軍民が行っている公営合作事業では、得た法幣を用いて速やかに敵の占領区で必需品を購買し、蓄えたり根拠地内で使用したりしてはならない」

としている。[61] すなわち日本側と同じように、法幣を根拠地内では使用せず、敵側で物資購入に使用しようとした。このことは前述した四月の新紙幣発行の宣伝の時に述べていた法幣を北海銀行幣の発行準備金とする方針を変更することにもなる。

しかしながらこの方針が山東の各根拠地で貫徹したわけではない。浜海区では、浜海行政特察専員行署が、一九四二年八月、八月一日以後、北海銀行幣を本位貨幣にすること、八月一五日以後、法幣を五掛けで使用する等という布告を出したが、従来、法幣擁護策を採っていたのが全く変わったので、民衆はこれに対して困惑し反発して、「鬼子（日本軍）は法幣に打撃を与え、八路も法幣に打撃を与えている。これはまさか鬼子の代わりにやっている事ではないだろうか？」「これは八路軍の陰謀である。八路軍が去る準備をしているので、大量の法幣を買収するのである」と述べたり、極端な例では、「これは民衆の金を奪う土匪の行為に等しい」と述べた。そして機に乗じて、土匪、漢奸、特務が、政府が法幣を検査するという名目を借りて、人民の財産を略奪し政府の威信を損なうという事態が発生した。また商人は営業を停止し事態の変化を静観するか、政府の法令を破って投機に従事した。[62] また清河では、法幣を割り引いて使用するという清河行政区主任行署の命令に対して「民衆が執行を願わないだけではなく、団体機関の政治工作員、公営企業、商務団体も断固として執行せず、官が割り引いても民が割り引かず、上が割り引いても下が割り引かず、買いは割り引いても売りは割り引かず、表では割り引いても裏では割り引かず、市場での貨幣交易上、本位幣（北海銀行幣）の価値が上がらないだけではなく、かえって物価を上げてしまった」[63] という状況であった。このような事例は各地で起きたものと思われる。

例外的に法令が比較的スムーズに行われたのは、膠東区の一部である東海区（榮西、文登等）と北海区（最初北海銀行分行の置かれた黄県、蓬萊等を含む）であった。九月、膠東区行政公署は「法幣流通を停止する事についての布告」[64] を出し、その中で、東海区と北海区では、公布布告の日から「即時、法幣の流通を禁止し、およそすべての公私の交易、貨幣の収受は、法幣の使用を禁絶し、違反者はすべて没収する」とし、割り引いての法幣の

表４　北海地区各種貨幣分布表（%）

北海銀行幣	地方流通券	法幣	私鈔	投鈔	偽鈔
15.56	5.4	32.88	0.88	9.2	36.08

註：地方流通券は中共側が出していたものであり、私鈔は地方雑票の一種で、民間の棲商会票が代表的なものであり、投鈔は日本軍に協力した傀儡軍の陳昱軍、沈伯祥軍が出したものであり、偽鈔は連銀券等である。

史料出所：原載、「北海支行1942年１月至９月份工作報告」膠東分行檔案第３巻（『北海銀行史料』第一冊、259–263頁）。

使用も認めなかった。さらに布告を守らせ、多くの組織を動員して密輸を取り締まらせようとし、「およそ自衛団、遊撃小組、大衆団体、部隊の機関および一切の人民は、みな密輸取り締まりの権利と義務がある」としている。さらに法幣の規定に違反した者を直接捕獲した者は没収額の三〇パーセントの報奨金、知らせによって捕獲した者は、没収額の二〇パーセントの報奨金を与える（三掛けで換算して、北海幣で与える）としている。このように中共がこれらの地区で多くの大衆団体を動員できるのは、例えば第四次治安強化運動（一九四二年三月三〇日〜六月下旬）の最中、日本軍からの掃蕩を受けたが、徹底的な打撃を受けなかったため、大衆動員力を維持できたことがあると思う。また法幣は従来民衆が貯蔵していたものであるが、法幣を「携帯して出境するのは、制限を加えず」とあり、法幣を外部に流出させて、物資を根拠地に入れさせようとした。

ところでこの布告が出る九月以前の北海地区（蓬萊、黄県、棲霞、福山、棲北の五県を含み、かつ抗日根拠地だけではなく、遊撃区、日本軍占領区を含むものと思われる）の各種貨幣分布は表４のようであった。

これを見ると、この地区で連銀券などの偽鈔が一番多く、抗日根拠地でも使用禁止にも関わらず、秘かに、黄県では約三〇〇万元、福山では約六〇万元が流通していた[65]。次いで法幣が流通していた。北海銀行幣は三番目であった。北海区では、このような情況の中で、法幣の流通禁止、北海銀行幣の本位貨幣化をしようとし、後述するように成果を挙げることになった。

その後、一九四三年二月、かつて中国農村社会性質論戦でも活躍した有名な経済学者薛暮橋が、華中の新四軍根拠地から浜海抗日根拠地にやってきて、艾楚南戦工会財政処長兼北海銀行総行行長、灑海秋北海銀行総行副行長と通貨問題について議論をした。薛暮橋は、根拠地内のインフレーションを抑制し、物価を安定させ、北海銀行幣の法幣、連銀券に対する価値を高めるためには、浜海区でやっているような法幣を五掛けに割り引いて使用を認めるのではなく、法幣の使用を全面的に禁止すべきだと主張した。このような方法は、すでに一九四二年九月以来、膠東区の東海区や北海区で行われていた方法を行うことでもある。そして薛暮橋の建議は、中共山東分局、戦工会でも同意され[66]、一九四三年七月、浜海専署は「法幣の使用停止についての決定」を出した。それによれば従来の法幣を五掛けに割り引いての使用も禁止し、七月二一日から法幣の全面的な流通を禁止し、その間過度期として七月二一日から三一日までは法幣一元を北海銀行幣一元に交換し、八月一日から一〇日までは法幣二元を北海銀行幣一元に交換するが、八月一一日以後は、検査の結果法幣を使用した者は没収し、また偽法幣（儲備券）は交換せず没収するとした。対外交易は、「貨を以て貨に易え」、特殊な必要により法幣を持ち出さなければならなかったり、やむを得ず法幣を持ち帰るときは、貿易機関の証明を請求して銀行で交換しなければならず、そうでなければ、禁止を守らないということで没収する、としている。これらの検査は、各レベルの政府の銀行貿易税務機関が、境界区および各市鎮で密輸取り締まりをするほかに、各機関団体、民兵がみな検査の責を負い、全人民も告発の権利があるとしている。また境界地区の政府は、税収人員、区中隊の民衆、大衆団体を計画的に組織し、封鎖帯工作を行い、法幣を根拠地に入れないようにしなければならない、としている。また各レベルの政府は、法幣使用停止委員会を組織し、村では村政委員会が責任を負い、必要なときには、法幣使用停止小組を組織し、使用停止の法令を推行し、組織的に法幣を敵占領区に輸送して、物資を買い戻す、としている[67]。このように政府をはじめ、大規模に民衆を動員し、検査や取り締まり、境界の封鎖、法令の実施推行を行おうとした。

一九四三年八月、この間の法幣政策を総括して、戦工会主任黎玉は省臨時参議会第二回大会の席上で、「金融闘争で膠東が最もよく、法幣の価値低下と使用停止を行い、当地の雑鈔を粛清し、北海銀行幣を高め、物価を下げている」と膠東区（特に東海区、北海区）における法幣の使用停止、および西海、南海区における法幣の三掛けでの価値低下と北海銀行幣の価値上昇を評価している。すなわち膠東の東海区、北海区では、一九四三年上半期に法幣の使用停止が成功した。

3　工商管理局の役割

通貨政策と関連して、浜海専署が一九四三年九月に設置し、その後各区でも設置して、工業生産、交易管理、貨幣管理、徴税および密輸取り締まり、商業行政、合作事業などのすべての経済闘争を指導する工商管理局の役割も重要である。工商管理局は、省の戦工会工商管理処の下で、上から下に各区に工商管理局、さらに専員区、県、集市や当地の特産品の集中的産地と重要な関所、一般の地区と境界の要路に下部組織を設置し、根拠地の基層にも基盤をおいた[68]。

当時薛暮橋は、紙幣の交換価値を保証するのは、金銀でもなく価値の暴落した法幣でもなく、物資であり、物資を制御できれば貨幣（紙幣）を制御できるとし、紙幣の交換価値を保持するためには、紙幣の発行数が根拠地内の市場の流通の必要性に適応していることと、さらに外部の他の貨幣（法幣や連銀券等）と一定の交換率を保持することだと述べた[69]。このような貨幣流通量と物資の流通量を調節することは工商管理局の重要な仕事となった。一九四三年九月、中共山東分局は「銀行問題についての決定」の中で、翌年上半期までの北海銀行総行、分行の発行額を以前の発行額を含めて総計二億元と決めるとともに、流通量は一人当たり三〇元を標準とした。また発行額の五〇パーセントを工商管理局に投資し、残りの五〇パーセントを農業への貸出や臨時の費用に用いるようにした[70]。

浜海区において七月に法幣の使用禁止以後、北海銀行は準備金として蓄えていた法幣を、日本軍占領区に行き大量の物資に換え、根拠地に持ち込み市場の物資が増えた。同時に法幣の使用停止以後、法幣と北海銀行幣との関係では、北海銀行幣の価値が高くなり、一九四三年末には法幣六元と北海銀行幣一元と交換することになった。これらのことにより、インフレと物価騰貴がおさまり、物価は逆に急速に下降した。しかしながら北海銀行幣の発行が十分ではなく物価が急速に下降しデフレとなったため、農民や公営商店や生産合作社が物資を売り急いで、市場に物資がふえ結果的に物価が平均して半分近くに下がり（その一端は次頁表６の通りである）、農民や合作社が大きな損害を受けた。そのため薛暮橋は、山東分局に北海銀行幣を増発すること（前述したように九月に大規模に紙幣を発行することを決めていた）と、工商管理局が農産品を買い上げて、物価を上げることを要求した。ただこの時期、北海銀行の印刷能力が低く、かつ工商管理局も力不足で、物価は年末に半分に下落してしまったという[71]。ただ工商管理局は、これ以後、このように物価が下がりすぎれば農産品を買い上げ、逆に物価が上がりすぎれば物資を市場に供給して物価を下げるなど、根拠地内の貨幣と物資の関係を調節し、物価をコントロールする役割を担うことになった。

表５　北海銀行各行の北海銀行幣発行額と工商管理局への投資額（万元）

銀行名	膠東	浜海	魯中	清河	魯南
発行額	6,000	6,000	4,000	3,000	1,000
工商管理局投資額	3,000	2,000	1,500	2,000	500

註：発行額には以前の発行額が含まれているので、工商管理局投資額が50％以下の浜海、魯中には以前の発行額が含まれ、また工商管理局投資額にも以前投資した額が含まれているので、工商管理局投資額が50％以上の清河には、以前の投資額が含まれているものと思われる。また魯南の発行分は（浜海の）総行が代わりに印刷するとある。

史料出所：「中共山東分局関於銀行工作的決定」1943年９月23日（『山東革命歴史檔案資料選編』第10輯、1983年、161頁）。

　次に根拠地と外部の日本軍占領区などとの交易の際に、それぞれの物価の変化や貨幣の供給状況に応じて、北海銀行幣と法幣、連銀券等の交換比率を柔軟に決めることにした。これらの交換比率は、交易上の入超と出超により大きく左右される。一九四二年以前には、物資を保護するために、当地の生産品の移出を禁止して、入超を引き起こし

表6　浜海区食糧、衣料服関連商品物価指数（1943年）

	7月		12月	
	価格（元）	指数（%）	価格（元）	指数（%）
小麦	4.00	100	1.50	37.50
高粱	4.50	100	1.20	26.66
棉花	48.00	100	11.00	22.92
当地産綿布	320.00	100	180.00	56.25
外国製綿布	1700.00	100	1250.00	73.52
食塩	40.00	100	40.00	100.00
落花生油	13.50	100	2.80	20.74
バラ豚	16.00	100	4.00	25.00

史料出所：薛暮橋「浜海区半年来的貨幣闘争」（1944年3月）319頁。なおこの表には各商品の度量衡の単位が記されていないが、1944年の渤海区の物価変動表（原載、渤海工商管理局統調科「渤海区一年来貨幣比値的変化」『渤海日報』1945年1月4日）（『北海銀行史料』第一冊、343頁）と対比して、斤当たりの価格と思われる。

た。その後、当地の余った生産品の移出を奨励し、主に商人が移出入交易を営むのを協力援助して、日本軍掃蕩時の損失を減じた。交易上で出超になるための対外競争力のある商品の第一は、食塩であり、津浦鉄路の両側で必需品であった。石英の建議により浜海区の食塩を工商管理局の専売にし、生産者である塩民の負担する塩税を軽くするとともに、七、八〇里に一つの塩店を設け、産塩地から農民に運搬費を払って運ばせた。このような食塩の専売は、対外交易で出超となり、食塩販売の結果、法幣や連銀券の供給が需要を上回った。これは移出の見返りに商品の移入を行わないという意味で、従来の「貨を以て貨に易える」政策の部分的変更であった。第二の商品は落花生油である。これも工商局の専売にし、商人により上海に運んで販売し、その収入から軍需民用の重要な工業品、例えば紙幣に使う紙、機材と一部の軍用物資を購入した。そしてこのようにして獲得した法幣や連銀券により、北海銀行や工商管理局が北海銀行幣との交換率を自由に操縦できるようになるとともに、根拠地内の物価を安定させるのに有利となった[72]。

法幣使用停止と法幣の価値を下落させる政策は、一九四四年三月までに膠東以外では、浜海、魯中では成功し、魯南では部分的に成功した。そして市場に流通していた数千万元の法幣のほとんどすべてを外部に放出して物資に換え、北海銀行幣はすでに市場に流通する唯一の手段となった[73]。清河では、一九四三年一〇月、清河区行政主任公署は一一月三〇日より法幣の使用を禁止した。ただ一〇月一〇日から銀行の兌換所に行き法幣を市価で北海銀行幣に交換をして使用することを許した。一〇月二〇日までは法幣三〇〇元を超えて使用した者は処罰し、一〇月二〇日以後は、法幣一〇〇元以下の使用を許し、それを超過したなら銀行兌換所で北海銀行幣に交換しなければならないとした[74]。ただしこの布告は充分に守られなかったのか、一九四四年二月、清河区行政主任公署は、再度法幣使用停止の指示を出し、二月末に法幣の使用停止をすることを指示した[75]。

4　抗日根拠地各地における物価下落と法幣、連銀券に対する北海銀行幣の価値上昇

このような根拠地各地における法幣の使用停止と法幣の価値下落策、および工商管理局の設置などの一連の政策により、浜海区でみられた状況が山東抗日根拠地全体で起きた。表7を見ると、(1)物価の高騰がとまり物価は下落し、インフレによる経済危機を脱したこと。以下それをまとめると、(1)物価の高騰がとまり物価は下落し、インフレによる経済危機を脱したこと。表7を見ると、膠東区を除いて、物価は下落している。薛暮橋によれば膠東は物価がもともと低かったが、去年二倍に上昇し、魯南、渤海は物価がもともと高かったが、下落に転じた[76]。なお前述した浜海の一九四三年下半期の急激な物価下落とデフレ現象はおさまり、物価が安定していることが見てとれる。(2)北海銀行幣は法幣のみならず、連銀券に対しても価値が高くなったこと。法幣に対しては、すでに一九四三年末までに各区で北海銀行幣の方が価値が高くなっていた。法幣の下落には通貨乱発によるインフレのほかに、一九四三年七月、国民政府の命令により東北軍于学忠軍が山東省から安徽省に移動し、それとともに山東省主席牟中珩も安徽省に移動し、さらに後任の李仙洲軍は山東省西南部で、日本軍・傀儡軍および八路軍冀魯豫軍区に阻止され、九月、山東省への移動を阻止された結果、山東省には国民政府の山東省政府および正規軍がいなくなり[77]、法幣の政治的、軍事的な後ろ盾が無くなったことも関係している。連銀券については、一九四四年春、発行額が五三億元だったものが、一九四四年末には、一八二億元に増加したことおよびその流通範囲が減少し（この背景には一九四三年秋以後、八路軍の部分的な攻勢を受け、日本軍の統治範囲が縮小したこと

表7　山東抗日根拠地各区物価指数

	1944年1月	1944年6月	1944年12月	1945年1月
浜海	100	110	83	98
魯中	100	87	73	69
魯南	100	116	82	75
膠東	100	152	193	264
渤海	100	79	56	69

史料出所：薛暮橋「山東工商管理工作的方針和政策」（薛暮橋『抗日戦争時期和解放戦争時期山東解放区的経済工作』人民出版社、1979年、101頁）。なお膠東の1945年1月の数字は記入されていないので、前掲、楊波『山東解放区的工商業』415頁の表の数字を補った。なお薛暮橋著書の90頁によれば、この論文は、1945年5月、工商管理工作会議の総括報告である。

表8　連銀券一元に対する北海銀行幣交換率

	1944年1月	1944年6月	1944年12月	1945年1月
浜海	1.50	1.10	0.16	0.15
魯中	2.00	1.00	0.20	0.15
魯南	8.00	1.00	0.20	0.15
膠東	0.85	0.80	0.25	0.14
渤海	3.00	1.70	0.25	0.25

史料出所：前掲、薛暮橋「山東工商管理工作的方針和政策」101頁。なお膠東、渤海の1945年1月の数字は記入されていないので、前掲、楊波『山東解放区的工商業』416頁の表の数字を補った。

があると考えられる）相対的に貨幣供給が過剰になったこともあり、貨幣価値が下落した(78)。その結果、表8のように、一九四四年末には、連銀券は各区で北海銀行幣に対して安くなった。そしてこのように価値が下落した法幣、連銀券を保持したままであると北海銀行幣換算で五億元の損失を被るので、日本軍占領区に放出し物資を買い上げた(79)。

一九四五年二月の中共山東分局の報告によれば、この一年間で根拠地の人口一五〇〇万人で北海銀行幣の発行額が二億元から六億元に増加し、一人当たり四〇元になったが、まだ流通範囲の拡大に比して不足しており、そのため春にさらに四億元を発行する予定であった。既発行額のうち、工商管理局への基金および貸出に半分以上の三億四〇〇〇万元を支出し、農業関係に一億五〇〇〇万元を貸出し、その他は銀行が反攻準備のための物資を購入したり、各種の貸出に支出した。その他に浜海、魯中、魯南の三根拠地が一つにつながったので、物資の流通のために、三地区の北海銀行幣の統一発行を開始した。ただ膠東と渤海根拠地は価値がやや低くて、交通が不便なので、なお分区の分行で発行した[80]。

一九四五年八月一日、山東省戦時行政委員会は「全省各地区の発行する本幣は地区を分けずに統一して流通することを特に決定し、同時に過去各地の北海銀行および工商管理局の発行した本幣と流通券などは、すぐさま市場での流通を停止し、期限を限って各発行機関により責任をもって交換回収しなければならない[81]」という通令を出し、山東全省で統一的な北海銀行幣を発行することにした。

おわりに

ここで本稿で述べたことを簡単にまとめると、北海銀行は一九三八年秋以後、膠東の一角の抗日根拠地に資本家張玉田により設立された。もともとは公私合営の合股の形態で資本金二五万元で設立される予定であった。この資本金は北海銀行幣の発行準備金とされたものと思われる。しかしながら公的資金は出資されず、資本金の面から見ると民営の銀行として設立された。民股の出資は、商工業者のほかに農民達から従来の徴税方式にのっとって割り当て、合計で一〇万元余にとどまった。北海銀行幣は、法幣を本位貨幣として、その発行券は一元未満の輔幣および一元の小額紙幣にとどまった。発行額は九万五〇〇〇元とごく少額にとどまった。また北海銀行設立の目的は、(1)地方雑票の流通による通貨の混乱に対しての統一、(2)法幣の不足の解消、(3)連銀券等の日系通貨の流通阻止、(4)膠東農村での商品経済・貨幣経済と集市(定期市)交易の発達による物資購入に際しての貨幣の必要性が、挙げられる。ただ北海銀行は一九三九年一月、中共や八路軍山東縦隊第五支隊の掖県城撤退とともに営業停止となり、張玉田も関係がなくなった。その後一九三九年夏に営業を再開した。

その後、山東の各地に北海銀行の分行が設立されていった。一九四〇年六月に清河分行が、膠東の北海銀行と同じく、公私合営の有限公司として設立された。しかしながら一九四二年より清河分行を公営化し、民股をすべて貿易局の股票に変更した。一九四〇年八月、実質的な山東省政府にあたる山東省戦工会が設立され、山東省戦工会財務処の指導下に北海銀行総行兼魯中銀行が設立され（これは最初から公営で設立されたものと思われる）、北海銀行は膠東地区だけではなく、山東抗日根拠地全体の銀行となった。一九四一年七月以後、冀魯辺分行が設立され、一九四三年夏に冀魯辺と清河が合併し渤海と改称すると銀行も合併して渤海分行となった。一九四二年九月、浜海分行ができ、その後、一九四三年三、四月の間、総行が魯中から移り総行兼浜海分行となった。また一九四四年七月には、魯南分行が設立された。ただこの時期、総行と各分行は統一しておらず、勘定も銀行券も各分行で発行し、相互に流通できなかった。

それまで北海銀行幣の発行を一元の小額紙幣と一元未満の輔幣に限定していたものを、インフレに対応して一九四〇年には五元、一〇元を発行し、その後さらに高額紙幣を発行することになっていった。一九四〇年一一月、山東省財委会は輔幣一〇角で法幣一元と交換するとし、北海銀行幣と法幣の同価値の交換率を決めた。このようにこの時期まで、基本的には法幣擁護策をとっていた。

その後一九四一年一二月のアジア・太平洋戦争開始以後、日本軍は上海、天津の租界を接収し大量の法幣を接収した。また汪精衛政権は儲備券発行に伴い、一九四二年一二月以後、南方の三省および南京、上海での法幣使用と所有を禁止した。そのため日本軍と汪精衛政権により、大量の法幣が山東抗日根拠地に持ち込まれ、高価格で糧食や生産物を買い集めて移出し、また根拠地内の法幣の流通量が拡大し、物価が高騰した。これ以前から山東省では、法幣発行高の増加によるインフレーションによる物価の上昇に見舞われていたが、山東抗日根拠地はさらに日本軍と汪精衛政権の法幣持ち込みによりそれを加速された。

それらに対抗することと、皖南事変以後の国共の対立激化の中で、中共は国民政府への配慮をやめて独自の通貨体系の樹立を目指して、まず一九四二年一月、戦工会財務処は、遂に北海銀行幣を従来の法幣の輔幣という位置づけから転換し、本位貨幣とするようにし、法幣との交換率も同価値ではなく、法幣の価値を割り引くことにした。さらに新紙幣を発行し、強制的にそれを法幣に換えようとした。そして新紙幣の発行準備として、(1)遊撃区の法幣の収集、(2)遊撃区に存在している貴金属、(3)抗日政府への経済力、政治力への信頼を挙げていた。その上で、五月、中共山東分局は、法幣の流入阻止のために、財政機関および財政上の収入、公営機関の収入、公営事業は北海銀行幣のみで徴収し、北海銀行幣の流通量が少ない時には、法幣を割り引いて徴収するとした上で、七月一日を期して、北海銀行幣の本位貨幣化と法幣を徐々に流通停止にすることを指示した。さらに日本側による法幣持ち込みとそれによる物資の買い上げ阻止のために、重要産品の移出の厳禁と貿易局による一般の生産物の余剰の移出と同価格の必需品の移入という「貨を以て貨に易える」政策を行うとともに、法幣を日本軍占領区での必需品購買に使うようにした。

法幣の流通停止は、それまで法幣擁護策を行い民衆も法幣を信用していたこともあり、抗日根拠地各区で抵抗を受け、一九四三年上半期には法幣の使用停止と価値下落、物価下落に成功した膠東区（その中で特に東海区と北海区）を除いて失敗した。その後、浜海区では、インフレを抑制し物価を安定させるには、法幣を五掛けで使用するのではなく、全面的に使用停止すべきであるという薛暮橋の建議を受け、一九四三年七月、法幣の使用を全面的に禁止し、この法令を、膠東区と同様に多くの民衆を動員して遵守させることにした。

一九四三年九月に最初浜海区に設立された工商管理局は、すべての経済闘争を指導する組織であるが、通貨政策でも重要な役割を負った。当時、薛暮橋は、紙幣の交換価値を保証するのは、金銀でもなく暴落した法幣でもなく物資であり、貨幣流通量に応じて物資の流通量を調節することを主張し、この仕事は工商管理局の重要な仕事となり、さらに一九四三年九月、中共山東分局は、翌年上半期までの北海銀行幣の発行予定額を、既発行額を含めて二億元とし、そのうち半額を工商管理局への投資とした。浜海区においては、法幣の使用停止以後、法幣を日本軍占領区に放出し物資を獲得し根拠地に移入した。そして法幣との交換において北海銀行幣の価値が上がっていった。これらのことによりインフレと物価騰貴がおさまり、一九四三年後半期、物価は下落して一転してデフレになった。薛暮橋は北海銀行幣の増発と工商管理局による物資の買い上げによって、これに対処することを要求したが、北海銀行の印刷能力の不足と工商管理局の力不足により当時はうまくいかなかった。

また薛暮橋は、紙幣の交換価値を保証するには、外部の他の貨幣（法幣や連銀券など）との一定の交換率を保持することだとした。交換比率は交易上の移出と移入に左右される。一九四二年以前には当地の生産品の移出を禁止して入超を引き起こした。その後当地の余った生産品の移出を奨励し、商人の移出入も奨励した。対外競争力のある塩は工商管理局の専売とし、塩店を設けて販売し、需要を上回る法幣や連銀券を得た。この点は従来の「貨を以て貨に易える」政策の一部変更であった。対外競争力のある落花生油も工商管理局の専売とし、商人により上海に運んで販売し、軍需民用の重要な工業品を購入した。このようにして獲得した法幣や連銀券は、北海銀行や工商管理局がこれらの通貨と北海銀行幣との交換率を自由に操作できるようになるとともに、根拠地内の物価を安定するのに有利となった。

一九四四年三月までに、法幣の使用停止と法幣の価値を下落させる政策は、膠東以外では、浜海、魯中で成功し、魯南で部分的に成功した。また清河区では一九四四年二月末までに法幣の使用禁止を指示した。これらの法幣の使用禁止や工商管理局の設置などの一連の政策により、山東抗日根拠地全体で物価上昇がおさまり、北海銀行幣は法幣のみならず、連銀券に対しても価値が高くなった。また法幣と連銀券を根拠地内から放出することに成功した。一九四四年秋には、浜海、魯中、魯南の北海銀行幣の統一発行と自由流通を開始したが、膠東と渤海では、なお分区の分行で発行した。また発行額は二億元から六億元、さらに一〇億元に増加した。その後、日本の敗戦直前、一九四五年八月一日、北海銀行幣は山東抗日根拠地全体で統一して発行されることになった。

付記：本稿は、二〇一六年九月一〇日、愛知大学名古屋校舎にて愛知大学東亜同文書院大学記念センター・愛知大学国際問題研究所・中国社会科学院近代史研究所共催で行われた国際ワークショップ「近代中国社会と日中関係」において口頭報告をし、『同文書院記念報』VOL. 25 別冊①（愛知大学東亜同文書院大学記念センター、二〇一六年九月）に発表したものに、若干の修正を加えたものである。

註

（1）桑野仁『戦時通貨工作史論――日中通貨戦の研究』法政大学出版局、一九六五年。
（2）宮下忠雄・豊田隆明『中国革命と通貨政策』所書店、一九七八年。
（3）岩武照彦『近代中国通貨統一史――十五年戦争期における通貨闘争』上・下、みすず書房、一九九〇年。
（4）馬場毅「山東抗日根拠地における財政問題」（『史観』第一一〇冊、一九八四年三月）。
（5）井上久士「陝甘寧辺区の通貨・金融政策と辺区経済建設」（『歴史学研究』第五〇五号、一九八二年六月）。
（6）一谷和郎「日中戦争期晋冀魯豫辺区の貨幣流通」（山本英史編『近代中国の地域像』山川出版社、二〇一一年）、楊韜「戦時下晋綏辺区における紙幣製造について――洪濤印刷廠の西農幣印刷について」（馬場毅編『多角的視点から見た日中戦争――政治・経済・軍事・文化・民族の相克』集広舎、二〇一五年）。
（7）岡崎清宜「抗戦前四川における小額貨幣と中国幣制改革」（同前、馬場毅編『多角的視点から見た日中戦争――政治・経済・軍事・文化・民族の相克』）。
（8）中国人民銀行金融研究所・中国人民銀行山東省分行金融研究所編『中国革命根拠地北海銀行史料』第一冊、山東人民出版社、一九八六年（以下『北海銀行史料』第一冊と略称）。
（9）王士花「北海銀行与山東抗日根拠地的貨幣政策」（『史学月刊』二〇一二年第一期）。
（10）馬場毅「山東抗日根拠地の成立と発展」（宍戸寛・内田知行・馬場毅・三好章・佐藤宏『中国八路軍、新四軍史』河出書房新社、一九八九年）三〇三―三〇四頁。
（11）辛瑋・尹平符・王兆良・賈蔚昌・王伯群主編『山東解放区大事記』山東人民出版社、一九八二年、一二、一七―二〇、二五、二七、三〇、三一頁、姜克「膠東特委威海的闘争」一七四―一七七、一八一頁、于仲淑「戦闘在艾崮山上」二二一―二二三頁、張修己「天福山起義――憶〝山東人民抗日救国軍第三軍〟的誕生与発展」一七一頁、范心然・王緯仲「星星之火――抗戦初期黄県武装闘争的発展」二四三―二四四頁、張加洛「崢嶸歳月――膠東抗日遊撃第三支隊的成長」二六〇頁、以上すべて、煙台地区行政公署出版弁公室編『膠東風雲録』山東人民出版社、一九八一年、所収。膠東地区での中共武装蜂起並びにその活動について

は、前掲、馬場毅「山東抗日根拠地の成立と発展」二九八—二九九頁を参照。

(12) 原載、丁暢敏・黄炎整理「一九七八年七月張加洛同志談話記録」(『北海銀行史料』第一冊、二二頁)、原載、丁暢敏・黄炎整理「一九七八年四月幾次訪問(陳文其同志)総合記録」(『北海銀行史料』第一冊、二四頁)。

(13) 原載、『山東省臨参会二届二次大会専刊』第二輯、一九四三年一〇月(『北海銀行史料』第一冊、二四頁)。なお山東省檔案館・山東省社会科学院歴史研究所合編『山東革命歴史檔案資料選編』第一〇輯、山東人民出版社、一九八二年(以下、この資料集については、編者と出版社を省略する)二七〇頁に同文が載せられているが、題名が「山東抗日民主政権工作三年来的総結与今後施政之中心方案」となっている。前掲、丁暢敏・黄炎整理「一九七八年四月幾次訪問(陳文其同志)総合記録」二五頁。

(14) 原載、郭欣農「関於北海銀行的回憶」(遼寧『金融研究通訊』一九八二年第八期)(『北海銀行史料』第一冊、二六頁)。

(15) 前掲、丁暢敏・黄炎整理「一九七八年七月張加洛同志談話記録」二三頁。

(16) 原載、『海濤』半月刊創刊号、一九三八年一二月一〇日(『北海銀行史料』第一冊、二八頁)、原載、掖県支行史志組提供「邢松岩同志関於北銀籌建情況」(『北海銀行史料』第一冊、二九頁)。

(17) 前掲、丁暢敏・黄炎整理「一九七八年四月幾次訪問(陳文其同志)総合記録」二四—二五頁、前掲、掖県支行史志組提供「邢松岩同志関於北銀籌建情況」二八—二九頁。

(18) 中国人民銀行金融研究所・財政部財政科学研究所編『中国革命根拠地貨幣』上冊、文物出版社、一九八二年、三二八頁、前掲『近代中国通貨統一史——十五年戦争期における通貨闘争』上、三八〇頁。

(19) 原載、『山東省臨参会二届二次大会専刊』第二輯、一九四三年一〇月(『北海銀行史料』第一冊、二四頁)。なお同文が別資料にも掲載されていることについては、註(13)を参照。

(20) 前掲、丁暢敏・黄炎整理「一九七八年七月張加洛同志談話記録」二二頁、前掲、張加洛「崢嶸歳月——膠東抗日遊撃第三支隊的成長」二六〇頁。

(21) 原載、一九五五年一〇月二一日「陳文其同志給中国人民銀行総行弁公庁的信」、中国人民銀行山東省分行一九五五年檔案第七三巻所収(『北海銀行史料』第一冊、三二頁)。

(22) 原載、「膠東北海銀行声明発還股本和利息啓事」(『大衆日報』一九四四年五月八日)(『北海銀行史料』第一冊、三一頁)。なお『大衆日報』の該当日には本記事は見当たらない。

(23) 陳文其・劉滌生「抗日戦争時期的北海銀行」(前掲『膠東風雲録』四四二頁)、『大衆報』一九三九年六月一三日(『北海銀行史料』第一冊、三三頁)。

(24) 前掲、丁暢敏・黄炎整理「一九七八年四月幾次訪問（陳文其同志）総合記録」二五頁。
(25) 前掲、郭欣農「関於北海銀行的回憶」二六頁。
(26) 原載、一九七八年七月「范心然同志談話記録」（『北海銀行史料』第一冊、二七頁）、前掲、掖県支行史志組提供「邢松岩同志関於北銀籌建情況」二八頁。
(27) 前掲『中国革命根拠地貨幣』上冊、三二八頁。
(28) 山東省財委会「山東省財委会関於発行北海銀行輔幣的通知」（一九四〇年一一月二二日）（前掲『山東革命歴史檔案資料選編』第六輯、九九頁）。
(29) 原載、「黄県県長談黄県的軍政詳状」（『大衆報』一九三九年六月一四日）（『北海銀行史料』第一冊、三三頁）、前掲『大衆報』一九三九年六月一三日。
(30) 原載、黄炎整理「北海銀行会計歴史資料」（『北海銀行史料』第一冊、三〇頁）。
(31) 原載、丁暢敏・黄炎整理「一九七八年七月訪問（林一山同志）記録」（『北海銀行史料』第一冊、二一頁）。
(32) 原載、丁暢敏・黄炎整理「一九七八年四月訪問（陳文其同志）記録」（『北海銀行史料』第一冊、三四頁）、前掲、陳文其・劉滌生「抗日戦争時期的北海銀行」四四三頁。
(33) 当時の史料である前掲、山東省財委会「山東省財委会関於発行北海銀行輔幣的通知」（一九四〇年一一月二二日）九九頁でも、前掲『中国革命根拠地貨幣』上冊、三二八頁でも、一九三八年と一九四〇年に北海銀行幣を発行したとしているが、一九三九年には記していない。
(34) 原載、「北海銀行清河分行在寿光正式成立」（『群衆報』一九四〇年六月一一日）（『北海銀行史料』第一冊、九九頁）。
(35) 原載、「北海銀行清河分行集股簡章及組織草案」（一九四一年三月）（『群衆報』一九四一年三月九日）（『北海銀行史料』第一冊、一〇二―一〇三頁）。
(36) 原載、「関於北海銀行清河分行民股状況」（『渤海銀行歴史情況簡介』北海銀行檔案第七二巻）（『北海銀行史料』第一冊、一〇七頁）。
(37) 原載、「山東北海銀行清河分行分紅改為国営銀行啓事」（『群衆報』一九四二年二月一六日）（『北海銀行史料』第一冊、一〇六頁）。
(38) 同前「山東北海銀行清河分行分紅改為国営銀行啓事」一〇六頁、前掲「関於北海銀行清河分行民股状況」一〇七頁。
(39) 前掲『山東解放区大事記』九〇―九一頁、原載、丁暢敏・黄炎整理「一九七八年一二月訪問（艾楚南同志）記録」（『北海銀行史料』第一冊、六〇―六一頁)、原載、丁暢敏・黄炎整理「一九七八年六月和一九七九年六月両次訪問(任志明同志)記録」(『北海銀行史料』第一冊、六四頁)。
(40) 原載、孫揆一「膠東抗日根拠地的財政経済建設問題」(『膠東大衆』第三期、一九四一年四月)(『北海銀行史料』第一冊、二一一頁)。
(41) 孫揆一「関於膠東財政経済建設問題」(『大衆報』一九四〇年七日―一八日)(『北海銀行史料』第一冊、二一〇頁)。
(42) 前掲、山東省財委会「山東省財委会関於発行北海銀行輔幣的通知」(一九四〇年一一月二二日)九九頁。
(43) 原載、丁暢敏・黄炎整理「一九七八年六、七月的分別訪問(賈洪、薛文林、劉恵英、王金甲同志)和共同座談記録」(『北海銀行史料』第一冊、六五頁)。
(44) 山東省戦時工作推行委員会「山東省戦時工作推行委員会関於発行北海銀行一元新鈔的通知」(一九四一年五月)(前掲『山東革命歴史檔案資料選編』第六輯、四〇三頁)。
(45) 前掲、丁暢敏・黄炎整理「一九七八年四月訪問(陳文其同志)記録」三五頁。
(46) 前掲、『中国革命根拠地貨幣』上冊、三一八頁。
(47) 原載、丁暢敏・黄炎整理「一九七八年五月九日訪問(張耀曾同志)記録」(『北海銀行史料』第一冊、一〇九頁)、原載「渤海分行歴史情況簡介」北海銀行総行檔案第七二巻(『北海銀行史料』第一冊、一一一頁)。なお、後者の史料では、山東北海銀行渤海分行としているが、山東北海銀行と称するのは、一九四五年のことと思われる(「山東北海銀行各級行政処暫行規定(一九四五年)」『北海銀行史料』第一冊、七四頁)。
(48) 原載、「浜海区北海銀行創設変化情況介紹」北海銀行総行檔案第七二巻(『北海銀行史料』第一冊、一一五―一一六頁)、原載、丁暢敏・黄炎整理「一九七八年六、七月訪問(賈洪、薛文林、劉恵英、王金甲同志)記録」(『北海銀行史料』第一冊、一一八頁)。
(49) 原載、「北海銀行魯南分行歴年機構幹部変動情形」北海銀行総行檔案第七二巻(『北海銀行史料』第一冊、一一二頁)。
(50) 前掲、丁暢敏・黄炎整理「一九七八年六、七月訪問(賈洪、薛文林、劉恵英、王金甲同志)記録」一一八頁。
(51) 前掲『戦時通貨工作史論――日中通貨戦の研究』一六八―一六九頁、前掲『近代中国通貨統一史――十五年戦争期における通貨闘争』下、六二三―六三二頁、原載、薛暮橋「貨幣問題与貨幣闘争」(『闘争生活』第二六期、一九四三年三月、山東分局檔案第二三六巻所収)(『北海銀行史料』第一冊、三八三頁)。
(52) 前掲『戦時通貨工作史論――日中通貨戦の研究』一七三―一七四頁、前掲『近代中国通貨統一史――十五年戦争期における通貨闘争』下、六七〇―六七一頁。

(53)「粉砕敵頑銷法幣毒計　浜海各県反経済蚕食　五天内糧価跌落斗一元」(『大衆日報』一九四二年八月一六日)。
(54)「社論 一個刻不容緩的闘争」(『大衆日報』一九四二年一二月二五日)。
(55)前掲『戦時通貨工作史論――日中通貨戦の研究』一二六―一二八頁。
(56)「山東省戦時工作推行委員会財政処関於一九四二年財政工作的指示」(一九四二年一月)(『山東革命歴史檔案資料選編』第八輯、一九八三年、一二二頁)。
(57)山東北海銀行総行「推行新鈔宣伝大綱」(一九四一年四月一日)(『山東革命歴史檔案資料選編』第六輯、一九八二年、三二〇―三二一頁)。
(58)前掲、山東北海銀行総行「推行新鈔宣伝大綱」(一九四一年四月一日)三二一頁。
(59)山東北海銀行総行「推行新鈔宣伝大綱・附」(一九四一年四月一日)(前掲『山東革命歴史檔案資料選編』第六輯、三二〇―三二二頁)。
(60)山東省における日本軍の治安強化運動については、馬場毅「治安強化運動と山東抗日根拠地について」(前掲、馬場毅編『多角的視点から見た日中戦争――政治・経済・軍事・文化・民族の相克』)を参照。
(61)「中共山東分局財委会関於法幣問題的指示」(一九四二年五月二九日)(『山東革命歴史檔案資料選編』第八輯、一九八三年、三〇九―三一〇頁)。
(62)「浜海専署頒発布告　確定北海票為本位幣　法幣一律五折使用」(『大衆日報』一九四二年八月四日)、「社論 対敵貨幣闘争的初歩検討」(『大衆日報』一九四二年九月四日)。
(63)原載、「清河行政区主任公署関於法幣折価的補充指示」(一九四三年一月)(『群衆報』一九四三年三月七日)(『北海銀行史料』第一冊、一二九〇頁)。
(64)原載、「膠東区行政公署関於停止法幣流通的布告」(一九四二年九月)(『大衆報』一九四二年九月一九日)(『北海銀行史料』第一冊、一二四八―一二五〇頁)。
(65)原載、「北海支行一九四二年一月至九月份工作報告」膠東分行檔案第三巻(『北海銀行史料』第一冊、二六二頁)。
(66)薛暮橋『薛暮橋回憶録』天津人民出版社、一九九六年、一五五―一五六、一六四―一六五頁。なお薛暮橋は艾楚南を財政庁長、灑海秋を北海銀行行長としているが、中共山東省委組織部・中共山東省委党史資料徴集研究委員会・山東省檔案館編『中国共産党山東省組織史資料　一九二一～一九八七』中共党史出版社、一六五頁の記述により艾楚南を財政処長とし、さらに前掲、丁暢敏・黄炎整理「一九七八年六、七月訪問(賈洪、薛文林、劉恵英、王金甲同志)記録」六五頁、丁暢敏・黄炎整理「一九七八年四月二九日訪問王子芹同志談話記録」(『北海銀行史料』第一冊、六八頁)により、艾楚南を兼北海銀行総行長、灑海秋を北海銀行副行長とした。
(67)「打撃敵汪経済掠奪陰謀　浜海専署決定停用法幣　通知各地加緊動員切実執行」(『大衆日報』一九四三年七月九日)。
(68)前掲『山東解放区大事記』一六七頁、原載、薛暮橋「浜海区半年来的貨幣闘争」(一九四四年三月)(『闘争生活』第二九期、一九四四年四月、中共山東分局檔案第二二七巻)(『北海銀行史料』第一冊、三一五頁)、朱玉湘主編　中春生・馬福震・劉大可・劉培平編著『山東革命根拠地財政史稿』山東人民出版社、一九八九年、二一二頁。
(69)原載、『闘争生活』第二六期、一九四三年九月、中共山東分局檔案第二三六巻(『北海銀行史料』第一冊、三七〇―三七二頁)。
(70)「中共山東分局関於銀行工作的決定」一九四三年九月二三日(『山東革命歴史檔案資料選編』第一〇輯、一九八三年、一六一頁)。
(71)前掲『薛暮橋回憶録』一六五―一六六頁。
(72)同前『薛暮橋回憶録』一六六―一六八頁。
(73)前掲、薛暮橋「浜海区半年来的貨幣闘争」(一九四四年三月)三一七―三一八頁。なお魯中では、遅くとも一九四三年一〇月までに法幣は基本的に排除され、その価値は北海銀行幣より安くなっていた(原載、「魯中分行一九四三年工作報告」魯中南分行檔案第一巻)(『北海銀行史料』第一冊、三二五頁)。
(74)原載、「清河主署布告取締仮法幣定期停用法幣」(『群衆報』一九四三年一〇月九日)(『北海銀行史料』第一冊、三二八頁)。
(75)原載、「清河主署指示二月底停用法幣」(『群衆報』一九四四年二月九日)(『北海銀行史料』第一冊、三三七―三三八頁)。
(76)薛暮橋「山東工商管理工作的方針和政策」(薛暮橋『抗日戦争時期和解放戦争時期山東解放区的経済工作』人民出版社、一九七九年、一〇一頁)。
(77)前掲『山東解放区大事記』一五八―一六三頁。
(78)前掲、薛暮橋「山東工商管理工作的方針和政策」一〇一頁。
(79)同前、薛暮橋「山東工商管理工作的方針和政策」一〇〇頁。
(80)「中共山東分局関於山東一年来貨幣闘争主要情況的報告」(一九四五年二月)(『山東革命歴史檔案資料選編』第一四輯、一九八四年、一八九―一九〇頁)。
(81)黎玉「山東省戦時行政委員会関於統一本幣流通的通令」(一九四五年八月一日)(『山東革命歴史檔案資料選編』第一五輯、一九八四年、一八一頁)。

台湾文化人における「抗日戦争」

黄　英哲

はじめに

近年、王徳威は「ポスト遺民」文学理論を提唱し、次のように指摘している。「台湾は歴史の転換とともに移民と遺民を受け入れた。前者が空間の転換を経験したとすれば、後者は時間の分裂を目の当たりにしたのである。回帰と不帰の間には、一貫して微妙な緊張が存在している。台湾が経験した二つの困難は、まさに古くから存在するものの、現在ほど深刻ではない」と。台湾の歴史的脈絡において、「移民」・「植民」・「遺民」はともにそのディアスポラ経験を構成している。[1] もちろん歴史に鑑みれば、ディアスポラは決して台湾に限られた歴史的経験ではなく、例えば李有成はディアスポラの社会集団の複雑性や多様性、相違性を指摘し、次のように言っている。世界の多くの民族がそれぞれのディアスポラ叙事をもっており、「ディアスポラは多くの個人と民族の歴史的経験であるだけではなく、多くの国家や社会において長期にわたって存在する現実であり、さらにポストコロニアルやグローバル時代の国境を越えた流動のもとで普遍的に見られる現象である」[2]と。そのため台湾のディアスポラの歴史経験は、台湾という地域的意義のほか、世界史における普遍性を備えているといえる。

近代の歴史において全世界的に発展した資本主義の内在的原動力、国際関係の紛争、戦争の影響、帝国規模の社会的流動、戦後における地理的空間の国境収縮、政治上の公民身分の多重性といった要素が、一八世紀から現在に至るまでの台湾の人々の移動を拡大させた。台湾の地理的位置やその歴史発展の巡り合わせは、その歴史を様々なディアスポラの物語に満ち溢れたものにし、南北の往来や東西への漂泊といったディアスポラ経験は、早くから台湾の歴史のなかに内包されていたのである。

作家の日記や自伝的作品にはこのような個人的資料にあふれており、個体の視点からみた時代の雰囲気や個人の心境が反映されている。本論文は、以下の三名の台湾作家のディアスポラと移動を例として取り上げる。それは一九三〇年代の東京の台湾留学生による文学団体「台湾芸術研究会」のメンバーであり、のちに日本占領下の中国大陸の東北や華北で活動し、「満鉄」や「華北交通」で勤務した詩人楊基振（一九一一―一九九〇）、日本で医学を学び一九三二年に台湾へ帰った後、故郷の台南佳里で医者として開業した漢詩人呉新栄（一九〇七―一九六七）、両親ともに植民地台湾の出身であり、戦時中は両親とともに日本に居住し、戦後台湾に戻った「天才少女作家」陳蕙貞（一九三一―二〇〇五）である。彼らの日記や半自伝的小説などをテキストに、彼らの異なる地理的空間における「抗戦」に対する認識と「抗戦」の意味を検討する。(3) その上で、彼らの心の中に潜む民族アイデンティティとナショナリズムの衝突について比較分析を行いたい。

Ⅰ　楊基振の「抗戦」

1　台湾から東北・華北へ

楊基振は一九一一年、台中の清水に生まれ、父親は楊紹喜、母は楊梁双であった。幼いころ漢学の私塾で学び、八歳のとき（一九一九年）に清水公学校に入学、一四歳（一九二四年）で台中師範学校に進学した。一九二六年、台中師範学校を退学した楊基振は東京に進学し、東京市小石川区武島町七番地の堂兄楊肇嘉の家に寄宿した。最初は正則補習学校に学んだが、すぐに郁文館中学に編入した。一九二八年、早稲田第一高等学院（現早稲田大学高等学院）に進学し、三年生の夏休みに、中国の福州・上海・蘇州・南京・北京などを旅行している。一九三一年、早稲田第一高等学院を卒業し、早稲田大学政治経済学部に進学した。早稲田大学に在学中、大学一、二年のときに北京に遊学し、北京に滞在中は現地の女子大学生に北京語を教えてもらい、北京大学で聴講生になって、熱心に中国の社会・政治・経済発展について研究した。一九三一年に満洲事変が勃発すると、当時の北京では毎日のように各大学の学生によるデモが行われた。楊基振自身も北京大学において政治学の陳啓修（陳豹隠）教授が日本帝国主義の大陸政策の全貌を講ずるのを聴講し、その体験は日本の大陸政策に対する彼の強い関心に火を点けた。一九三四年、早稲田大学を卒業した楊は、日本銀行、安田保善社、三菱商事、南満洲鉄道株式会社の就職試験にすべて合格した。最終的には日本の大陸建設の実際的な活動に参加することを選び、日本帝国主義の最前線――南満洲鉄道株式会社（通称満鉄）に就職し、大連の満鉄本社鉄道部に配属された。(4)

楊基振は学生時代から文学活動に相当興味をもっており、一九三三年の早稲田大学在学時代に、東京の台湾人留学生の文学団体「台湾芸術研究会」の創立に参加し、その機関誌『フォルモサ』創刊号において、「詩」というタイトルで中国語の詩歌を発表している。

楊基振は満鉄会社入社後、一九三五年一〇月大連列車区の車掌を命ぜられ、三六年四月には大連と奉天の間の一等駅である大石橋の運転助役に、三七年四月には新京駅（満洲国首都・現長春）の貨物助役に任ぜられている。(5)

満洲国政府の高級官僚養成機関――大同学院で一年の訓練を受けた後、高級官僚の待遇をうけて政治経済の分野で活躍した。当時、台湾人で満鉄や満州国政府機関に職を求めた者の多くは、日本内地の各大学を卒業したエリートであった。当時の社会全体の価値観からみて、植民地出身の一介の平民が宗主国の行政体制のなかで頭角を現すというのは、決して容易なことではなかった。そのため、多くの台湾人が台湾あるいは日本で日本人との

競争を諦め、昇進の機会が比較的平等で待遇も良い満洲国に職を求めたのである。(6)

一九三七年の盧溝橋事件の後、満鉄は多くの従業員を華北に派遣し、日本軍が占領した土地の鉄道の管理と修復作業にあたらせた。この時、楊基振も新婚の妻である詹淑英をつれて新京を去り天津に移った。一九三八年五月には華北交通株式会社天津鉄路局貨物課長に転任した。

日中戦争の勃発後に、日本軍の華北占領地で行われていた、中国の工場を接収し、軍用品を管理し、日本企業に経営を委託するなどの一連の活動は、もともと日本の国策会社――興中公司がその陰で糸を引いていた工作であった。(7)しかし一九三八年以後、華北で戦闘が拡大すると、興中公司は資金力でも技術力の点でも大規模な戦闘下で求められる経済システムを独力では支えきれなくなっていた。日本政府は戦略上の考えに基づき、一刻も早く「日満支経済圏」を完成させたいという願いから、一九三八年一一月七日に、より大規模で機能の整った国策会社――北支那開発株式会社を設立した。(8)北支那開発株式会社は、資本金は日本円で三億五千万円、日本政府と民間がそれぞれ半分を出資し、主要な経営内容は投資と総合交通、運輸、港湾、通信、発電、送電、鉱物や食塩製造販売利用などに関わる事業であった。翌年四月、最大の子会社である華北交通株式会社（資本金は日本円で三億円、中国側が三千万円を出資。以下、華北交通と称する）が設立され、北支那開発株式会社旗下において最も主要で、最大の主力事業である鉄道交通事業を管理することになった。華北交通の人事は、日本政府と一九三七年一二月一四日に北京で成立した傀儡政権――中華民国臨時政府（行政委員長は王克敏）のそれぞれが派遣した代表によって決められた。(9)華北交通の設立計画は日本政府のみによって立案され、日本の資本が大部分を占めていたが、王克敏をはじめとする臨時政府は中国人と日本人を半分ずつにするという人事案を強く主張した。日本側も計画実行のうえで臨時政府の協力が必要であったため、双方の何度かの相談の結果、総裁は日本人、副総裁は中国人と日本人が一名ずつ、理事は四名ずつという主要人事が決まり、表面上の平等を保ったのである。(10)

日本政府の北支那開発株式会社を設立し子会社を拡張するといった活動に対して、臨時政府がそれを阻止できず、甚だしくはそれを傍から助けていたことについては、戦後の抗日史観のなかで厳しい評価を受けており、臨時政府の行為は売国に等しく、日本が中国の資源を奪うのを座視したと見なされてきた。しかし中国の学者范力は、詳細な分析をしたうえで、当時の臨時政府は敵陣突撃部隊の抗日運動家の勇敢さには及ばないように見えるかも知れないが、しかし日本軍の開発に協力しながら、同時に日本を「利用」もし続け、中国側の損害を最小限度に抑えるという柔軟性のある抵抗を行ったのだという。(11) 日本への協力の形を借りて中国本土の近代建設という開発を手助けし、中国の利益を陰で守るような行為は、実は「曲線救国」であり、単純にそのすべてを漢奸一派だと決め付けることなどできないのである。(12) この視点から考えるならば、楊基振がなぜ早くから積極的に日本の対華開発に身を投じたかという、日本の華北開発に協力することへの矛盾した心情も理解できるかもしれない。

楊基振は一九四〇年に華北交通の北京本社に呼び戻され、一九四二年に副参事に昇格し、運輸局貨物課賃率係の主任を命ぜられた。本人の回想によれば、淑英と結婚して華北交通に勤めた八年近くは、彼の一生で最も輝かしい時期であった。副参事に昇任した後、彼はわずか二年で華北の八つの鉄道の運賃を統一し終えた。彼はこのほか塘沽新港の建設推進や、汽車の積載量超過を禁止する規定の実行条例などを含む、戦争中の経済開発と民生事業にかなり大きな貢献をした。(13)

華北交通での最後の数年間、楊基振は同時に民間企業である啓新セメント会社の経営にも参画している。戦争中、中国本土には中日合資の企業が多く誕生し、そのなかで中国側の資本もまた徐々に増える傾向にあった。しかし、大部分は依然として政府レベルの投資に属するもので、本当の「民族資本」――外国資本の企業に対抗する中国民間資本の企業はまだ少なかった。楊基振は積極的に民間企業である啓新セメントの経営に身を投じ、自分自身と日本の官僚の人脈を使い、人事では日本人の介入を排除しつつ中国人による主導権を維持するよう努力したのである。(14) このころ、華北交通の内部で日々複雑化する人事問題が、楊を悩ませていた。一九四四年一一月一一日の日記には、「交通会社はやはり早く辞めたい。どうも交通会社へ行くと心の平和と人間の真実性の欠乏を感じ実に不愉快である」[15]と吐露している。一九四四年一一月末、楊は運輸局主任への昇任を知るのだが、結局、自主退職を決心しており、日記には「今日交通会社のボーナスがおりた。嬉しくもなく悲観もしない。今は唯交通会社を如何にして辞めるか毎日悩みの種である」[16]と記している。一九四五年三月末に華北交通を辞職し、五月には唐山の啓新セメント会社に赴任し、副工場長兼業務部長として、終戦を迎えた。

一九四五年八月に日本が敗れると、九月には重慶から派遣された国民党の接収部隊が唐山に現れた。楊は大いに奮起し、国民党による接収を祝うために自主的に献金し、工場や倉庫を先遣隊の宿舎に開放し、さらに車や住宅、日用品を接収員に提供した。しかし、これが却って仇となった。楊基振の日記では、当時重慶から派遣されてきた官員は腐敗を極めており、楊のことを羽振りのいい財閥だと思ったようで、楊の財産を奪おうと、わざと漢奸の罪名を着せ逮捕して彼を処刑しようとしたとしている。[17]

一九四五年一二月、楊基振は唐山を離れて、北京や天津で公務を処理したが、腸チフスによって大病を患った。彼が北京や天津に居た間、接収部隊は彼の唐山の家を包囲し、漢奸の罪で彼を逮捕しようと待ち構えていた。楊は難を逃れるために、二度と唐山に戻れなくなったのである。この期間、最初の妻・淑英は不幸にも肺病を患い唐山で病没した。危篤から臨終、葬儀が終わるまで、ずっと特務の監視に阻まれ、楊は唐山に姿を現すことができなかった。楊はこのことで自ら責め続け、彼の心中の永遠の痛みとして残った。

2　楊基振の「抗戦」日記

楊基振は生前日記をつける習慣をずっと保ち続け、現在、国史館に保存されている資料として、一九四四年一〇月一日から九〇年に病没するまでの日記帳が残されている。一九四四年から一九五〇年の日記はすでに二〇〇七年に国史館によって出版公開されている。以下は、一九四四年一〇月一日から一九四五年末、抗戦末期および抗戦勝利後の初期の日記から、楊基振と当時の社会の様相を分析するものである。

(1) 戦時華北地区の台湾人の交遊関係と生活情景

抗戦時期、華北地区に滞在していた台湾の著名人は少なくなく、呉三連、楊肇嘉、張深切、張我軍、洪炎秋、黄烈火、張星賢、呉金川、陳重光、李金鐘、蘇子蘅などがいた。楊基振は公的にも私的にも、これらの人々とかなりの付き合いがあり、これらの名前はしばしば日記に登場する。交遊の記録のほか、日記にはまた交際過程でのその時の心境が忠実に書きとめられており、抗戦時期の「淪陥区」における当時の台湾人の個人レベルでの日常生活や彼ら同士の交遊関係の一端が窺える。例えば、台湾の作家張我軍の日中戦争末期における私生活について、楊はいわゆる「正史」とは異なる描述をしている。「今夜我軍兄に招待されてゐるが一番好きだったグループが賭ばくに熱中する故に彼等に近づきたくない。麻雀にも飽きた。彼等の友情にも飽きた。閑の時にはもう少し読書がしたい。幸ひ近く自分は引越さうとしてゐる。商売人はやはり自分の性分には合はない」(一九四四年一〇月五日)[18]、「退社後我軍兄に招待されたので洪炎秋君のところへ拝年しそれから行った。招かれた人何れも気持の悪い人ばかりである。宴後謝化飛、洪某、周寿源君と麻雀をやったが生れて初めてこんなに大敗し三万円敗けた。非常に後悔すると共に我軍兄とのつき合は常に魔がついてゐるやうな気がする。徹夜迄して非常な疲労を覚えた」(一九四五年二月一三日)[19]と。

楊基振は流行を追うのが好きで、映画やダンスを観るのも好きだった。かつて華北時代には「明星」戯院に投資しており[20]、李香蘭に出演してもらおうとしたこともあったが、果たせなかった。日記中には彼が映画や文芸的催しに対して叙した感想を垣間見ることができる。例えば、一九四四年一〇月一七日の日記にはシモーヌ・シモン(Simone Simon)主演の『みどりの花園』(「LES BEAUX JOURS」一九三五年)を見た感想が綴られている。「何回見ても熱涙が出て若き日の若人の感傷が盛られ、特に人の心の優しさが感じられた」[21]と。また一九四五年三月四日の日記には、「朝、幼呈来訪、一緒に中食をとってから淑英と三人で〝希望音楽会〟を見に行った。一九三六〜一九三九年の戦ふ独逸を背景とした映画で、あの時のヒットラーの得意な姿と今日の沈み行く彼の運命を比べて転々感慨無量である」とある。[22]

日記の記述からは、戦時中の北京・天津地区の「上流」の台湾知識人の日常生活や余暇の娯楽、嗜好などの一端が窺える。

（２）戦争の時局に対する認識と抗戦勝利後の経済的混乱

楊基振の日記には、たびたび時局への認識と解釈が登場する。例えば、一九四一年一二月に日本とアメリカが開戦した後、いわゆる太平洋戦争中の日本軍の戦績と戦事の進展について、楊は以下のように記している。「三日間東京空襲が連続され、レイテ島に於ては日本が相当な戦果を挙げたのにも拘らず一般の気分は一入緊迫しつつあるやうであった」（一九四四年一一月三〇日）[23]、「大東亜戦争勃発して早くも三年は過ぎ去って今日第四年目に入った。今レイテ島をめぐって激戦が展開され日米の運命を決定しようとしてゐる。レイテ島の日米の決戦こそ世界戦を支配する重要なモメントであらう」（一九四四年一二月八日）[24]と。このほか、日本敗戦の前、その噂が華北地区にもたらされた時、楊は日記中に一人の知識人として合理的な懐疑を表出している。「朝工廠へ出たら昨日日本が天皇政治の存続を唯一の条件として無条件降伏したる旨重慶放送局より発表ありたるとの事で全廠平和の到来に明朗化した」（一九四五年八月一一日）[25]、「日本の降伏はやはり疑問で夜初めてハワイよりの放送をきき其の日本の降伏に関するニュースが多分に宣伝的性質なるをきき益々疑問になって来た」（一九四五年八月一二日）[26]、「日本の運命は果してどうなるか、夜もハワイよりの放送をきいたが益々宣伝的に看取され愈々迷ってしまった」（一九四五年八月一三日）[27]。八月一五日になって日本が正式に無条件降伏を発表したというニュースを知り、ようやく間違いないと確信したのである。

戦後における華北の社会経済の混乱ぶりや物価の高下についても、彼の日記に詳細な記述がある。「日本の敗戦は大体蘇聯の参戦に依り明確となり金、銀を啓新の株に切替へようと思ってゐたのに工廠の雑務に逐はれて日本降伏のニュースに接し当然金、銀の暴落、株の暴騰となり唐山へ転勤して来たばかりに莫大なる損害を被り淑英と不運を悲しんだ」(一九四五年八月一一日)[28]、「本日公務をも兼ねて天津、北京に出張した。麻袋等にて得た金合計一六〇万円を株若し(く)は其他の物に変へるべきか迷ひつつあるので天津、北京の状況を研究して方途を決定するのも自分の出張目的の一つである。汽車は一二時過に漸く唐山を出で一六時頃唐山着、合豊に立寄り三連兄、甲斐兄等と落合ひめまぐるしき変化に一驚した。和平と同時に物価の惨落に依り合豊は勿論一般商人は何れも大打撃を被り、倒潰せる者少なからざる実情である。過去相当の行蹟を挙げて来た合豊行が今度の打撃を被ったのは実に遺憾千万である。夜三連兄宅に於て御馳走になり今後の合豊の行方、更に我等の政治的立場、特に祖国に帰った故山の施政問題、平津に於ける同郷会等の諸問題を討論し合った。一二日朝、袁・陳総協理に工廠周辺に於ける八月一五日以降今日に至る迄の治安状況並びに治安工作を具さに報告した。華系警備隊の解散、更に日系警備隊に対する措置、石炭欠乏に依る工廠の生産対策等主要問題を討議研究した。総協理何れも態度は昔日と異なり稍々消極的に看取された。後で知った事だが袁総理は日本敗退後に於ける彼の政治的立場が可成困難になったので身柄の不安を憂慮されてゐるのが原因らしい。陳協理は輓近開発から貰った莫大なる金で全部株を買ひ公司に莫大なる損害を与へたのを悲しんで元気がないらしい。何等か一般の空気は昔日の如き温さがない。夜李金源を訪れ啓興又物凄い打撃を受けたるを知り商売に於ける一切は全部失敗に帰したるを察した。然し世界が平和になり特に故郷が解放されて祖国の懐ろに帰って来た喜びの為か必ずしも深くは悲嘆の念が起らない」(一九四五年九月一一日~九月一七日)[29]と。

華北に住まう楊基振と台湾知識人にとってみれば、抗戦中に中国と日本の板挟みとなって触れ動く心境にあったことが、日記に生き生きと描きだされている。抗戦末期に日本の敗戦の噂に対してかなり疑っていたことから、これがただのデマであることを期待しているようである。抗戦の勝利によって、華北の台湾知識人は自分の政治的立場によって自分の身の安全が保証しがたいこと、同時に平和の到来によって物価が暴落し、商売をする台湾人が莫大な経済的損失を被ることを心配していたのである。

（3）日本敗戦後の華北国民党軍・八路軍・日本軍の力関係

抗戦の勝利と日本の戦敗は、華北にいた楊基振を相当興奮させ、彼は日記に自己の心境を次のように記している。「日本に対する少時よりの敵愾心は自分を駆って大陸に心をはせしめ、そして自分の眼で日本の降伏を見たのである。斯くして故郷台湾は五十数年振りに中国に帰り、今後祖国の抱擁に永かりし辛き運命が解放された。夢かと嬉しい涙にくれた」（一九四五年八月一五日）[30]と。彼はまた年末に家族を連れて台湾に帰る計画を記している。しかしながら、このような歓喜に満ちた気分は決して長くは続かず、戦後の華北はすぐさま接収の混乱と国共の睨みあいによってもたらされた焦慮にとって代わられた。

日本軍の戦敗から国民党軍による正式な接収まで、華北の治安は相当混乱し、特に八路軍は日本軍敗戦後、工場内の軍需設備を虎視眈眈と狙っていた。戦後の唐山の治安について、日記の記述はかなり詳細である。「工場附近にはまだ日本軍が居て、武装解除以前、日本軍は依然として治安維持の責任を担っており、日本軍に治安維持についての援助を要求できても、同時に自衛軍は銃弾を借りて工場内の警備力を補うべきである、今日のニュースはすべてみな唐山の四方は八路軍によって包囲されているということで、かなり緊迫している」（原文は中国語、一九四五年八月二〇日『日記』一八二頁）[31]、「小雨もぽつぽつになり、今日、マニラで日本の河辺大将がすでに投降し、平和は秋の太陽と一緒に上がってきた、しかし唐山の四方はといえば一日一日と日が経つばかりで、夜には郊外で銃声もし、大雨になっている」（原文は中国語、一九四五年八月二一日『日記』一八二頁）[32]と。戦争は終結したものの、真の平和の到来ははるか遠くのことのようであった。

このころの啓新工場はすでに戦いに敗れたもののまだ帰国していない日本軍によってようやく統制を保ち、八路軍の襲撃に抵抗していた。楊の日記には次のような緊迫した描述がある。「見回り後四人で唐山の周囲の八路軍の情勢について話す。午後七時、唐山の西南方向で銃声が派手にした。小銃、機関銃、手榴弾、砲声がはっきりと聴こえ、すぐに警備隊を派遣して適切な配置につけ、同時に高射砲隊に連絡し、保護を乞うた。十一時に銃声がようやく止み、聞くところによると治安軍と八路軍との衝突だとか」（原文は中国語、一九四五年八月二二日『日記』一八二頁[33]）、「一日中工場内の治安問題について話した。外もさらに緊迫しており、蔣委員長は電報で毛沢東を呼び出し拒絶され、八路軍も瀧海線以北に進駐して北京天津を包括しようとしている。今天は陰雨がしとしとと降り、夜にはまた銃声だ」（原文は中国語、一九四五年八月二三日『日記』一八三頁[34]）、「一一時、八路軍□□が小水泉にてパトロール役に尋ねたという。(1)工場内にはどのような人がいて、どれぐらいの人が警備に当たっているのか。(2)工場内にはどれぐらいの銃や弾があるのかと。しかし、入っては来なかった。すぐに各機関に報告した。午後三時、郊外にて銃声□□一晩中八路軍と先遣軍が夜通しやりあった。濱田隊長によると、日本軍は中立の態度を取るであろうとのことで、今後の唐山の治安に対してかなり悲観的になる」（原文は中国語、一九四五年八月二四日『日記』一八三頁[35]）、「昨夜九時、八路軍はまた新石坑にやってきて二機のモーターを盗って行った、やって来たのは七、八十人で、抵抗もできなかった」（原文は中国語、一九四五年九月二一日『日記』一八七頁[36]）、「早朝七時、八路軍が工員に紛れて十人入ってきた。巡見科に日系の警備隊はみな武装しており、もし先方が発砲して騒乱を起こしたら、我が方も武力で抵抗することを命じ、同時に一四一四部隊、唐山防衛司令、唐山警察総隊、第四分署に連絡し、すぐに各関係機関は要員を派遣してくれ、計三百余人が工場に着いたときには、賊はとっくに逃走した後だった」（原文は中国語、一九四五年九月二三日『日記』一八七頁[37]）。楊の日記には、当時の八路軍の唐山での行動が詳細に記録されており、同時に国共両勢力の睨み合いが限界に達していたことを表している。

一九四五年一〇月、一一月より後は、日本軍と国民党軍との間で次々と引継ぎが行われるに伴い、日本軍は去り、連合国軍が唐山に入ってきた。元の日本軍と共産党軍が互いに牽制していた情況は、国民党軍と八路軍との闘いに変わっていった。「午後三時、新任の劉灤楡区督察専員兼保安司令が来訪。最近、共産党による交通の破壊、各都市の地盤闘争がいよいよひどくなり、中国の全面的な内戦も始まってきた。本当に毛沢東氏の気が知れない、八年来の苦しみでもう沢山である。今は破壊から建設へと転換するべき時期なのに」（原文は中国語、一九四五年

一一月一七日『日記』二〇〇頁[38])。

抗戦が終わり国民党政府の華北接収まで、楊基振が唐山で目にした幾多の歴史的な瞬間、これらは一つ一つありのままに日記に記載されている。

3 小結

楊基振は植民地台湾の出身であり、さらに日本で進学し、その後日本人と共に仕事をした。しかし、彼の日記はしばしば日本人への不満に溢れ、それは嫌悪ともいうことができる。例えば、日本が敗戦した後日本人が啓新工場からいなくなったことを、楊は日記に何の憚りもなく痛快だと述べている。「今日、日本の軍隊は米軍の命令で全部去った。工場に一人の日本人もいなくなったのだ。とても痛快だ。日本人とは満鉄と華北交通で十一年一緒に仕事をやった。それで日本人が啓新にやってきたのも気に入らなかったし、中平顧問だの潮顧問だの日系警備隊だの、それから大使館情報課の三原課長が派遣してきた華東警備隊だの、一四一四部隊中島隊長が派遣してきた特務隊だのがいた。日本が投降した後は、まず二人の顧問をくびにし、華東警備隊、日系警備隊、特務隊を解散させ、後には日本駐軍だけが残っていた。今日からは日本人がいなくなったのだ。工場は明るくなった」（原文は中国語、一九四五年一一月一四日『日記』[39]）と。しかし、彼には何人かの親しい日本の友人もいて（金子と古屋、一九四五年一〇月二八日『日記』）、日本人のなかには彼に尊敬の念を抱かせるような人物もいたし（例えば濱田隊長、一九四五年一〇月二八日『日記』[40]）、また彼は折々に戦後の日本人の情況に同情をも漏らしている。言い換えれば、「日本」というイメージは、楊基振の認識のなかでは何かを特定的に指す集合体ではなく、それは時に日中戦争で彼の髪を逆立てさせる日本政府のことであり、ある時はまた亡国の親友たちに同情するといった気の毒なものの象徴といってよく、またある時は八路軍に抵抗する正義の化身だともいえる。楊基振の目に映る「日本」とは、単純に白黒をつけられるようなものではない。このように錯綜した矛盾した思いは、当時の多くの「淪陥区」にとどまった台湾知識人の心境をも表している。

一方で、楊基振は「中国」という土地とそこでの様々な人事に対しても、複雑な気持ちを抱いている。上述したように楊基振は戦前から戦後に至るまで一貫して中国に対してかなり大きな展望を抱いていた。それは決して重慶や延安へ行って直接的に抗日運動に従事することではなく、おそらく「曲線救国」の心情を抱いて東北や華北へ行って日本の大陸建設に献身することであったのであろう。日記の「慷慨激昂」の語句からは、ときに「祖国」中国に対する熱情を窺うことができる。二・二八事件の後ですら、彼は依然として中国に対して関心を持ち続けていた。これは彼が日記に「夕飯の後、碧蓮（再婚した妻）を連れて（映画）『明天遺恨』を観に行った。彼女に中国の歴史に関心をもってもらいたいと思ってのことだ」（原文は中国語、一九四八年四月一五日『日記』[41]）と書いていることからもわかる。この時の楊基振は中国という土地に、依然として変わらぬ思いを抱き続けていたのだ。楊基振のアイデンティティは台湾・中国・日本の三者間で揺らいでいたのであり、これは民族・植民・アイデンティティの複雑性や逆説性を示している。

II　呉新栄の「抗戦」

1　「抗戦」勝利後の台湾作家

一九四五年八月一四日、日本は「ポツダム宣言」を受諾し、連合国に対して無条件降伏した。八月一五日、昭和天皇は「終戦詔書」を発表し、中国が抗戦に勝利した。中華民国は一九四三年一二月二日に公布された「カイロ宣言」に基づき、日本から台湾と澎湖列島を接収し、台湾が解放された。台湾は正式に日本の植民地支配から解放され、中国の版図に戻ったのである。

作家の楊逵は、抗戦勝利後の最も早い時期である一九四五年九月一日に、ガリ版刷りの『一陽週報』を創刊し、創刊号巻頭の「論壇　新建設の基礎」で次のように述べている。

　砂上の楼閣と云ふ言葉がある、如何に立派な建物でも、砂上に建てたんでは、用をなさぬ。一寸した風波で、ぐらぐらと崩れてしまふからである。建物が立派であればある程、基礎のしつかりしたものを造らなければならんことは当然である。ポツダム宣言の受諾に依つて台湾は中国に還ることとなつた。政治、経済、文化、その他あらゆる面から多数の指導者が、やがて接収と同時に来台されるであらうことは想像されるし、おそらく新台湾建設の為めに立派な計画をもたらして呉れるだらうと思ふ。しかしながら、もたらして来る建設案が、大きいけ《ママ》れば大きい程、六百万島民の責任は重大であり、断じて「寝て待て」ではいけないのである。新しい明朗な台湾を再建する為めに、六百万島民はどんな大きな楼閣にも耐へ得るだけの礎石となる覚悟で以て、今から団結を堅め、相啓発しなければならぬ。理想台湾は、斯る堅牢な礎石の上に立つてこそ繁栄するものである。(42)

　この創刊号には、このほかにも注目すべき意味深長な文章が掲載されている。それは「独立運動への反対」という対談形式の文章であり、ここにおいて楊逵は次のように述べている。

張：君が台湾独立運動をやつてゐると言ふ噂があるが……。

楊：デマだ。こう言ふ運動は、十五日以来その客観的根拠を失つた。吾々の運動は、孫中山先生の三民主義に拠る新台湾建設運動であつて、しかも五十年ぶりに還つて来た中華民国の国民としての運動である。真なる日華親善と東亜共栄はこの基礎に立つてこそ可能である。

張：これで安心した。この噂を聞いた時は、半信半疑であつたが、若し事実としたら、台湾の前途は、ために大混乱に陥りはしないかと心配してわざわざ来た。

楊：同感である。(43)

戦前、楊逵とともに著名であった台湾作家の龍瑛宗は、やや遅れて次のように述べている。

八月一五日は世界人類史上、時代を劃することになった最も記念すべき一日である。残虐と破壊の鉄の鎖が断ち切られ、自由と平和が世界中に行き渡り、全ての民族の頭上に君臨した。わが台湾も歴史の余波を受け、抑圧及び暗黒の中から解放された。台湾の同胞はここに青天白日のもとで中華民国の国民となることができた。台湾の同胞は五十年もの間占領下に置かれ、形の上では異民族の統治を受けてきたとはいえ、精神的、本質的には終始一貫して中華民族たることを失わず、また一瞬たりとも民族の精神を喪うことはなかったのだ。(「最近文学界一瞥」『東寧新報』一九四六年一月二一日、原文は中国語(44))

抗戦勝利後、台湾が中国の版図に戻ると、台湾に住む台湾作家が最初に表明した内容は千篇一律で、どれも台湾の中国返還を喜ぶものであった。しかし戦争が日本の投降で終わったことで、台湾人の心情は相当に複雑であった。この戦争において、台湾人は「加害者」であったのか、それとも「被害者」であったのか、そして「戦勝者」であるのか、それとも「敗戦者」であるのか、という疑問が生まれたのだ。戦争の終結は台湾人の精神にこのような虚脱と混乱をもたらしたのである(45)。こうした戦争期と台湾の光復後の初期において、台湾人がどのような精神状態におかれていたのか、楊逵と龍瑛宗と共に著名であった台湾作家の呉新栄は、その日記に自らの心情を忠実に記録している。

2　呉新栄の「抗戦」日記

呉新栄は一九〇七年、現在の台南の将軍郷将富村に生まれ、父は漢詩人の呉萱草、母は張実である。一九一三年に蕭壠公学校に入学した後、漚汪公学校に編入し、一九二一年に卒業している。一九二二年、台湾の台湾総督府商業専門学校予科に入学し、一九二五年に日本の岡山市金川中学校四年生に編入、一九二八年に東京医学専門学校に進学する。そして東京医学専門学校南瀛同郷会と東京里門会に参加、「拾二会」の結成を提唱し、『蒼海』『南瀛会』『里門会誌』を創刊した。一九二九年に「台湾青年会」幹事となり、日本警視庁による日本共産党の「四・

一六大検挙」事件に巻き込まれ、一九日間拘留されている。一九三二年三月、東京医学専門学校を卒業し、「五反田無産者病院」で勤務した後、九月に台湾へ帰国、一一月に毛雪と結婚し、叔父の呉丙丁の「佳里病院」を受け継いだ。一九三五年六月、「台湾文芸連盟佳里支部」を創立し、一九三七年七月に盧溝橋事件が勃発した後、「佳里防衛団」「国防献金」「軍機献納促進会」「国民精神総動員佳里分会」などの活動に参加した。

一九三九年一一月、佳里街協議会会員に当選し、一九四一年七月に「皇民奉公会佳里街分会」の生活部長となった。一九四三年一一月には台北で「台湾文学決戦会議」に参加した。一九四五年八月に日本が敗戦し、台湾が光復すると、九月に三民主義青年団の設立計画に参加し、国民政府歓迎籌備会副委員長、北門郡治安維持会副委員長となった。一〇月には「三民主義青年団佳里区隊」の区隊長となり、一二月に北門郡自治協会理事長に任じられている。

一九四七年三月から九月までの間、二・二八事件のため、父子は前後してしばらく入獄した後、出獄した。一二月には、中国国民党台南県党部執行委員に当選している。一九五二年四月、台南県文献委員会委員兼編纂組組長に任じられた。一九六〇年六月、『台南県志稿』（全一〇巻一三冊）の出版を主宰した。一九六六年一一月『震瀛随想録』を出版し、一九六七年三月に病没している。

一九三七年に「盧溝橋事件」が勃発し、中国が全面抗戦に入ると、彼は日本当局によって「国民精神総動員佳里分会」参賛、「軍機献納促進会」幹事に任命されており、さらに妻の毛雪も愛国婦人会佳里分会委員に任命されている。彼はこれらすべてを時勢に沿った行為であると肯定しており、日記には「人々はみな為すべき務めがあり、人々はみな時勢に従うのだ」と記している[46]。同年一二月一九日、台湾人兵士の出征を見送った後、当時彼は興奮して次のように日記に書きとめている。「台湾人はここにおいて完全に兵役を分担したのだ。この歴史の変動期に台湾人も歴史的行動に参加するのはごく当たり前のことだ」[47]と。一九三八年一月一日からは呉新栄は漢文（中国語）で日記をつける習慣を改め、日本語で書くようになっており、それは一九四五年八月一五日に日本が敗戦するまで続いた。これも彼が時勢に従ったことの一つの表れである。

一九四一年にドイツとソ連が開戦し、同年に台湾で志願兵制度が実施されるのが決定されたと知ると、彼は六月二三日の日記に次のように記している。「吾々は本島人がこの世界的大動乱に備へる為めに、精神的にも、肉体的にも、訓練しなければならないことは双手を挙げて賛成するものである。……若しも三国同盟に依りて、日蘇にも戦端を開かねばならない場合には本島人は南方の唯一の守護者たる自覚を要すべきだ[48]」と。さらに東京留学から台湾に帰省した弟寿山を鼓吹して「この国家的飛躍期に際し、この民族的運命を賭ける時期に於いて、吾々は己に自己的打算を超越し得た。も早や一個人の死と云ふことは吾々の目中には問題には成り得ないのだ[49]」と述べている。ここでいう「国家」や「民族」とはもちろん日本を指している。この年の一二月八日に日本の真珠湾奇襲攻撃が起こり、日本とアメリカが正式に開戦すると（太平洋戦争）、彼は「日本は遂に重慶の降服を待たずに英米と開戦したのだ[50]」と驚き、ハワイでの戦果を耳にした時は「この全太平洋に渡る大作戦は、日本海軍の偉大さを証明するに外ならない[51]」と記している。彼には「重慶が祖国である」という意識はまったく見られず、むしろ重慶の国民政府が日本に投降することを願っていたのである。同年一二月二六日、日本が香港を陥落させると、彼はいっそう日本の立場にたち、フィリピン、ベトナム、ビルマ、インドが独立するのを予測し、意気軒高として「それこそ日本が大東亜戦争に於ける最大の意義である[52]」としている。

一九四四年二月、弟の寿山が乗っていた船がアメリカの潜水艦に撃沈されて亡くなると、彼は「勿論こんな種類の犠牲は何時でも覚悟してゐる。然しこの犠牲に対して敵慨《ママ》心を以ってすることは何の不合理もない。……そしてこの犠牲を最後迄甘じ得る人こそ最後の勝利者ではないか[53]」と記している。九月一日、彼はアメリカ軍の飛行機が月明りに乗じて攻撃したとき、憤怒して「何んだか月も憎らしいが、敵機は一層憎らしい[54]」と述べており、ここからはアメリカと中国が台湾を「解放」しにやってきたのだとは全く考えていないことがわかる。一九四五年二月、アメリカ軍がマニラに攻め入ったと知ると、彼は次のように覚悟を決めている。「フィリッピンが奪取されたら、台湾の運命も知るべきである。ことこゝ迄考へを致せば、心痛これより大なるはなし。吾等は断じてこの聖土を守り抜いて、子孫に後顧の憂ひを無か(ら)しむべきである」[55]と。この時、連合国軍はすでに彼らの方針を発表しており、もし連合国軍が勝利すれば、カイロ宣言に基づき、台湾を中国政府に返還するとしていた。このことから、彼は台湾が中華民国という「祖国」に帰ることを願っていないことがわかる。[56]同年五月末、おそらく彼は日本が敗戦することを予測し、中国の政治思想や文学思想を研究しなければならないと考えたのか、孫文全集を改めて読み返している。八月一五日、昭和天皇が「終戦詔書」を発表し、日本の敗戦を認めると、その晩に呉新栄はラジオの内容を間接的に知り、大いに驚いている。その翌日の日記には次のように記している。「今日から我々は新しい人生を始めるのだ！　……ああ、悲壮なものだ。歴史の大転換は一日の間、一刻の間に起こるものなのだ。ああ、感慨深いことだ。今日は平和の日の始まりといえようが、ある種の不安や無限の動揺を感じずにはいられない。ともかくも光明ある未来のためには、さらなる努力と勉励があるのみだ」[57]と。一九四五年八月一五日の呉新栄に対する衝撃は大きく、ほとんどなすすべもなかったが、しかし彼はすぐに心を整え、八月二五日の日記には次のように述べている。「八月一六日以来、毎日夜明け前に目が覚めてしまい、睡眠不足の感があるものの、体を壊すということはない。熱い涙をこらえながらも、いつも国事に思いを致す。男子たるもの、この千載一遇のときに生まれて、どうして手をこまねいて傍観していられようか？」[58]と。呉新栄はすぐに行動を開始し、九月には故郷で「三民主義青年団中央直属台湾区団曾北分団籌備処」を組織した。この三民主義青年団団員の任務とは、一〇月二五日に「台湾省行政長官公署」が成立するまでの空白期間において、公共財産の保護や地方の治安秩序の維持を行い、台湾の社会秩序の崩壊を防ぐことであった。

3　小結

呉新栄の日記のうち、一九三七年七月に「盧溝橋事件」が勃発して中国が全面抗戦を開始した後に書いた内容と、日本の敗戦前夜や敗戦後の内容を詳細に読んでいくと、彼の精神と心情は一種の混乱状態にあることがわかる。そして民族アイデンティティが極度に混乱しているものの、自動的に随時調整しているのである。戦時下の一九四三年一二月六日、呉新栄は『興南新聞』で「決戦に捧ぐ」[59]という詩を発表しており、この詩作でいうところの「決戦」とは、一九四一年一二月八日（日本が真珠湾を奇襲し、日本とアメリカが正式に開戦した）後に展開された「太平洋戦争」であり、「日中戦争」（中国の抗戦）ではない。「日中戦争」よりも彼は「太平洋戦争」のほうにより強く関心を寄せていたのである。呉新栄は「決戦」を歴史的な世界的事件であり、歴史に新しい段階をもたらしうる「新時代」と「新世紀」が太平洋という歴史的空間のなかで展開し創造されるのだとみなしている。呉新栄にとって戦争とは、より重要であったのは新しい歴史の創造だったのである。「決戦に捧ぐ」の詩のなかで、呉新栄は台湾人の民族身分について曖昧な立場をとっており、戦争の動員がピークなった時には時間で空間に代わり、歴史で民族に代わろうとする意図があらわれており、同時に日本でもなければ中国でもない曖昧な台湾人としての立場をとどめている。彼は世界的事件である「決戦」が拓いた歴史的契機のなかで、台湾は現在とは違う歴史的段階である未来へと邁進していくことを期待している[60]。しかし日本は「決戦」で敗北し、台湾はもう一つの違った未来へと向かっていくことになった。日記に記された心情をもう一度対照してみると、混乱した民族アイデンティティが統治者の交代にしたがってすぐに自動的に調整される様子が示されている。こうした心理は呉新栄の個別の現象のみならず、呉新栄と同じ世代の台湾人作家や知識人のものでもあったはずである。

Ⅲ　陳蕙貞の「抗戦」

1　台湾光復初期の「天才少女作家」陳蕙貞

二〇〇五年一月六日、日本の『読売新聞』と『朝日新聞』は期せずして同じ訃報を掲載した。『読売新聞』では次のようにある。「陳真さん（ちん・しん＝元北京放送アナウンサー）四日、胃がんのため北京で死去。七二歳。原籍は台湾で、日本生まれ。一九四九年、中国に帰国し、北京放送（中国国際放送局）で長年にわたって日本語アナウンサーとして活躍。中国語講座などを担当し、日中の相互理解促進に貢献した。北京大学教授やＮＨＫテレビ、ラジオの中国語講座の講師も務めた。（中国総局）」[61]と。一方、『朝日新聞』では「陳真さん（チェン・チェン＝ＮＨＫテレビ中国語講座の元講師）四日、北京で死去、七二歳。九一年から〇〇年までＮＨＫの招きで来日し、中国語を教えた。帰国後に胃がんが見つかり、入院生活を続けていた。台湾出身の著名な言語学者で、哲学者の谷川徹三さんらとも親交のあった陳文彬さんの次女として、東京で生まれた。戦後に中国に渡り、日本語放送のアナウンサーを務めたり、北京大学で教えたりした。（北京）」[62]と報じている。この訃報でいう「陳真」とは、台湾光復初期の台湾文壇において「天才少女作家」と称賛された陳蕙貞のことである。

　陳蕙貞は一九三二年、東京の荻窪に次女として生まれ、姉に陳蕙娟がいた。父の陳文彬（一九〇四―一九八二）は台湾の岡山の人で、祖籍は福建漳州、著名な言語学者であった。母は何灼華といい、嘉義の人で、東京の昭和医学専門学校を卒業していた。陳文彬の祖父は西来庵事件に関わって日本警察に逮捕され、拷問のため亡くなっていた。親戚二十余名も逮捕されており、そのうち二名は激しい拷問のため釈放後に廃人同様になっている。陳文彬は台中第一中学を卒業後、上海の復旦大学に留学し、中国古代文字学と言語学、社会学を学び、在学時にマルクス主義者となり、強烈な中国民族主義の精神を抱くようになった。卒業後は大学に残って古代文字学の研究を続け、その後中国共産党の地下組織と接触し、潘漢年の指導をうけ、李剣華のもとで地下刊行物『流火』を編集し、その地下組織メンバーに日本語を教えた。当時彼に日本語を習っていた「左連」の著名な作家関露が汪精衛政府の特務機関に逮捕されると、陳文彬は身の危険を感じて日本へ逃亡し、法政大学や立教大学の中国語講師となり、中国古代文字学を研究し続けた。日本滞在期に著名な言語学者である藤堂明保（戦後、東京大学で教鞭を執る）、倉石武四郎（当時、東京帝国大学教員）と密接に交流したほか、さらに法政大学の著名な自由主義学者である谷川徹三や野上豊一郎、そして野上の夫人で著名な作家でもある野上彌生子と親交を結んだ。[63] 一九四五年に日本が敗戦すると、翌年陳文彬は家族と共に台湾へ帰り、台湾大学で教職についたほか、建国中学校長を兼任した。陳蕙貞は両親と共に台湾へ帰り、台北第一女子中学初中部に編入している。当時、蘇新（一九〇七－一九八一、台湾共産党員、「台湾民主自治同盟」の創立者の一人）が『人民導報』の編集者であり、原稿募集を行っていたが、これに陳蕙貞は「日本より帰りて」（日本語）を投稿している。この作品は蘇新によって大いに称賛され、ただちに『人民導報』に一九四六年三月七日、八日の二日に分けて掲載された。同年一〇月、蘇新の呼びかけにより資金が集められ「陳蕙貞文芸出版後援会」が設立され、陳蕙貞が日本から台湾に帰国する前夜、船を待つ時間に日本語で書いた自伝的小説『漂浪の小羊』が印刷された。これは正式出版される前に『中華日報』の小説募集で第一等を獲得し、陳蕙貞は天才少女作家と讃えられた。残念なことに、この年台湾省行政長官公署が新聞の日本語欄の廃止を命令したため、『中華日報』には連載されず、この書籍の流通も極めて限られたものになった。『漂浪の小羊』には陳蕙貞自身の日本での生活の経験や見聞が記されている。

二・二八事件が起きると陳文彬は台湾警備総司令部に逮捕されたが、九死に一生を得て各地を転々とした後、一家は一九四九年前後に天津から北京に到着した。その後陳蕙貞は陳真と改名し、ながらく北京の新華広播電台で日本語アナウンサーを担当し、日本に対する心理戦と宣伝工作を行った。文革期には夫の馬忠泰が西域に下放され、父陳文彬が湖北五七幹校に下放され、母親も父親についていったことから、一家離散となった。陳蕙貞自身は北京に留まり、日本語に関する仕事を続けた。文革が終結した後にようやく一家は再会したのである。一九九一年に来日し、NHKテレビとラジオの中国語講師となった。二〇〇五年に北京で病気のために亡くなった。[64]

陳蕙貞は台湾に帰る前に日本語の創作を始めており、台湾へ帰る前夜に新聞『読売報知』に投書している。一九四六年二月一四日、一五日の『読売報知』にはその日本語の投書「叫び——中国少女より」が掲載された。そのなかで陳蕙貞は沈痛な様子で次のように述べている。

長い間の血みどろの戦争はやうやく終り、わが中国は勝利を得た。そして蔣主席は直ちにわれら中国人に対し「暴に報ゆるに暴を以つてするなかれ」との指令を発したことは周知の通りである。所が、日本人は果して中国人を戦勝国民と見てゐるだらうか。私は戦争中に日本人より「チヤンコロ」だの「支那ポコペン」だのと散々いぢめられて来た。けれども私は必ずわが中国が輝かしい最後の勝利を得る日の到来することを確信し、その暁にはこんな侮辱を受けることはないと思つて一切の辛苦を我慢して来た。そして昨年八月十五日遂に輝かしき黎明は到達した。

しかし豈計らんや私は日本敗戦後に何度も「チヤンコロ」との侮辱の声を聞いた。何と云ふことであらうか。その上或る日電車の中で私の着けてゐるバツヂを見て、一人の日本人が連れの人に「支那人も戦争に勝つたと思つて威張つてゐるんだな」とささやくのを聞いた。私は、限り無き憤懣に駆られて抗議しようとしたが、そんな認識不足な馬鹿者を相手にしてもつまらぬのでぐつとこらへた。私はあへて特権意識を振り廻すのではない。中国人が青天白日のバツヂをつけるのは当り前ではないか。日本人の大部分は米国には負けてゐるが中国には負けてゐないつもりなのであらうか。私は中国人として日本人の態度には全く呆れる。(65)

蘇新に称賛された日本語の投稿作品「日本より帰りて」では、陳蕙貞は台湾に戻った時の第一印象を次のように描写している。

嬉し涙に曇る私の目に、最初に飛び込んで来た故郷の光景は何であつたらうか。それはボロボロの服をまとひ、はだしの足を、ホコリにまみらせて路傍に物売る哀れな子供達の姿であつた。私と同年の、否、其れよりも幼ない子供達の荷車を引く貧しい姿であつた。其して彼等は声を張り上げて懸命に客を呼んでゐる。其の光景は曾つての極端な帝国主義的圧政下に於ける細民階級の姿其のまゝだと、私は感じた。(66)

陳蕙貞は、異郷日本において中国少女の目に映った「抗戦」勝利後の敗戦国の人々の反応、そして台湾光復初期の街頭の光景を如実に記録したのである。

2　陳蕙貞の「抗戦」創作

陳蕙貞が天才少女作家と称賛されることとなった自伝的小説『漂浪の小羊』の時代設定は[67]、一九三六年の中国の抗戦開始前夜から一九四五年の日本敗戦までの九年間である。小説の舞台は東京と疎開地である新潟県と山梨県であり、ごくわずかであるが台湾への帰郷後の描写がある。物語の中心は陳蕙貞の両親と姉妹の四人家族の日本での生活が描かれている自伝的小説であり、細かなディテールはおそらく虚構であろうが、その内容は事実に基づいたものであろう。

『漂浪の小羊』の自序において、陳蕙貞は次のように述べている。「此の拙作は、私の処女作で今年の一月日本東京に於いて帰台の船を待つ一ヶ月の間に綴つたものであります。吾が台湾の日本統治下に於いて、台湾の一少女が周囲の圧迫によつて精神的に苦闘を続けながらも、輝やかしき黎明の到来を信じて常に祖国に想ひを走らせてゐた生活と彼女を中心とする一家を描写した積りであります[68]」。

抗戦前夜の一九三六年、何灼華は陳蕙貞と陳蕙娟をつれて上海から東京へ向かい、一足早く東京へ到着していた陳文彬と合流することになっていた。神戸から汽車に乗り東京へむかう途中、陳蕙貞は次のように描写している。

神戸に一泊して翌朝、東京行きの列車に乗つて、一路東京に向ふ。汗ばむやうに暑い初夏とは思へない日だつた。隣席にゐた一人(の)をぢさんが、慧如達を見て、

「可愛いお嬢さんですね。どちらからいらしたんですか?」

と云ひながら、見事な、枇杷を六つ、慧如の手に持たせた。慧如は目をパチクリさせた。

「どうも有難うございます。私達、上海から来ました」

玉華は、余り上手ではない日本語でさう云つた。

「ハハーン、すると、あんた達は支那人なんですか」

先刻とは、ガラリと表情も声も変つてしまつた。其のをぢさんの向ふ側にゐた若い男の顔が一瞬険しくなつ

たやうに見えた。

「ええ、私達は中国人です」

玉華は、はつきりと答へた。をぢさんは、

「ハー、さうですかい」

プイと素気なく云つて、向ふの男と話し込んで仕舞ふ。玉華は、日本人の中国に対する感情の片鱗を又も見た様な気がした。[69]

陳文彬一家の東京での生活は平穏ではなく、日本の特高警察がささいなことでいつも彼らの家へやってきた。[70]
一九三六年一二月に西安事件が起きた時、陳蕙貞は当時の東京の中国人の反応を次のように記録している。

危急を報《しら》せる、飛報は号外に、新聞に、ラジオに、人の耳から耳へと、巷を飛んだ。遥か祖国を離れて、東京に在住する中国人が、黙つて、祖国の危機を見て居られようか、巷に飛ぶニュースを聞き知つて、吾れらが祖国を救はんとする熱情に燃えた留日学生達は、直ちに尚文の家へ集つて来た。留日学生達は大事の有る時、常に頼むは、先輩であり、恩師である。八畳の応接間は一杯だつた。其の中には路君も入つて、大きな目を、熱情に輝かしてゐる。

「大家，回国去罷！」

「是。」

「救祖国一定要叫国民党和中共妥協。」

「是。」

「不錯。」

「四万万《ママ》五千万人団結起来抗戦！」

低い声では有るが、熱の籠つた言葉の矢が電光のやうにひらめいて、各々の間を飛ぶ。[71]

抗戦が勃発した後、陳文彬も郭沫若のように日本から脱出して抗戦に身を投じたいと思ったが[72]、果たせなかった。『漂浪の子羊』でも、彼女たち姉妹が学校で差別される様子が描かれている。

　或る日の事、いつもの通り、二人で肩を並べて、下校の途中、慧如は後の方に何だか変なときの声を聞いた。

「何かしら、あの声は」

と慧如が云ふと、慧真も、足を止めて、

「ほんとに何かしら？」

と云ふ。ときの声は、段々大きくなつて来る。

「ヤーイ、ヤーイ」

「デンデンデーン」

「祭のタイコがデーン」

二人は、自分達の苗字を、茶化してゐるのだと気がついたので、「さわらぬ神に祟りなし」と、どんどん足を進めた。と大将らしい棒を持つた、一番大きい男の子が、大きな声で、

「チヤンコロ！」

と怒鳴つた。イヂメツコ達は、悪口の種を見つけたとばかりに、わめき立つた。

「チヤンコロ！」

「支那人！」

「イクジ無しの支那人！」

「チヤンコロ」

「チヤンコロヤーイ」

「デン」と云はれても黙つて、こらへてゐた慧真も、此の「チヤンコロ」の一句が、心に突き刺つてたま

りかねて、叫んだ。

「チャンコロなんて云ふもんぢやないわ。中国人の何処が悪いの。」

順和しい慧如は、妹のバンドを引つぱつて
「ヨシナサイヨ、チビちやん、早く帰らないと、もつと、いぢめられてよ。」

一しゆん、シンと、静まり返つた皆は、大将が、躍起になつて、

「何生意気云つてゐるんだい。ヤツツケロ!」

と云ふのにつれて、又さわがしくわめいて、手に手に石を持つて、投げつけ出した。慧真は飛び込んで行つて、イヂメツコ達を思ひ切り、打ちのめしてやりたいヒステリカルな衝動にかられたが、姉が引き止めるし、家で待つ父母の心配を思ふて、口惜しさに、口唇を噛みながら踵を返した。石は、二人の後を飛んで跳ね返るばかりである。慧真は、(日本人の大部分は、何んと云ふ野卑な残忍な、そして無情な傲慢な国民だらう)と思つた。身の程も知らずに、日本は、世界一の強国であり、文化国の第一位に数へられるのであると、うぬぼれて、中国始め、諸国を侮どるなんて、何んと云ふ事であらう。慧真の幼い心にも、此の観念はしつかりと刻みつけられた。此れは誰から教へ込まれたのでも無い。中国人の一少女が、客観的に見る日本人の姿なのである。若し、日本人にして、日本は最優秀国であると、明言するならば、其れは巧妙なる自己欺瞞であり、恐るべき詭弁である。恐らく日本人は、此れを否定するであらう。其れは日本人が、冷静になつて考へ、物事を観る正当な目が無いからである。[73]

一九四〇年、汪精衛の南京政府が成立すると、陳文彬は協力を求められたが、これを拒んでいる。[74] 思うに、協力を求められたのは陳文彬だけではなく、日本に住む一部の台湾人が招聘の対象となっていたのであり、もちろんそのなかには協力する者もいたのだろう。一九四一年一二月に「太平洋戦争」が勃発し、日米が開戦すると、陳蕙貞は次のように記している。

十二月八日未明、遂に日本は米国に対し闇討ちし、午前六時に宣戦を布告した。

此れ程卑怯な闇討が曾って世界史の上にあつたであらうか。アナウンサーは声の枯れるまで、

「太平洋艦隊は……」

だの
「遂に遂に勘忍袋の緒は切れ……」

だの嘘八百の詔書を叫んでゐる。其して又無智な国民は、ラヂオの前にひざまづいて感激してゐる。此れが日本破滅の動機とも知らずに……。

発表を聞いてゐる尚文の片頬に会心の笑みが浮かんだ。

「日本打倒近し！」

尚文は心に叫んだのである。傍に坐る玉華の気持も亦同じであつた。

「チツ何んと云ふ馬鹿だ、中国一国でさへも、持て余してゐる癖に、米国まで喰ひつくなんて……。呆れたもんだ、全く飛んで火に入る夏の虫だ。すつかり悲壮な顔をしてゐる国民も気の毒な事だ。」

尚文の心の叫びは続く。玉華は心窃かに、何にも知らぬ日本国民を哀れんだ。

「僕は断言する。此の戦争は必ず三年の中に解決し、日本は自滅の淵に転落する、そして我が台湾は祖国に復帰するのだ(75)」。

戦争末期、陳文彬一家が山梨県八幡村に疎開している時、陳文彬は東京の立教大学へ週に一回教えに行かなくてはならなかった。村人たちは台湾人にすら偏見をもっており、八幡村に疎開にきた台湾人はみな陳文彬の手下であり、彼はスパイであって毎週東京へ情報を集めに行くのだとデマを流していた(76)。

一九四五年八月一五日、昭和天皇はラジオによって「終戦詔書」を発表したが、これを陳蕙貞は『漂浪の小羊』の最終章「日本投降」で次のように述べている。

アナウンサーの声は琴の絲のように緊張してゐる。尚文達は全神経をラヂオに集中した。やがて日本無条件降服の詔書は天皇自身に依つて放送された。敗戦国の王の何んと哀れなるものよ。声はむせぶが如く啜り泣くが如く蜴々として続く、予期してゐたとは云へ其れが目前にハツキリと実現すると感激深いものである。今こそ吾れ等が中国はこの大戦に大勝利をしめたのである！

「おごる者は久しからず！」

此の一句が稲妻の如く慧真の頭に閃めいた。今こそ吾が台湾は五十一年来の束縛の鎖を断ち切つたのである！、悪辣なる継親の手より放たれ、慈しみ深き実親の温かいふところに抱かれたのである！

此の歓喜！、此の感激！、何とたとふる事が出来やうか欣喜雀躍と云ふ、平凡な言葉では到底表はされぬ喜びであつた。一同の目からは過去五十年間の日本暴政下に於ける台湾のあらゆる汚辱とすべての辛苦の跡を洗ひ流す嬉し涙がホロホロと熱した頬に伝つた。尚文はすぐ筆を取つて詩稿に感激の詩を書きつけた。

鉄蹄之下五十年　六百万人暗叫天

霹靂一声天降譴　今朝光復旧山川[77]

3　小結

陳蕙貞とその家族の経歴は、二〇世紀の台湾人個人史の類型の一つであるといえる。『漂浪の小羊』はたとえ完全に陳蕙貞の手によるものではなく、陳文彬の手が入っていたとしても、その自伝性はとても強く、抗戦期に日本に居住していた台湾人の境遇、その日常生活や心情を忠実に描いている。そして当時日本にいた中国人（あるいは台湾人）の抗戦の心情を多少なりとも記録している。たとえ異郷の日本にあり、戦争という非常時にあっても、陳文彬はやはり家には日本の国旗を掲げず、創氏改名もせず[78]、中国人としてのアイデンティティを堅持しつづけたのである。

おわりに

台湾の歴史は近代の資本主義と帝国主義の拡張のなかで交錯し、異なる民族国家が互いに接触する大小のプレートの狭間に位置しており、重層的な歴史発展のなかで、多重の境界が形成され、このために多くの道が作りだされた。これら歴史のなかで形成された境界は、物資的なものであり、精神的なものであり、実体的なものであり、象徴的なものである。政治経済の国境と文化身分のアイデンティティの境界は、互いに交錯しているのである。重層的な歴史と多重の境界は、そのなかで生活しながらも、越境する能力という社会資本と主観的願望という文化資本をもつ知識人に、その生命史において多元的な道を歩ませたのである。

楊基振の例では、彼は重慶や延安で直接的に抗戦に参加するのではなく、日本の大陸建設に貢献するという情熱を抱いて、中国の東北や華北へ行って活躍するという「曲線救国」を選んだ。その日記では抗戦期に華北に住む台湾人の「贅沢三昧」な生活を記しており、彼自身はそこまでには至らなかったものの、上流階級の優雅な生活を過ごしており、抗戦は彼らにとって密接な関わりはなかった。そして日記には抗戦の勝利に対する喜びが表れていたものの、その目に映る「日本」とは、単純に是非や白黒で論断できないものであった。このように錯綜し矛盾する情緒は、おそらくは抗戦期に華北に居住していた台湾人の心理状態でもあっただろう。呉新栄の例では、彼は東京医学専門学校で学んだ後一九三二年九月に台湾へ戻り、故郷の台南佳里で医者として開業した。その日記のうち、一九三七年七月に盧溝橋事件が勃発し中国が全面抗戦を始めた後と、日本敗戦前夜や敗戦後の内容を細かく読むと、彼の抗戦に対する認識や当時の精神状態は一種の錯乱状態にあったことがわかる。そして民族アイデンティティは極度に混乱しているものの、時局の変化にしたがって自己のなかで随時調整を行っているのである。こうした心理状態は作家呉新栄の個人的な現象のみならず、呉新栄と同世代の台湾知識人、ひいては当時台湾に居住する台湾人の一般的な心理状態であっただろう。陳蕙貞と陳文彬の例では、抗戦期の異郷日本にあっても、戦時の非常時にあっても、中国人としての民族アイデンティティを堅持した台湾人も存在したことを知ることができる。

楊基振、呉新栄、陳蕙貞、陳文彬と類似する、戦前の台湾の多くの知識人たちは、ディアスポラのなかで人生を展開し、越境のなかでアイデンティティを発見し、それを堅持したのであり、彼らの活動の舞台となった地理的空間は、東北の満洲国や華北・台湾・上海・東京など一つには限らない。彼らの出身も様々であり、歴史の巡り合わせのなかで、彼らはあるいは台湾を離れてまた戻り、あるいは台湾から再度出発し、あるいは植民地で事業を展開し、あるいは日本の敗戦や国共内戦により、最終的には中国を選ぶものもあった。それぞれの人生は必ずしも交錯するわけではないが、重層的な時代のなかでいくらかの共通性を示している。彼らは漂泊のなかで人生を歩み、国境を越える軌跡を描き、見知らぬ場所へ向かい、事業を展開したのである。彼らは越境のなかでアイデンティティを発見し、それを堅持し、人生の軌跡の移動中に様々な他者と出会うなか、自分の身分アイデンティティの多元性を形成したのである。これら個別の人物の身の上にあらわれたアイデンティティ形成の多元的な道は、近代台湾の重層的な歴史発展のなかに組み込まれているのだ。二〇世紀、二一世紀の台湾人のディアスポラと回帰——中国へ回帰し、あるいは台湾へ回帰し、あるいはディアスポラを続ける——、それは多元性と複雑性を備えている。歴史に翻弄されるなか、複雑な近代国家の過程で形成された身分アイデンティティの是非については、明白な答えを出すことはできないのである。

付記：本稿は中国語論文「離散与跨境：論台湾作家的『抗戦』」（呂芳上主編『戦争的歴史与記憶』台北：国史館、二〇一五年に収録）を日本語に訳したものであり、このうち第二章「楊基振の「抗戦」」については、拙稿「楊基振について——その人とその時代」（『立命館文学』第六〇八号、二〇〇八年一二月）と内容が一部重複する箇所がある。

注

(1) 王徳威『後遺民写作：時間与記憶的政治学』(台北：麦田出版社、二〇〇七年) 二五―二七頁。

(2) 李有成『離散』(台北：允晨、二〇一三年) 三三―四七頁。

(3) 一九四六年の東京裁判（または極東国際軍事裁判）は、日本の中国侵略戦争を一九二八年の済南事件に始まるとしている。しかし日本人学者である家永三郎や江口圭一は、一貫して日中戦争は一九三一年の満洲事変から始まるのであり、いわゆる「十五年戦争」であると主張している。中国にとっては一九三七年の盧溝橋事件が中国が日本に対する全面的な抗戦を展開した起点である。

(4) 「楊基振自伝」は、黄英哲・許時嘉編訳『楊基振日記』下（台北：国史館、二〇〇七年）に収録されている。原文は日本語。七〇五―七〇七頁。

(5) 大同学院は満洲国の首都新京（現・長春）に位置し、ここで日本が「満洲国」にかわり高級幹部に訓練を実施した。専門的な訓練をうけ試験に合格した大学程度以上の学生が満洲国の文官になった。学生は満洲人・モンゴル人・朝鮮人・台湾人・日本人がいたが、日本人が最も多かった。訓練内容は各種の戦術・馬術・射撃などを含み、「満洲国」辺境視察の機会もあった。

(6) かつて満洲国で任官していた楊蘭洲（一九〇七年生まれ、一九三二年に満洲赴任）は、自分が満洲に赴いた経緯について次のように語っている。「台湾人は公的な機関に就職した場合、多くはせいぜい課長どまりで、その上を目指そうとしても全く不可能だった。そのため、多くの志有る者はみな外に活躍の場を求めた。大陸に行く者もいればアメリカに行く者もいた。そのころの日本は不景気ということもあって就職は難しかった。しかし日本が満洲事件（九・一八事変）の半年後に『満洲国』を樹立した後、多くの人材が必要になっており、それで『満洲国』行きを選択した」と。彼の回想によると、満洲国は五族協和政策を採り、民族にかかわらず待遇は一律に平等だった。そのため台湾の公的機関で月給五、六〇元しかもらえないところを、同じ職務で満洲では一七〇元もらうことができた。給料が良かったことも多くの台湾人が満洲国へ赴任した理由である。さらに、かつて満洲国で外交の仕事に就いていた呉左金（一九〇一年生まれ、一九三二年満洲赴任）は、日本に留まりたくなかった原因を次のように語っている。「当時、多くの台湾人は日本の地方大学を卒業した後、そのまま現地の小さな機関で公務員になった。実際、公務員になるのも悪くはなかったし、日本人からいじめられることもない。しかし、我々は日本人とは、どうしたって競争できない。試験を受けて合格するほか、他に途はないのだ」。どちらかというと、当時台湾人は中国人と見なされており、外国語ができれば即「満洲国」の職に応募できたし、さらに日本語もできるとあれば、試験はかなり簡単だった。詳しくは、『口述歴史

5――日拠時期台湾人赴大陸経験』（許雪姫インタビュー、台北：中央研究院近代史研究所、一九九四年）一四六頁、九九頁を参照されたい。
（7）「国策会社」とは第二次世界大戦前後に、日本政府の援助と指導の下に設立された特殊な性格の会社を指し、その目的の多くは植民地あるいは占領地の支配と開発にあった。
（8）范力『中日〝戦争交流〟研究――戦時期の華北経済を中心に』（汲古書院、二〇〇二年）二二八頁参照。
（9）のちに中華民国臨時政府は、一九四〇年三月に中華民国維新政府とともに汪精衛の南京国民政府に併呑された。
（10）『中日〝戦争交流〟研究――戦時期の華北経済を中心に』前掲、三二一頁参照。
（11）同前、二六五―二六七頁参照。
（12）この臨時政府が企図した中国側の利益の確保例は少なくない。例えば、華北電信電話会社の理事は本来日本人のみで内定していたのを、後に臨時政府の委員長王克敏の積極的な交渉により、日本側の譲歩を獲得している。
（13）同前。
（14）啓新の人事問題の運用については、楊基振の一九四四年一〇月から一一月の日記に詳細な記述がある。『楊基振日記』上（台北：国史館、二〇〇七年）二八―五九頁参照。
（15）『楊基振日記』上、前掲、原文は日本語、五〇頁参照。
（16）一九四四年一二月七日の日記を参照。『楊基振日記』上、前掲、原文は日本語、六二頁。
（17）同前、二一二―二一三頁。
（18）『楊基振日記』上、前掲、原文は日本語、三〇頁。
（19）同前、原文は日本語、九一頁。
（20）「明星」戯院は後に経営上のごたごたが起こり、呉三連・張我軍・洪炎秋らの調停の下で強制的な解決が図られた。このくだりの詳細は一九四四年一二月から翌年の六月の日記に記載がある。
（21）『楊基振日記』上、前掲、原文は日本語、三五頁。
（22）同前、原文は日本語、九九頁。
（23）同前、原文は日本語、五九頁。
（24）同前、原文は日本語、六二頁。
（25）同前、原文は日本語、一七八頁。

(26) 同前、原文は日本語、一七九頁。
(27) 同前。
(28) 同前、原文は日本語、一七八頁。
(29) 同前、原文は日本語、一八五—一八六頁。
(30) 同前、原文は日本語、一八〇—一八一頁。
(31) 同前、原文は中国語、一八二頁。
(32) 同前、原文は中国語。
(33) 同前、原文は中国語。
(34) 同前、原文は中国語、一八三頁。
(35) 同前、原文は中国語。
(36) 同前、原文は中国語、一八七頁。
(37) 同前、原文は中国語。
(38) 同前、原文は中国語、二〇〇頁。
(39) 同前、原文は中国語、一九九頁。
(40) 同前、一九五頁。
(41) 同前、原文は中国語、三七〇頁。
(42) 『一陽週報』創刊号（台中：一陽社、一九四五年九月一日）一頁、原文は日本語。
(43) 同前、二頁、原文は日本語。
(44) 『龍瑛宗全集』第六冊（陳萬益主編、台南：国家台湾文学館籌備処、二〇〇六年）二五八頁から再引用。
(45) 呉密察「台湾人的夢与二二八事件」（『当代』第八七期、台北：合志文化事業、一九九三年七月）三三頁。
(46) 呉新栄の一九三七年一〇月一六日の日記、『呉新栄日記』第一巻（台南：国立台湾文学館、二〇〇七年）、原文は中国語、三四八頁。
(47) 同前、原文は中国語、三六二頁。
(48) 呉新栄の一九四一年六月二三日の日記、『呉新栄日記』第五巻（台南：国立台湾文学館、二〇〇八年）、原文は日本語、六四頁。

(49)呉新栄の一九四一年七月二七日の日記、同前、原文は日本語、八四頁。
(50)呉新栄の一九四一年一二月八日の日記、同前、原文は日本語、一三八頁。
(51)呉新栄の一九四一年一二月九日の日記、同前、原文は日本語、一三九頁。
(52)呉新栄の一九四一年一二月二六日の日記、同前、原文は日本語、一四五頁。
(53)呉新栄の一九四四年二月一八日の日記、『呉新栄日記』第七巻(台南:国立台湾文学館、二〇〇八年)、原文は日本語、二七〇頁。
(54)呉新栄の一九四四年九月一日の日記、同前、三二二頁。
(55)呉新栄の一九四五年二月六日の日記、『呉新栄日記』第八巻(台南:国立台湾文学館、二〇〇八年)、原文は日本語、一五頁。
(56)黄昭堂「台湾の民族と国家」(『国際政治』第八四号、日本国際政治学会、一九八七年二月)七五頁。
(57)『呉新栄日記』第八巻、前掲、原文は中国語、一七四頁。
(58)同前、原文は中国語、一八二頁。
(59)呉新栄「決戦に捧ぐ」『興南新聞』一九四三年一二月六日、第二面。
(60)陳偉智「戦争、文化与世界史:従呉新栄〈献給決戦〉一詩探討新時間空間化的論述系譜」(柳書琴編『戦争与分界』台北:聯経出版事業、二〇一一年)に収録、一五一一九頁。
(61)『読売新聞』名古屋版、二〇一五年一月六日、二四面。
(62)『朝日新聞』名古屋版、二〇一五年一月六日、二四面。
(63)野田正彰『陳真――戦争と平和の旅路』(岩波書店、二〇〇四年)一八―二〇頁。
(64)詳しくは、前掲の野田正彰『陳真――戦争と平和の旅路』を参照。
(65)陳蕙貞「叫び――中国少女より」『読売報知』一九四六年二月一四日〜一五日。『陳真――戦争と平和の旅路』前掲、五四―五五頁より再引用。原文は日本語。
(66)陳蕙貞「日本より帰りて(一)」『人民導報』台北:一九四六年三月七日、原文は日本語。
(67)陳蕙貞『漂浪の小羊』(台北:陳蕙貞文芸出版後援会、一九四六年)。筆者の手元にある『漂浪の小羊』の複印本は嘉南薬理大学の王耀徳教授が一九九八年夏に筆者に寄贈してくれたものである。ここに謹んで謝意を表したい。この書は南天書局の魏徳文氏と天理大学の下村作次郎教授の努力により、二〇〇五年四月に台北の南天書局によって複刻出版された。
(68)『漂浪の小羊』前掲、標題紙第一頁。

(69) 同前、三頁。
(70) 同前、八―一一頁。
(71) 同前、四〇頁。
(72) 同前、五八頁。
(73) 同前、六九―七一頁。
(74) 同前、七四頁。
(75) 同前、一〇三―一〇四頁。
(76) 同前、一七八―一八〇頁。
(77) 同前、一九〇―一九一頁。原文は「銭蹄之下五十年」「鉄蹷一声天降譴」となっているが誤記と思われる。
(78) 『陳真――戦争と平和の旅路』前掲、三四―三五頁。

(原文は中国語。翻訳＝羽田朝子)

日本の宣伝活動への対応にみるタイ政府の自主・従属・抵抗

加納　寛

はじめに

一九三三年の国際連盟臨時総会における満洲国問題に関する勧告案に対して、唯一、棄権票を投じて対日非難を避けたタイ[1]は、一九四〇年から四一年にかけてのフランスに対する「失地回復」紛争においても日本の調停を受け入れ、日本に接近していった。この流れのもと、「大東亜」戦争においても、タイは日本との同盟を余儀なくされ、東南アジア大陸部における日本の基地として日本に協力し、その一方で自らもビルマに侵攻して領土拡大を実現した。

さて、戦時期の日本が各種メディアを用いて積極的な対外宣伝活動を展開していたことは、近年の研究から広く知られるようになっている。国家宣伝における宣伝技術者たちの関与については難波（1998）が、対外文化政策の中心となった日本文化振興会の活動の展開については柴崎（1999）が、また写真の対外宣伝利用については柴岡（2007）が、それぞれ詳細にまとめているが、対外宣伝雑誌に関する研究は、一九九〇年代以降、とくにメディア史や写真史の分野において盛んになっている（白山・堀 2006、井上 2009、鈴木編 2011 など）。こうした研究を通じて、日本の対外宣伝がどのように各種メディアを用いて展開されたかは、送り手である日本の立場からはかなり明らかにされてきている。

しかし一方で、現地語を用いてなされた対外宣伝の内容については、いまだほとんど研究がなく[2]、さらに重要なことには現地の政府や人々の反応についても十分な検討はされてこなかった。自らも対外宣伝グラフ誌『FRONT』の制作に関わった多川は、「宣伝物の効果はどうであったかということになると、これはもう、何もわかっていない」といい（多川 2000: 324）、写真史研究者の柴岡も、自己の研究において「対外宣伝の受け手である「現地の声」」を取り上げることはできなかったことを指して「対外宣伝研究の範囲が送り手である日本側の活動に限定されてしまう所以」であるとしている（柴岡 2007: 115–116）。この点、宣伝活動の対象となった現地の史料を渉猟することは、対外宣伝研究にとっては不可欠の方法であるといえるが、もともとそうした史料は現地においても残りにくいことに加え、研究者の現地言語能力面の限界もあって、対外宣伝の現地における効果が検証されることは少なかった[3]。

そのようななか、東南アジア諸地域における日本の宣伝活動に対する現地の反応については、たとえばフィリピンについて寺見が詳細な分析を加え（寺見 1997）、インドネシアについては倉沢が日本軍政の展開した宣伝活動に対するジャワの人々の反応を描き出していることなどから（倉沢 1992）、「送り手」側の日本語に加えて「受け手」側の現地語等にも通じた東南アジア研究者による研究が比較的に進んでいるといえる。しかし、日本の「同盟国」であり直接軍政が敷かれたわけではないタイに関しては、文化協定締結をはじめとする日本の対タイ文化攻勢とそれへのタイ政府の反応については多くの研究があるものの[4]、日本の宣伝活動に対してタイ政府やタイの人々がどのように反応したかについては、従来の研究では一次史料に基づく十分な分析がなされておらず、明らかになってはいない。

本稿では、タイが日本の「同盟国」となりながらも日本に対する不信感を高めていく一九四二年後半[5]から四三年にかけての日本の対タイ宣伝に対して、タイの政府や人々がどのような反応を示したかについて、タイ国立公文書館に所蔵されているタイ側史料を通して観察し、戦時期の日タイ関係、とくにタイの日本に対する自主・従属・抵抗の諸相の一端を描き出すことを目的とする。

Ⅰ　日本の対タイ宣伝活動とタイ側の監視

タイへの宣伝活動については、一九四二年九月一九日の大本営政府連絡会議において決定された「対泰施策に関する件」においても「タイ国官民に対し米英思想の排撃、親日精神の育成に努め以て大東亜新秩序の一員たるを自覚せしむる如く諸般の啓発並に文化工作を行ふものとす」とされている（太田 1971: 167）。

日本の宣伝活動について、日本国内において中心的役割を果たした一九三四年設立の対外文化宣伝機関である国際文化振興会の対タイ事業[6]は、活動内容一覧（山本 2010: 961–1020）を見る限りでは、一九三九年度から始まり、一九四一年度にピークを迎え、一九四四年度には消滅している。事業内容としては、宣伝映画のタイ語版作成が目立つ。そのほか、各種メディアを用いた日本の対タイ宣伝としては、一九四〇年六月に日本放送協会のタイ語ラジオ放送が開始されるなど、ラジオ放送を用いた活動も展開された（村嶋・吉田編 2013: 179）。ラジオ放送は、当時のタイ政府も対国内宣伝に活用していた、重要な宣伝媒体であった[7]。なお、日本の宣伝放送はタイ向けに放送されても、タイの宣伝放送を日本向けに放送することは認められず、タイ側で放送宣伝を担当する宣伝局職員の失望を招いた（สิ้งห์ 1956: 410–411、加納 2001: 186）。タイ政府は一九四三年五月五日、タイ政府の宣伝職員を東京に駐在させ宣伝活動に従事させることを外務省や広報局等に検討させたが、結局宣伝職員の配置は実現しなかった（(2) สร0201.18/26）。

こうした日本国内における対タイ事業を「楽屋」とするならば、「舞台」であるタイにおいて日本の対タイ宣伝活動を中心的に担ったのが、一九三八年九月に開設された日泰文化研究所であった。この研究所は、当初は日本語教育を中心に事業を展開していたが、一九四〇年に研究所を「文化宣伝のカモフラージ」として認識していた平等通照が日本軍の意を受けて主事として着任すると、国際文化振興会から託された映画招待会の実施や各種印刷物の観光を積極的に行うようになり、一九四〇年には英文グラフ誌のタイ語訳版『泰文日本』が刊行され、一九四一年には日本文化紹介書や留学案内など数多くのタイ文日本紹介書が日泰文化研究所によって刊行された（加納 2009: 310–311）。こうした宣伝印刷物は多部数を印刷して有力者に配布したり中央官庁や県庁等に贈呈していたという（平等 1979、加納 2009: 311）。一九四三年三月には、日泰文化研究所を引き継ぐ形で、日泰文化協定に基づくバンコク日本文化会館が設立されたが、戦局の悪化にともなって、ほとんど業績を残さないままにその役割を閉じた[8]。

このような日本側の宣伝活動に対しては、タイ政府の宣伝局が監視を行い、報告書を残している。宣伝局は、新聞、ラジオ、歌謡、演劇、観光等を通じて政府の宣伝を担当する機関である[9]。一九三二年の立憲革命後の一九三三年五月三日に内閣直属の機関として設置された「宣伝部」を前身とし、同年一二月には新設された総理府内に置かれて「宣伝事務所」となり、一九三九年一〇月一三日に「宣伝局」に改称された[10]。一九四二年三月一八日には、宣伝局長に、親英派の前任者に代わってパイロート・チャイヤナームが就任した。彼は、欧州での宣伝業務視察から戻ったばかりの気鋭の宣伝専門家であり（ศุวิมล 1988: 89）、ピブーン首相の腹心の一人であった[11]。

宣伝局による日本側の宣伝活動に対する監視とタイ側の動きは、タイ国立公文書館所蔵の「タイ国内における日本の宣伝写真広報（การเผยแพร่ภาพโฆษณาของญี่ปุ่นในประเทศไทย）」と題された史料群（(2) สร0201.98.1/8）に見ることができる。この史料群は、内閣書記官局において一九四二年一〇月から翌四三年一一月までに宣伝局長から受領したタイ国内における日本側の宣伝活動に関する文書から構成されており、その中心を占めるのは「タイ国内における日本の宣伝活動について」と題された宣伝局長発内閣書記官宛報告書とそれに続く一連の報告書群である。

このうち最も日付が早いものは、一九四二年一〇月一〇日付の宣伝局長発の報告書である。これによれば、宣伝局は同年九月より職員による日本側宣伝活動の監視を実施しており、映画・雑誌・写真展等を用いた日本の宣伝活動とそれに対するタイの人々の反応が報告されている。報告内容については、内閣書記官を通じて首相に報告された結果、一〇月二一日の閣議にて取り上げられることになった。

次いで、一九四三年一月二三日および二月一七日には第二報と第三報が宣伝局長から内閣書記官に対して提出され、主にバンコクでの写真展を利用した日本の宣伝活動が報告されている。

第四報と第五報は、それぞれ一九四三年三月一八日付と同月二五日付で提出されており、主に地方における日本の宣伝活動に関する報告がなされている。これらによって、日本の宣伝活動の地方都市への拡大とそれに対するタイ政府の警戒の様子がわかる。

また、これらの一連の報告とは別に、前記第五報から約半年を隔てた九月二七日には「バンコク県における日本の移動宣伝について」なる報告が宣伝局長から内閣書記官に送られているが、これは日本が「航空日」を記念して実施した移動写真展の報告である。これらの文書は逐一内閣書記官から首相に報告されていた。

以下、これらの報告にあらわれた各種メディアによる日本の宣伝活動と、それに対するタイ側の反応を、メディア別に観察していきたい。

II　映画宣伝

宣伝局の一九四二年一〇月一〇日付報告書において、日本側の宣伝活動として最初に挙げられているのは、映画である（(2) สร0201.98.1/8、2枚目表）。この時期の対外宣伝における映画利用に関しては、日本側の史料を活用した研究として岡田（2004）があるほか、日本軍占領下のフィリピンにおける日本の映画による工作については寺見（1986）が、同じくインドネシアについてはユサ・ビラン（1986）が、それぞれ紹介している。ジャワにおける映画を用いた宣伝と、現地での反応・影響については倉沢（2009）が詳細に描いている。

吉川によれば、日本軍がタイにおいて「占有」した施設のなかには、鉱山三九か所や精米所二五か所といった日本軍の物資調達に必要と考えられる施設群にならんで、映画館一〇か所が挙げられており（吉川 2010: 106）、日本側が映画による宣伝を重視していたであろうことをうかがわせる。しかし管見では、タイについては、日本の映画工作に対する反応についての専論は見当たらない。

一九四二年一〇月一〇日付報告によれば、タイ語音声の各種ニュース映画[12]が、サーラー・チャルームクルン映画館[13]やオーディエン映画館[14]において、通常無料で上映された（(2) สร0201.98.1/8、2枚目表）。また、日本大使館や日本陸軍駐在武官室等が主催して、官吏や人々を招待して特別に上映することもあった。一九四三年一月二三日付報告によれば、地方でも、四二年一二月にタイ北部のラムパーン県の映画館で、戦争ニュース等の有声映画が上映された（(2) สร0201.98.1/8、5枚目裏）[15]。

一方、四三年九月にバンコク都内各地において開催された「航空日」[16]の移動宣伝写真展示においても、夜間には日本の航空力に関する、日本語音声でタイ文字字幕入りの映画が上映された（(2) สร0201.98.1/8、16枚目裏）。

以上の報告にみられるように、日本はタイ語音声を入れたニュース映画を中心に無料で提供していたが、これらはタイの人々に日本の国力や軍事力を見せつけるための恰好の媒体になったと思われる[17]。

Ⅲ　印刷物宣伝

日本が、グラフ雑誌等の印刷物を宣伝活動の一環として広く活用していたことは広く知られている。土門拳は、

「対外宣伝雑誌論」において、「ニッポン（国際報道株式会社、季刊、英語）、サンライズ（国際観光協会、季刊、英語）、太陽（朝日新聞社、月刊、各国語）、東光（国際観光協会、季刊、支那語）、サクラ（毎日新聞社、月刊、英仏支語）、フジンアジア（毎日新聞社、月刊、各国語）、ヒカリ（大東亜出版株式会社、月刊、各国語）、ニッポン・フイリッピン（日本写真工業社、月刊、英語）、カーパープ（国際報道株式会社、月刊、泰語）、フロント（東方社、各国語版）、その他貿易宣伝のコンマースとか満鉄の北とか」を「現在大東亜共栄圏向けとして内地から出されている宣伝グラフ雑誌の全部」として挙げているが（土門 1943: 62）、このなかでタイ語版があるのは『太陽』[18]、『フジンアジア』、『カウパアプ・タワンオーク（東亜画報）』[19]、『FRONT』である。

こうした宣伝雑誌等については、宣伝局の一九四二年一〇月一〇日付報告に、「タイ国内において写真が含まれた大量のタイ語冊子・新聞が普及した」とある（(2) สร0201.98.1/8、2枚目表）。こうした印刷物は、いくつかの省の官吏には無料で配布され、一般の人々向けには書店において販売されており、タイ当局からは「日本の軍事力、文明そして様々な分野での発展について宣伝するもので、日本を好ませるように宣伝するもの」と目されていた（(2) สร0201.98.1/8、2枚目表）。具体的な誌名としては、『カウパアプ・タワンオーク』（国際報道、月刊）、『イープン・パッチュバン（現在の日本）』（日本国鉄道省観光促進局）[20]、『FRONT』（東方社、月刊グラフ誌）、『太陽』（大阪朝日新聞社、月刊）が挙げられている（(2) สร0201.98.1/8、2枚目表–裏）。土門の列挙との相違は、『フジンアジア』が入っておらず、逆に『イープン・パッチュバン』が挙げられている点である。『イープン・パッチュバン』は、鉄道省国際観光局によって出版された中国向けグラフ誌『現代日本』（柴岡 2007: 70）や英語グラフ誌『NIPPON TODAY』（森岡 2012: 108–109）のタイ語版である。そのほか、一九四二年一〇月一〇日付報告によれば、タイ語で説明を施した大東亜共栄圏の地図や日本絵葉書が学校に配布された（(2) สร0201.98.1/8、2枚目裏）。

一九四三年三月一八日付報告では、地方における巡回写真展の模様が報告されているが、そこでは日本人職員によって写真冊子等が配布された（(2) สร0201.98.1/8、9枚目裏）。配布されたのは、日本特別使節団のタイ訪問写真が印刷された『Bangkok Chronicle Pictorial Supplement』や、『イープン・ナイ・パッチュバン：産業号』[21]、日本における教育について書かれたローマ字マレー語の『Kemadjoean Nippon』[22]であった。

こうした印刷物へのタイの人々に反応について、宣伝局長は「タイ国内では現在においては他のグラフ誌が少ないため、人々は好んで大いに購入」していったと報告している（2）สร0201.98.1/8、2枚目表）。物資欠乏中の日本が無理をして特別に制作していたタイ語による豪華な印刷物は、同様に物資欠乏等のためグラフ誌に飢えていたタイの人々の間に配布・販売され、一定の効果を上げたようである。また、こうした宣伝印刷物は、別途、官公庁等にも贈呈されていた（平等 1979、加納 2009: 311）。ただし、こうして広く配布・販売されたはずの印刷物がタイ国内図書館等においてほとんど現存を確認できないことを考えると[23]、対外宣伝雑誌のタイにおける配布や販売には、タイ政府側のある程度の妨害が存在した可能性も考慮する必要があろう[24]。

Ⅳ　写真宣伝

一連の宣伝局長報告において最も多くの紙面を割かれているのは、写真宣伝についての報告である。写真宣伝は、拡大した写真の展示によって行われた。タイ政府宣伝局としては、日本がこうした宣伝活動をタイ国内で展開するためには、事前に日タイ間に設けられた合同委員会を経る必要があるという見解であった（2）สร0201.98.1/8、3枚目裏）。地方巡回写真展について内閣書記官から宣伝局長に対して、日本がそうした活動を展開する権利を有するか否かについて確認がなされた際も、宣伝局長は否定の回答を送っている（2）สร0201.98.1/8、9枚目裏）。しかし、報告を見る限り、日本はタイ側にほとんど無断で写真宣伝を展開し、タイ側から見て大いに傍若無人に見え、そうした行動はタイ政府を刺激することになって大いに警戒を招くことになった。

1　宣伝写真の内容

展示された宣伝写真の内容については、一九四二年一〇月一〇日付報告書においては、以下のような類別がなされている（(2) สร0201.98.1/8、2枚目裏－3枚目裏）[25]。

①日本の芸術・文化に関するもの

②日本の能力および強盛

・通常工業力

・軍需工業力

・学術・職業教育力[26]

・日本の軍事力

・日本の為政者の業務遂行における能力と熱意

③占領地内における友好関係、日本の外国に対する勢威[27]

④タイ国およびタイ人に関する写真[28]

こうした宣伝写真は、一～二週間展示された後に展示替えがなされていた。写真の説明文はほとんどタイ語が用いられ、一部、英語や日本語が添えられることもあったが、タイ語の説明文については文体として不自然であったという（(2) สร0201.98.1/8、3枚目裏）。

写真展示の目的について、宣伝局は、写真の内容から「タイ人に日本国に対する知識を持たせ、日本に関心と愛好の感情を持たせる」ことと認識しており、とくに「日本の軍事力を著しく顕示している点は、見る者の戦意を喪失させ、人々の抵抗しようとする意志を抑圧する宣伝」であると評している（(2) สร0201.98.1/8、4枚目表）。

一九四三年一月二三日付報告によれば、「日本を信頼し愛好するように誘導するため」、とくに四二年一二月の開戦一周年記念には、日本の影響力の広がりを示す地図や、連合国と日本との比較統計表が展示され、日本の優

写真１　「大東亜戦争１周年」写真展示を見る人々

（タイ国立公文書館 ภจ.(2)สร0201/1）

タイ政府宣伝局は、報告書にこうした写真を付し、日本側宣伝活動の実態を把握しようとしていた。

位が強調された（(2) สร0201.98.1/8、5枚目裏）。また、タイの現状を示す写真については、ほとんどの展示場所で、親日派閣僚ワニット・パーナノンが日本の蔵相や重要人物と同席している写真が展示されたほか[29]、タイ特別使節団の日本訪問や日本特別使節団のタイ訪問、タイの首相と日本の首相の写真が両側に配されたカラー写真などが見られ、説明文はタイ語であった（(2) สร0201.98.1/8、6枚目表）。期間限定展示では、日本の工業力や地理・文化・教育を表現する大きく拡大された写真が展示されており、とくに華僑系の病院における展示では説明文がタイ語と中国語で施されていた[30]（(2) สร0201.98.1/8、6枚目表）。また、日本にいる子供からタイの子供に宛てたタイ語手紙の写真が添えられており、その内容は日本での戦時下とは思えない幸せな生活の様子と、大人になったら日本に遊びに来るように誘う文面であった（(2) สร0201.98.1/8、6枚目表）。

一九四三年二月一七日付報告では、写真展示の内容が日本の軍事力に重点を移していることが報告されている（(2) สร0201.98.1/8、7枚目表）。一九四三年三月一八日付報告に見られる地方巡回写真展では、日本国内の教育、日本軍の兵器生産と各種戦力・日本軍将兵の厳格な規律、日本留学中のタ

写真２　ルムピニー公園での「航空日」展示を見る人々

（タイ国立公文書館 ภจ.(2)สร0201/2）

別の写真には、拡声器を積載した宣伝車両も写されており、日本の宣伝活動へのタイ政府側の警戒がうかがわれる。

イ人生徒の生活と教育、日本の各種重要施設、ビルマ・マレー・フィリピン・太平洋における戦闘、タイ日攻守同盟一周年慶祝、前年の日米損害比較統計といった七種類にわたる約一〇〇枚の写真やパネルが展示され、これらの写真にもタイ語で説明が添えられていた（(2) สร0201.98.1/8、9枚目表－裏）。

バンコクにおける移動宣伝に関する報告では、一九四三年九月一八日から二一日にかけて日本軍によって実施された「航空日」記念の移動写真展示が、ルムピニー公園ラーマ六世像付近[31]、カオディン、『中原報』印刷所前、ヤオワラート通り、中央郵便局前の五か所で開催され、宣伝機材として無線機商から借り受けた拡声車両、タイ語で「日本の大飛行機を見よう」と書かれた宣伝板六枚、日本の「航空日」についての説明板一枚、航空機生産や航空力を示す三脚上の宣伝写真二六枚が置かれ、説明板や写真にはタイ語と中国語で説明が加えられていたことが、宣伝局員の監視により写真を添えて報告されている（(2) สร0201.98.1/8、16枚目表－裏）。拡声器では、タイの歌謡曲や軍歌と思われる日本歌曲、中国歌曲が流され、また中国語で日本の航空に関する説明も流され、夜間には前述のとおり日本映画が上映されて観客を呼び込んだ。華僑は経済的影響力が強く、日中戦争勃発以来、彼らの抗日運動が活発化していたため、華僑への宣伝活動が絶対不可欠であることは、日本側にも認識されており[32]、とくに華僑向けの写真宣伝が積極的に展開されたことがうかがわれる。

こうした写真展示の内容からすると、日本側はタイ向けの宣伝写真を選択して展示を編成しており、さらにタイ語での説明文を付すなど、対タイ宣伝として写真展示を構成したことが明らかである。その目的は、写真の内容からして、宣伝局が読み取っているように、タイ人そして華僑に対して、日本への愛着を増大させると同時に日本の軍事力・国力を誇示し、日本への抵抗を抑止しようとするものであったといえよう。

2 地方における宣伝の拡大

一九四二年一〇月一〇日付報告によれば、日本大使館がタイ外務省に対して、タイ国の地方都市において宣伝写真を展示したい旨の連絡をしてきたことがあったが、「洪水による交通遮断によって」中止になったという[33]（(2) สร0201.98.1/8、4枚目表）。実際に日本の宣伝活動の地方への拡大が報告されるのは、一九四三年一月二三日付報告以降である。それによれば、地方では、『盤谷日報』[34]が、日本の戦局写真を南部のソンクラーの学校で一九四二年九月一九日に展示し、それを一二月一・二日に北部のラムパーン県の映画館において無料で戦争ニュース映画等を上映する際にも展示した（(2) สร0201.98.1/8、5枚目裏）。

一九四三年二月一七日付報告では、日本の国際文化振興会が四三年二月一五日から月末にかけて南部のパッタニー、ソンクラー、ハートヤイ、ナコーンシータムマラート、および西部のカーンチャナブリー県バーンポーン[35]において展示会を開催するという情報を新聞報道から得たが、詳細が不明であったため、宣伝局は各県において日本の宣伝活動について調査するよう内務省に協力を呼びかけ（(2) สร0201.98.1/8、7枚目裏）、パッタニー、ソンクラー、ナコーンシータムマラート、カーンチャナブリーの各県当局から連絡を受けた。ここでも、タイ当局は日本側の宣伝活動を新聞報道によってはじめて知っており、しかも「詳細が不明」であったということから、日本側からタイ当局への事前連絡が全くなかったことがうかがわれる。三月一八日付報告によれば、これらの各県には、「オオウエ」を長とする四名の日本人が日本の宣伝写真を携えて各県を巡り、見物客に写真冊子を配布し、さらに日本の宣伝当局は、次にはナコーンラーチャシーマーをはじめとする東北部を巡回することを考慮しているという（(2) สร0201.98.1/8、9枚目表−裏）。各地方への一斉展開が不可能であったところを見ると、地方を巡回する要員はこの四名班に限定されていたようである。

一九四三年三月二五日付報告では、地方における日本の宣伝活動展開について、新しい状況が報告されている（(2) สร0201.98.1/8、21枚目）。それによれば、日本の産業力についての彩色写真ポスタと日本への観光誘致ポスタが[36]、北部のピチット県とペッチャブーン県、東北部のナコーンラーチャシーマー県の各県当局に、郵便小包で届けられたという。小包は、送り主不明で、送り状も添えられていなかった。ポスタはどの県に送られたものも同じであり、二種類で各種五枚ずつの一〇枚が入っていた。ポスタは日本の鉄道省の製作によるものであり、宣伝局は自局でも同様に受領していることから、全県および他の官庁にも同様に送られたものと推察している。報告によれば、ポスタが送付された県では、それらを貼り出すことなく放置していたという。宣伝局から各県には、これらのポスタを放置したことを評価し、「もし尋ねられたならば、官吏に贈られたものと思ったので子供にやってしまったと答えるよう」に連絡したという。結局、日本側が送付した宣伝物は人目に触れることなく葬り去られたわけである。地方・中央双方の当局における、日本の宣伝活動に対する警戒と消極的妨害が見られる[37]。

日本の宣伝活動の地方への拡大をみると、まず宣伝活動は都市に限られていること、実際に宣伝活動を担当した人員は多くないこと、宣伝が展開された地方都市は日本軍が駐屯する要地が多いことが読み取れる[38]。その一方、宣伝局の報告からは、そうした拡大に対してタイ政府が警戒をし、また中央・地方ともに、不作為による消極的妨害行為を行っていたことがわかる。

3　影響

このような宣伝写真展に対するタイの人々の反応については、一九四二年一〇月一〇日報告によれば、「これらの写真は、往来の人々が時折来て好んで立ち寄って見ており、起こったばかりの事件の写真や宣伝写真を取り替えた折などに見物の人だかりがする」が、「タイ人の性格上こうしたものには興奮しにくいために人々にはそれほど関心を有するところとはなっていないように感じられ」ると記されている（(2) สร0201.98.1/8、4枚目表）。

一九四三年九月にバンコクで開催された「航空日」の移動宣伝写真展示では、ルムピニー公園にはタイ人も華僑も見物に訪れていたが、ヤオワラート、『中原報』印刷所前、カオディン、中央郵便局前での展示においては、見物人の多くは華僑であった（(2) สร0201.98.1/8、16枚目裏）。

地方における写真展示の見物客は、一九四三年三月一八日付報告によれば次のとおりである（(2) สร0201.98.1/8、9枚目表）。ソンクラー県、男女生徒を含む人々約一〇〇名、パッタニー県、男女官吏および生徒を含む人々約一三〇〇人、ナコーンシータムマラート県、約三〇〇〇人、カーンチャナブリー県、二か所を合わせて約八〇〇人。彼らは前述のとおり写真冊子等の配布を受けており、日本への留学や観光を勧められた。

こうした報告からは、地域的な偏りによる限界はありつつも、日本による宣伝写真展示はタイ人や華僑の見物人をある程度惹き付けていたとみることができよう。だからこそ、これらの活動は宣伝局の監視対象とされ、内閣書記官を通じて首相にまで逐一報告が上げられていたのである。

おわりに

以上、タイ国立公文書館に残されたタイ政府宣伝局報告から、一九四二年から翌年にかけての日本の各種メディアを用いた宣伝活動と、それに対するタイ側の反応を観察した。そこから見えてきた姿は以下のとおりである。

まず、映画宣伝については、日本側はタイ人用に制作したタイ語版ニュース映画を無料で上映するなどして成果を上げた。印刷物宣伝についても、物資不足の折からグラフ誌に飢えたタイの人々に大いに受け入れられたようである。宣伝写真展示は、日本側の主な宣伝活動であったが、タイ政府を無視した日本側の傍若無人な態度により、タイ政府からは主要な監視・警戒の対象となった。また、写真宣伝は主に日本軍が駐屯している地方都市においても展開され、映画宣伝や印刷物宣伝とともに多くのタイ人の見物客を惹き付けた。

そうした効果の反面、日本がタイの官公庁に送付した配布・展示用の宣伝物は黙殺されることも多かったようであることもわかった。もっとも、タイ政府の監視や妨害といった反応は、タイ政府に無断で傍若無人に宣伝活動を展開していた日本に対する、独立国として当然の反応であったといえる。

このように、一九四二年から四三年にかけて、日本は映画、印刷物、写真展示等を通じて、タイへの宣伝活動を活発に展開し、地域的な限界は大いにありつつもタイ人や華僑へのアピールにはある程度成功したが、その多くはタイ政府に無断で実施された一方的なものであり、タイ政府の日本不信・不満に結びつき、監視や消極的妨害といった反応を招いていったのであった。これは、日本の「同盟国」としてのタイが、日本への不信感を高めていくなかで、表面上は日本に対する「従属」的とも見える姿勢をとりながら、日本の傍若無人な宣伝活動に対して「自主」を重んじて強く警戒し、隠然と消極的に、しかし懸命かつ効果的に「抵抗」していた姿として見ることができよう。

付記：本稿は、加納（2013）を本書のために加筆・修正したものです。本研究は、ＪＳＰＳ科学研究費補助金、基盤研究(C)「タイ語プロパガンダ誌からみた戦時期日本の東南アジア関与とその変化」（課題番号24520776）および同「対タイ宣伝活動の諸相とタイ側の反応――戦時期日本の東南アジア関与とその変化」（課題番号15K02876）の助成を受けました。

注

（1）一九三九年までの国号は「シャム」であるが、本章では便宜上、一貫して「タイ」と呼ぶ。

（2）研究の例としては、『FRONT』のモンゴル語版を分析した井上（2005）などがある。また、タイ語プロパガンダ誌『カウパアプ・タワンオーク』については、加納（2016）がある。

（3）映画史においては、とくに中国や満洲における国策映画会社の活動や現地での反応について研究が進んでいるという（土屋 2011: 304）。なお、映画以外のメディアを用いた中国における日本の宣伝活動については、Kushner（2006）の研究などが挙げられる。

（4）テームスック（Thamsook/แถมสุข 1976, 1978）、吉川（1982）、市川（1994）、Reynolds（1991, 1994）、加納（2001）、村嶋（2002）など。なお、日泰文化協定の締結にいたる両国政府の動きについては加納（2001）を参照されたい。

（5）一九四二年半ば以降、日本の一方的利益追求により日タイ関係は急速に冷却化していく（村嶋 1996: 47, 56）。

（6）国際文化振興会設立の経緯やその活動の展開については、柴崎（1999）を参照されたい。

（7）ラジオを利用したタイ政府の対内プロパガンダ番組の例としては、宣伝局によって一九三九年に開始された『マン・チューチャート氏とコン・ラックタイ氏の会話』が有名である。台本の一部はタイ国立公文書館に保存されている（(2) สร0201.18.1）。

（8）数少ない例外として、一九四四年の『ワタナタム・イープン・タイ（日泰文化）』誌の刊行が挙げられる。これについては加納（2009）を参照されたい。

（9）一九三三年から四四年にかけての宣伝局の活動については、สุวิมล（1988）に詳しい。

（10）一九五二年三月「広報局」に名称が改められ、現在に至っている。

（11）パイロートは一九四二年当時の駐日大使ディレーク・チャイヤナームの実弟であった。ディレークはピブーン首相のライバルであるプリディー摂政に近い人物であり、一九四一年一二月まで外務大臣を務めたのち、四二年一月から駐東京タイ大使を務め、四三年一〇月には外務大臣に復帰したが、抗日運動の主要人物の一人であった（市川 1987）。

（12）戦闘、訪日タイ特別使節団、日本国内のタイ人、あるいは日本に関するニュース映画が上映されたという（(2) สร0201.98.1/8、2枚目表）。ニュース映画の統合を目指した日本政府は、四〇年四月に国策機関である社団法人日本ニュース映画社を発足させ、ニュース映画を情報戦に活用した（奥村 2004）。「南方」向けには、こうしたニュース映画を再編集してタイ語を含む現地語版に改変した『大東亜ニュース』が配給された（岡田 2004: 276）。

(13) チャルーンクルン通りに存在する映画館。
(14) 中華街として有名なヤオワラート通りとチャルーンクルン通りの間に存在した映画館。
(15) ニュース映画と同時に上映されたのは、「空の鷹」についての映画とあるので、空戦映画と思われる。一九四一年に国際文化振興会がタイ語版を制作していた映画『燃ゆる大空』かもしれない。
(16) 「航空日」は、日本初の動力飛行披露三〇周年を記念して一九四〇年に制定された記念日であり、四〇年には九月二八日に、翌年以降は九月二〇日に様々な航空関連行事が実施された。今日では「空の日」に改称されている。
(17) 「南方」において強く求められていたのは劇映画よりもむしろニュース映画であったという（岡田 2004: 277–279）。
(18) 『太陽』については、井上（2009）を参照されたい。
(19) 土門のいう『カーパープ』。この内容の詳細については、加納（2016）を参照されたい。
(20) 鉄道省国際観光局のことである。なお、宣伝雑誌発行や配布、現地事務所開設等をめぐって、鉄道省国際観光局の活動については、より一層の研究が必要である。
(21) 上述の『イープン・パッチュバン』と同じものと考えられる。
(22) 『現代日本（イープン・パッチュバン）』のマレー語版である。主に南部における宣伝活動であったため、マレー語冊子で対応できると考えたのかもしれない。
(23) 上述の宣伝誌以外にも、たとえば国際報道株式会社が印刷し、日本文化会館が刊行した日本語・タイ語両語で記述された『ワタナタム・イープン・タイ（日泰文化）』は、三千部印刷のうち二千部はタイにて配布・販売されたというが（加納 2009: 315）、タイ国内での現存は確認できていない。
(24) 後述するような、官庁に送付された日本の宣伝物の放置工作などを見ると、こうした印刷物も官庁に送付されたものはそのまま人目に触れることなく葬り去られた可能性も高いと思われる。
(25) 内容の詳細については、加納（2013: 64–65）を参照されたい。
(26) シンガポール・ビルマ・フィリピン・南洋群島における日本軍の戦闘と勝利を示す写真などである。
(27) 満洲国や南京政府などとの交流や、バリ島・中国・ビルマ・マレーなどの日本占領地における日本軍の友好と援助を示す写真などである。
(28) 日本国内のタイ大使やタイ人留学生に関する写真が多い。
(29) ワニット・パーナノンと彼が日タイ関係に果たした役割については、清水・バトソン（1998）に詳しい。

(30) 「日本国内の子供」と表現されており、タイ語手紙を書いていることからすると、日本人児童ではなく日本にいるタイ人児童による手紙と考えられる。
(31) ルムピニー公園での展示初日には、一九四三年一月に日本軍のタイ駐屯軍司令官に着任した中村明人中将が、自ら観覧のために足を運んだ。
(32) 「南方宣伝工作」を論じた米山は、華僑に対する宣伝に留意すべきことを述べている（米山 1942: 9）。一九四一年から四五年にかけての日本、タイ政府、華僑の三者間の複雑な関係については、村嶋（1996）を参照されたい。
(33) 一九四二年一〇月、バンコクにおいて大洪水が発生した。
(34) 一九四二年三月一〇日に創刊されたタイ初の邦字紙である（大阪朝日新聞 一九四二年三月一三日）。
(35) バンコクの西方の町であるが、鉄道路線としては南部に下る南線に属する。タイとビルマとを結ぶ「泰緬鉄道」の起点であり、一九四二年一二月一八日に日本兵がタイの僧侶を殴打したことに起因して日本兵とタイ人住民との間で発生した騒擾事件の舞台になった地である。
(36) これらのポスタには、「日本」を意味するタイ語の「イープン」ではなく、「ニッポン」という語が使用されており、報告書はこの点にも注目している。
(37) 一九四三年一〇月の別史料では、ピブーン首相からの指示にもとづいて宣伝局が日本語学校タイ人関係者の親族の公務就任状況を調査した結果が報告されているが（(3) สร0201.55/29）、こうした調査も日本の活動に対する警戒を物語っている。
(38) 南部の諸県は、日本軍がマレー作戦の際に上陸したり通過したりした街である。カーンチャナブリー県バーンポーンは泰緬鉄道の起点、ラムパーンは北部の要衝、ナコーンラーチャシーマーは東北部の要衝で、若干の空白期はあっても、日本軍の部隊が代わるがわる駐屯していた（防衛庁防衛研修所戦史室 1969）。

参考文献

〈未公刊史料〉
タイ国立公文書館史料
(2) สร0201.18/26 การตั้งเจ้าหน้าที่โฆษณาประจำกรุงโตเกียว（東京駐在宣伝職員設置）
(2) สร0201.18.1 บทสนทนาระหว่างนายมั่น ชูชาติ-นายคง รักไทย（マン・チューチャート氏とコン・ラックタイ氏の会話台本）

(2) สร0201.98.1/8 การเผยแพร่ภาพโฆษณาของญี่ปุ่นในประเทศไทย（タイ国内における日本の宣伝写真広報）
(3) สร0201.55/29 สถานศึกษาวัฒนธรรมญี่ปุ่น-ไทย（日タイ文化研究所）

〈日本語・英語〉

防衛庁防衛研修所戦史室（1969）『戦史叢書シッタン・明号作戦――ビルマ戦線の崩壊と泰・仏印の防衛』朝雲新聞社
平等通照・平等幸枝（1979）『我が家の日泰通信』印度学研究所
Charnvit Kasetsiri (1974) The First Phibun Government and Its Involvement in World War II. *The Journal of Siam Society*, 62–2.
土門拳（1943）「対外宣伝雑誌論」『日本評論』18－9
市川健二郎（1987）『日本占領下タイの抗日運動――自由タイの指導者たち』勁草書房
市川健二郎（1994）「日泰文化協定をめぐる異文化摩擦」『大正大学研究紀要』79
井上治（2005）「『FRONT』モンゴル語版をめぐって」江口真理子編『「戦時下、対東アジア戦略と広告宣伝」研究成果報告書』島根県立大学総合政策学部
井上祐子（2009）『戦時グラフ雑誌の宣伝戦――十五年戦争下の「日本」イメージ』青弓社
加納寛（2001）「一九四二年日泰文化協定をめぐる文化交流と文化政策」『愛知大学国際問題研究所紀要』115（学術文献刊行会編 2004『日本史学・年次別論文集 近現代2 二〇〇一（平成一三）年』朋文出版に再録）
加納寛（2009）「戦時下日本による対タイ文化宣伝の一断面――『日泰文化』刊行をめぐって」『中国21』31
加納寛（2012）「一九四一年タイにおける服飾政策の展開と国民の反応」『名古屋大学東洋史研究報告』36
加納寛（2013）「日本の宣伝活動に対するタイの対応――1942-43」『現代中国研究』33
加納寛（2014）「戦時期バンコクにおける日本側活動の空間的特性」『日タイ言語文化研究』2
加納寛（2016）「「大東亜」戦争期日本はタイに何をアピールしたかったのか――タイ語プロパガンダ誌『カウパアプ・タワンオーク』を中心に」『年報タイ研究』16
川崎賢子（2000）「戦時下対外宣伝における日本語と日本紹介――雑誌『FRONT』とその周辺から」『昭和文学研究』41
倉沢愛子（1992）「解題」『復刻版ジャワ・バル』龍渓書舎
倉沢愛子（2009）「宣伝メディアとしての映画――日本軍占領下のジャワにおける映画制作と上映」奥村賢編『映画と戦争――撮る欲望／見る欲望』森話社
Kushner, Barak (2006) *The Thought War: Japanese Imperial Propaganda*. Honolulu: University of Hawaii Press.

森岡督行（2012）『BOOKS ON JAPAN 1931–1972――日本の対外宣伝グラフ誌』ビー・エヌ・エヌ新社
村嶋英治（1996）「日タイ同盟とタイ華僑」『アジア太平洋研究』13
村嶋英治（2002）「タイ国の立憲革命期における文化とナショナリズム」池端雪浦ほか編『岩波講座東南アジア史 第7巻 植民地抵抗運動とナショナリズムの展開』岩波書店
村嶋英治・吉田千之輔編（2013）『戦前の財団法人日本タイ協会会報集成解題』早稲田大学アジア太平洋研究センター
中村明人（1958）『ほとけの司令官』日本週報社
難波功士（1998）『「撃ちてし止まむ」――太平洋戦争と広告の技術者たち』講談社
岡田秀則（2004）「南方における映画工作――《鏡》を前にした「日本映画」」岩本憲児編『映画と「大東亜共栄圏」』森話社
奥村賢（2004）「戦時下のニュース映画――『同盟ニュース』再考」岩本憲児編『日本映画とナショナリズム 1931–1945』森話社
太田一郎（1971）『日本外交史 第24巻 大東亜戦争・戦時外交』鹿島平和研究所
Puenthip Kiattisahakul (2004) The Japanese Army and Thailand's Southern Railways during the Greater Asia War, 1941–1945. *Asian Review,* 17.
Reynolds, E. Bruce (1991) Imperial Japan's Cultural Program in Thailand. *Japanese Cultural Policies in Southeast Asia during World War 2.* (Grant K. Goodman (ed.)) London: MacMillan Academic and Professional.
Reynolds, E. Bruce (1994) *Thailand and Japan's Southern Advance: 1940–1945.* London: MacMillan Press.
柴岡信一郎（2007）『報道写真と対外宣伝――一五年戦争期の写真界』日本経済評論社
柴崎厚士（1999）『近代日本と国際文化交流――国際文化振興会の創設と展開』有信堂
清水元、ベンジャミン・A・バトソン（1988）「ワニット・パナノンと太平洋戦争初期の日・タイ関係――回想録「ワニットの悲劇」をめぐって」『アジア経済』29－12
白山眞理・堀宜雄（2006）『名取洋之助と日本工房［1931–45］』岩波書店
白山眞理（2014）『〈報道写真〉と戦争――1930–1960』吉川弘文館
白山眞理・小原真史（2015）『戦争と平和――〈報道写真〉が伝えたかった日本』平凡社
鈴木貞美編（2011）『『Japan To-day』研究――戦時期『文芸春秋』の海外発信』国際日本文化研究センター
多川精一（2000）『戦争のグラフィズム――『FRONT』を創った人々』平凡社
玉田芳史（1996）「タイのナショナリズムと国民形成――戦前期ピブーン政権を手がかりとして」『東南アジア研究』34－1

寺見元恵（1986）「日本占領下のフィリピン映画」今村昌平ほか編『戦争と日本映画』岩波書店
寺見元恵（1997）「日常時の中の戦い――フィリピンにおける文化戦線」倉沢愛子編『東南アジア史のなかの日本占領』早稲田大学出版部
Thamsook Numnonda (1977) *Thailand and Japanese Presence, 1941–45*. Singapore: Institute of Southeast Asian Studies.
Thamsook Numnonda (1978) Phibulsongkhram's Thai Nation Building Programme during the Japanese Military Presence, 1941–1945. *Journal of Southeast Asian Studies*, 9–2.
土屋礼子（2011）「メディア史研究の現状と展望」和田春樹ほか編『岩波講座東アジア近現代通史 別巻 アジア研究の来歴と展望』岩波書店
山本佐恵編（2010）「国際文化振興会芸術事業一覧（1934～1945）」五十殿利治編『「帝国」と美術――一九三〇年代日本の対外美術戦略』国書刊行会
吉川利治（1982）「タイ国ピブーン政権と太平洋戦争」『東南アジア研究』19－4
吉川利治（2010）『同盟国タイと駐屯日本軍――「大東亜戦争」期の知られざる国際関係』雄山閣
ユサ・ビラン、浜下昌宏訳（1986）「日本占領下のインドネシア映画」今村昌平ほか編『戦争と日本映画』岩波書店
米山桂三（1942）「南方宣伝工作に就て」『宣伝』一九四二年八月号
〈タイ語〉
ดิเรก ชัยนาม（ディレーク・チャイヤナーム）(1970) *ไทยกับสงครามโลกครั้งที่ 2*（タイと第二次世界大戦）กรุงเทพฯ: ไทยวัฒนาพานิช
แถมสุข นุ่มนนท์（テームスック・ヌムノン）(1976) เมืองไทยยุคเชื่อผู้นำ（指導者信頼時代のタイ国）*วารสารธรรมศาสตร์*（タムマサート雑誌）6
แถมสุข นุ่มนนท์（テームスック・ヌムノン）(2001) *เมืองไทยสมัยสงครามโลกครั้งที่สอง*（第二次世界大戦期のタイ国）กรุงเทพ: สายธาร (พิมพ์ครั้งที่ ๒)
สังข์ พัธโนทัย（サン・パッタノータイ）(1956) *ความนึกในกรงขัง*（獄舎内での回想）พระนคร: สำนักพิมพ์คลังวิทยา
สุวิมล พลจันทร（スウィモン・ポンラチャン）(1988) *กรมโฆษณาการกับการโฆษณาอุดมการณ์ทางการเมืองของรัฐ (พ.ศ.2476–2487)*（宣伝局と国家の政治的理想宣伝：1933–1944）วิทยานิพนธ์ปริญญาศิลปศาสตร์มหาบัณฑิต มหาวิทยาลัยธรรมศาสตร์

後記

日中戦争が終結してからすでに七〇年以上の時間が経過し、そこに起こった様々な事象の多くは、二一世紀の現在に関わりを持ち続けているとはいえ、次第に遠い歴史の中に位置づけられるようになっている。現在的意味を常に問い続ける人々は、少数である。一方で、自らを正当化するために、幾つかの都合のよい事象を掲げ続ける人々もいる。それらの諸事象を、歴史においてどのように位置づけるのかは、かなりの場合、イデオロギーから自由であったとは言いがたい。それは日中戦争後に成立した新たな「国民国家」が、その正当性を「戦勝」に求めたためであり、侵略者日本に対してどれだけ決然と、断固たる抵抗を行ったのか、その間の犠牲者の思いをどれほど適確かつ幅広く糾合しているのか、をその根拠としたからである。本書では「対日協力」という言葉を用いた。それは、同じ対象を検討するにせよ、そのもの自体に「偽」あるいは「漢奸」という、はじめから対象を貶めた表現をつきまとわせる思考方法から少しでも距離を置こうという思いの表れからである。

歴史がつねに現代史であり、あるいは過去と現在との対話であるのは、その一つ一つの歴史事象が持つ現在的意味を考え続けなければならないからである。それ故、歴史は常に新しく、そして書き替え続けられねばならない。さもなければ、歴史への考察は単なる好事家の興味の対象であり、過去を愛玩するだけの骨董趣味とさして変わるところはない。歴史研究に携わるようになって、そうした研究という営為の持つ社会性と歴史性とに向き合うことがしばしばである。自分の趣味的な関心から古い時代に関心を持てばよかった幼い頃と違って、対象とするそれぞれの歴史と歴史研究の持つ現代性をつねに念頭におくようになったのは、当然のことであろう。とはいえ、誰であれ、知らず識らずのうちに、あるいは意図的に時流に乗り、いかなる種類のものであれ権力に迎合し、イデオロギーを信奉して事実から出発せず、あるものの正当性を検証することなくして賞讃する危険に、いつ何時陥るやも知れない。もしそうなってしまったら、それはすでに歴史研究ではなく、単なる追従のための方便に過ぎない。本書は、そうしたこととは無縁の位置に立つことを念じている。

「はじめに」でふれたように、本書は愛知大学国際問題研究所の共同研究プロジェクト「対日協力政権とその周辺」における共同研究の成果である。プロジェクトメンバーである三好章（所員・研究責任者）、加納寛（所員）、黄英哲（所員）、馬場毅（所員、二〇一四年度より名誉研究員）、森久男（所員）、広中一成（客員研究員）に加えて、客員研究員の小笠原強、菊地俊介、関智英、三ツ井崇各氏の論考を収録した。論考は、プロジェクトの成果であり、これまでに開催されたワークショップやシンポジウムでの報告をもとにしている。プロジェクトは終了年度を迎えたが、検討すべき課題はまだまだ山積している。今後も、対日協力政権そのもの、対日協力のあり方を含め、総合的な研究を一次史料に基づいて、さらに進めてゆきたい。

プロジェクトのあらましを以下に示しておく。まず、二〇一三年二月に愛知大学東亜同文書院大学記念センターとの共催でワークショップ「淨圓寺・鳥居観音史料から見る近代日中関係」を開催し、近代日中関係における仏教交流に関連して、水野梅曉、藤井靜宣の活動を取り上げ、それらの背景としての対日協力政権の存在を指摘した。ワークショップには、水野梅曉、藤井靜宣の親族を含め、関係者が集まり、飯能の鳥居観音、豊橋の淨圓寺のそれぞれの庫裏に収められた史料状況と、その価値について確認した。次いで、二〇一三年一一月には「汪兆銘政権とその周辺」と題したワークショップを開催し、汪政権を中心に対日協力政権の政策実態や世論形成などを考察した。そこでは、三好章「一九四二年五月：汪兆銘の満洲訪問……邦字紙の伝えたもの」、小笠原強「汪精衛政権による政策展開――水利政策の分析を中心に」、広中一成「蒙疆政権遺構の現況」、関智英「日中開戦直後の中国の将来構想――張鳴の「大漢国」の議論を巡って」が報告された。そして、二〇一四年一一月にシンポジウム「対日協力政権とその周辺」を開催し、広中一成「一九三〇年代日本の中国進出と日本仏教――水野梅曉を例に」、小笠原強「『畑俊六日誌』に見る汪兆銘政権」、三ツ井崇「植民地期朝鮮における親日派の民族運動――朴勝彬の自治・文化運動を中心に」、三好章「維新政府の対日交流――赴日教育視察団の見たもの」が報告された。

本書は、愛知大学国際問題研究所が一〇年の間を置いて刊行する「国研叢書」第四期第一冊である。

編集代表　三好　章

執筆者紹介（目次順）

三ツ井　崇（みつい たかし）
1974年生まれ。東京大学大学院総合文化研究科准教授。専門：朝鮮近現代教育・文化史、言語社会論。主要論著：『朝鮮植民地支配と言語』（明石書店、2010年）、『植民地朝鮮の言語支配構造研究』（朝鮮語、ソウル：ソミョン出版、2013年）、『日本植民地研究の現状と課題』（共著、アテネ社、2008年）

森　久男（もり ひさお）
1949年生まれ。愛知大学経済学部教授。専門：日本軍事史、満州国興安省・蒙疆政権の研究。主要論著：『徳王の研究』（創土社、2000年）、『日本陸軍と内蒙工作―関東軍はなぜ独走したか』（講談社、2009年）

小笠原　強（おがさわら つよし）
1979年生まれ。愛知大学国際問題研究所客員研究員・専修大学人文科学研究所客員研究員。専門：アジア近現代史、日中戦争史、関東大震災史。主要論著：『日中戦争期における汪精衛政権の政策展開と実態―水利政策の展開を中心に』（専修大学出版局、2014年）、「『畑俊六日誌』に見る汪兆銘政権」（『愛知大学国際問題研究所紀要』第146号、2015年）、「汪精衛政権下の日本人顧問―顧問の配置とその影響」（『専修史学』第59号、2015年）

広中一成（ひろなか いっせい）
1978年生まれ。愛知大学国際コミュニケーション学部非常勤講師。専門：中国近現代史。主要論著：『通州事件―日中戦争泥沼化への道』（星海社、2016年）、『ニセチャイナ―中国傀儡政権 満洲・蒙疆・冀東・臨時・維新・南京』（社会評論社、2013年）、「報道写真からみた通州事件―日中戦争初期における日本の反中プロパガンダ」（朴美貞・長谷川怜編『日本帝国の表象―生成・記憶・継承』えにし書房、2016年）

関　智英（せき ともひで）
1977年生まれ。日本学術振興会特別研究員（東洋文庫）。専門：中国近現代史。主要論著：「大使館の人々―汪政権駐日使領館官員履歴」（相原佳之・尾形洋一・平野健一郎編『東洋文庫蔵汪精衛政権駐日大使館文書目録』（東洋文庫、2016年）、「日中道義問答―日米開戦後、「道義的生命力」を巡る占領地中国知識人の議論」（伊東貴之編『「心身／身心」と環境の哲学―東アジアの伝統思想を媒介に考える』（汲古書院、2016年）、「中国人対日協力者の戦後と日本―善隣友誼会設立への道」（『中国―社会と文化』中国社会文化学会、第31号、2016年）

菊地俊介（きくち しゅんすけ）
1984年生まれ。愛知大学国際問題研究所客員研究員・立命館大学BKC社系研究機構客員研究員。専門：近現代日中関係史・傀儡政権史。主要論著：「日本占領下華北における新民会の青年政策」（『現代中国研究』第26号、2010年）、「日本占領下華北における新民会の女性政策」（『現代中国研究』第32号、2013年）、「日本占領下華北における新民会の「青年読物」」（『現代中国研究』第34号、2015年）

三好　章（みよし あきら）
1952年生まれ。愛知大学現代中国学部教授。専門：中国近代史、中華人民共和国教育史。主要論著：『摩擦と合作 新四軍1937〜1941』（創土社、2003年）、『情報』全9巻（解題、不二出版、2010–11年）、『根岸佶著作集』全5巻（解説、不二出版、2015–17年）

馬場　毅（ばば たけし）
1944年生まれ。愛知大学名誉教授。専門：中国近代史。主要論著：『近代中国華北民衆と紅槍会』（汲古書院、2001年）、『近代台湾の経済社会の変遷―日本とのかかわりをめぐって』（共編、東方書店、2013年）、『多角的視点から見た日中戦争―政治・経済・軍事・文化・民族の相克』（主編、集広舎、2015年）

黄　英哲（こう えいてつ）
1956年生まれ。愛知大学現代中国学部教授。専門：台湾近現代史、台湾文学、中国現代文学。主要論著：『台湾文化再構築1945〜1947の光と影―魯迅思想受容の行方』（創土社、1999年）、『「去日本化」「再中國化」―戦後台灣文化重建（1945–1947）』（台北：麥田出版、2007年）、『漂泊與越境―兩岸文化人的移動』（台北：台湾大学出版中心、2016年）

加納　寛（かのう ひろし）
1970年生まれ。愛知大学国際コミュニケーション学部教授。専門：東南アジア近現代史。主要論著：「1941年タイにおける服飾政策の展開と国民の反応」（『名古屋大学東洋史研究報告』第36号、2012年）、「戦時期バンコクにおける日本側活動の空間的特性―1942〜43年の宣伝活動を中心に」（『日タイ言語文化研究』第2号、2014年）、「「大東亜」戦争期日本はタイに何をアピールしたかったのか―タイ語プロパガンダ誌『カウパアプ・タワンオーク』を中心に」（『年報タイ研究』第16号、2016年）

対日協力政権とその周辺――自主・協力・抵抗

愛知大学国研叢書第4期第1冊

2017年3月15日　第1刷発行

編者――愛知大学国際問題研究所

発行――株式会社 あるむ
〒460-0012 名古屋市中区千代田3-1-12
Tel. 052-332-0861　Fax. 052-332-0862
http://www.arm-p.co.jp　E-mail: arm@a.email.ne.jp

印刷――興和印刷　製本――渋谷文泉閣

Printed in Japan　ISBN978-4-86333-120-4